Der gestörte Unterricht

Diagnostische und therapeutische Möglichkeiten

9. Auflage

Von

Rainer Winkel

Schneider Verlag Hohengehren

Umschlaggestaltung und sämtliche Illustrationen:

Meike K. Schwella

Gedruckt auf umweltfreundlichem Papier
(chlor- und säurefrei hergestellt).

Bibliografische Information der Deutschen Nationalbibliothek

Die Deutsche Nationalbibliothek verzeichnet diese Publikation in der Deutschen Nationalbibliografie; detaillierte bibliografische Daten sind im Internet über ›http://dnb.d-nb.de‹ abrufbar.

ISBN: 978-3-8340-0519-9

Schneider Verlag Hohengehren
Wilhelmstr. 13, D-73666 Baltmannsweiler

Für Jakob Muth –
den Lehrer und Kollegen,
den Gefährten und Freund
* 30.6.1927 † 26.4.1993

„Deshalb hoffe auch ja keiner, durch das Studium irgendeiner Theorie ein praktischer Erzieher oder Lehrer werden zu können. Die Praxis lernt sich nur in der Praxis."

Adolph Diesterweg, in: Wegweiser zur Bildung für deutsche Lehrer. Essen (G. D. Baedecker) [1]1835; [4]1850, S. 59.

*

„Jedesmal, wenn du ein Buch fortgelegt hast und beginnst, den Faden e i g e n e r *Gedanken zu spinnen, hat das Buch seinen beabsichtigten Zweck erreicht. Wenn du beim schnellen Blättern nach Vorschriften und Rezepten suchen solltest, wenn du nachsichtig darüber lächelst, daß es nur wenige sind – so wisse . . . : dies ist nicht mit dem Willen des Autors geschehen, sondern gegen diesen."*

Janusz Korczak, in: Wie man ein Kind lieben soll.
Göttingen (Vandenhoeck & Ruprecht) [1]1967; [3]1971, S. 1.
(Original 1919)

*

„Die Praxis ist ohne Theorie, die Theorie ohne Praxis unmöglich."

Anton S. Makarenko, in: Ausgewählte Pädagogische Schriften. Berlin (Ost): Volk und Wissen 1953, S. 139. (Original 1932)

*

„Gedanken ohne Inhalt sind leer; Anschauungen ohne Begriffe sind blind."

Immanuel Kant, in: Kritik der reinen Vernunft.
In: Werke. Hrsg. von W. Weischedel. Bd. III. Frankfurt/M. (Suhrkamp) 1968, S. 98. (Original 1781)

Inhaltsverzeichnis

VERZEICHNIS DER FALLBERICHTE

VERZEICHNIS DER ABBILDUNGEN

VERZEICHNIS DER TABELLEN

Vorwort
zur 9. abermals überarbeiteten Auflage

„Nie davon sprechen, aber immer dran denken!" pflegte BISMARCK seinen Untergebenen zu sagen, wenn sie ihm heikle Probleme antrugen.

Ähnliche Ratschläge scheinen sich viele der mit Schule Befassten wechselseitig oder auch selbst bis weit in die 80er Jahre hinein zugesprochen zu haben. Diese – vor allem die älteren – Kollegen verdienen dafür Verständnis. Wer spricht schon freimütig über die Schattenseiten seines Berufes, zumal dann, wenn ihm das allenfalls betretenes Schweigen oder auch Kopfschütteln, ja das Gefühl von Minderwertigkeit und manchmal sogar Schaden einbringt? Wer damals über „Disziplinlosigkeiten", „Desmotivationen", „Lärm und Krach", „Prügeleien", „Frechheiten", „Aggressivität", „Angst", „Faulheit", „misslungene Stunden" usw. redete, riskierte einiges. Seinerzeit gehörte es trotz mancher Aufklärung zu den hartnäckigen Tabus der Unterrichtstätigkeit, dass ein „erfolgreicher" Lehrer zwar mit Didaktik und Methodik, mit Curriculumplanung und Elternarbeit zu tun hatte, nicht(s) aber mit desmotivierten Schülern, mit permanenter Unruhe und zermürbenden Provokationen. Allenfalls auf einem Lehrerausflug (nach etlichen Glas Bier) hörte man schon mal entsprechende Klagen:

- dass einen die 8b buchstäblich fertigmacht;
- dass viele Stunden chaotisch verlaufen;
- dass nur noch Schimpfen, Brüllen und Strafen weiterhelfen;
- dass diese ewige Unruhe den Unterricht charakterisiert;
- dass Schüler mit nichts mehr zu begeistern sind;
- dass der geregelte Unterricht, die packende, interessante, Lernfreude weckende Schulstunde eben nicht die Regel, sondern die Ausnahme ist;

- dass man mit Angst und Aggression den morgigen Schulalltag im „Tollhaus Schule“ (wie DER SPIEGEL seine Titelgeschichte im Heft 15/1988 nannte) erwartet; und –
- dass einen die wissenschaftliche Ausbildung auf alles mögliche, nur nicht auf *diese* Probleme vorbereitet hat.

Und heute? Hat sich daran viel geändert? An den Störungen vielleicht nichts oder weniger als an den veröffentlichten Klagen darüber. Da gibt es Bücher über „Rambo im Klassenzimmer“, Fernsehfilme über „Gewalt in der Schule“, Illustriertenberichte über das „Chaos Schule“, und kaum eine kollegiumsinterne Fortbildung findet ohne das Thema „Schwierige Schüler“ statt. Wir reden, schreiben, befinden darüber, aber – hat sich an dem Problem, dass Unterricht (allzu häufig) *gestörter* Unterricht ist, wirklich etwas geändert?

Ob verschwiegen oder lauthals beklagt: Dieses Buch wendet sich den Schattenseiten der Lehrertätigkeit zu, und zwar in dem Wissen, dass gerade der sensible Lehrer mannigfachen Unterrichtsstörungen ausgesetzt ist und es zum wirklich erfolgreichen Lehrer gehört, sich dieser Realität ohne die üblichen Abwehrmaßnahmen zu stellen. Die Tabuisierung von Problemen schafft neue Probleme und bewirkt keine Lösungen – das bloße Lamentieren freilich auch nicht. Ich bin mir jedoch darüber im klaren, dass selbst die behutsamste Erhellung des Phänomens „Gestörter Unterricht“ vorübergehend Unsicherheit und Angst hervorruft. Hier uns gegenseitig zu helfen, scheint lohnenswert. Jede menschliche Kommunikation, und Unterricht macht da keine Ausnahme, ist prinzipiell störanfällig. Stunden, die „wie geschmiert“ laufen, Unterricht, der „nie gestört“ wird, oder Lehrer, die „überhaupt keine Disziplinprobleme“ haben, können letztlich nicht erfolgreich sein. Sie haben allenfalls das unliebsame Problem unter den Teppich gekehrt.

Das vorliegende Buch möchte also auch in der mittlerweile 9. Auflage helfen, den gestörten Unterricht zu enttabuisieren; es möchte die oft latenten Ursachen für gestörte Lehr- und Lernprozesse aufdecken und pädagogisch-therapeutische Lösungsvorschläge unterbreiten. Diese Absicht bedeutet, einen doppelten Vorwurf aushalten zu müssen und aushalten zu wollen:

Die einen reagieren entrüstet, wenn man die Hand an morsche Stellen legt, defekthafte Wirklichkeiten (die nicht sein müssten, aber leider so sind) beim Namen nennt, eben – Kritik übt ...

Die anderen halten einen für systemstabilisierend, gesellschaftspolitisch blind und pädagogisch für blauäugig, weil man Verbesserungen vorschlägt ...

Nun, wer die Ausbreitung von Menschlichkeit – wo auch immer – will, muss beides tun: Unvollkommenes aufdecken *und* Besseres ermöglichen helfen, diagnostizieren *und* therapieren und ansonsten mit Missverständnissen leben lernen.

Ein spezielles Missverständnis hingegen halte ich für ausräumbar. Ich denke dabei an diejenigen Statements, die da meinen, ein Hochschullehrer habe es gut, er müsse sich mit all den hier genannten Problemen nicht herumschlagen, sei in erster Linie Wissenschaftler und brauche das nicht einzulösen, was er vorschlägt ... Vielleicht hilft es, sich zu vergegenwärtigen, dass auch ein Hochschullehrer in erster Linie Lehrender ist, der es genauso mit Desmotivationen, Konzentrationsstörungen, Beziehungsschwierigkeiten und ähnlichen Problemen zu tun hat wie jeder Schulpraktiker. Auch in meinen *Vorlesungen* gibt es Störende und Gestörte, Verwirrende und Verwirrte, Irritationen, Schwierigkeiten und Probleme. (Und wer will denn immer so genau wissen, dass nur die Studenten, nur die Schüler, nur die Lernenden „stören"?! Dass Störungen erst mit ihrer Präsentation beginnen? Dass der Träger eines Symptoms oder der Ausführende einer Handlung stets auch der Verursacher ist? Dass immer nur die anderen „schuld sind"?) – Auch in meinen *Seminaren* oder *Lehrerfortbildungsveranstaltungen* versuche ich Gruppenarbeit (inmitten vieler Konflikte und unter oft erbärmlichen Bedingungen). – Laufend muss auch ich *prüfen* und *Zensuren* geben (obgleich ich das für fragwürdig halte). Und ich kenne die *Angst* vor dem Versagen (wie jeder, der es mit Lehren und Lernen zu tun hat). Hier sollten wir also keine imaginären Barrieren aufbauen, zumal dann und dort nicht, wo Schullehrer die Theoriearbeit nicht scheuen und Hochschullehrer regelmäßig in die Schule gehen und dort (nicht schnell mal eben eine Schaustunde vorführen, sondern) über viele Monate unterrichten und erziehen, lehren und lernen. In meinem Fall waren es sogar etliche Jahre, als ich nämlich von 1997 bis zum Jahre 2002 die Ev. Gesamtschule Gelsenkirchen mit aufbaute, leitete und inmitten von nicht immer unproblematischen „Rabaukis" als Reformschule zu gestalten versuchte. Und auch heute, nach der Rückkehr auf meinen Lehrstuhl an der Berliner Universität der Künste und meiner Lehrtätigkeit an der Bonner Universität bleibt es dabei: Ich kann mir ein Forschungssemester (alle drei Jahre) nicht anders vorstellen als – in einer Schule.

Und auf ein zweites eventuelles Missverständnis sei eingangs hingewiesen: Die folgenden Kapitel wollen vorhandene Wirklichkeiten und Zustände kritisch und systematisch analysieren – also *diagnostizieren.* Sie wollen aber auch Lösungsmöglichkeiten anbieten und auf solche Einstellungen, Ansichten und Umgangsformen hinweisen, die offensichtliches Elend zu beseitigen oder zumindest zu reduzieren versprechen – das heißt *therapieren.* Beide Verben sind also nicht im Sinne des medizinischen Eingreifens zu verstehen, sondern wörtlich als: etwas erkennen, unterscheiden, beurteilen wollen (diagi-gnóskein) einerseits sowie als: den Leidenden ein Helfer, Diener, Gefährte sein mögen (therapeúein).

Erziehung, Beratung und Therapie haben es – wollen sie pädagogisch bleiben – mit der Menschlichkeit des Menschen zu tun, wobei sie ein je spezifisches Verhältnis zu ihr eingehen (müssen). Erziehung ist die Produktion *von,* Beratung die Information *über* und Therapie die Reparation *der* Humanität, die es auch in der Schule und Erziehung immer wieder herzustellen, aufzuklären und (wo nötig) zu heilen gilt. Deshalb, nur deshalb, gehören Bücher wie „Der gestörte Unterricht" auch und gerade in die Hand des Pädagogen.

Und schließlich sei ein drittes mögliches Missverständnis angesprochen: In diesem Buch wird man kaum etwas zur inneren und äußeren Reform der Schule lesen – darüber hat sich der Autor an anderen Stellen genügend geäußert und seine Vorschläge illustriert. Nichts ist davon zurückzunehmen. Wer also meint, Übungen zum Aufbau von Konzentration, zum Abbau von Aggression oder zur gruppendynamischen Regelung könnten als *Ersatz* für eine ausbleibende Schul- und Unterrichtsreform dienen, liest zumindest nicht im Sinne des Autors weiter. Pädagogische Meditation und Freiarbeit, Phantasiereisen und Gruppenunterricht, Rollenspiele und ein Schulgarten, Autogenes Training und Epochenunterricht etc. *gehören zusammen*. Wo das eine ohne das andere versucht wird, pervertieren sinnvolle Übungen zu bloßen Anpassungsritualen (an einen letztlich sinnlosen Unterricht). Oder aber aus didaktischen Choreographien (die Lehrenden und Lernenden einen entdeckenden Unterricht erlauben) werden modische Verrenkungen gegenüber einem gedankenlosen Zeitgeist. Für beides ist der Autor nicht zu haben.

Die hier nun vorgelegte 9. Auflage hat mit den ersten Auflagen kaum noch etwas gemein – Umfang, Kapitel, Fälle, Beispiele, Theorieansätze, Vorschläge etc. sind nicht mehr dieselben. Und doch: An den grundlegenden Aussagen ist nichts verändert worden. Pointiert lassen sie sich wie folgt formulieren: Zu jedem Handeln-müssen gehört das Verstehen-wollen; etwas verstehen wollen aber heißt nicht immer, mit dem Verstandenen einverstanden sein; und in der Erziehung sind glatte Lösungen, prompte Erfolge sowie endgültige Resultate nicht zu haben; mit Widersprüchen und Spannungen, mit Unvollkommenheiten und Misserfolgen, mehr noch: mit manchem Versagen und auch mit gelegentlicher Schuld müssen die Pädagogen leben lernen (oder halt die Pädagogik abschaffen)

... Dass man also Unterrichtsstörungen *dokumentieren, entziffern* und *produktiv gestalten* muss, daran hat sich ebensowenig etwas geändert wie an dem Bemühen, jedes der insgesamt acht Kapitel für sich les- und verstehbar zu gestalten.

In den zaghaften Bemühungen um eine Reform der Schule schien sich diese grundlegende Ansicht bzw. diese prinzipielle Einstellung in den 70er und 80er Jahren des vorigen Jahrhunderts durchzusetzen – ökonomische Krisen, Globalisierungsprozesse, eine Ent-Pädagogisierung weiter Lebensbereiche u. a. m. haben andere Theoreme und Praxen populär werden lassen: z. B. die „Trainingsraum-Methode“, wie sie S. BALKE (2001 im Bielefelder Karol-Verlag) oder H. BRÜNDEL und E. SIMON (2003 im Weinheimer Beltz-Verlag) publiziert haben. Diese wie ein Lauffeuer, auch im Internet, sich ausbreitende Konzeption setzt nicht nur ein fragwürdiges Menschenbild voraus, sondern ist auch nichts anderes als ein rigides System von Kontrolle und Anpassung – wenn auch in freundlich-humanistischer Sprache. Deshalb haben solche Vorschläge hier ebenso wenig etwas zu suchen wie all die anderen Angebote im Stile von Bernhard BUEB, die da behaupten, schwierige Schüler ohne hinreichende Verstehensbemühungen disziplinieren zu können bzw. zu dürfen – Rütli-Schule hin, Schloss-Salem her.

Zu danken habe ich meinen *Studenten* und vielen, vielen *Schülern* für manche fruchtbare Anregung, aber auch Demonstration gestörten Lernverhaltens – auch und gerade während meines eigenen Unterrichts. – Danken möchte ich den vielen *Lehrern, Fach-* und *Seminarleitern, Schulräten* und *Kollegen* bzw. deren *weiblichen Pendants,* die nüchtern jeden Lösungsvorschlag auf seine Realisationschancen hin prüften. – Ebenso gebührt Dank den zahlreichen *Lehrerkollegien,* die mir auf schul- bzw. kollegiumsinternen Fortbildungsveranstaltungen Einblicke in den belastenden Alltag gestörter Unterrichtsprozesse, in oft schwierige Konflikte im eigenen Kollegium sowie in die psychisch-soziale Lebenswelt einzelner Menschen gewährten, so dass Theorie und Praxis zueinanderfanden. – Dank zu sagen ist den *Rezensenten* der vorausgegangenen Auflagen des „Gestörten Unterricht“, die durch ihre Kritik halfen, manches zu verbessern. – Besonders würdigen möchte ich die jahrelangen Forschungen über Unterrichtsstörungen im Kontext der Kommunikativen Didaktik, die mein ehemaliger Mitarbeiter *Bernd Benikowski* betrieb und die (nach erfolgter Promotion) seit 1995 in Buchform vorliegen. – Danken möchte ich ebenso den in meinen Arbeitsbereichen Mitwirkenden, die vieles ermöglich(t)en, was sonst schwerlich möglich (gewesen) wäre, aber auch meiner Frau *Lydia*, die mit großer Geduld die Mühe des Korrekturlesens auf sich nahm. – Und schließlich freut es mich in besonderem Maße, eine junge und begabte Zeichnerin (in unserer UdK) gefunden zu haben: *Meike K. Schwella* hat nicht nur den Umschlag neu gestaltet, sondern auch sämtliche Illustrationen angefertigt, die – über den Text, vor allem über die Fallberichte verstreut – eine eigene Geschichte gestörten Unterrichts an-schaulich erzählen.

Der bereits zitierte preußische Ministerpräsident und erste deutsche Reichskanzler Fürst Otto von BISMARCK schrieb in dem 1898 erschienenen ersten Band seiner „Gedanken und Erinnerungen“: „Es liegt in der menschlichen Natur, dass man ... die Dornen stärker empfindet als die Rosen.“ Dass dies (in der Regel) so ist, aber nicht (überall) so sein muss, hat mich geprägt und stimmt mich weiterhin hoffnungsvoll.

Im Winter 2008/09

Essen / Berlin *Rainer Winkel*

Einleitung

> *„Ein einziger, wirklich analysierter Fall eines pädagogischen Verhaltens ... hat für die Theorie der Pädagogik mehr wissenschaftlichen Wert als ein ganzes Heer statistischer Angaben über das Zusammenbestehen von Merkmalen und Reaktionsweisen."* Richard Hönigswald, 1927

Da sitzt ein Lehrer an seinem Pult und ist damit beschäftigt, Eintragungen im Klassenbuch zu vervollständigen. Als vor wenigen Minuten der allgemeine Geräuschpegel unerträglich geworden war, hatte dieser Lehrer den Jungen und Mädchen seines 8. Schuljahres gesagt: „Da ihr offensichtlich Wichtiges miteinander zu besprechen habt, breche ich jetzt den Unterricht ab und gebe euch Gelegenheit dazu. Ich werde in der Zwischenzeit am Klassenbuch arbeiten und bitte euch, mir Bescheid zu geben, wenn ihr wieder lernen wollt." Die Schüler hatten anfangs fröhlich zugestimmt. Dann wurde es leiser in der Klasse, langweiliger, und plötzlich stand der lange Hans-Erwin auf, ging nach vorn, baute sich mit seinen einsachtzig vor dem Lehrer auf und sagte provozierend: „Sie Flasche haben ja noch nicht einmal Mut, mir eine zu kleben!" Totenstille in der Klasse. Alle sind gespannt, was jetzt passieren wird ...

Kürzlich feierte eben diese Klasse wieder einmal das Jahr ihrer Schulentlassung, und selbstverständlich lachten wir alle, als Hans-Erwin, mittlerweile ein fachkundiger Autoschlosser, diese Szene zum besten gab. Nur – damals war mir gar nicht zum Lachen zumute; da hatte ich Angst und keine Ahnung; da lebte ich von großen Ideen und kannte keine Wege.

Die ich hätte fragen können, die Kollegen also, schwiegen sich aus. Man machte seine Türe zu und war froh, wenn man irgendwie überlebte. Scham, Wut, Neid usw. hinderten uns, über das zu sprechen, was uns am meisten Kopfzerbrechen bereitete – *den gestörten Unterricht.*

Auch die Wissenschaften vom Schulehalten schienen angesichts dieses Problems die Sprache verloren zu haben. Sicherlich: Wir hörten viel (zu viel?) über Curricula und Lernziele, über *Pestalozzi* und *Humboldt*, über Zensuren und Paragraphen. Aber warum Hans-Erwin provozieren wollte, warum die 8b so lernunwillig war, warum mein guter Wille so oft ignoriert wurde und was man dagegen tun kann, das hörten wir nicht.

Ich fürchte, daran hat sich bis heute nicht viel geändert – trotz der steigenden Bücherflut in Sachen „Disziplinschwierigkeiten in der Schule" und trotz der modischen Präsentation von „Schwierigen Schülern" oder „Aggressionen im Klassenzimmer" in unseren Medien – im Gegenteil: Lehrer[1] und Eltern sind zutiefst verunsichert: DIE ZEIT brachte z.B. in ihrer Nr. 44 (vom 21.10.2004, auf den Seiten 17–21) ein ganzes Dossier für Eltern, die in speziellen Seminaren unter dem Titel „Erziehen üben!" lernen sollen, mit ihren quengelnden, trampelnden, tobenden und sich streitenden Kindern pädagogisch vernünftig umzugehen ... Und wenn man zeitgenössische Romane liest, stößt man früher oder später auch auf Lehrer- und Schülerromane, etwa auf den der 1974 geborenen Schriftstellerin Juli ZEH, die gleichfalls im Jahre 2004 unter dem Titel „Spieltrieb" im Frankfurter Schöffling-Verlag die Geschichte von Alef und Ada erzählt, die ihren Lehrer Smutek in eine furchtbare Situation hineintreiben ... Nicht nur Schüler sind die Opfer grausamer Lehrer (wie zu *Hesses*, *Horváths* oder *Manns* Zeiten), sondern auch Lehrer leiden unter ihren Schülern, Eltern unter ihren Kindern.

Die vorliegende Publikation wendet sich vornehmlich den schulisch-unterrichtlichen Dilemmata zu, die bis heute wenig adäquate und konstruktive Lösungen gefunden haben. Vier Gründe scheinen dafür maßgebend:

Erstens sind gestörte Unterrichtsprozesse nicht monokausal, sondern multikausal bedingt, d.h. neben den klassen- und schulspezifischen Ursachen gibt es individuelle, familiäre, gesellschaftliche, historische, zeittypische u. a. m. Diese alle mitbeseitigen zu wollen hieße, das Problem der Resignation anheimzugeben. Hier werden vornehmlich die ersteren analysiert und mit Lösungsvorschlägen versehen, ohne die anderen zu leugnen. Das aber bedeutet eine relative, eine eingeschränkte Diagnose und Therapie.

Zweitens sind bis heute bei dem hier in Frage stehenden Problem zwei Fehllösungen dominant: Die eine firmiert unter dem Stichwort „Verhaltensmodifikation", die andere setzt auf „Metakommunikation" ohne Hinweise, wie sie zu realisieren ist. J. FELLSCHES (1978) hat die verhaltensmodifizierenden, gruppendynamischen und Lehrer trainierenden Programme einer scharfen Analyse unterzogen, nennt sie „Ausweichempfehlungen" und weist ihnen operante Konditionierungsstrategien nach, die zwar erfolgreich zur Anpassung manipulieren, aber der Theorie der Mit- und Selbstbestimmung zuwiderlaufen[2]. Dem ist tendenziell zuzustimmen, nur wird dabei vergessen, dass der Griff zu solchen Programmen bis heute deshalb so flink ist, weil kaum bessere Hilfen angeboten werden. FELLSCHES und andere setzen demgegenüber auf „Metakommunikation", die „Pädagogik der Rationalität" und beschwören den HABERMASschen Diskurs bei der Lösung von Disziplinschwierigkeiten und Gewaltakten in der Schule. Natürlich wünschen wir uns alle die „herrschaftsfreie Kommunikation", auch im Unterricht, aber abgesehen davon, dass HABERMAS den Diskurs als fiktive Kommunikationsgemeinschaft beschrieben hat, in der „kein Zwang außer dem des besseren Argumentes ausgeübt wird"[3], wobei aber dieser „kooperativen Wahrheitssuche" zahlreiche Fakten entgegenstehen; abgesehen davon, dass HABERMAS nirgendwo diese Chiffre auf gesellschaftliche Subsysteme (wie Schulen) zu übertragen wagte, weisen gerade die Schulpraktiker diesen Lösungsvorschlag entschieden zurück. Nicht weil sie etwas gegen einen diskursiven Unterricht hätten, sondern weil sie täglich erleben, dass ein bloßes Beschwören von Herrschaftsfreiheit noch lange keine Herrschaftsfreiheit konstituiert. Was nützt ihnen das Ausmalen paradiesischer Zustände ohne jeden Hinweis, wie sie (wenn schon nicht herbeizuführen, so doch wenigstens) anzustreben sind? Schließlich haben sie es mit Kindern zu tun, die (zum Glück) nicht nur aus der Ratio heraus leben, sondern auch (und in erster Linie) aus Emotionen und Trieben, Beziehungsproblemen und medialen Fesselungen. Diese zu verkopfen, ist nicht nur unmöglich, sondern auch gar nicht wünschenswert. Steht also hinter der ersten Fehllösung ein manipulatives Gehabe, Autorität in modernen Gewändern, so hinter der zweiten ein zwar lobenswerter, nichtsdestotrotz aber bodenloser Idealismus, der schulischen Unterricht mit dem Geltungsanspruch wissenschaftlicher Wahrheitssuche verwechselt.

Drittens: Nicht nur das monokausale Denken und die beiden skizzierten Fehllösungen haben bisher verhindert, dass gestörte Unterrichtsprozesse adäquat problematisiert werden, sondern auch eine Haltung, die hierzulande eine lange Tradition hat. Ich nenne sie den Purismus in Sachen Theorie, ein rigoroses Pochen auf diesen *oder* jenen Ansatz – egal ob er für die Praxis taugt oder nicht. Man geht entweder mit SKINNER *oder* mit FREUD, *entweder* gruppendynamisch, gesprächszentriert, transaktionsanalytisch *oder* gestalttherapeutisch, kommunikativ und logozentriert an die Probleme heran. Und wenn das dann in der Regel nicht klappt – um so schlimmer für die Praxis! In den anglo-amerikanischen Ländern nennt man die gegenteilige Haltung Pragmatismus, was dort einen guten Klang besitzt und so viel bedeutet wie: die Methode auf die konkrete Wirklichkeit beziehen, vom angestrebten Erfolg her denken, mehrere Wege beschreiten, Toleranz walten lassen, etwas ausprobieren usw. Genau dies scheint hier notwendig. Einem hochgradig impulsiven bzw. konzentrationsschwachen Kind mag vielleicht das Aufmerksamkeitstraining nach I. WAGNER (1976), D. KROWATSCHEK

u. a. ([6]2004) *oder* eine der Stilleübungen von G. FAUST-SIEHL (1991) helfen, während der gegen bestimmte Regeln verstoßende Jugendliche u. U. ein Gespräch – frei nach HABERMAS – *über* dieses sein Fehlverhalten braucht *oder* eine Einführung in das Autogene Training … In diesem Fall ist vielleicht eine Spieltherapie angezeigt, in jenem ein Hausbesuch … Pragmatisch vorgehen heißt nicht willkürlich handeln, sondern das Handeln auf die jeweilige Situation beziehen sowie Theorie und Praxis während ihres Procedere füreinander offenhalten. Wer mit Hilfe eines einzigen Zugangs glaubt, alle Probleme angehen zu können, der handelt willkürlich, verabsolutiert eine Theorie und ignoriert die Vielfalt der Probleme.

Und *viertens* schließlich trägt die momentane Schulpädagogik als Theorie schulischer Bildung auch deshalb so wenig Erhellendes zur Klärung unterrichtlicher Störungen bei, weil sie das „Mittelglied" zwischen der Theorie des „erziehenden Unterrichts" und der Praxis seiner Ausübung kaum noch bedenkt, jenes „höchste Kleinod für die pädagogische Kunst", wie J. Fr. HERBART bereits in seinen ersten Vorlesungen von 1802 den „pädagogischen Takt" genannt hat[4]: „Im *Handeln* nur lernt man die Kunst, erlangt man Takt, Fertigkeit, Gewandtheit, Geschicklichkeit; aber selbst im Handeln lernt die Kunst nur *der*, welcher vorher im Denken die Wissenschaft gelernt, sie sich zu eigen gemacht, sich durch sie gestimmt und die künftigen Eindrücke, welche die Erfahrung auf ihn machen sollte, vorbestimmt hatte." Weil wir Theorie und Praxis weitgehend auseinandergerissen und jenes „Mittelglied" aufgegeben haben, weil Studenten der Erziehungswissenschaft größtenteils ohne wirklichen KonTakt zur edukativen Praxis ausgebildet und die Lehrer immer seltener in ihrem Alltagshandeln von Theorien begleitet werden, sind Störungen des Schulehaltens bei den einen Probleme, die sie nicht „berühren" (vgl. *tangere*) und bei den anderen lästige Fakten, gegen die es sowieso kein „Mittel" (kein *medium*) gibt.

*

Von einer situativen Pädagogik her wird also im Rahmen einer neuen Theorie der Unterrichtsstörungen in einem 1. Kapitel die Frage aufgeworfen, was Unterrichtsstörungen eigentlich sind, d.h. warum der Begriff „Disziplinschwierigkeiten“ ebenso gemieden wird wie der der „Verhaltensstörungen“. Das 2. Kapitel geht auf das Dilemma des Schulehaltens ein, zeigt die Unzulänglichkeit traditioneller Didaktiken bei der Problematisierung gestörter Unterrichtsprozesse und analysiert Unterricht mit Hilfe der Kommunikativen Didaktik, deren störfaktorialer Aspekt ausdimensioniert wird. Im 3. Kapitel sollen vornehmlich anhand von Fallberichten Unterrichtsstörungen unter diagnostischen und therapeutischen Gesichtspunkten betrachtet werden. Das diagnostische Raster und der Katalog von 21 pädagogischen Maßnahmen wollen weniger heruntergelesen als vielmehr auf konkrete Fälle bezogen und übend angewandt werden. Ein 4. Kapitel nimmt die bis dahin bereitgestellten Erkentnisse auf und demonstriert vor allem mit Hilfe der Kommunikationswissenschaft, welche offenen und verborgenen Botschaften Unterrichtsstörungen aufweisen, wie sie zu entziffern und pädagogisch zu beantworten sind. Spezielle Probleme, die schon weit in die Pädagogische Psychiatrie hineinreichen, machen neurotische Schüler. Woran sie leiden und wie ihnen geholfen werden kann, will das 5. Kapitel illustrieren. Den engen Zusammenhang und das interdependente Verhältnis zwischen Angst und störendem Verhalten betont ein 6. Kapitel, wobei Schülerängste unter quantitativen und qualitativen Gesichtspunkten sowie daraufhin untersucht werden, wo Möglichkeiten zur Angstverminderung bzw. Angstvermeidung liegen. Im 7. Kapitel sollen die für den gestörten Unterricht wichtigen Erkenntnisse des sogenannten labeling approach, also der Etikettierungsforschung dargestellt werden, wobei weniger nach dem devianten (abweichenden) Verhalten als Regelverstoß gefragt wird als vielmehr nach den Prozessen selbst, die zu Stigmatisierungen (wie 'frech', 'faul', 'schlecht' und 'unbeliebt') führen. Und schließlich möchte ein 8. Kapitel Anregungen geben, wie Lehrer in einer Pädagogischen Konferenz oder während einer schul- bzw. kollegiumsinternen Fortbildungsveranstaltung das Problem der Unterrichtsstörungen aufarbeiten und womöglich dieses Büchlein quasi als Arbeits- und Übungsmaterial bei der Lösung ihrer Probleme einsetzen können.

Um die Benutzung in Seminaren, Konferenzen, Gruppendiskussionen usw. zu erleichtern, sind die einzelnen Kapitel weitgehend in sich abgeschlossen und können auch in unterschiedlicher Reihenfolge durchgearbeitet werden. Wem die didaktischen Richtungen bekannt sind oder wer kaum noch Motivation besitzt, sich mit verschiedenen Theorien zu beschäftigen, der überschlage z. B. das 2. Kapitel und beginne die Lektüre an einer Stelle, wo er sich mit seinen Problemen eher wiederentdeckt (z. B. bei den Fallberichten des 3. Kapitels). Vielleicht führt ihn dieser Weg eher an das Studium von Theorien, ohne deren Kenntnis vieles im Praktizismus steckenbleibt.

*

Als ausgesprochen hilfreich, in die hier aufgeworfene Problematik einzuführen, haben sich Lehrertagebücher erwiesen. Mit einer beispiellosen Offenheit werden darin die Dinge beim Namen genannt. Sie zu lesen lohnt. Ich empfehle wahlweise die – auch wenn schon älteren – Tagebuchaufzeichnungen von H. RUMPF (1966), F. WEIGLE (1969), K. WÜNSCHE ([1]1972; [2]1977), J.-G. KLINK ([1]1974; [2]1975; [3]1878), R. G. ERMER (1975), I. HUSMANN (1975), J. JEGGE (1976), H. CREUTZ (1977), B. JANSSEN (1977) und F. GÜRGE u. a. (1978) oder auch das Tagebuch der Schülerin KARIN Q. (1978) und die wohl schärfste Analyse einer einzigen (Griechisch-)Stunde und eines despotischen Lehrers, die „Schulgeschichte" von Alfred ANDERSCH mit dem Titel „Der Vater eines Mörders" (1980; 1982), die übrigens auch (mit Hans KORTE in der Hauptrolle) exzellent verfilmt wurde.

Gegen zwei Fehlinterpretationen möchte ich die folgenden Kapitel absichern: Dieses Buch ist von seiner Intention her zwar ein konkretes Buch, aber kein Kochbuch, aus dem man das passende Rezept für diese oder jene Störung nur abzuschreiben braucht. Sicherlich wollen die zahlreichen Fallberichte illustrieren. In erster Linie aber stellen sie Diskussions- und Studienmaterialien dar, mit deren Hilfe die grundsätzlichen Probleme des gestörten Unterrichts erhellt und eigene Fälle erzählt werden sollen. Deshalb findet der Leser auch etliche Berichte, die der Autor eben nicht „löst", sondern mit der Frage unterbricht: Was würden Sie angesichts dieser Situation tun?

Und zweitens geht es nirgendwo um Anpassung (an einen öden oder chaotischen Unterricht etwa), um Disziplinierung (von Lebendigkeit) oder um Unterdrückung (legitimer Proteste) – wohl aber in bestimmten Situationen um solche Entscheidungen und Maßnahmen, die der Lehrer stellvertretend für den störenden Schüler trifft, gleichsam im Vorgriff auf seine noch nicht vorhandene Einsicht in verantwortliches Handeln. Schüler (und sicherlich auch manche Lehrer) sind mitunter kommunikativ „krank". Und so, wie man einem an einer fiebrigen Lungenentzündung leidenden Kind notfalls verbietet aufzustehen und dabei nicht das eigene Autoritätsgehabe unter Beweis stellen will, sondern gerade dessen geblendete Selbstbestimmung im Auge hat, so ist es gelegentlich nötig, Schüler auch gegen ihren aktuellen Willen zur Räson (zur Vernunft) zu rufen und dabei nichts anderes zu verfolgen als – *ihr* Wohl und Wehe. Auf diese zugrundeliegenden Motive kommt es an. Die gleiche Maßnahme kann in dem einen Fall eine pure Herrschaftsdemonstration sein, in einem anderen der oft verzweifelte Versuch, Schaden abzuwenden und kommunikative „Heilungsprozesse" einzuleiten. Hier gilt es, sehr genau und differenziert hinter das konkrete Tun zu schauen, was übrigens Kindern in ihrer Sensibilität viel häufiger gelingt, indem sie sehr wohl spüren, wie unser Handeln *gemeint* war. Jedenfalls vermag ich keinen Unterricht und keine Erziehung zu legitimieren, die nicht auf einem *emanzipatorischen* Konzept basieren, d. h. die Mit- und Selbstbestimmung der Heranwachsenden durch die Befreiung aus Zwängen jedweder Art allmählich sowie peu à peu zu verwirklichen suchen. Aber gerade Lehrer und Erzieher, die eine solche Pädagogik praktisch werden lassen, klagen bekanntlich über den Missbrauch der Freiheit. Ich bitte dabei nur zweierlei zu bedenken: Ist es denn so ungewöhnlich, dass diejenigen Freiheit missbrauchen, die sie nie oder nicht genug oder auch (wie heute nicht selten) im Übermaß zu brauchen gelernt haben? Und: Kann es nicht auch daran liegen, dass wir Selbstregulierung erwarten, wo sie erst mühsam, d. h. in vielen kleinen Schritten gelernt werden muss? Mir scheint, es gibt innerhalb der einleitend skizzierten Problematik Möglichkeiten, unterrichtliche Störungen ohne Knüppel und Strafarbeiten, ohne tokens, chips und laisser-faire so zu handhaben, dass gerade an *ihnen* Emanzipation und Selbstbestimmung in der Gruppe gelernt werden können. Für die vielen Widersprüche unserer Gesellschaft jedoch, die natürlich auch in jeden Unterricht und jede Erziehung hineinreichen, ist ein einzelner Autor nicht verantwortlich zu machen. Dafür, dass Kinder unter Umständen zu Hause geschlagen werden und in der Schule Konflikte human austragen sollen; dafür, dass der Staat einem Lehrer die Zensurengebung aufzwingt und die Pädagogik ihm diese Untugend verbietet; dafür, dass uns Mammutschulen aus Glas und Beton hingestellt wurden und wir lieber kleine, selbständige Departments hätten; dafür und für vieles andere ist nicht ein einzelner verantwortlich zu machen. So wird verständlich, dass eben nicht alle Fälle prompt gelöst werden können. Irgendwo bleiben nicht-hinwegzudiskutierende Widersprüche. Aber jenseits von Utopismus und jenseits von Resignation halten wir uns an den Realismus eines Sigmund FREUD, der, auf diese Problematik angesprochen, mit dem Satz zu antworten pflegte: Man kann einen schmutzigen Teller, auch in schmutzigem Wasser, mit einem schmutzigen Lappen – *relativ* sauber bekommen.

Anmerkungen

1 Die deutsche Sprache unterscheidet wohlweislich zwischen Gattungs- und Genusbegriffen. Wenn ich z. B. von meinem Fenster aus einige Hunde spielen sehe, benutze ich selbstverständlich den Gattungsbegriff, um sie als solche zu kennzeichnen. Will ich aber eine geschlechtsspezifische Aussage machen – etwa die Beobachtung mitteilen, dass ein Rüde eine Hündin bedrängt –, muss ich mich um entsprechende Genusbegriffe bemühen. Wenn also hier und im Folgenden die Berufsgruppe der Lehrer gemeint ist, hat es keinen Sinn, ein wie auch immer geschriebenes -innen diesem Gattungsbegriff anzuhängen. Umgekehrt: Wenn deutlich zu machen ist, dass Lehrer zum Beispiel in einer bestimmten Situation anders reagieren als Lehrerinnen, ist der Genusbegriff angezeigt. Alle anderen sprachlichen Verrenkungen sind bloße Kotaus gegenüber einer z. Zt. dominanten *correctness*.

2 Vgl. J. FELLSCHES (1978, S. 63ff.).

3 Vgl. J. HABERMAS (1973, S. 148) sowie J. S. HABERMAS / N. LUHMANN (1971, 114ff.).

4 Vgl. J. Fr. HERBART (Bd. 1, S. 121–137, zit. S. 127).

Literatur

ANDERSCH Alfred: Der Vater eines Mörders. Eine Schulgeschichte. Zürich (Diogenes) 1980. Auch: Zürich (Diogenes Taschenbuch) 1982.

CREUTZ, Helmut: Haken krümmt man beizeiten. Schultagebuch eines Vaters. München (Bertelsmann) 1977.

ERMER, Rudolf Georg: Hauptschultagebuch. Weinheim (Beltz) 1975.

FAUST-SIEHL, Gabriele, u. a.: Mit Kindern Stille entdecken. Frankfurt a. M. (Diesterweg) 2 1991.

FELLSCHES, Josef: Disziplin, Konflikt und Gewalt in der Schule. Heidelberg (Quelle & Meyer) 1978.

GÜRGE, Fritz, u. a.: Lehrertagebücher. Bensheim (päd. extra) 1978.

HABERMAS, Jürgen: Legitimationsprobleme im Spätkapitalismus. Frankfurt a. M. (Suhrkamp) 1973.

HABERMAS, Jürgen / LUHMANN, Niklas: Theorie der Gesellschaft oder Sozialtechnologie. Frankfurt a. M. (Suhrkamp) 1971.

HERBART, Johann Friedrich: Pädagogische Schriften. 3 Bde. Hrsg. von Walter ASMUS. Düsseldorf, München (Küpper) 1964 f.

HÖNIGSWALD, Richard: Über die Grundlagen der Pädagogik. München (Reinhardt) 1927.

HUSMANN, Ina: Glanz und Elend eines Schuljahrs. Stuttgart (Klett) 1975.

JANSSEN, Bernd: Praxisberichte aus der Hauptschule. Frankfurt a. M. (Europäische Verlagsanstalt) 1977.

JEGGE, Jürg: Dummheit ist lernbar. Bern (Zytglogge) 1976.

KLINK, Job-Günter: Klasse H 7e. Bad Heilbrunn (Klinkhardt) 1 1974; 2 1975; 3 1978.

KROWATSCHEK, Dieter u. a: Marburger Konzentrationstraining (MKT) für Schulkinder. Dortmund (Verlag modernes Leben / Borgmann) 1 1994; 6 2004.

Q., Karin: Wahnsinn, das ganze Leben ist Wahnsinn. Ein Schülertagebuch. Frankfurt a. M. (päd. extra) 1978.

RUMPF, Horst: 40 Schultage. Tagebuch eines Studienrats. Braunschweig (Westermann) 1966.

SEITZ, Oskar: Unterrichtsstörungen. Schulpädagogische Untersuchungen. Nr. 22. Nürnberg (Lehrstuhl für Schulpädagogik) 2004.

UNTERRICHTSSTÖRUNGEN. Dokumentation, Entzifferung, Produktives Gestalten. Jahresheft V/1987 aller pädagogischen Zeitschriften des Friedrich Verlages in Zusammenarbeit mit Klett. Seelze (Friedrich) 1987.

WAGNER, Ingeborg: Aufmerksamkeitstraining mit impulsiven Kindern. Stuttgart (Klett) 1976.

WEIGLE, Fritz: Lehrprobe. Report aus dem Klassenzimmer. Frankfurt a. M. (Bärmeier & Nikel) 1969.

WÜNSCHE, Konrad: Die Wirklichkeit des Hauptschülers. Köln (Kiepenheuer & Witsch) 1 1972; 2 1977. Auch: Frankfurt a. M. (Fischer Taschenbuch) 1979.

ZEH, Juli: Spieltrieb. Roman. Frankfurt a. M. (Schöffling) 2004.

Erstes Kapitel

Was sind überhaupt Unterrichtsstörungen? Oder: Vom Verurteilen über das Entschuldigen bis hin zum Verstehen

> *„Könnten wir die Störung als Mitteilung des Schülers entschlüsseln, sprich verstehen, so könnten wir eine adäquate Antwort geben."* Peter-Fritz Hallberg, 1977

Mit dem Begriff „Unterrichtsstörungen" werden sowohl in der wissenschaftlichen Diskussion als auch im schulischen Alltag eine Fülle von verschiedenen Geschehnissen bezeichnet. H.-G. ROTHENBUCHER (1978) hat die Palette von sogenannten Klassenbucheintragungen studiert und in Auszügen veröffentlicht. Schauen wir uns also einmal an, was Lehrer in der berühmt-berüchtigten Rubrik „Allgemeine Bemerkungen" zum Teil auch heute noch mitteilenswert finden. Die drei Pünktchen ersetzen jeweils den Namen des Schülers bzw. der Schülerin:

... kommt ohne ein Wort verspätet in den Unterricht und setzt sich auf seinen Platz.
... fehlte in der 5. Stunde, weil er sich mit seiner Freundin zum Sonnen verabredet hatte.
... versprühte während der Stunde Parfüm.
... wirft mit Brot (Käse, Obstschalen, Papier, Zeichenmaterial, wassergefüllten Luftballons, Abfall, Butterbroten, Mappen).
... stört durch lautstarkes Erzählen und unanständige Redensarten.
... stört durch impertinentes Dazwischenreden.
... stört, indem er seine Füße auf die Sitzgelegenheiten anderer legt.
... stört: redete ständig vor sich hin und feixt.

... stört ständig den Unterricht: Absingen von Liedern, Morsezeichen! Er versucht, die gesamte Klasse „anzureden“!
... las bis 12.15 Uhr Zeitung und arbeitete nicht mit.
... spannt plötzlich seinen Regenschirm auf und wird aus der Klasse verwiesen.
... hüpft mit dem Stuhl durch die Klasse und schneidet Grimassen.
... sitzt mit Mantel und Handschuhen im Unterricht.
... versteckt sich im Schrank und pfeift.
... isst.
... kaut Kaugummi.
... kokelt und verschmutzt seinen Arbeitsplatz.
... spielt ständig mit seinem Feuerzeug.
... versuchte, im Unterricht zu rauchen.
... verließ ohne Erlaubnis der Lehrkraft vorzeitig den Unterricht.
... verunreinigt Tische, trinkt Brause und grunzt.
... riss sich auf dem Weg ins Büro los und verschwand spurlos.
... sticht seine Mitschüler mit der Nadel.
... wird unverschämt und weigert sich, seine Adresse anzugeben.
... speit aus dem Fenster.
... prügelt sich während des Unterrichts.
... dreht sich während des Unterrichts Zigaretten.
... und ... spielen während des Unterrichts Skat. Sie weigern sich beharrlich, die Karten herauszugeben.
... verändert ständig die Folie auf dem Overhead-Projektor. Scharfe Verwarnung!
... sagt zum Lehrer: „Fassen Sie sich mal hier oben an, ich schreibe doch kein Protokoll!“ Tadel.
... sitzt nach, da er wortlos den Unterricht vorzeitig verlässt und den Filmraum nicht aufräumt.
... sitzt nach, da er sich während der großen Pause in der Mädchentoilette aufhielt. Schlägt einen Mitschüler: Tadel!

... zerreißt seine Arbeit und wirft die Schnipsel durch die Klasse.
... erhält einen Tadel, da er sich während des Unterrichts die Haare schneidet und sich manikürt.

Fünf Dinge fallen auf: Diese und ähnliche Klassenbucheintragungen animieren zunächst einmal zum Lachen, das aber an einer bestimmten Stelle in Betroffenheit übergeht. Sie sind *tragikomisch* – wie so vieles in unseren Schulen.

Zweitens ist bemerkenswert, dass Lehrer die Klassenbucheintragung benutzen, um *tadelnde* Bemerkungen aktenkundig zu machen, obgleich diese genauso wenig verboten sind wie etwa lobende Äußerungen.

Drittens wird deutlich, dass in der Regel dem betreffenden Schüler die *Schuld* an dem Vorfall zugesprochen wird. Die Bemerkungen haben einen larmoyant-anklagenden Charakter und in ihren aggressiven Versionen die Funktion einer „Ersatzohrfeige".

Viertens zeigen die Eintragungen, dass vieles zu einer „Unterrichtsstörung" werden kann, aber nicht muss. Was bei dem einen Lehrer rügenswert ist, kann bei einem anderen völlig „normal" sein. Die Definition von Unterrichtsstörungen ist also recht *willkürlich.*

Und schließlich weisen all diese Eintragungen auf das *Scheitern* des betreffenden Lehrers hin. Wären ihm andere Lösungen zur Hand gewesen, hätte er kaum zu diesem drastischen Mittel gegriffen, das ja in keinem Fall die zugrundeliegende Konfliktkonstellation beseitigt, sondern im Gegenteil wohl noch verstärkt.

*

Ganz anders lauten hingegen die Formulierungen, die man in entsprechenden Unterlagen von Erziehungsberatungsstellen lesen kann – soweit sie schulische Auffälligkeiten von Kindern und Jugendlichen kennzeichnen:

... leidet an Hypermotorik.
... zeigt depressive Symptome.
... vermag Aggressionspotentiale unter Stresseinwirkung nicht zu steuern.
... ist schwer verhaltensgestört und gelegentlich sozial auffällig.
... ist konzentrationsschwach und wenig zielkonstant.
... darf als ausgesprochener underachiever gelten.
... leidet an endogen bedingter Legasthenie.
... ist in Gruppen ausgesprochen ich-schwach.
... überträgt seine ödipalen Bedürfnisse auf den Lehrer.
... ist aufgrund der familiären Zustände sozial depriviert.
... kann ohne therapeutische Hilfen seine Rollenzwänge nicht ablegen.
... dürfte durch die tadelnde Zuwendung der Lehrerin in seinem Verhalten lernpsychologisch noch verstärkt werden.
... kompensiert durch Bulimie Libidobedürfnisse.
... besitzt einen normalen IQ, der durch die minimalen cerebralen Dysfunktionen im Bereich des Sprachverhaltens leicht unter dem Mittelwert liegt.
... hat eine in früher Kindheit entwickelte oral-kaptative Gehemmtheit, die für die momentanen Schwierigkeiten verantwortlich zu machen ist.
... besitzt eine viel zu schwach ausgebildete Ambiguitätstoleranz und scheint seine Desmotivationsattitüden resignierend hingenommen zu haben.

Bei solchen und ähnlichen Eintragungen fallen genau gegenteilige Beobachtungen ins Auge:

Erstens hat es der Laie schwer, sich in der Begriffssprache zurechtzufinden. Bevorzugt werden *allgemein-nicht-verständliche Fachtermini.*

Zweitens bemühen sich die Bemerkungen, möglichst *objektiv* zu sein und quasi über den Dingen zu stehen.

Drittens werden die Schüler *entschuldigt,* die Lehrer zwar gelegentlich angesprochen, ansonsten aber nur vage Andeutungen gemacht.

Viertens sind weniger einzelne Szenen notiert als vielmehr *komplexe Verhaltensstörungen,* die aus einem kausalbedingten Kern (weil ... deshalb) resultieren.

Und schließlich wird deutlich, daß *diagnostische* Hinweise überwiegen, therapeutische demgegenüber zurücktreten.

Wie sehr diese beiden Sprachcodes das heutige Be-Reden und Be-Schreiben unterrichtlicher Störungen kennzeichnen und damit die Semantik der Äußerungen über Schule bestimmen, macht ein Papier deutlich, das mir die Didaktische Leiterin einer baden-württembergischen Sekundarschule überreichte. Es trägt den Titel „Aufstellung der im Zeitraum September '91 bis Januar '92 von der schulinternen Beratung übernommenen Schülerinnen und Schüler". 39 (!) Fälle (innerhalb von sechs Monaten) werden darin geschildert; aus drei typischen sei zitiert, wobei mir die Kollegin versicherte, daß die bereits dem Jugendamt überantworteten Problemschüler sowie die zahlreichen Drogenfälle *nicht* mit aufgeführt sind.

... Junge, 5. Kl.: Seit zwei Jahren aus der DDR hier. Sehr aggressiv. Lügt, schlägt, zerschneidet zu Hause Sitzpolster. Mutter sehr labil und schwach. Das Kind bekommt alleine panische Angst, verletzt sich sehr häufig. Diskussion um Heimplatz mit Therapieangebot steht an. Mutter weigert sich zuzustimmen.

... Junge, 8. Kl.: Extrem auffälliges Störverhalten in der Klasse. Hält sich für den Größten bei geringem Selbstvertrauen. Sehr intelligent, dennoch Schulabschluß gefährdet. Lebt zur Zeit bei der Mutter. Der Versuch, im 2. Halbjahr im Schuljahr '90/91 beim Vater in Österreich besser klar zu kommen, scheiterte. Zur Zeit in Kur wegen starken Übergewichts; Schulausschluß wegen massiven Störverhaltens nicht ausgeschlossen.

... Mädchen, 10. Kl.: Viele Fehlzeiten durch Schwänzen. Kaum ansprechbar. Wiederholt Klasse 10 nach Schulwechsel von privatem Gymnasium in Klasse 9. Sehr leistungsgestört. Schulabschluß sehr gefährdet.

Geradezu hilflos, wenn auch mit sehr viel Verständnis, reagieren angehende Lehrer (z. B. Lehramtsstudenten) auf Unterrichtsstörungen und schwierige Schüler. So schreibt Tina PRAGER (2. Sem.) in ihrem Bericht über ihr Orientierungspraktikum, das sie nach dem SoSe 2004 an einer Berliner Grundschule absolviert hatte, unter anderem:

Oft passiert es, dass die Schüler sich gegenseitig schlagen, treten oder würgen. Die Lehrer schreiten natürlich sofort ein. Frau P. klärt am Anfang ihres Unterrichts diese Vorfälle oder versucht zumindest, beide Parteien zu Wort kommen zu lassen.

Trotzdem wird ständig geschlagen. In der Pause kann man nicht auf eine Gruppe von Schulkindern gucken, ohne dass sich da jemand schlägt. Viele machen es nur zum Spaß oder aus Übermut, aber nur allzu oft wird daraus Ernst.

Untereinander haben die Kinder einen rauen Umgangston mit Schimpfwörtern und Beleidigungen, auch wenn sie einander augenscheinlich gar nicht so „blöd" finden.

Wenn in einer Unterrichtssituation Ruhe verlangt ist, ermahnen sie sich gegenseitig zur Ruhe.

Frau P. erzählt mir, dass es viele Probleme gibt, weil manche Schüler ihre Hausaufgaben nicht machen. Das habe ich selber ständig erlebt. Immer, wenn Hausaufgaben aufgegeben waren, hatten einige Kinder keine gemacht. Oft haben sie von den Lehrern eine zweite Chance bekommen, die Hausaufgaben nachzureichen, diese aber kaum genutzt. Deshalb müssen sie nachsitzen, was unter den Lehrern abgesprochen wird, so dass ein Lehrer mehrere Schüler beim Nachsitzen beaufsichtigt. Ich habe das Nachsitzen einmal erlebt. Da haben sich die meisten Schüler beeilt mit den Hausaufgaben, um schnell nach Hause zu kommen. Also dauerte das nur 10–15 Minuten. Nur einer war ganz verzweifelt und hat geweint, weil er nicht nachsitzen wollte.

Ich kann nicht beurteilen, welche Art von Kindern auffällig sind und welche nicht. Ich kann nur sagen, welche mir auf-

fallen. Von einem möchte ich erzählen. Er heißt F. Er ist relativ klein im Vergleich zu seinen Klassenkameraden, hat ein lustiges, verschmitztes Gesicht, sieht aber immer schlampig gekleidet aus. Er schlurft meist mit offenen Schnürsenkeln über die Flure und hat schmutzige Hände. Selten gibt es Unterrichtsstunden, in denen man nichts von ihm hört. Meistens ist er in Bewegung. Er verzieht sein Gesicht zu Fratzen, äfft andere Kinder nach, zappelt auf seinem Stuhl, spielt mit allem, was ihm in die Finger kommt. Die anderen Kinder beschweren sich ständig über ihn. Sie sagen, er nerve und er würde sie schlagen (vor allem die Mädchen). Ich habe den Eindruck, von den Jungen wird er geschlagen. Manche Stunde hat ihn Frau P. schon zu sich gebeten, dass er neben ihr sitzen solle. Dadurch wird er meist ruhiger. Wenn sie gerade redet und er neben ihr wieder stört, legt sie ihm ihre Hand auf den Rücken. Das hilft manchmal auch. Wenn er nicht in der Lage ist, die Gruppenarbeiten mit anderen Kindern zu machen, bittet ihn Frau P. etwas zu schreiben oder ähnliches. Das scheint er auch vorzuziehen.

Ich denke, es ist schwierig mit solchen Schülern umzugehen. Sie stören den Unterricht, aber man kann nicht wütend auf sie sein, weil sie (in dem Fall glaube ich es zumindest) einfach nichts dafür können. Und da gibt es ein Problem, das ich die ganze Zeit in meinem Praktikum schon sehe: Dass die Schule das leisten muss, was im Elternhaus versäumt wurde.

*

Was also sind Unterrichtsstörungen bzw. störende Verhaltensweisen, die häufig mit Schuldvorwürfen versehen oder auch ent-schuldigend wahrgenommen werden und auf die viele Lehrer, Referendare und Lehramtsstudenten eher rat- und hilflos reagieren? Zu meiner Junglehrerzeit war dieser Begriff völlig unbekannt. Damals sprach man von „Disziplinschwierigkeiten", die man entweder hatte oder auch nicht hatte. Disziplin zu halten, war eine wichtige Aufgabe, und der Erfolg meines Unterrichts wurde auch daran gemessen, ob ich es (wie ein Dompteur) verstand, 32 Viertklässler oder 28 Schüler(innen) eines 9. Schuljahres still und aufmerksam auf ihren Plätzen zu halten. Dieser Begriff „Disziplin“ signalisierte eine ganz bestimmte Theorie von Schulpädagogik und war in sich ambivalent. Er hatte (zumindest) einen Vor- und einen Nachteil:

Der Nachteil bestand darin, dass ich schnell *schuldig* werden konnte, wenn mir das Disziplinhalten nicht gelang. Unter Umständen war ich als Lehrer ungeeignet, zu lasch, ohne Durchsetzungsvermögen und Autorität. Dieser Nachteil übertrug sich natürlich auch auf die Schüler, vor allem, wenn der Lehrer dem Erwartungsdruck nachgab und die Schüler nicht nur bei Hospitationen durch den Mentor, Rektor oder Schulrat hart anfasste, sondern diese Pädagogik verinnerlichte und permanent den „stahlharten deutschen Blick“ durch die Tischreihen warf, die Noten als Ersatz für die Peitsche benutzte und Lernen als Disziplinierungsmittel missbrauchte ...

Der Vorteil lag darin, dass ich zumindest *mitverantwortlich* war für das, was da im Unterricht geschah. Als Lehrer war ich zuständig und damit auch berechtigt, pädagogisch-therapeutisch zu handeln. Das Problem blieb bei mir und wurde nicht aus der Schule in vage Familienverhältnisse, gesellschaftliche Bedingungen, endogene Faktoren usw. transportiert ...

Heute spricht kaum noch jemand (zu Recht) von „Disziplinschwierigkeiten“, aber viele reden von „Verhaltensstörungen“ und weisen damit auf einen erheblichen Veränderungsprozess in der Wahrnehmung, Beurteilung und Theoriebildung hin. Auch dieser moderne Begriff für ein altes Problem ist in sich widersprüchlich.

Der Vorteil, von „Verhaltensstörungen“ zu sprechen, liegt zunächst einmal darin, dass ich als Lehrer nicht länger schuldig bin, also *entschuldigt* werde, wenn sich die Schüler nicht konzentrieren können, aggressiv sind oder an einer Lese-Rechtschreib-Schwäche leiden. Diese Befreiung von persönlicher Schuld ist sehr wichtig und hat das Schulklima in vielerlei Hinsicht entgiftet ...

Der Nachteil liegt jedoch darin, dass niemand mehr so recht verantwortlich ist. Was kann der einzelne Lehrer denn für die allgemeine Unruhe, die Fehler im Diktat oder die Klauereien seiner Schüler? Man hat ihn gelehrt, diese Geschehnisse „Hypermotorik“, „Legasthenie“ oder „Devianz“ zu nennen und bereits so, d. h. mit Hilfe der wissenschaftlichen Sprache, Distanz zu schaffen, zu objektivieren und sich für *nicht zuständig* zu halten. Für „Verhaltensstörungen“ sind, wenn überhaupt, Fachleute da, Spezialisten, die – wenn sie schon nicht helfen können – wenigstens eine exakte Diagnose zu fällen wissen und eine medizinisch klingende Krankheitsbezeichnung zur Hand haben ...

Beide Begriffe, „Disziplin-“ und „Verhaltensstörungen“, sind also nicht geeignet, das hier zu entfaltende Problem anzugehen. Ihre jeweiligen Vorteile beseitigen nicht ihre Nachteile. Letztlich sind „Disziplinschwierigkeiten“ das, was der „Fachmann für Disziplin“ (der Lehrer also) unter der rechten Disziplin versteht; und „Verhaltensstörungen“ werden letztlich vom „Fachmann für richtiges Verhalten“ (d. h. vom Psychologen) definiert. Eine solche personale Ausrichtung ist willkürlich, zerrt mal die Schüler, dann wieder die Lehrer oder die Eltern auf die Anklagebank und entmündigt die eigentlich Betroffenen. Solche Begriffe kommen aus dem Teufelskreis von Verurteilen und Entschuldigen nicht heraus und haben deshalb mit Pädagogik nichts zu tun. Dieser nämlich geht es um das *Verstehen* – auch und gerade befremdlicher Situationen, auffälliger Verhaltensweisen und schwieriger Prozesse. Sie, die Pädagogik, will bekanntlich erziehen, und das kann sie nur dann, wenn sie sich zuallererst um Verständnis bemüht, Schuld und Unschuld erst einmal beiseite lässt und statt dessen nach möglichen Ursachen und Absichten ganz bestimmter Verhaltensweisen fragt, mit anderen Worten: Entzifferungsarbeit leistet.

Unterrichtsstörungen dürfen also nicht (nur) vom Lehrer her definiert werden – und selbstredend auch nicht (nur) vom Schüler. Was eine Unterrichtsstörung ist, kann überhaupt nicht ein einzelner oder eine Gruppe vorweg ausmachen, gleichsam von außen festlegen. Hier wird der Vorschlag gemacht, von der personalen Definitionsrichtung wegzukommen und stattdessen die Unterrichtsstörung vom Unterricht her zu kennzeichnen. *Eine Unterrichtsstörung liegt dann vor, wenn der Unterricht gestört ist, d.h. wenn das Lehren und Lernen stockt, aufhört, pervertiert, unerträglich oder inhuman wird.*

Eine solche Definition wird zunächst auf Befremden stoßen. Man befürchtet noch mehr Relativität und vermisst Eindeutigkeit. Das ist verständlich, aber leider nicht zu umgehen. Unterrichtsstörungen sind in der Tat relative Bezeichnungen, die letztlich keine absolute Objektivität beanspruchen können. Ein paar Beispiele:

Während einer vorgelesenen Kurzgeschichte kaut der Schüler Peter Hase Kaugummi und hat seine Füße auf den Tisch gelegt ...

Lehrer A: wird deshalb unruhig und stottert ...

Lehrer B: legt das Buch zur Seite und brüllt ...

Lehrer C: nimmt keine Notiz davon ...

Lehrer D: fühlt sich erst jetzt so richtig entspannt ...

Wir ersehen daraus, dass ein bestimmtes Schülerverhalten ganz verschiedene Reaktionen hervorrufen kann, von dem einen Lehrer als Störung interpretiert, von einem anderen hingegen als Auflockerung bewertet wird. Solange der Lehrer mit seinen drei *N*s, seinen persönlich-individuellen Maßstäben (*N*ormen, *Nerven* und *N*eigungen), darüber befindet, was eine Unterrichtsstörung ist, wird der Willkür Tür und Tor geöffnet. Nach der hier vorgeschlagenen Theorie wäre das Verhalten des Schülers Peter Hase nur und erst dann eine Störung, wenn dadurch der Lehr- und Lernprozess, d.h. in diesem Fall das Vorlesen und verständige Zuhören der Kurzgeschichte beeinträchtigt wird. Ein anderes Beispiel:

Gruppenarbeit in der 6. Klasse. Die Schüler sitzen an Vierertischen, das Radio läuft und inmitten eines gewissen Arbeitslärms kümmert sich die Lehrerin, Frau Dormann, um die aufkommenden Fragen, einzelne Schüler und die Bereitstellung von Materialien. Plötzlich geht die Tür auf, der Schulleiter kommt herein und sagt im Fall:

A: Hier ist es aber entschieden zu laut ...

B: Ihr Unterrichtsstil missfällt mir schon lange ...

C: Ich bewundere Ihr Engagement ...

D: Darf ich zusehen und ein bisschen mitlernen ...

Wieder erkennen wir, wie sinnlos es ist, ein bestimmtes Geschehen von außen, prinzipiell und von bloß wertenden Personen her beurteilen zu wollen. Was in der einen (Kloster-)Schule fast den Untergang des Abendlandes bedeuten würde, ist in der anderen (Gesamt-)Schule ein selbstverständliches Handeln. Aus der Willkür der Interpretation kommt man nur dann heraus, wenn man sich vor jeder Beurteilung fragt: Ist in diesem konkreten Fall wirklich der Lehr- und Lernprozess, der letztlich der Erziehung und Bildung dient, bedroht oder vielleicht nur mein Vorurteil? Ein letztes Beispiel:

Studienrat Roschlau ist wegen seiner Strenge gefürchtet. Eines Tages passiert folgendes: Beim Betreten der Klasse springen die Untersekundaner wie auf Kommando auf und beantworten den gemurmelten „Morgen"-Gruß des Lehrers mit einem einstimmigen „Guten-Morgen-Herr-Studienrat". Nur Sven war sitzen geblieben. Daraufhin angesprochen, erwidert der Schüler in der Situation

A: Entschuldigen Sie vielmals, ich war zerstreut ...

B: Wird nicht mehr vorkommen ...

C: Ihr militärisches Gehabe verdient Verweigerung ...

D: Entschuldigen Sie, aber ich möchte gern wie ein 16jähriger behandelt werden und nicht wie ein 10jähriger ...

Hier geraten also die Normen des Lehrers mit denen des Schülers in Konflikt. Die beiden ersten Reaktionen zeigen uns, wie der Schüler dem Druck des Lehrers nachgibt und damit scheinbar Frieden stiftet. In der dritten artikuliert sich Protest und Auflehnung. In der vierten der Versuch einer rationalen Lösung.

Lehrer und Schüler interpretieren auffälliges Verhalten genauso unterschiedlich wie verschiedene Lehrerkollegien, Schulaufsichtsbeamte oder die Öffentlichkeit. Solange sie beanspruchen, nur von ihrer Person her festlegen zu können, was ein störendes Verhalten ist, schaffen sie permanent Konflikte, die nicht sein müssten. Erst wenn sich alle Beteiligten fragen, ob dieses oder jenes Verhalten wirklich die Unterrichtsarbeit stört, können sie auf eine Ebene gelangen, auf der für alle befriedigende Lösungen sichtbar werden. Andernfalls nimmt der Grabenkrieg kein Ende, und eventuelle Regelungen haben den Charakter von Sieg oder Kapitulation. Solange der unterrichtliche Kommunikationsprozess erfolgreich ist, also Lehren und Lernen in ihm möglich sind, sollten wir uns hüten, auffällige Verhaltensweisen sofort als Unterrichtsstörungen zu bezeichnen. *Eine Unterrichtsstörung liegt dann und nur dann vor, wenn der Lehr- und Lernprozess bedroht ist, abbricht oder in der Perversion endet.* Alles andere sind zwar verständliche Kennzeichnungen persönlicher Meinungen, aber keine Unterrichtsstörungen. Und weil diese Kennzeichnungen weit verbreitet sind, haben wir es oft mit scheinbaren Unterrichtsstörungen zu tun, die nicht auftreten müssten, realiter aber zu beobachten sind und erst vor dem Hintergrund einer divergierenden Interpretation zu echten Unterrichtsstörungen werden, d.h. die Lehr- und Lernarbeit beeinträchtigen.

Die meisten Unterrichtsstörungen sind also Signale des Schülers, die etwas mitteilen wollen. Z.B.

- dass der Unterricht langweilig oder uninteressant ist;
- dass man ganz andere (Lern-, Lebens- oder Beziehungs)-Probleme hat;

- dass die Normen des Lehrers fragwürdig sind;
- dass man zwar lernen möchte, aber eben anderes auf andere Weise;
- dass einem der Sinn des schulischen Unterrichts fehlt, usw.

Vorausgesetzt, wir begeben uns auf die Interpretationsebene, auf der die Störung des Unterrichts am Unterricht selbst gemessen wird, werden die entscheidenden Fragen zur Entschlüsselung des auffälligen Schüler- und Lehrerverhaltens sichtbar. Jedes menschliche Verhalten hat Ursachen (Gründe) und verfolgt Ziele (Intentionen) – das lehrt uns u. a. die Psychoanalyse. S. FREUD[1] hat sich mehr um die Erhellung der *kausalen* Hintergründe von Verhaltensweisen bemüht; A. ADLER[2] um die *finalen* Perspektiven. Während also die einen Fragen in die Vergangenheit reichen, biographisch orientiert sind, geht es den anderen um die Zukunft, das individuelle Bestreben. Warum- und Wozu-Fragen sind in gleicher Weise hilfreich, den latenten Mitteilungscharakter von Kommunikationen zu entdecken[3].

Prinzipiell kann jedes auffällige und störende („krankhafte“) Verhalten eines Menschen folgende *Ursachen* haben:

1. Konstitutionelle oder erworbene Faktoren im somatischen Bereich
2. Ungelöste innerpsychische und soziale Konflikte
3. Gestörte Entwicklungsprozesse
4. Aktuelle Bedrohungen.

Und in Anlehnung an R. DREIKURS (1967, S. 40ff.), einem Schüler A. ADLERs, verfolgt jedes störende Verhalten zumindest eines von fünf möglichen *Zielen*:

1. Entschuldigung bzw. Vertuschung eigener Mängel
2. Erregung von Aufmerksamkeit
3. Vermeidung von Unterlegenheit und Gewinnung von Überlegenheit
4. Vergeltung bzw. Rache
5. Gewinnung von Liebe.

Analytische und teleologische (zielgerichtete) Fragen sind in gleicher Weise wichtig und münden ein in den Komplex, das Verhalten *hier* und *jetzt* zu deuten. Uns in solche Fragestellungen einzuüben, wird eine wichtige Aufgabe aktueller und zukünftiger Lehrerbildung sein[4]. Vielleicht hilft die folgende Abbildung, den Ertrag dieses 1. Kapitels zusammenzufassen.

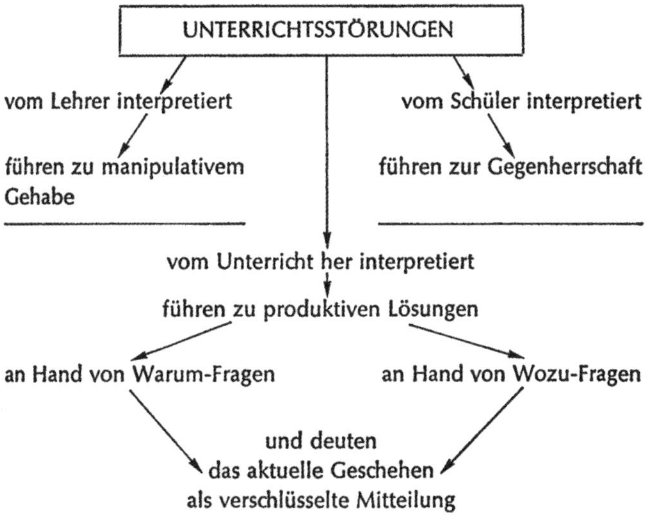

Abb. 1 Eine neue Theorie der Unterrichtsstörungen

In jedem schulischen Unterricht kollidieren nicht nur verschiedene Ansichten und Normen, sondern auch Bio- und *Lernographien*: Lehrer haben anderes auf andere Weise gelernt als ihre Schüler. Und wenn umgekehrt auch die Schüler weder besser noch schlechter als ihre Lehrer lernen, wohl aber eine ihrer Generation gemäße Lernographie konstituieren, dann helfen keine Verabsolutierungen der eigenen Ansichten, Werte und Gewohnheiten weiter, wohl aber das Bemühen auf Lehrer- und Schülerseite, sich wechselseitig zu verstehen, ohne mit allem einverstanden zu sein[5].

Selbst hochgradig „aggressive“ Kinder oder schwer „konzentrationsgestörte“ Schüler teilen uns nicht nur ihre Symptome, sondern auch ihre eigentlichen Nöte mit, wenn wir nur hinhören auf sie. Michaela GLÖCKLER hat diesen Zusammenhang treffend gekennzeichnet, wenn sie in ihrer „Elternsprechstunde“ (^{2}1991, S. 153) schreibt: „Und das ist die Botschaft der hyperkinetischen Kinder: Seht an uns Euer eigenes Problem. Helft Euch selbst, indem Ihr uns helft!“

Anmerkungen

1 Aus dem umfangreichen Werk S. FREUDs hier die passenden Schriften anzugeben, ist schier unmöglich. Vielleicht helfen seine „Vorlesungen zur Einführung in die Psychoanalyse“ sowie die „Neue Folge der Vorlesungen“ (Bd. 1 der Studienausgabe) am ehesten weiter.

2 Das gleiche gilt für A. ADLER. Mir persönlich haben die Bände der Fischer Taschenbuch Ausgabe viele Erkenntnisse vermittelt.

3 Vgl. dazu das Standardwerk von P. WATZLAWICK u. a. (^{1}1969; ^{8}1990).

4 Hier sind vor allem K. SINGER (^{2}1974; ^{2}1976) und W. NEIDHARDT (1977) bemüht, indem sie psychoanalytische Erkenntnisse für die Schulpädagogik fruchtbar machen.

5 Zum Problem der Lernographien, d. h. zu der (noch längst nicht geklärten) Frage, wie verschiedene Generationen Verschiedenes lernen vgl. R. WINKEL (1986) und (1988 a).

Literatur

ADLER, Alfred: Fischer Taschenbuch. Bd. 6080 (Menschenkenntnis); Bd. 6174 (Über den nervösen Charakter); Bd. 6179 (Der Sinn des Lebens); Bd. 6199 (Individualpsychologie in der Schule); Bd. 6220 (Heilen und Bilden); Bd. 6236 (Praxis und Theorie der Individualpsychologie); Bd. 6260 (Die Technik der Individualpsychologie. 1. Teil); Bd. 6261 (Die Technik der Individualpsychologie. 2. Teil); Bd. 6311 (Kindererziehung). Frankfurt a.M. (Fischer Taschenbuch) 1966ff.

ATZESBERGER, Michael / FREY, Herbert: Verhaltensstörungen in der Schule. Stuttgart (Klett, Cotta) 1978.

DREIKURS, Rudolf: Psychologie im Klassenzimmer. Stuttgart (Klett) 1967; 101985.

FREUD, Sigmund: Studienausgabe. Frankfurt a.M. (S. Fischer) 1969 ff.

GLÖCKLER, Michaela: Elternsprechstunde. Stuttgart (Urachhaus) 21991.

GOETZE, Herbert / NEUKÄTER, Heinz (Hrsg.): Handbuch der Sonderpädagogik. Bd. 6: Pädagogik der Verhaltensgestörten. Berlin (Marhold) 1989.

HALLBERG, Peter-Fritz: „Störer" und Gestörte im Unterricht. In: Westermanns Pädagogische Beiträge, 29 (7/1977), S. 275–278.

MOLL-STROBEL, Helgard (Hrsg.): Die Problematik der Disziplinschwierigkeiten im Unterricht. Darmstadt (Wissenschaftliche Buchgesellschaft) 1982.

NEIDHARDT, Wolfgang: Kinder, Lehrer und Konflikte. München (Juventa) 1977.

ROTHENBUCHER, Hans-G.: Zur Tragikomik von Klassenbucheintragungen. In: Allgemeiner Schulanzeiger, 12 (1/1978), S. 33 u. 36.

SCHÄFER, Alfred: Disziplin als pädagogisches Problem. Essen (Neue Deutsche Schule) 1981.

SINGER, Kurt: Lernhemmung, Psychoanalyse und Schulpädagogik. München (Ehrenwirth) 21974.

Ders.: Verhindert die Schule das Lernen? München (Ehrenwirth) 21976.

SPECK, Otto u.a. (Hrsg.): Schulische Integration lern- und verhaltensgestörter Kinder. München (Reinhardt) 1978.

TITZE, Brigitte: Den Menschen verändern heißt seine Ziele verändern. In: psychologie heute, 4 (2/1977), S. 35–41.

UNTERRICHTSSTÖRUNGEN. Dokumentation, Entzifferung, Produktives Gestalten. Jahresheft V/1987 aller pädagogischen Zeitschriften des Friedrich Verlages in Zusammenarbeit mit Klett. Seelze (Friedrich) 1987.

WATZLAWICK, Paul / BEAVIN, Janet H. / JACKSON, Don D.: Menschliche Kommunikation. Formen, Störungen, Paradoxien. Bern, Stuttgart (Huber) 11969; 81990.

WINKEL, Rainer: Lernographien oder: Wie verschiedene Generationen Verschiedenes lernen. In: Beispiele, 4 (4/1986), S. 10–14.

Eine vergleichbare (aber nicht identische) Fassung findet sich in der Zeitschrift: rhein-pfälzische schulblätter, 39 (3/1988), S. 17–22 (a).

ZEITSCHRIFT PÄDAGOGIK, 43 (12/1991), mit dem Themenschwerpunkt „Unterrichtsstörungen". Hamburg, Weinheim (Pädagogische Beiträge Verlag, Beltz Verlag) 1991.

ZEITSCHRIFT PÄD FORUM: unterrichten erziehen, 32/23 (1/2004), mit dem Themenschwerpunkt „Störende Schüler – Verstörte Lehrer: Gestörte Schule". Baltmannsweiler, Hohengehren (Schneider Verlag) 2004. Vgl. darüber hinaus die Hefte 3 und 6/2005 – mit den Themenschwerpunkten „Schüler sind nicht kinderleicht" und „Disziplin".

Berechnen Sie die Wärmedurchgangzahl K!
Außenluft (t_a)
Q
Wandtemperatur
t_a
Wärmeüber-gang (außen)
Wärmeüber-gang (innen)
durch-lässigkeit
Wärmedurchgang
α_i +
+ α_a

Zweites Kapitel

Zum Dilemma des Schulehaltens oder: Die Kommunikative Didaktik

„Der 'Monologisierende' nimmt z. B. die Signale der Gegenseite überhaupt nicht wahr, verfehlt also seinen potentiellen Partner exakt und 'erledigt' ihn gesprächsweise."

Hans-Jochen Gamm, 1974

Im Jahre 1657 schrieb Johann Amos COMENIUS in die Titelage seiner Großen Didaktik:

„Erstes und letztes Ziel unserer Didaktik soll es sein, die Unterrichtsweise aufzuspüren und zu erkunden, bei welcher die Lehrer weniger zu lehren brauchen, die Schüler aber dennoch mehr lernen; und bei der in den Schulen weniger Lärm, Langeweile und sinnlose Arbeit zugunsten von mehr Freiheit, Vergnügen und wahrhaftem Fortschritt herrschen."[1]

Haben wir Schulen, in denen die Lehrer weniger reden? Hören wir in unseren Klassenzimmern Arbeitsgeräusche oder Streit, Schelte, Beleidigungen und Aggressionsausbrüche? Gelingt es dem Unterricht heute, die Schüler zum selbstverantwortlichen Lernen, zum freudigen Entdecken und zu kommunikativen Interaktionen anzuleiten? Arrangieren Lehrer und Schüler freie Lehr- und Lernprozesse, anhand deren Wirklichkeiten erkundet und auf ihre Verbesserung hin befragt werden? Oder ist unsere Schule – nach H. v. HENTIG (1971, S. 41) – längst neben dem Fernsehen der große „General-Babysitter", der tagein-tagaus lernwilligen jungen Menschen das Stillsitzen, Rezeptivität und die Gedankenlosigkeit kommandiert?

Ich darf ein paar Tatsachen anführen:

Nach den Untersuchungen von R. und A.-M. TAUSCH (^{6}1971), S. 212ff.) kann als erwiesen gelten, dass der typische Lehrer im (Frontal-)Unterricht etwa 60% bis 80% aller registrierten Wörter spricht, somit etwa 50mal soviel redet, wie dies dem einzelnen Schüler möglich ist. Aus diesem endlosen Monologisieren resultieren unmittelbar fehlende Sprachkompetenz der Schüler, ansteigende Aggressionsbedürfnisse und – häufig – Unterrichtsstörungen in Form verweigerten Lernens.

Oder:

1. Fall: Jürgens Provokationen

Montagmorgen, 2. Stunde in einem 8. Schuljahr einer Hauptschule. Der Rektor erteilt 18 Schülern und 15 Schülerinnen Physikunterricht. Thema: Der Viertaktmotor. Das Lernklima ist extrem leistungsgetönt. Solange der Rektor vis à vis der Klasse steht, wagt niemand irgendwelche unerbetenen Aktionen. Da die Funktionsweise des Motors bereits in der 1. Stunde 'durchgenommen' – nicht demonstriert – worden war, ist die Aufmerksamkeitskurve längst in den Negativbereich gesunken. Es geht im Augenblick um die 'Ertragssicherung'. Trotz wiederholter Ermahnungen und gesteigerter Drohungen („Ihr könnt ja auch einen Aufsatz darüber schreiben!") bleiben die Schüler passiv. Schließlich: Der lang aufgeschossene Jürgen tippt mit dem Bleistift im Vierertakt auf sein Pult. Stille. Keine Reaktion. Der Rektor deklamiert weiter. Nach ca. einer Minute wieder das gleiche rhythmische Klopfen. Der Rektor starrt Jürgen an, zeigt ansonsten aber nur unterdrückten Zorn. Das Spiel dauert gut 15 Minuten. Offensichtlich nutzt Jürgen die Besuchssituation aus, denn einige Schüler bestätigen uns in der Pause, „dass es normalerweise längst geschossen hätte". Wir zählten in diesen 15 Minuten ca. 20 Impulssalven des Lehrers. Als Jürgen dann sein Spiel mit verstecktem Grinsen begleitet, platzt dem Rektor buchstäblich die Geduld. Er stürzt auf ihn zu ...

In dem amerikanischen Report „Crisis In The Classroom" von C.E. SILBERMAN (1970, S. 90f.; dt. 1973, S. 107) wird von einer zweiten Klasse in einer Großstadtschule folgendes berichtet:

2. Fall: Die Klasse als Zoo

„Die Klasse zählt zu jenen, die der Rektor selbst Besuchern mit einer Art von negativem Stolz als eine der ‘wilden’ Klassen vorstellt ... Die Klasse ist überall in der Schule verrufen; mehrere Lehrer äußerten sich abfällig über sie, einer nannte sie einen ‘Zoo’ ... Das Lied ist vorüber und die Lehrerin, bemüht, mit ihnen die Wochentage durchzupauken, fragt sie: ‘Was für ein Tag ist heute? Was für ein Tag war gestern?’ ... Wenn die Kinder die Namen der einzelnen Tage ihr laut zurufen, hört sie auf und verbessert sie: ‘Sagt eure Antwort in ganzen Sätzen!’ Inzwischen rennen mehrere Kinder lärmend im Zimmer herum und schlagen einander. Andere sitzen teilnahmslos da und nehmen offenbar nicht wahr, was sich um sie herum tut. Innerhalb der ersten zehn Minuten schon wendet die Lehrerin physische Gewalt an ... Doch sie erreicht keine Kontrolle über die Klasse, und auch im Laufe des Vormittags gelingt ihr das nicht.“

Selbst wenn die hier skizzierte Unterrichtswirklichkeit nicht repräsentativ sein sollte – was zu beweisen wäre –, kommen Störungen im Unterricht offensichtlich häufiger als zugegeben vor. Da beginnt eine Lehrerin – wohlpräpariert – „Die Kraniche des Ibykus“ vorzutragen; und gerade, als sie „Zum Kampf der Wagen und Gesänge / Der auf Korinthus’ Landesenge“ ruft, geht die Tür auf, und der Hausmeister fragt: „Wer möchte heute Kakao trinken?“ Lachen, Unruhe – die Stunde ist hin. In einer anderen Klasse (1. Schuljahr) regt der Religionslehrer an, „mal ganz stille zu werden, in sich hineinzuhören, um auf eine Antwort zu lauschen“. In diesem Augenblick kippt der zappelnde Franz samt Stühlchen um. Betroffenheit, Ungeduld – der ‘fruchtbare Moment’ (F. COPEI) ist weg, der ‘pädagogische Takt’ (J. MUTH) gestört. Angesichts des *Anspruchs*, den wir (nicht erst heute) an Unterricht stellen, leidet jeder Unterricht unter Störfaktoren, gelingen und versagen Unterricht und Erziehung in – etwa – 400000 deutschen Schulklassen. Aus der Tatsache, dass in der schulpädagogischen Fachliteratur auf diese und andere Störfaktoren kaum eingegangen wird[2], sollte man nicht schließen, es gäbe solche Störungen nicht. Unter Umständen sind hier starke Verdrängungsprozesse und krampfhafte Idealisierungen am Werk, die sich allenfalls ad hoc in informellen Gesprächen im Lehrerzimmer oder in der Privatsphäre teilweise Entlastung verschaffen. Wer je Schule erlebt hat, weiß um den zermürbenden Alltag, die Disziplinkonflikte, die Unruhe, die kleinen und großen Streiche, die misslungenen Pointen, das Uhr-und-Schelle-Diktat, die Raufereien und Unaufmerksamkeiten, die alle den Unterricht – mehr oder weniger – beeinflussen.

Seit fast 30 Jahren bitte ich Studenten, also ehemalige Schüler, Fallberichte zu schreiben über:

- einen schwierigen Lehrer
- eine schwierige Lehrerin
- eine schwierige Schülerin
- einen schwierigen Schüler oder
- eine schwierige Schul- bzw. Unterrichtssituation.

Weit über 1000 Berichte bilden eine ungewöhnliche Sammlung. Über all die Jahre hinweg zeigen sich u. a. zwei Veränderungen: In früheren Jahren berichteten diese Ex-Schüler vor allem über „schwierige Lehrer/innen“; seit geraumer Zeit eher über „schwierige Mitschüler/innen“ (etwa im Verhältnis 3 : 1). Und, makaber genug: Die Rechtschreibung dieser angehenden Lehrer ist von Jahr zu Jahr schlechter, fehlerhafter geworden.

Der folgende Bericht stammt aus einem Seminar zu dem Problem „Wenn Kinder und Schüler uns Sorgen machen“, das ich als Lehrbeauftragter im WiSe 2003/04 an der Bonner Universität angeboten habe.

Eine schwierige Schülerin
Verfasserin: Eva Sudek
Jg.: 1978
Sem.: 6.
Fächer: Soziologie, Pädagogik, Psychologie

Mona ist 2 Jahre älter als die anderen. Sie kommt neu in die Klasse, weil sie schon wieder sitzengeblieben ist (9. Klasse).

Sie ist die „coole“, jeder und jede will sich mit ihr gut stellen.

Anfangs sitzt sie mitten in der Klasse. Mona ist am Unterricht nicht interessiert, die Klasse, die Schule zu schaffen ist nicht ihre Intention, um in die Schule zu gehen. Ihre Eltern lassen sie, solange sie noch nicht 18 ist, nicht die Schule abbrechen, schon gar nicht ohne Alternative, z. B. Ausbildung, die auch nicht interessiert.

Mona möchte eigentlich nur die Zeit absitzen und dabei noch ein bißchen Spaß haben. Auch hat sie mit einigen Lehrern, die sie schon durch den Unterricht in den anderen Klassen kennt, „persönliche“ Feindschaften. Zumindest von ihrer Seite aus.

Sie stört den Unterricht, wo es nur geht. Sie ist dabei sehr kreativ und gut vorbereitet. Natürlich fängt die Klasse an mitzuziehen. Zuerst nur einige unmittelbare Sitznachbarn. Später ein großer Teil der Klasse.

Da vor kurzem erst ein Schüler verletzt wurde, als er vor der Klassentüre wartete, da er wegen Störens rausgeschmissen wurde, scheuen sich die meisten Lehrer, Mona bei zu großer Unruhe vor die Tür zu setzen.

Mona fängt an, „Belohnungen“ und Anerkennung für besonders erfolgreiche Störungsversuche zu verteilen: Sie unterhält sich die ganze Pause lang mit jemandem, bietet Kippen an, schließt einzelne in die „Alternative Unterrichtsplanung“ mit ein usw.

Langsam nimmt die Störungstaktik System an, einzelne sind nicht mehr zu isolieren, es lässt sich eher definieren, wer nicht mitmacht. Diese werden natürlich von Mona und ihren Anhängern, damit mehr als die Hälfte der Klasse, gemieden.

Ein geordneter Unterricht ist in manchen Fächern kaum mehr möglich. Eine Lehrerin verlässt weinend das Klassenzimmer. Der Versuch, Mona durch isoliertes Sitzen auch von der Klasse zu isolieren, schlägt fehl, auch ein persönliches Anstiften der anderen ist nicht mehr nötig, das ganze wird zum Selbstläufer und Mona wird zur Galionsfigur! Es scheint, als ob ungeahnte Unzufriedenheiten im Lehrer-Klassenverhältnis jetzt zu Tage kommen.

Nach ca. 3 Monaten verlässt Mona die Schule. Ob sie den Kampf gegen die Schule verloren oder ob sie den Kampf gegen ihre Eltern gewonnen hat und von der Schule abgegangen ist, bleibt erst mal für Monate ungeklärt.

Die Disziplin und das Interesse kehren sehr bald in die Klasse zurück.

Wie gravierend das Problem gestörter Unterrichtsprozesse ist, belegt eine Lehrerin, die u. a. schreibt:

„Zur Schule gehen heißt, in den Krieg ziehen. Mein Unterricht erschöpft sich darin, die Kinder anzuhalten, die Hefte zu öffnen, sitzen zu bleiben, ruhig zu sein, mit dem Streiten aufzuhören ... Mein Vorschlag: Wenn Sie um Himmelswillen weiterhin ... Studenten an städtische Schulen schicken wollen, bereiten Sie sie ein bißchen besser vor als man mich vorbereitet hat. Die Dynamik einer Klassenzimmersituation ist umwerfend, sie muß studiert und entschlüsselt werden, bevor überhaupt etwas unterrichtet und gelernt werden kann.“[3]
Diesen Vorschlag möchte ich im Folgenden aufnehmen. Er könnte in der Tat helfen, dass die Pädagogik nicht laufend in das Dilemma gerät, „praktisch nicht leisten zu können, was sie theoretisch weiß und theoretisch nicht wissen zu können, was sie praktisch tun muß“ (J. OELKERS, 1976, S. 18).

I. Verschiedene didaktische Richtungen

Die innerhalb der Erziehungswissenschaft angesiedelte Disziplin, die für die hier aufgeworfene Problematik zuständig ist, besser: sein sollte, ist die Didaktik, der gerade in der Lehrerbildung eine zentrale Funktion zufällt. Nun gibt es *die* Didaktik ebensowenig wie *die* Erziehungswissenschaft; wir kennen verschiedene „Theorien und Modelle der Didaktik", die H. BLANKERTZ (1969) systematisiert hat und die bei H. GUDJONS u. a. (^{9}1997) in Auszügen vorgestellt wurden, während eine hochschuldidaktische Aufbereitung u. a. W. JANK / H. MEYER (1991) oder auch F. W. KRON (1993) und H. KIPER / W. MISCHKE (2004) vorgelegt haben. Die Frage, die an diese Didaktiken gestellt werden soll, lautet: Inwiefern trägt die jeweilige didaktische Theorie dazu bei, Unterricht kritisch in bezug auf seine Störanfälligkeit zu untersuchen, um aus der kritischen Analyse eine permanent bessere Planung von Unterricht zu ermöglichen? Schauen wir uns einige didaktische Richtungen daraufhin an, so lassen sich folgende Akzente setzen:

1. Die *bildungstheoretische Didaktik* hat in der Nachfolge der Geisteswissenschaftlichen Pädagogik (W. DILTHEYS) eine Reihe von Modellen entwickelt, die von einer normativen über eine materiale und formale bis hin zur sogenannten kategorialen Didaktik reicht. Ihre Hauptvertreter sind bzw. waren E. WENIGER und W. KLAFKI. Die Lehrplantheorie WENIGERS und die kategoriale Didaktik des frühen KLAFKI sind *lehrerorientierte* Didaktiken; sie wollen Entscheidungshilfen bei der Auswahl des Unterrichtsstoffes leisten, bildungstheoretisch rechtfertigen (oder auch kritisieren), was die Lehrer, die Lehrplankommissionen und der Staat in der Schule lehren wollen bzw. sollen. Die fünf bzw. sieben didaktischen Analysefragen W. KLAFKIS[4] mögen eine ausgezeichnete Entfaltung des Problembewusstseins für unterrichtliche Lehr- und Lernprozesse sowie eine brauchbare Gliederung für einen Unterrichtsentwurf darstellen, den der revidierende Schulrat zu lesen bekommt; Fragen wie die, warum der lang aufgeschossene Jürgen in unserem obigen Beispiel sich so und nicht anders verhielt, welche Auswirkungen die Reaktion des Rektors auf den Unterricht hat,

welche Prophylaxe und welche Therapie es gibt, beantworten sie nicht – übrigens auch nicht die (ansonsten überaus lesenswerten) „Neuen Studien zur Bildungstheorie und Didaktik“ (1985). Vielleicht schreibt auch deshalb kaum ein Lehrer nach der 2. Prüfung noch sogenannte Unterrichtsentwürfe. Über die Tragfähigkeit einer bestimmten Didaktik entscheiden eben nicht Häufigkeit und Ausdauer, mit denen diese in Hochschulseminaren diskutiert wird, sondern die praktisch tätigen Lehrer, die nun einmal wissen müssen, warum Andreas nicht lernen will und Stephanie den Unterricht stört, was man denn um Gottes willen machen soll, wenn Oberprimaner den Referendar fertigmachen wollen und Sextaner Niespulver streuen anstatt lateinische Grammatik zu büffeln.

Zwanzig Jahre nach seiner Didaktischen Analyse von 1958 hat W. KLAFKI (1978) eine Neufassung vorgelegt, die in wesentlichen Punkten verbessert und auf sieben Grundfragen hin erweitert ist. Folgende Dimensionen sollen didaktisch geplant werden:

Gegenwartsbedeutung (1.), Zukunftsbedeutung (2.) und exemplarische Bedeutung (3.) der zu lehrenden Inhalte, ihre thematische Struktur (4.), Erweisbarkeit bzw. Überprüfbarkeit (5.) und Zugänglichkeit bzw. methodische und mediale Darstellbarkeit (6.) sowie schließlich die Lehr-Lern-Prozessstruktur (7.).

Hier ist nicht der Platz, KLAFKIs Neukonzeption im einzelnen zu würdigen. Sicherlich ist die Reflexion auf gesellschaftspolitische Voraussetzungen, Implikationen und Folgen von Ziel- und Inhaltsbedingungen, auf Methoden- und Medienprobleme ebenso begrüßenswert wie die zentrale Kategorie der Mit- und Selbstbestimmung, die Aufgabe einer „Frontstellung“ gegenüber anderen didaktischen Ansätzen und die Annäherung an kritisch-kommunikative Überlegungen[5], aber bezogen auf die hier aufgeworfenen Leitfragen, was denn die einzelnen didaktischen Theorien zur Erhellung *gestörter* Unterrichtsprozesse beizutragen haben, ist auch die Neufassung der Didaktischen Analyse unergiebig. Das ist um so bedauerlicher, als KLAFKI überaus wichtige und sinnvolle Analysefragen aufwirft, Didaktik (als Theorie des Lehrens und Lernens) aber exakt an der Stelle ausblendet, wo es um das Scheitern dieses Lehrens und Lernens geht. Und gerade daran ist der Praktiker interessiert. Daran sollte aber auch eine didaktische Theorie Interesse haben, zumal dann, wenn sie die Erhellung von Schattenseiten der Erziehung und des Unterrichts nicht den der Pädagogik fremden Disziplinen überlassen will.

2. Die *informationstheoretische Didaktik* verstand sich in der Nachfolge einer empirisch-positivistischen Wissenschaft (A. COMTE) von Anfang an als Gegenbewegung, die besonders die bildungstheoretischen Modelle wegen ihrer (vermeintlich) metaphysischen Anfälligkeit ersetzen wollte. Auf der Kybernetik N. WIENERs (1948; 1968) fußend, entwickelten besonders H. FRANK ([1]1962; [2]1969) und F. v. CUBE ([1]1965; [2]1968) Grundzüge einer Didaktik, die das unterrichtliche Know-how, input und output der Erziehung sowie Steuerungsprobleme des Lernprozesses regeln wollten. Dabei begriffen sie nicht (oder wollten nicht konzedieren), dass Unterricht etwas anderes ist und sein will als ein Programmierungskurs bei IBM, dass nur wenige unterrichtliche Geschehnisse wie ein Thermostat funktionieren, dass man die Methodik des Unterrichts nicht von seiner Inhaltlichkeit und vor allem von seiner Zielbegründung amputieren darf, es sei denn, man überantwortet das Warum und Wozu des Lehrens und Lernens außerwissenschaftlichen (und das heißt unkontrollierten!) pseudopolitischen Dezisionismen[6].

3. Die *lern- bzw. lehrtheoretische Didaktik* wollte ursprünglich als Theorie des Unterrichts eine deskriptive Strukturanalyse und eine ideologiekritische Bedingungsprüfung leisten. Dazu hatte sie im einstigen Berliner Arbeitskreis um P. HEIMANN (1962) und W. SCHULZ ([1]1965) erste didaktische

Gitter entworfen, die zwar mögliche Voraussetzungen und Entscheidungsfelder aufzählen, aber an keiner Stelle etwa die Gründe für eine misslungene Unterrichtsstunde aufspüren und damit zur Verbesserung des Unterrichts beitragen. An dieser Stelle zeigt sich die letztliche Sinnlosigkeit sogenannter wertfreier Wissenschaften. Denn was hilft es mir konkret, wenn ich z.B. in der Rubrik der anthropogenen Voraussetzungen alle möglichen IQ-, SES- und Motivations-Werte ermittle und meine Leitfrage darin gipfelt, warum dieses 4. Schuljahr zur Zeit unfähig ist – sagen wir – zur Gruppenarbeit?

Zwar ist auch die lerntheoretische Didaktik seit den 1970er Jahren bemüht, die Wertfrage neu zu stellen, d. h. die positivistische Einengung zugunsten einer begründet-wertenden Empfehlung aufzugeben, sich also den unterrichtsbezogenen Handlungsfeldern mit dem Ziel einer emanzipatorischen Verbesserung zu nähern[7], eine daraufhin veränderte Strukturierung des ursprünglichen Berliner Modells (Intentionen, Themen, Verfahren und Medien unter anthropogenen und sozialkulturellen Voraussetzungen bzw. Folgen) liegt hingegen noch nicht vor. Besonders störfaktoriale Gesichtspunkte werden – auch in der sich jetzt *lehrtheoretisch* nennenden Didaktik – übersehen. Und gewiß hat W. SCHULZ seine „Unterrichtsplanung“ ([1]1980; [3]1982) auf dem Wege von Berlin nach Hamburg in wesentlichen Teilen kritischer, schülerorientierter und planungsrelevanter konzipiert, störfaktoriale Aspekte hingegen hat er auch in diesen Neuentwurf nicht aufgenommen.

4. Die *curriculare Didaktik* wollte und will nicht zuletzt die Einseitigkeiten und Beschränkungen der drei zuvor genannten Didaktiken beheben. Und in der Tat ist es ihr gelungen, durch ein komplexes Interdependenzgefüge von aims (Erziehungszielen), objectives (Lernzielen), subject matters (Lerninhalten), methods (Lernmethoden) und evaluations (Lernkontrollen) neue Strukturen sichtbar zu machen.

Allerdings hat sie in der Nachfolge von S.B. ROBINSOHN (1967) und in der unkritischen Adaptation amerikanischer Vorlagen sich selbst um eine wirkliche „Revision des Curriculum“ gebracht. Der Vorwurf, den man seit vielen Jahren besonders in Großbritannien der klassischen Curriculumtheorie sowie ihren zahlreichen Ablegern macht[8] und den ich an anderen Stellen gleichfalls erhoben habe[9], läuft doch darauf hinaus: Solange Lehr- und Lernprozesse letztlich nach dem simplen Klipp-Klapp-Schema einer dubiosen Verhaltenspsychologie arrangiert werden, solange die Curriculumentscheidungen technokratischen Expertengruppen überlassen bleiben, solange nur das gelehrt und gelernt werden darf, was „operationalisierbar“ ist, stellt die curriculare Didaktik keine brauchbare und pädagogisch begründete Alternative zum schülerorientierten Unterricht dar.

5. Die *kommunikative Didaktik* hat in der Nachfolge einer sich dialogisch / kritisch / kommunikativ verstehenden Erziehungswissenschaft (M. BUBER, Th. BALLAUFF, H. v. HENTIG, L. KRATOCHWIL, K. MOLLENHAUER, K. SCHALLER u. a.) eben diese Bedenken und Bedürfnisse der Praxis reflektiert und infolgedessen auch erste Ansätze einer neuen Unterrichtstheorie entwickelt. Bahnbrechend war die „Skeptische Didaktik“ Theodor BALLAUFFs (1970), die vor allem seine Schüler und Enkel in einem außerordentlich fruchtbaren Gespräch mit den Sozialwissenschaften der Frankfurter Schule (J. HABERMAS) und der anglo-amerikanischen Kommunikationsforschung (P. WATZLAWICK u. a.) zur Konkretion brachten. Ich darf auf die Arbeiten von K.-H. SCHÄFER / K. SCHALLER ([1]1971; [2]1973), R. BIERMANN (1972; 1985), G. MICHEL (1973) und W. POPP (1976) hinweisen, denen sich eine Gruppe von Autoren zur Seite stellt, die von z. T. anderen Positionen her zu ähnlichen Entwürfen kamen. Ich denke dabei etwa an didaktische Grundzüge eines kommunikativ-kooperativen Unterrichts, wie sie z. B. E. MEYER ([1]1954; 1971; [6]1972), R. ULSHÖFER (1971), D. BAACKE (1973; 1978), H. RUMPF

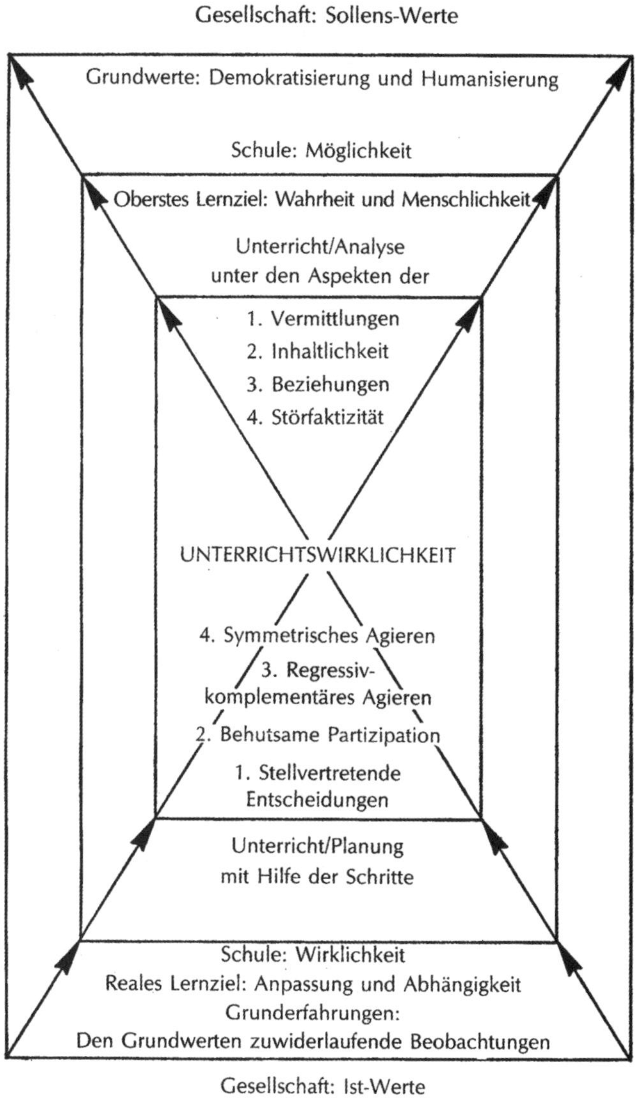

Abb. 2 Analyse- und Planungskonzept der Kommunikativen Didaktik

(1976), H. GUDJONS u.a. (1981/⁶1991; 1982/³1991), G.E. BECKER (1984; ²1986; 1986), L. KRATOCHWIL (1992) oder B. BENIKOWSKI (1995) und der Verfasser besonders unter störfaktorialen Aspekten entwickelt haben.

In den Umkreis dieser didaktischen Bemühungen gehören auch die unter den Stichworten „Offene Curricula", „Schülerorientierter Unterricht" usw.[10] bekannt gewordenen theoretischen Bemühungen und praktischen Modelle. Sie, die Kommunikative Didaktik, will weniger die anderen didaktischen Richtungen ersetzen, als vielmehr ihre legitimen Anliegen aufnehmen, ihre Verengungen aber beseitigen und Fehlkonstruktionen korrigieren. Das Analyse- und Planungskonzept dieses didaktischen Ansatzes soll in der Abbildung 2 veranschaulicht werden.

Aus dieser Abbildung wird ersichtlich, dass es die Schule mit einer zentralen Aufgabe zu tun hat, nämlich: den Grundwerten unserer Verfassung zuwiderlaufende Beobachtungen und Erfahrungen, also die Ist-Werte unserer Wirklichkeit in Sollens-Werte zu überführen; die (gewordene) Realität so darzustellen, wie sie *ist*, aber auch ahnbar zu machen, wie sie sein (und werden) *könnte*. Dies aber kann nur in Form einer kritischen Analyse des realen Unterrichts geschehen, und zwar unter (zumindest) vier Aspekten: der Vermittlungen, der Inhaltlichkeit, der Beziehungen und der Störfaktizität. Aus einer solchen kritischen Analyse erst lassen sich Planungsschritte ableiten, die über die zahlreichen unterrichtlichen und fachlichen Lernziele das schulische Lernziel (Wahrheit zu lehren sowie Menschlichkeit zu leben) und letztlich die gesellschaftlichen Wertvorstellungen (einer permanenten Demokratisierung und Humanisierung) einzulösen versuchen. Diese Planungsschritte können und dürfen Schüler, Eltern und Lehrer nicht überfordern. Je kleiner, ungeübter, uneinsichtiger usw. die Mitagierenden, desto eher sind stellvertretende Entscheidungen und behutsame Partizipationen (Teilhaben) notwendig. Sie reichen über das regressiv-komplementäre Agieren (also die Zurücknahme autoritärer Verhaltensweisen) bis hin zu den Versuchen, so viel und so oft wie möglich symmetrisches (gleichwertiges) Handeln – auch sprachliches Handeln – herzustellen. Das klingt sehr abstrakt und ist doch eine eminent praktische Angelegenheit. Denken wir nur an den Versuch des Lehrers, I-Männchen seine stellvertretenden curricularen, methodischen oder erziehlichen Entscheidungen zunächst einmal einsichtig zu machen; die Eltern schon wesentlich mehr in die Mitverantwortung einzubeziehen; sich allmählich zu entautorisieren; Gruppenarbeit einzuüben; im 2. Schuljahr – sagen wir – alternative Curricula (Wochenthemen) anzubieten; bei Disziplinproblemen nicht alleine zu entscheiden, sondern ein Klassengespräch anzuregen usw. So konkretisiert, verlieren die genannten Analyse- und Planungsschritte in der Tat viel von dem scheinbaren Abgehobensein vom schulischen Alltag. Und in dieser Form wird „Bildung" eben nicht beschworen, sondern in vielen kleinen Schritten, in voller Kenntnis ihrer kontrafaktischen Bedingungen, inmitten vieler Antinomien und mit der notwendigen Kompromissbereitschaft hier und jetzt als wünschenswerte Lebensführung erfahrbar gemacht. Betonen möchte ich noch, dass dieses emanzipatorische Lernen selbstverständlich auch meint, aus der Unwissenheit oder dem kommunikativ kranken Verhalten herauszuführen. Der Nicht-Wissende oder der Sklave seiner Launen und Neurosen verfehlt den dialektischen Bezug einer Befähigung zur Selbst- und Mitbestimmung, d.h. die Möglichkeit, sich als einzelner in Verantwortung gegenüber dem größeren gesellschaftlichen Ganzen (den vielen) soweit wie möglich zu verwirklichen – Emanzipation und Solidarität sind untrennbar.

Diese Didaktik will also in Form von Strukturanalysen die Komplexität des Unterrichts *deskriptiv-empirisch* erfassen. Aber sie will nicht nur die Faktoren und Baumaterialien des Unterrichts benennen, sondern die Baugesetze und Baupläne unterrichtlicher Prozesse *hermeneutisch* erschließen und „in dichter Konfrontation mit Schule und Unterricht ... ihre Einsichten für eine bessere Gestaltung des Unterrichts in der Ausbildung der Lehrer“ [11] *kritisch* einsetzen. Diesem dreidimensionalen Forschungsdesign entspricht ein flexibler Methodenetat („multiple approaches“), der von der einfachen Protokollation bis hin zur Unterrichtsmitschau reicht [12]. Ihr Hauptanliegen besteht in der *Analyse des realen Unterrichts,* die „immer auch den Lehrerabsichten zuwiderlaufende Intentionen“ [13] aufzuzeigen hat, sowie in der Planung *eines besseren (störungsfreieren) Unterrichts,* der allmählich Schüler *und* Lehrer kommunikativ ausmachen lässt, was sie unter den historisch-gesellschaftlichen Rahmenbedingungen wie, warum und mit welchen Nachprüfungen lehren und lernen wollen bzw. müssen.

Im Gegensatz zu den anderen Didaktiken, die den „pädagogischen Bezug“ (H. *NOHL*) zwischen Erzieher und Zögling bzw. zwischen Lehrer und Schüler in verzerrter Form reaktivieren, Unterricht also als ‘Einwirkung auf ...’, als ‘Beeinflussungsprozess’ (W. SCHULZ) usw. auffassen, setzt die Kommunikative Didaktik „anstelle des pädagogischen Bezugs die Klassengruppe und deren Subgruppen, denen auch der Lehrer zumeist angehört, als organisierende und grundlegende Kategorie (ein), um den pädagogischen und demokratischen Grundsatz einer breiten gemeinsamen solidarischen Basis miteinander agierender und kooperierender Kommunikationsteilnehmer zu akzentuieren, der das hierarchische Gefälle zwischen Lehrer und Schüler im unterrichtlichen Erziehungsprozess ausschließt“ [14]. Das mag etwas vollmundig klingen und ist gewiss hier oder da allzu rigide ausgelegt worden, und doch versucht damit die hier vertretene Kommunikative Didaktik, in vielen kleinen Schritten sowie entlang mancher Kompromisse und Unvollkommenheiten den *emanzipatorischen Anspruch,* den die heutige Gesellschaft an sich selbst und andere stellt, auch im Unterricht durch den permanenten Abbau von imperialer Herrschaft zugunsten von freien Kommunikations- und Kooperationsprozessen *zu verwirklichen* – und sei es in winzigen Dosierungen.

Wenn wir die ersten vier didaktischen Theorien unter der eingangs gestellten Leitfrage noch einmal Revue passieren lassen, fällt auf: „Disziplinschwierigkeiten, Schule schwänzen, die Orientierung Jugendlicher an Altersgruppen eher als an Lehrern und Eltern, all dies sind Probleme, die durch die vorhandenen Didaktiken überhaupt nicht eingefangen werden können. Sofern es um Sprechen und Handeln geht und Unterricht nur *eine Form* von Sprechen und Handeln (mit ganz bestimmten Zwecken unter ganz bestimmten Bedingungen) ist, kann kommunikative Didaktik durchaus die vorhandenen *Störungen* genauer diagnostizieren (und erst einmal zugeben!) und dann möglicherweise auch erklären und Strategien zur Überwindung anbieten" (D. BAACKE, 1978, S. 30).

An dieser Einschätzung ändert sich auch dann nicht viel, wenn wir weitere (andere?) didaktische Theorien hinzuziehen. M. BÖNSCH hat (1983/84) auf „Die vernachlässigten Didaktiken hingewiesen, G. HEURSEN (1997) auf „Ungewöhnliche Didaktiken", z.B.: auf die „Analytische Didaktik" von R. KLOTZ, auf das „Dynamisch-integrative Strukturmodell" von R. MASKUS, auf D. LENZENs „Strukturalistische Didaktik", H. AEBLIs „Psychologische Didaktik" – wir könnten und müssten zumindest noch hinzunehmen: E. KÖNIG/ H. RIEDEL und ihre „Systemtheoretische Didaktik" (^{1}1973; ^{4}1979), E.E. GEISSLER und seine „Grundlegung eines erziehenden Unterrichts" (1981) oder eine der typischen didaktischen Theorien, wie sie in der ehemaligen DDR vertreten wurden, etwa die von L. KLINGBERG (^{6}1984). So unterschiedlich all diese theoretischen Ansätze sein mögen, in einem Punkt sind sie vergleichbar unzulänglich: Sie beziehen störfaktoriale Aspekte des schulischen Unterrichts *nicht* systematisch in die Analyse und Planung der Lehr- und Lern- sowie der Erziehungs- und

Bildungsprozesse mit ein, sondern überantworten sie dem Geschick des Praktikers, der Psychologie oder der außerschulischen Realität (im besseren), der zu perfektionierenden Planung, der vertiefenden Kenntnis ihrer selbst oder den zu handhabenden Disziplinierungsstrategien (im schlechteren Fall). Übrigbleiben entweder „Unterrichtsrezepte“ im Stile von J. und M. GRELL (1979; 1983) oder aber handfeste Regeln zur Aufrechterhaltung von „Ordnung und Disziplin an der Schule“ (vgl. H. DÖBERT / G. SCHOLZ, [1]1983; [2]1985), autoritäre Antworten auf die bange Frage: „Wie erreiche ich im Unterricht Disziplin?“ (vgl. W. REICH, [1]1980; [4]1985) ... So gesehen sind didaktische Theorien weiterhin defizitär und didaktische Handlungen theoriebedürftig.

Und ein Letztes sei betont: Eine sich kommunikativ verstehende (also die rationale und humane Verständigung intendierende) *Didaktik* ist und bleibt eine Theorie des *Lehrens* und ist letztlich die Bezugswissenschaft der Lehrenden; insofern sie aber zu diesem Zweck die Lebens- und Lernprobleme von *Schülern* im Auge hat, wird sie zur *Mathetik*, also zu einer Theorie des *Lernens*, zu einer Auskunft darüber, wie der (junge) Mensch durch *Lernen* zum Menschen wird[15].

II. Unterricht im Spiegel der Kommunikativen Didaktik

Bis zu Beginn der 70er Jahre hat die Kommunikative Didaktik einen strukturtheoretischen Aufriss der Unterrichtssituation vorgelegt, den sie (damals) unter drei Aspekten abhandelte[16]:

1. Der **Vermittlungsaspekt**, worunter alle lehrenden und lernenden Verfahren der Sachauseinandersetzung subsumiert werden. Wir unterscheiden fünf solcher Verfahren, nämlich:

1.1 *Lehrgriffe und Lernakte,* z. B. darbieten bzw. nachvollziehen; aufgeben bzw. erarbeiten; fragen bzw. antworten; Impulse geben bzw. weiterführen – je nach der Blickrichtung, die einmal den Lehrer und zum anderen den Schüler erfasst;

1.2 *Medien,* wie Lehrmittel, Erarbeitungsmittel oder Übungsmittel;

1.3 *Unterrichtsmethoden,* von denen wir nach H. GUDJONS u. a. ([3]1991) insgesamt siebzehn kennen: Einzelarbeit, Programmierter Unterricht, Klassenarbeit, Hausarbeit (zweipolige Methoden); Großgruppenunterricht, Kleingruppenarbeit, Partnerarbeit, Simulative Verfahren (dreipolige Methoden); Lehrerdarbietung, Schülerdarbietung, Entwickelndes Lehrgespräch, Lockeres Unterrichtsgespräch, Diskussion, Rundgespräch, Debatte, Experiment (vierpolige Methoden); und schließlich das Team Teaching (fünfpolige Methode);

1.4 *Gliederung des Unterrichts,* z. B. Stufenmodelle oder kommunikative bzw. prozessorientierte Modelle;

1.5 *Organisatorische Umstände* (innere und äußere Umstände, Zeitprobleme u. ä. m.).

Darüber hinaus betrachtet diese Didaktik Unterricht unter

2. dem **Inhaltsaspekt**, der das, *was* da im Unterricht kommunikativ verhandelt (gelehrt und gelernt) wird, thematisiert. „Während des Unterrichtsbeginns steht die Sache anders in der unterrichtlichen Verhandlung als am Ende.“[17] R. BIERMANN nennt drei Stufen der Sacherfahrung, nämlich:

2.1 die *Bezugnahme,*

2.2 die *Erschließung* und

2.3 die *Integration.*

Und schließlich forscht diese Didaktik

3. unter dem **Beziehungsaspekt**, der die sozialen Interaktionen im Unterricht untersucht. Er macht drei Ebenen sichtbar. Auf der ersten bekommt er die

3.1 *Elemente der sozialen Interaktion* in den Blick, z. B. personale Stellungnahmen, handlungsbestimmende Anweisungen oder Hilfeleistungen. Davon lassen sich unterscheiden die

3.2 *Richtungen der sozialen Interaktionen,* wie schüler- und lehrergerichtete Aktionen, Interaktionen innerhalb bestimmter Schülergruppen oder – wie beim Team Teaching – innerhalb bestimmter Lehrergruppen. Und schließlich sind noch die

3.3 *Formen der Interaktionen* zu nennen, die drei Möglichkeiten aufweisen: ungebundene Aktionen, einseitig dirigierte und kommunikative Verhandlungen.

Wenn man den Unterricht in dieser Weise als Faktorenkomplexion und teleologisch strukturiertes Interdependenzgefüge betrachtet, wird unter Umständen deutlich, warum bestimmte Unterrichts*methoden* (vgl. Vermittlungsaspekt) ganz bestimmte *soziale Interaktionen* (vgl. Beziehungsaspekt) nach sich ziehen. Eine gruppenunterrichtliche Vermittlung z. B. muss dann scheitern, wenn in der Klasse nur lehrergerichtete Aktionen üblich sind oder die Schüler noch nicht einmal eine Partnerarbeit erfolgreich gestalten können; eine solche Sachauseinandersetzung benötigt schüler-orientierte Methoden und soziale Interaktionsformen und -richtungen. Ein anderes Beispiel:

Unter dem *Inhaltsaspekt* hatten wir die Erschließung als zweite Stufe der Sacherfahrung genannt. Auf dieser Stufe befand sich die amerikanische Klasse, deren 'Sache' es war, die Wochentage zu lernen. Aber: Da die Lehrerin den Schülern eine einseitig dirigierte Interaktionsform (vgl. *Beziehungsaspekt*) abverlangte, traten Störfaktoren auf, die den Unterricht letztlich ins Chaos stürzten. Auf der Stufe der Bezugnahme wäre diese Aktionsform unter Umständen sinnvoll gewesen. Da die Lehrerin einerseits die Sache zu erschließen hoffte, andererseits aber nicht die adäquate Interaktionsform eröffnen konnte oder wollte, produzierte dieses didaktische Double-bind, diese unterrichtliche Paradoxie, zahlreiche Störfaktoren, unter denen Lehrer und Schüler zu leiden haben. Und solange didaktische Theorien vermittels kritischer Analysen von Unterricht diese und andere Beziehungen, Strukturen, Widersprüche, Denk- und Handlungsknoten, Baugesetze und Abhängigkeiten den angehenden Lehrern *nicht* deutlich machen, sehe ich keinen Grund, warum sich auch nur ein Lehrer nach seinem 2. Examen mit diesen in irgendeiner Weise beschäftigen soll. Ich sehe aber auch keine Chance, unter Umgehung dieser didaktischen Aufgaben Unterricht endlich spannender, freudvoller, störungsfreier und humaner zu gestalten.

Anfangs hatte die *Kommunikative Didaktik* den störfaktorialen Aspekt des Unterrichts noch nicht aufgeschlüsselt. Einige Vertreter – wie z.B. K.-H. SCHÄFER – hatten ihn noch nicht einmal thematisiert, was angesichts der Zielsetzungen dieser Didaktik zu gravierenden Verkürzungen führen musste, ja unter Ausklammerung *kontrafaktischer* Argumentationen doch wieder Idealismen provozierte und damit neuerlich frustrierte. Ich möchte im folgenden diesen Entwurf vorstellen, der das kritische Gespräch mit anderen sucht und offen ist für jede Verbesserung. Ohne diesen vierten (störfaktorialen) Aspekt scheint mir die strukturelle Erhellung des unterrichtlichen Geschehens unvollständig und Kommunikative Didaktik um ihr eigentliches Novum gebracht zu sein.

4. Der **störfaktoriale Aspekt** lässt sich in fünf verschiedenen und eng aufeinander bezogenen Dimensionen erforschen. Zunächst ist es gerade angesichts der Notwendigkeit einer empirisch-deskriptiven Erfassung unterrichtlicher Störfaktoren ratsam, bezüglich der

4.1 *Bezeichnung* der jeweiligen Störung Klarheit herbeizuführen. So lassen sich z. B. akustische, visuelle, motorische, psychische, soziale oder disziplinäre Störungen voneinander abheben. Die zweite Dimension sollte die

4.2 *Ursachen* der Störungen ermitteln. Sie können liegen auf motorischen, somatischen, psychischen, sozialen, verwaltungstechnischen, medialen oder auch ökologischen Ebenen, wenn ich etwa an das Wetter, den Verkehr oder die Räumlichkeiten denke, die Störungen mannigfacher Art verursachen können. Weiterhin wären die

4.3 *Störungsbereiche* auszumachen. Sie können einmal

4.3.1 außerhalb des eigentlichen Unterrichts (auf dem Flur, dem Hof, in der näheren Umgebung [bes. auf dem Schulweg], in der Familie oder im Kollegium) liegen und zum zweiten

4.3.2 innerhalb des Unterrichts auftauchen (in der Klasse, in einer Gruppe, im Lehrer oder im Schüler). Eine vierte Dimension fragt nach den

4.4 *Störungsrichtungen.* Sie können personal gerichtet sein (also die Beziehungen Schüler-Schüler, Schüler-Lehrer, Lehrer-Schüler oder Lehrer-Lehrer betreffen) und/oder eine 'objektive' Richtung kennzeichnen (in Form von Objekt-Lehrer- bzw. umgekehrt und Objekt-Schüler- bzw. umgekehrt Richtungen). Objekt ist hier durchaus wörtlich gemeint. Wenn beispielsweise die Birne im Filmapparat plötzlich durchbrennt und der Lehrer im Anschluss daran einen darüber lachenden Schüler anschreit, hätte der Beobachter des Unterrichts zunächst die 'objektive' Störungsrichtung Filmgerät-Lehrer und dann die personale Störungsrichtung Lehrer-Schüler X festzuhalten. Das führt uns zur fünften Dimension, in der die

4.5 *Störungsfolgen* klassifiziert werden. Es lassen sich zunächst einfache Störungsfolgen (wie Unterbrechung,

Stockung, Blockade usw.) feststellen. Diese sollte man abheben von komplexen Störungsfolgen, die sich auf das Interaktionsgefüge auswirken (etwa auf die ganze Lerngruppe, auf Lehrer-Schüler-, Schüler-Schüler- oder Lehrer-Lehrer-Beziehungen). Und drittens schließlich müsste beobachtet werden, inwiefern sich bestimmte Störungen auf die drei anderen Aspekte (Vermittlungs-, Inhalts- und Beziehungsaspekt) auswirken bzw. welchen zirkulären (Verstärker-)Prozess die interdependente Dynamik aller vier Faktoren in Gang setzt.

Mit Hilfe eines einfachen Protokollschemas, das an die bereits in den 20er Jahren des 20. Jahrhunderts von Peter und Else PETERSEN begründete „Pädagogische Tatsachenforschung" (1965) anknüpft, lassen sich die störfaktorialen (und natürlich auch die drei anderen) Aspekte des Unterrichts erfassen. Die Störungen während der eingangs skizzierten Stunde über den Viertaktmotor (vgl. S. 39) wurden wie folgt protokolliert:

4. **Störfaktorialer Aspekt**

Schule . . . .
Ort . . . .
Klasse . . . .
Fach . . . .
Lehrer . . . .
Zeit . . . .
Protokollant/in . . . .

Dimensionen

4.1 Bezeichnung: Disziplinstörung mit abschließender körperlicher Strafe durch den Lehrer

4.2 Ursachen: Psychisch-soziale Ebenen (Jürgen ist das 2. Kind eines überaus strengen und peniblen Kommunalbeamten und bringt seine pubertären Loslösungsbestrebungen vornehmlich in die Schule – speziell die Klassengruppe – hinein)

4.3 Bereiche: Innerhalb des Physikunterrichts (Lehrer X, Schüler Y)

4.4 Richtungen: Personale (anfangs Schüler-Lehrer, dann Lehrer-Schüler bzw. Lehrer-ganze-Klasse)

4.5 Folgen: Zunächst einfache (in Form einer Blokkade), dann komplexe (in Form einer gestörten Lehrer-Schüler- und Lehrer-ganze-Lerngruppe-Beziehung); zusätzlich Auswirkungen auf (1.) den Vermittlungsaspekt (in Form von Impulssalven, Drohungen und eine den Intentionen des Lehrers zuwiderlaufende nachvollziehende Unterrichtsform); auf (2.) den Beziehungsaspekt (in Form gesteigerter Anweisungen, Schrumpfungen der Richtungen der sozialen Interaktionen bis auf eine eindimensionale Lehrer-Klassenblock-Beziehung sowie einseitig dirigierter Verhandlungen bei nicht mehr zu aktivierender Lernmotivation und voraussichtlich langfristigen Verstimmungen).

Natürlich kann eine solche unterrichtliche Momentaufnahme die Fülle der möglichen Abhängigkeiten und Beziehungen nur andeuten. Bescheidene Erfahrungen an verschiedenen Universitäten und Hochschulen sowie in der Referendarausbildung zeigen jedoch, dass gerade Pädagogikstudenten im Praktikum unter Anleitung und Betreuung von Mentoren mit Hilfe solcher Protokollationen Unterricht kritisch zu analysieren beginnen. Es empfiehlt sich, innerhalb einer studentischen Gruppe den Unterricht unter allen vier Aspekten (Vermittlungs-, Inhalts-, Beziehungs- und störfaktorialer Aspekt) arbeitsteilig protokollieren zu lassen und auch den Lehrer (zumindest nachträglich) in die Analyse mit einzubeziehen. So können Daten ausgetauscht, Zusammenhänge aufgedeckt und Meinungen versachlicht werden. Eine große Hilfe wird dabei die Unterrichtsmitschau leisten können, weil sie fragwürdige Passagen immer wieder zu reproduzieren vermag und damit die eindeutige Protokollation erleichtert.

Eine Methode, der Fülle unterrichtlicher Aspekte gerecht zu werden, liegt in der Aufnahme und Analyse von Fallberichten. Sie stellen verdichtende Momentaufnahmen komplexer Vorgänge dar, ohne das zugrunde liegende Strukturgitter künstlich zu zerschneiden. Die folgenden Kapitel benutzen vornehmlich diese kasuistische Methode, weil gestörte Unterrichtsprozesse auch und gerade mit Hilfe von *Fällen* protokolliert und analysiert werden können.

Es bleibt Aufgabe der zukünftigen didaktischen Forschung, das hier vorgestellte Strukturgitter des unterrichtlichen Geschehens einer *gezielten* Datenerhebung zugrunde zu legen und im Anschluss daran dieser mehr qualitativen Ermittlung der vier Aspekte des Unterrichts eine quantitative zur Seite zu stellen. Es wären also einfache Skalen zur Beschreibung und Messung einzelner Dimensionen zu entwickeln, die zunächst einmal die 'Normalverteilungen' feststellen. P. TEIGELER u. a. (1973) haben zehn Skalen zur Beschreibung von Schülerverhaltensweisen entwickelt, die sich – was die Form anbelangt – z. T. übertragen ließen.

Auch die kontrollierte Unterrichtsbeobachtung in Form von „Unterrichtspartituren“, die N. VORSMANN (1972) als erster vorgelegt hat, bietet eine Fülle von Anregungen und erbrachte erste aufschlussreiche Resultate. So konnte VORSMANN mit einer Gruppe von (vor allem studentischen) Mitarbeitern an seiner Hochschule u. a. feststellen, dass „die Intensität des mimischen und gestischen Verhaltens des Lehrers in einem umgekehrt proportionalen Verhältnis zur Meldeaktivität der Schüler stand“ [18]. Begleitend dazu untersuchte die Gruppe den Anteil der Lehrer- und Schülersprache am Anfang und am Ende von Unterrichtsstunden. Dabei zeigte sich, dass der Lehrer in der Anfangsphase einer Unterrichtsstunde 23 % aller verbalen Äußerungen macht, die Schüler hingegen 67 % und 10 % auf die Besinnungspause fallen; in der Endphase des

Unterrichts aber schnellt der Anteil der Lehrersprache auf 63 % hoch, die Schülersprache fällt auf einen Anteil von 34 %, und die Besinnungspause schrumpft gar auf einen Wert von ca. 3 % zusammen[19]. Es ließ sich also eindeutig feststellen, dass der Faktor der zur Verfügung stehenden Unterrichtszeit mit dem Ausmaß der Lehrer- und Schülersprache bzw. der Besinnungspause korreliert. Ja, die weitergehende Analyse zeigte den vielleicht noch bedeutungsvolleren Umstand, dass gegen Ende der Schulstunden häufiger immer dieselben Schüler 'drankommen'. Der Lehrer wird also im Verlauf des Unterrichts (wie ist es im Verlauf des Vormittags, gleichsam „von acht bis eins"[20]?) gehetzter, dirigistischer, sprachdominanter, die Schüler hingegen werden sprachärmer, passiver und von immer kleiner werdenden Besinnungspausen eingeengt.

Aus diesen Tatsachen resultieren eine Fülle von Störfaktoren. Der „Lehrer hat keine Zeit mehr abzuwarten. Er ruft sehr schnell einen Schüler auf. Dieser weiß nicht viel zu sagen. Das wiederum zwingt den Lehrer mehr als notwendig selbst zu reden"[21], was den Schüler neuerlich frustriert und womöglich aggressiv auflädt. Solche und andere Zusammenhänge machen Unterrichtspartituren deutlich.

Methodisch ließe sich auch der Ansatz von F. WINNEFELD (^{4}1967) und seiner Gruppe fortführen, der bekanntlich die wichtigste Ursache für pädagogische Kontaktstörungen in den Impulskumulationen des Lehrers fand („Ja, wer weiß das? – Aber ich habe es doch gerade erklärt! Denkt doch mal an das Wetter! Nun, was passiert da denn?" usw.). Solche herausgeschossenen Impulssalven führen letztlich in die „pädagogische Koartation", von der WINNEFELD (^{4}1967, S. 140f.) sagt: Sie bedeutet „Zurückgehen der pädagogischen Resonanzfähigkeit und Umstellungsfähigkeit, Verarmung und Verödung unterrichtlichen Geschehens".

All diese u.a. Daten bzw. Interpretationen gehören in den 'Geschäftsbereich' der Didaktik, die wir deshalb kritisch-kommunikativ nennen, weil sie erstens die kritische Bestandsaufnahme zum Anlass einer Verbesserung der Wirklichkeit macht, aus der IST-Beschreibung also eine SOLLENS-Perspektive entwickelt und weil sie zweitens das komplexe schulisch-unterrichtliche Geschehen als zu entziffernde Kommunikationsprozesse ansieht, deren Daten dem Verstehen dienen – nicht unbedingt dem Einverstandensein.

Die hier skizzierte qualitative *und* quantitative Datenerhebung sollte einmal das heute noch recht vage Beziehungsgeflecht 'Unterricht' inhaltlich strukturieren (insofern ist dieser erste Entwurf revisionsbedürftig), und zum anderen ließen sich auf dem Weg über die Verteilungsgegebenheiten endlich exaktere Angaben bezüglich des tatsächlichen unterrichtlichen Geschehens machen. Bis heute registrieren wir ein enormes Defizit an Informationen über den Unterricht, der – so viele Vergleichsuntersuchungen wie PISA oder TIMMS – zwar von erheblichen Qualitätsmängeln gekennzeichnet zu sein scheint, aber immer noch nicht gründlich genug bezüglich der Frage erforscht ist, was genau auf welche Weise und mit welchen Folgen in ihm gelehrt und gelernt wird.

Und nicht zuletzt würden dem Lehrer selbst objektivere Daten zur Kritik seines Unterrichts zugänglich gemacht, die auch die – sicherlich gut gemeinten und doch letztlich die Enge der subjektiven Befangenheit nur selten verlassenden – Anmerkungen und Verbesserungsvorschläge des Schulrates, des Hauptseminar- bzw. Fachseminarleiters oder des Mentors zugunsten einer exakteren Kriteriumsanalyse überflüssig machen.

Ein Beispiel mag diesen empirischen Auftrag der Kommunikativen Didaktik erläutern: Französischunterricht in einer 9. Klasse; die Lehrerin ist sprachlich perfekt, temperamentvoll, geradezu mitreißend. Ihre „Körpersprache“ (vgl. R. HEIDEMANN, 1983, S. MOLCHO, 1983 oder H.S. ROSEN-

BUSCH / O. SCHOBER, 2004) umgreift das gesamte Spektrum mimischer, gestischer, stimmlicher, verbaler, präverbaler, digitaler und analoger Kommunikationsanteile. Geradezu rasend ist ihre Lokomotion: Permanent ist *Frau Steffens* in Bewegung; mal spricht sie von vorn, dann wieder von hinten, wenige Sekunden später von der Fenster-, kurz darauf von der Türseite her. Die Köpfe und Körper der 13 Schüler und 15 Schülerinnen passen sich diesem Hin und Her immer mehr an. Mehr noch: Die Klasse wird auch sprachlich unruhig, was die Lehrerin in ansteigender Frequenz mit Ausrufen wie *„Silence, s'il vous plaît!“* einzudämmen versucht. Dabei läuft sie wie eine Tigerin kreuz und quer durch die Klasse ... Erst in der darauffolgenden Besprechung sowie entlang der Demonstration unserer Daten, Beobachtungen und Aufzeichnungen erkannte *Frau Steffens* die *Double-bind-Struktur*, in die *sie* die Klasse eingebunden hatte: Einerseits legte sie Wert auf einen mitreißenden Unterricht und demonstrierte selbst ein hohes Maß an Bewegung, andererseits verlangte sie Ruhe und Ordnung, stilles Sitzen und Zuhören. Welcher Botschaft sollten diese 14- und 15-Jährigen eigentlich Glauben schenken? – Erst die Verdeutlichung dieses empirisch sauber nachzuweisenden Widerspruchs „motivierte“ *Frau Steffens*, sich ihre „Lokomotion im Klassenzimmer“ (vgl. R. WINKEL, 1990) zu vergegenwärtigen, ihre Unterrichtsgestaltung neu zu überdenken und das hieß in ihrem Fall: Eindeutigkeit herzustellen und von den typischen Lehrerlokomotionen eher die Ruhe ausstrahlenden zu wählen (z.B. den „Heizungswärmer“, den „Stuhlhocker“, den „Tafelständer“ oder den „Türsteher“ und nicht den „Gassenläufer“, den „Rumflitzer“ oder den „Siebenkämpfer“).

III. Abschließende Fragen

Wenigstens aufwerfen möchte ich abschließend einige Fragen, die sich aus dem Kontext des hier Vorgetragenen ergeben:

Kann eine sich kritisch-kommunikativ verstehende Didaktik noch von einzelnen und isoliert lehrenden und forschenden

Hochschullehrern erarbeitet werden? Zeigt nicht gerade das hochkomplexe Interaktionsgefüge Unterricht die Notwendigkeit auf, interdisziplinär zu verfahren, wenn man so will, *Team Teaching auf der Hochschulebene* zu praktizieren? Ist die Unterrichtsforschung von der Sache her nicht ein kooperatives Unternehmen? Müssen wir unsere Arbeits- und Forschungspraktiken nicht völlig anders organisieren, so dass mehrere kompetente Leute die einzelnen Aspekte und Dimensionen des Unterrichts (nicht in Konkurrenz, sondern) in Kooperation erforschen und lehrend-lernend analysieren?

Oder: Erleben wir nicht nach VORSMANN (1972, S. 10) „täglich mit zunehmender Erbitterung, dass die Diskrepanz zwischen hochgesteckten Zielen und den zur Erreichung dieser Ziele verfügbaren Mitteln immer größer wird, dass sie weniger denn je in der Lage sind, die Kluft zwischen dem theoretisch Notwendigen und dem im Schulalltag Möglichen zu schließen“? Und wenn das so ist, wenn also die Versäumnisse bisheriger didaktischer Forschung schwerwiegende Folgen vor allem im Bereich der Lehrerbildung haben, ist es dann nicht an der Zeit, den theoretischen Streit der didaktischen Richtungen zu beenden und gemeinsam nach den für den *Lehrerberuf* wirklich relevanten Fragen und Antworten zu suchen?

Und: Wenn aus der kritischen Strukturanalyse von unterrichtlichen Prozessen eine bessere Planung und damit eine bessere Wirklichkeit des Unterrichts hervorgehen sollen, sind dann nicht gerade auch die betroffenen Lehrer und Schüler an der Entwicklung einer solchen Didaktik entscheidend zu beteiligen? Wie anders sollen die am Lehr- und Lernprozess Partizipierenden und die im Unterricht miteinander Agierenden eigentlich für kritische Lernprozesse und ihre Störanfälligkeit sensibilisiert werden?

Und letztlich: Wenn angehende Lehrer die Integration von Forschung und Lehre im Studium bereits erfahren sollen, wenn das ‘forschende Lernen’ und ‘lernendes Forschen’ nicht bloße Lippenbekenntnisse bleiben sollen, ist es dann nicht naheliegend, die Kooperation von Hochschullehrern, Lehrern, Studenten und Schülern dort Wirklichkeit werden zu lassen, wo sie sich geradezu anbietet: in der Entwicklung und Erprobung von Forschungsinstrumentarien zur kritischen Analyse unterrichtlicher Prozesse in der Schule *und* in der Hochschule bzw. Universität, ohne die keiner der Beteiligten strategische Konzeptionen für eine bessere Theorie und eine bessere Unterrichtswirklichkeit wird entwickeln können? Die Frage, inwiefern Störfaktoren im Unterricht sichtbar gemacht werden, wo die Ursachen für den Erfolg oder Misserfolg des Lehrens und Lernens liegen, entscheidet mit darüber, ob die jeweilige Didaktik Lehrer und Schüler im Stich gelassen oder helfend begleitet hat.

Anmerkungen

1 Vgl. J. A. COMENIUS (1657; repr. Neudruck 1957, Bd. I, S. 6). Oder: Ders.: ([9]1985, S. 9).

2 Vgl. etwa die üblichen schulpädagogischen Kompendien von G. STEINDORF (1972) und W. S. NICKLIS (1973), die Unterrichtsstörungen schlechtweg verschweigen. Ihre ausschließliche Thematisierung findet sich bei E. ZÜGHART ([3]1961).

3 C. E. SILBERMAN (1970, S. 445; dt. 1973, S. 510).

4 Vgl. in: W. KLAFKI ([1]1963; [8/9]1967, S. 126ff.), sowie W. KLAFKI in: H. GUDJONS u. a. ([9]1997, S. 16ff.).

5 KLAFKI nennt seine Neukonzeption die „Entwicklung einer kritisch-konstruktiven Didaktik" (1977 sowie 1985) und signalisiert damit die (zumindest partielle) Überwindung seines geisteswissenschaftlichen Ansatzes.

6 Vgl. zu diesem Problem: H. v. HENTIG (1973).

7 Vgl. dazu die nicht zufällig gemeinsam herausgegebene Schrift von W. KLAFKI / G. OTTO / W. SCHULZ (1977).

8 Einer dieser Ableger der Curriculumreform ist der „Adaptive Unterricht" auf der Basis der *Aptitude – Treatment – Interaction* (vgl. R. SCHWARZER / K. STEINHAGEN (1975). In einem solchen Unterrichtskonzept sind „Gestörte Lernprozesse" (Chr. SCHWARZER, 1983) allenfalls Folgen einer nicht gelungenen

Passung zwischen der jeweiligen Lernweise eines Schülers (seiner *aptitude*) und der unterrichtlichen Lehrweise eines Lehrers (seinem *treatment*), Folgen technischer Disregulationen also, nicht aber Ausdruck edukativer sowie didaktischer Schwierigkeiten, bei denen auch die Grundlagen der unterrichtlichen Kommunikation zur Debatte stehen (müssten). Die britische Kritik daran trug z. B. vor: D. WARWICK (1973).

9 Vgl. R. WINKEL / D. WARWICK (1975).

10 Hingewiesen sei auf: W. BOETTCHER u. a. (1976); A. GARLICHS u. a. ([2]1976); J. RAMSEGER (1977); B. SCHEEL (1978) sowie U. VOHLAND (1980).

11 R. BIERMANN (1972, S. 12).

12 Vgl. dazu: N. VORSMANN (1972) und das von K. INGENKAMP (1970 f.) herausgegebene Handbuch der Unterrichtsforschung.

13 R. BIERMANN (1972, S. 28).

14 K.-H. SCHÄFER / K. SCHALLER ([2]1973, S. 166).

15 Diese Unterscheidung zwischen Didaktik als Theorie des Lehrens (griech.: *didaskein* > lehren) und Mathetik als Theorie des Lernens (griech.: *mathein* bzw. *manthanein* > lernen) geht auf H. v. HENTIG zurück, der dieses Begriffspaar bereits 1966 vorschlug und später immer wieder mal benutzte (z. B. 1985, bes. S. 63 ff. oder 1992, S. 108 ff.), ohne ihm eine systematische Stelle in seinen didaktischen Überlegungen zuzuweisen. Vgl. dazu ausführlicher: R. WINKEL (1997, S. 78 ff.) und R. GOLZ u. a. (1996, S. 130–161), wo ich die kleine Schrift „Mathetica“ des J. A. COMENIUS neu ediert und kommentiert habe.

16 In Anlehnung an: R. BIERMANN (1972), S. 27 ff.); eine Darstellung der Unterrichtsmethoden findet sich bei: H. GUDJONS u. a. (1982, jetzt [3]1991). Die erwähnte Poligkeit bezieht sich auf die am jeweiligen Kommunikationsprozess Partizipierenden: *S*chüler – *G*egenstand – *M*itschüler – *L*ehrer – *T*eamlehrer, wobei Unterrichtsmethoden der zweipoligen Kommunikationsstruktur lediglich *S-G*-Interaktionen darstellen, das Team Teaching aber im Idealfall fünf Pole *(S-G-M-L-T)* aufweist.

17 R. BIERMANN (1972, S. 55).

18 N. VORSMANN (1972, S. 75).

19 Ebd., S. 155.

20 Vgl. dazu die gleichlautende Schrift von J. MUTH ([3]1970).

21 N. VORSMANN (1972, S. 155).

Literatur

BAACKE, Dieter: Kommunikation und Kompetenz. Grundlagen einer Didaktik der Kommunikation und ihrer Medien. München (Juventa) 1973.

Ders.: Vom Nutzen und Nachteil der „Kommunikativen Didaktik" für die Planung und Durchführung von Unterricht. Düsseldorf (Heft 38 der Schriftenreihe des Pädagogischen Instituts) 1978.

BALLAUFF, Theodor: Skeptische Didaktik. Heidelberg (Quelle & Meyer) 1970.

BECKER, Georg E.: Planung von Unterricht. Handlungsorientierte Didaktik. Teil I. Weinheim (Beltz) 1984.

Ders.: Durchführung von Unterricht. Handlungsorientierte Didaktik. Teil II. Weinheim (Beltz) ²1986.

Ders.: Auswertung und Beurteilung von Unterricht. Handlungsorientierte Didaktik. Teil III. Weinheim (Beltz) 1986.

BENIKOWSKI, Bernd: Unterrichtsstörungen und Kommunikative Didaktik. Baltmannsweiler (Schneider) 1995.

BIERMANN, Rudolf: Unterricht. Ein Versuch zur Beschreibung und Analyse. Essen (Neue Deutsche Schule) 1972.

Ders.: Aufgabe Unterrichtsplanung. Perspektiven und Modelle der kommunikativen Didaktik. Essen (Neue Deutsche Schule) 1985.

BLANKERTZ, Herwig: Theorien und Modelle der Didaktik. München (Juventa) ¹1969; ¹⁰1977; ¹³1991.

BÖNSCH, Manfred: Die vernachlässigten Didaktiken: In: Der Junglehrer, 26 (10/1983), S. 8–12 sowie 27 (1/1984), S. 13–18. Jetzt auch in: Unterrichtskonzepte. Baltmannsweiler (Burgbücherei Schneider) 1986.

BOETTCHER, Wolfgang u.a.: Lehrer und Schüler machen Unterricht. München (Urban & Schwarzenberg) 1976.

BUBER, Martin: Werke. München, Heidelberg (Kösel, Lambert Schneider) 1962ff.

COMENIUS, Johann Amos: Opera Didactica Omnia. Editio anni 1657. Tomus I-III. Repr. Neudruck Prag (Academia Scientiarum Bohemoslovenica) 1957. Oder: Ders.: Große Didaktik. Hrsg. von Andreas FLITNER. Stuttgart (Klett-Cotta) ⁶1985; ⁷1992.

COPEI, Friedrich: Der fruchtbare Moment im Bildungsprozeß. Heidelberg (Quelle & Meyer) ¹1950; ⁷1963.

CUBE, Felix von: Kybernetische Grundlagen des Lernens und Lehrens. Stuttgart (Klett) ¹1965; ²1968.

DILTHEY, Wilhelm: Pädagogik. In: Wilhelm DILTHEY: Gesammelte Schriften. Bd. IX. Stuttgart, Göttingen (Teubner, Vandenhoeck & Ruprecht) 3 1961.

DÖBERT, Hans / SCHOLZ, Günter: Ordnung und Disziplin an der Schule. Berlin-Ost (Volk und Wissen) 1 1983; 2 1985.

FRANK, Helmar: Kybernetische Grundlagen der Pädagogik. Baden (Agis) 1 1962; 2 1969.

GAMM, Hans-Jochen: Einführung in das Studium der Erziehungswissenschaft. München (List) 1974. Jetzt: Reinbek (Rowohlt) 1978.

Ders.: Allgemeine Pädagogik. Reinbek (Rowohlt) 1979.

Ders.: Materialistisches Denken und pädagogisches Handeln. Frankfurt a. M. (Campus) 1983.

GARLICHS, Ariane u. a.: Didaktik offener Curricula. Weinheim (Beltz) 1 1974; 2 1976.

GEISSLER, Erich E.: Allgemeine Didaktik. Grundlegung eines erziehenden Unterrichts. Stuttgart (Klett) 1981.

GOLZ, Reinhard u. a. (Hrsg.): Comenius und unsere Zeit. Baltmannsweiler, Hohengehren (Schneider) 1996.

GRELL, Jochen / GRELL, Monika: Unterrichtsrezepte. München (Urban & Schwarzenberg) 1979. Jetzt: Weinheim (Beltz) 1983.

GUDJONS, Herbert u. a. (Hrsg.): Didaktische Theorien. Braunschweig (Westermann, Pedersen) 1981. Jetzt: Hamburg (Bergmann & Helbig) 9 1997.

Ders.: u. a. (Hrsg.): Unterrichtsmethoden. Braunschweig (Westermann, Pedersen) 1982. Jetzt: Hamburg (Bergmann & Helbig) 3 1991.

HABERMAS, Jürgen: Erkenntnis und Interesse. Frankfurt a.. (Suhrkamp) 1968.

HEIDEMANN, Rudolf: Körpersprache vor der Klasse. Heidelberg (Quelle & Meyer) 1983.

HEIMANN, Paul: Didaktik als Theorie und Lehre. In: Die Deutsche Schule, 54 (9/1962), S. 407–426.

Ders. / OTTO, Gunter / SCHULZ, Wolfgang: Unterricht. Analyse und Planung. Hannover (Schroedel) 5 1970.

HENTIG, Hartmut von: Platonisches Lehren. Stuttgart (Klett) 1966.

Ders.: Cuernavaca oder: Alternativen zur Schule? Stuttgart, München (Klett, Kösel) 1971.

Ders.: Die Wiederherstellung der Politik. Cuernavaca revisited. Stuttgart, München (Klett, Kösel) 1973.

Ders.: Wie frei sind Freie Schulen. Stuttgart (Klett, Cotta) 1985.

Ders.: Glaube. Fluchten aus der Aufklärung. Düsseldorf (Patmos) 1992.

HEURSEN, Gerd: Ungewöhnliche Didaktiken. Hamburg (Bergmann & Helbig) 1997.

INGENKAMP, Karl-Heinz (Hrsg.): Handbuch der Unterrichtsforschung. Teil I-III. Weinheim (Beltz) 1970f.

JANK, Werner / MEYER, Hilbert: Didaktische Modelle. Frankfurt a. M. (Cornelsen, Scriptor) 1991.

KIPER, Hanna / MISCHKE, Wolfgang: Einführung in die Allgemeine Didaktik. Weinheim (Beltz) 2004.

KLAFKI, Wolfgang: Studien zur Bildungstheorie und Didaktik. Weinheim (Beltz) ^{1}1963; $^{8/9}$1967.

Ders.: Zur Entwicklung einer kritisch-konstruktiven Didaktik. In: Die Deutsche Schule, 69 (12/1977), S. 703–715.

Ders.: Probleme einer Neukonzeption der Didaktischen Analyse. In: Schweizerische Lehrerzeitung, Nr. 25, vom 22.6.1978, S. 68–80.

Ders.: Neue Studien zur Bildungstheorie und Didaktik. Weinheim, Basel (Beltz) 1985; ^{2}1991.

Ders. / OTTO, Gunter / SCHULZ, Wolfgang: Didaktik und Praxis. Weinheim (Beltz) 1977; ^{2}1979.

KLINGBERG, Lothar: Einführung in die Allgemeine Didaktik. Berlin-Ost (Volk und Wissen) ^{6}1984.

KÖNIG, Ernst / RIEDEL, Harald: Systemorientierte Didaktik. Weinheim (Beltz) ^{1}1973; ^{4}1979.

KRATOCHWIL, Leopold: Unterrichten können. Brennpunkte der Didaktik. Hohengehren (Schneider) 1992; ^{2}1994.

KRON, Friedrich W.: Grundwissen Didaktik. München (Reinhardt) 1993.

MEYER, Ernst: Gruppenunterricht. Grundlegung und Beispiel. Oberursel, Worms (Wunderlich) ^{1}1954; ^{6}1972.

Ders. (Hrsg.): Team Teaching. Versuch und Kontrolle. Mit Diskussions- und Studienmaterialien. Heidelberg (Quelle & Meyer) 1971.

Ders. / WINKEL, Rainer (Hrsg.): Unser Ziel: Humane Schule. Baltmannsweiler, Hohengehren (Schneider) 1991 (a).

Ders.: Unser Konzept: Lernen in Gruppen. Baltmannsweiler, Hohengehren (Schneider) 1991 (b).

MICHEL, Gerhard: Erziehungsstile oder kommunikative Interaktionsformen? In: Unterricht heute, 24 (7/1973), S. 296–311.

MOLCHO, Samy: Körpersprache. München (Mosaik) 1983.

MOLLENHAUER, Klaus: Erziehung und Emanzipation. München (Juventa) [1]1968; [7]1977.

MUTH, Jakob: Von acht bis eins. Situationen aus dem Schulalltag und ihre didaktische Dimension. Essen (Neue Deutsche Schule) [1]1967; [3]1970.

Ders.: Pädagogischer Takt. Essen (Neue Deutsche Schule) [3]1982.

NICKLIS, Werner S. (Hrsg.), unter Mitarbeit von Michael JUNGA u. a.: Handwörterbuch der Schulpädagogik. Bad Heilbrunn (Klinkhardt) 1973.

NOHL, Herman: Die pädagogische Bewegung in Deutschland und ihre Theorie. Frankfurt a. M. (G. Schulte-Bulmke) [6]1963.

OELKERS, Jürgen: Die Vermittlung zwischen Theorie und Praxis in der Pädagogik. München (Kösel) 1976.

PETERSEN, Peter / PETERSEN, Else: Die Pädagogische Tatsachenforschung. In: Schöninghs Sammlung Pädagogischer Schriften. Besorgt von Theodor RUTT. Paderborn (Schöningh) 1965.

POPP, Walter (Hrsg.): Kommunikative Didaktik. Weinheim (Beltz) 1976.

RAMSEGER, Jörg: Offener Unterricht in der Erprobung. München (Juventa) 1977.

REICH, Werner: Wie erreiche ich im Unterricht Disziplin? Berlin-Ost (Volk und Wissen) [1]1980; [4]1984.

ROBINSOHN, Saul B.: Bildungsreform als Revision des Curriculum. Neuwied, Berlin (Luchterhand) 1967.

ROSENBUSCH, Heinz S. / SCHOBER, Otto (Hrsg.): Körpersprache und Pädagogik. Baltmannsweiler, Hohengehren (Schneider) 2004.

ROTHERMEL, Gerhard: Was ist und will „Kommunikative Didaktik“? In: Die Scholle, 45 (11/1977), S. 673–676.

RUMPF, Horst: Unterricht und Identität. München (Juventa) 1976.

SCHÄFER, Karl-Hermann / SCHALLER, Klaus: Kritische Erziehungswissenschaft und kommunikative Didaktik. Heidelberg (Quelle & Meyer) [1]1971; [2]1973.

SCHALLER, Klaus: Einführung in die Kommunikative Pädagogik. Freiburg (Herder) 1978.

Ders.: Pädagogik der Kommunikation. St. Augustin (Richarz) 1987.

SCHEEL, Barbara: Offener Grundschulunterricht. Weinheim (Beltz) 1978.

SCHULZ, Wolfgang: Unterricht – Analyse und Planung. In: Paul HEIMANN / Gunter OTTO / Wolfgang SCHULZ: Unterricht. Analyse und Planung. Hannover (Schroedel) ^{1}1965; ^{5}1970, S. 13–47.

Ders.: Unterrichtsplanung. München (Urban & Schwarzenberg) ^{1}1980; ^{3}1982.

SCHWARZER, Christine: Gestörte Lernprozesse. München (Urban & Schwarzenberg) 1983.

SCHWARZER, Ralf / STEINHAGEN, Klaus (Hrsg.): Adaptiver Unterricht. München (Kösel) 1975.

SIGRELL, Bo: Problemkinder in der Schule. Weinheim (Beltz) ^{3}1973.

SILBERMAN, Charles E.: Crisis In The Classroom. The Remaking of American Education. New York (Random House) 1970. Dt. Ausg.:

Ders.: Die Krise der Erziehung. Eine Bestandsaufnahme des Zustandes und der Perspektiven öffentlicher Erziehung, dargestellt am speziellen Fall Amerikas. Weinheim (Beltz) 1973.

STEINDORF, Gerhard: Einführung in die Schulpädagogik. Bad Heilbrunn (Klinkhardt) 1972.

TAUSCH, Reinhard / TAUSCH, Anne-Marie: Erziehungspsychologie. Psychologische Prozesse in Erziehung und Unterricht. Göttingen (Hogrefe) ^{6}1971.

TEIGELER, Peter / GAUDE, Peter / TEIGELER, Ursula: Skalen zur Beschreibung von Schülerverhalten. In: Die Deutsche Schule, 65 (11/1973), S. 786–799.

ULSHÖFER, Robert: Grundzüge der Didaktik des kooperativen Unterrichts. Stuttgart (Klett) 1971.

VOHLAND, Ulrich: Offenes Curriculum – Schülerzentrierter Unterricht. Bochum (Kamp) 1980.

VORSMANN, Norbert: Wege zur Unterrichtsbeobachtung und Unterrichtsforschung. Ratingen, Kastellaun, Düsseldorf (Henn) 1972.

WARWICK, David: Team Teaching. London (University of London Press) 1971. Dt. Ausg.:

Ders.: Team Teaching. Grundlegung und Modelle. Heidelberg (Quelle & Meyer) 1973.

Ders. (Ed.): Integrated Studies in the Secondary School. London (University of London Press) 1973.

Ders. / WINKEL, Rainer (Hrsg.): Alternativen zur Curriculumreform oder: Fünf englische Schulen berichten. Heidelberg (Quelle & Meyer) 1975.

Ders.: Curriculum Structure and Design. London (University of London Press) 1975.

WATZLAWICK, Paul / BEAVIN, Janet H. / JACKSON, Don D.: Menschliche Kommunikation. Formen, Störungen, Paradoxien. Bern, Stuttgart (Huber) [1]1969; [4]1974; [8]1990.

Ders. / WEAKLAND, John H. / FISCH, Richard: Lösungen. Zur Theorie und Praxis menschlichen Wandels. Bern, Stuttgart (Huber) 1974.

WENIGER, Erich: Didaktik als Bildungslehre. Teil 1. Theorie der Bildungsinhalte und des Lehrplans. Weinheim (Beltz) [5]1963.

Ders.: Didaktik als Bildungslehre. Teil 2. Didaktische Voraussetzungen der Methode in der Schule. Weinheim (Beltz) [3]1963.

WHEELER, D. K.: Curriculum Process. London (University of London Press) [1]1967; [5]1973.

WIENER, Norbert: Cybernetics or control and communication in the animal and the machine. New York (Massachusetts Institute of Technology) 1948. Dt. Ausg.:

Ders.: Kybernetik. Regelung und Nachrichtenübertragung in Lebewesen und Maschine. Reinbek (Rowohlt) 1968.

WINKEL, Rainer: Hinweise zur Analyse und Planung von Unterrichtsmodellen. Die zehn Dimensionen des unterrichtlichen Geschehens. In: Die Deutsche Schule, 64 (3/1972), S. 179–187.

Ders.: Gruppierung in der Schule. Ein Beitrag zur Begriffsbestimmung und Systematik der Schulpädagogik. In: Die Deutsche Schule, 65 (4/1973), S. 249–254.

Ders.: Theorie und Praxis des Team Teaching. Eine historisch-systematische Untersuchung als Beitrag zur Reform der Schule. Braunschweig (Westermann) 1974.

Ders.: Zur Theorie und Praxis der Unterrichtsmethoden. In: Die Deutsche Schule, 70 (11/1978), S. 669–683.

Ders.: Pädagogische Psychiatrie für Eltern, Lehrer und Erzieher. Eine Einführung in neurotische und psychotische Schul- und

Erziehungswirklichkeiten. München (List) 1977. Neuausgabe: Baltmannsweiler, Hohengehren (Schneider) [1]1991; [4]2004.

Ders.: Unterrichtsstörungen und Disziplinschwierigkeiten. Vom Umgang mit aggressiven und desmotivierten Schülern. In: Westermanns Pädagogische Beiträge, 37 (4/1985), S. 150–157. Oder: rhein-pfälzische schulblätter, 36 (10/1985), S. 53–58.

Ders.: Antinomische Pädagogik und Kommunikative Didaktik. Düsseldorf (Schwann-Bagel) [1]1986; [2]1988.

Ders.: Sitzen – Stehen – Laufen. Lehrer/innen und ihre Lokomotion im Klassenzimmer. In: Grundschule, 22 (9/1990), S. 66–68. Vgl. auch R. WINKEL (1997), S. 255 ff.

Ders.: Die Kommunikative Didaktik im Kontext einer kritisch-konstruktiven Schulpädagogik. In: Die Deutsche Schule, 84 (2/1992), S. 178–188 (a).

Ders. (Hrsg.): Schulreform konkret. Hamburg (Bergmann & Helbig) 1993 (c).

Ders.: Theorie und Praxis der Schule. Oder: Schulreform konkret – im Haus des Lebens und Lernens. Baltmannsweiler, Hohengehren (Schneider) 1997.

Ders.: Am Anfang war die Hure. Theorie und Praxis der Bildung oder: Eine Reise durch die Geschichte des Menschen – in seinen pädagogischen Entwürfen. Baltmannsweiler, Hohengehren (Schneider) 2005.

WINNEFELD, Friedrich u. a.: Pädagogischer Kontakt und pädagogisches Feld. Beiträge zur Pädagogischen Psychologie. München, Basel (Reinhardt) [4]1967.

ZÜGHART, Eduard: Disziplinkonflikte in der Schule. Originale und produktive Lösungsversuche von Erziehungsschwierigkeiten bei Schülern im Pubertätsalter. Hannover (Schroedel) [3]1961.

Drittes Kapitel

Der gestörte Unterricht oder: Fallberichte aus dem Schulalltag

„Ich meine, selbst auf die Gefahr hin, der Sozialromantik verdächtigt zu werden, die Schule müßte eine Stätte sein, in der sich Kinder glücklich fühlen."

Jakob Muth, 1978

Der amerikanische Erziehungswissenschaftler J.S. KOUNIN (1976) wurde durch folgendes Ereignis zu umfänglichen Forschungen im Bereich unterrichtlicher Störungen inspiriert:

Eines Tages fiel ihm ein Student auf, der während der Vorlesung die Zeitung las. KOUNIN rügte ihn scharf und bemerkte deutlich, dass sich gleichzeitig das Verhalten der übrigen Studenten zu ändern begann: Sie hörten aufmerksamer zu, ließen das Tuscheln und waren – ausgesprochen „diszipliniert". Im folgenden nannte KOUNIN diese Beeinflussung *Wellen-Effekt* und widmete ihm intensive Untersuchungen, die natürlich alle das Ziel verfolgten zu erforschen, mit welchen Mitteln und Techniken die Lernenden effektiv an die Normen der Lehrenden angepasst werden können ...

Ich schildere diese Begebenheit deshalb, weil sie abermals deutlich macht, dass man Unterrichtsstörungen auf drei Ebenen analytisch betrachten kann:

Erstens: Als 'anormale' Abweichungen der Schüler von den 'normalen' Forderungen des Lehrers → dieser Weg führt letztlich zu Disziplinierungsstrategien.

Zweitens: Als 'normale' Abweichungen der Schüler von 'anormalen' Forderungen des Lehrers → dieser Ansatz ist nur die Umkehrung des ersten und diszipliniert den Lehrer, bis er kapituliert.

Drittens: Unterrichtsstörungen als (je nach den situativen Bedingungen berechtigte oder unberechtigte, auf jeden Fall aber) bestimmte Mitteilungen aufweisende Verhaltensweisen, die das Lehren und Lernen beeinträchtigen → dieser Weg führt in das Bemühen, über eine Entzifferung der jeweiligen Störung den Unterricht als sinnstiftendes Lehr- und Lernarrangement zu gestalten.

Im folgenden soll der gestörte Unterricht anhand einiger Fallberichte illustriert werden, um diagnostische und therapeutische Möglichkeiten aufzuzeigen. Dabei geht es nicht um die Paraphrasierung der in den ersten Kapiteln herausgearbeiteten systematischen Kategorien und auch nicht um Techniken der Anpassung (etwa) störender Schüler an die Normen eines möglichst störungsfreien Unterrichts, sondern um eine die Störungsursachen verstehende Diagnose und den Aufweis solcher pädagogischer Maßnahmen (Therapien), die vor einem emanzipatorischen Konzept von Schule, Unterricht und Erziehung Bestand haben.

In einem I. Abschnitt werde ich einige Fälle aus dem Schulalltag referieren, diagnostische Überlegungen dazu anstellen und erste Therapievorschläge unterbreiten. Der II. Abschnitt geht zunächst den Ursachen des gestörten Unterrichts nach und entwickelt daran anschließend ein Raster diagnostisch relevanter Unterrichtsstörungen, einen Katalog möglicher Therapien sowie sechs grundsätzlich zu empfehlende Verhaltensweisen angesichts gestörter Unterrichtsprozesse und aufkommender Erziehungskonflikte. Und III. schließlich sollen weitere Fallberichte Lernmaterial darstellen, anhand dessen der Leser (möglichst mit anderen) eigene produktive Lösungsvorschläge im Anschluss an konflikthaltige Unterrichtssituationen entwickeln mag.

I. Unterrichtliche Konfliktsituationen

Nach R. und A.-M. TAUSCH ([6]1971, S. 295ff.) wird der Lehrer alle 2,6 Minuten mit einer unterrichtlichen Konfliktsituation konfrontiert, durch die er sich irgendwie gestört fühlt. Dieser Mittelwert sagt viel und wenig zugleich: Er sagt viel über die Störanfälligkeit des Unterrichts, die Sensibilität des Lehrers, den Befürchtungslevel von Lehrerstudenten usw. Er sagt wenig über die tatsächlichen Konflikte, ihre Ursachen und Folgen oder über Ablauf und Lösung gestörter Unterrichtsprozesse. Empirische Unterrichtsforschung ist eben auf strukturtheoretische Analysen angewiesen (und umgekehrt), wenn das, was da realiter „Von acht bis eins" (J. MUTH, 1967) geschieht, nicht vermittels statistischer Formeln sinnentleert oder in mathematischen Glasperlenspielen weggeforscht werden soll. Was geschieht denn da eigentlich – alle 2,6 Minuten?

- „Der Schüler X hat auf eine Ermahnung der Lehrerin hin dieser ins Gesicht geschlagen.
- Der Schüler Y hat während einer Auseinandersetzung zu einer Glasscherbe gegriffen und seinem Mitschüler damit die Hand zerschnitten.
- Der Schüler Z hat zusammen mit anderen den Feuerlöscher von der Wand gerissen und damit in Flur und Treppenhaus herumgespritzt.
- Der Schüler U hat das Lehrerpult zertrümmert …"

(H.-G. ROLFF u. a., 1974, S. 112f.)

Oder:

- „Schon als Herr Kramer die Klasse betritt, herrscht ein völliges Chaos …
- Die Stunde zieht sich lang wie Kaugummi. Einige schlafen fest, andere bemühen sich verzweifelt, interessierte Gesichter zu zeigen …

- Zwei Schüler versuchen, sich gegenseitig vom Stuhl zu stoßen; einer dreht den Cassettenrecorder laut auf, woraufhin sich ein anderer im Tanzen übt ...
- Viele sind noch sichtlich müde vom langen Fernsehabend."

(UNTERRICHTSSTÖRUNGEN, 1987, S. 25, 29, 32, 37)

Und:

- „Ricardo stand bereits vor meinem Eintritt in den Klassenraum auf dem Tisch und grölte ...
- Wir schlagen Typen zusammen. O. K. Ist vielleicht Scheiße. Aber auf jeden Fall zeigen wir, dass wir auch was können ...
- Die Schüler ... machten aus den Arbeitsblättern Papierschwalben und warfen sie nebst anderen Gegenständen in die Gesichter der Anpasser ...
- Sowohl während der Vormittagsstunden als auch in der unterrichtsfreien Zeit wird auf dem Schulhof gedealt, gespritzt, Heroin gelagert und der Prostitution nachgegangen ..."

(DEUTSCHE LEHRERZEITUNG, 39. Jg., 39/1992, S. 12 u. 4)

Diese und ähnliche Geschehnisse passieren also, werden – auch in dieser verkürzten Form – im Lehrerzimmer, auf dem Flur, zwischen Tür und Angel kolportiert und hinterlassen nicht viel weniger Ratlosigkeit als statistische Werte aus der Werkstatt des pädagogischen Forschers.

Eine Methode strukturtheoretischer Analysen stellt der zu analysierende Fallbericht, die *Fallstudie* dar, mit deren Hilfe im Folgenden einige der „weniger gut ausgeleuchteten Räume, die Winkel und Nischen" (H.-J. GAMM, 1974, S. 142) in Unterricht und Erziehung erhellt werden sollen[1].

*

3. Fall: Schreibkrämpfe beim 8-jährigen Klaus

Der 8jährige Klaus ist das einzige Kind zweier gänzlich verschiedener Elternteile. Die Mutter, bereits 40 Jahre alt, 'spielt' in der Familie die Rolle der verständnisvollen, sanftmütigen, immer verzeihenden, nichts verlangenden, sich aufopfernden Ehefrau und Mutter, die ihr Kläuschen mehr als verwöhnt. Der 6 Jahre jüngere Vater ist gleichfalls ein im Grunde weicher und zartfühlender Mensch, der in der Ehefrau mehr den Muttterersatz denn die Partnerin sieht. Da er sich einerseits nach einem mütterlichen Typ sehnt, andererseits diese 'Weichheit' in sich hasst, kompensiert er den Widerspruch dadurch, dass er gegenüber seinem Sohn Klaus eine unerbittliche Strenge an den Tag legt: „Klaus soll einmal ein ganzer Mann werden“, schulisch und beruflich erfolgreicher sein als der hilfebedürftige Vater. Während die Mutter also von ihrem Jungen kaum etwas verlangt, jedes Versagen entschuldigt, reagiert der Vater auf jede schlechte Note überaus streng, fast brutal, häufig setzt es Schläge.

Seit drei Monaten reagiert Klaus beim Schreiben von Diktaten in der Schule immer wieder mit folgendem Verhalten: Wenn der Lehrer, ebenfalls recht autoritär, die Hefte verteilt, vollzieht Klaus anschließend buchstäblich eine Zeremonie. Umständlich kramt er im Ranzen herum, baut seine Schreibutensilien mit großem Getue vor sich auf, geht noch einmal zum Wasserstein, um den Füller zu säubern, putzt sich die Nase u. ä. m.

Endlich ist es soweit. Das Diktat beginnt. In diesem Augenblick spürt Klaus einen Krampf, zunächst zwischen den Schreibfingern, dann in der Hand, zuletzt im ganzen Arm. Er gerät in Schweißausbruch, zittert und weint. Dann nimmt er die linke Hand zu Hilfe, umklammert damit die rechte, will also den Füller mit Gewalt führen. Längst sind die anderen im Text schon weiter, was Klaus mit Panik zur Kenntnis nimmt. Schließlich beginnt er, die Hände zu schlackern, als sei kein Blut in ihnen und gibt mit den Worten auf: „Ich glaube, meine Hände sind schon wieder erfroren!“

Was war hier geschehen? Klaus möchte schreiben – kein Zweifel. Aber bevor es dazu kommt, gerät er in einen *Konflikt*, der typisch ist für alle Neurosen und der die psychisch-soziale Wirklichkeit dieses Kindes tiefgreifender erfasst als die üblichen „Denk-Knoten bei Lehrern und Schülern", über die Angelika C. WAGNER u.a. (1984) aufschlussreiche Studien vorgelegt haben.

Einerseits will er wie seine Klassenkameraden etwas leisten, möglichst null Fehler machen, seine Eltern zufriedenstellen usw. Andererseits hasst er den autoritären Vater und auch den Lehrer, der in der Schule für Klaus – via Übertragung – die Rolle des Vaters vertritt. Andererseits also bäumt er sich gegen diese – noch weitgehend tabuisierten – Autoritäten auf, protestiert er gegen diejenigen, die etwas von ihm verlangen. Am liebsten würde er solche geforderten Leistungen glatt verweigern. Aber dem stehen erhebliche Ängste entgegen: Vater und Lehrer werden ihn bestrafen; die Mutter würde ihn unter Umständen schützen; aber ausreichend genug? In diesem scheinbar ausweglosen Konflikt entscheidet sich Klaus wie „Der Esel, der zwischen zwei Heuhaufen verhungert": Er schreibt das Diktat und schreibt es auch wieder nicht. Der Schreibkrampf ist die mittlere Strategie, die *beiden* Triebquellen nachgeben will. Der Mutter signalisiert er: „Siehst du, dein armes Kläuschen braucht deine Hilfe. Ich *konnte* ja nicht schreiben ..." Dem Vater / Lehrer soll der Krampf folgendes verdeutlichen: „Was du verlangst, *werde* (will) ich nicht tun. Aber du kannst mich dafür nicht bestrafen, denn ich kann ja nichts dafür, wenn meine Hände wie erfroren sind ..."

Dem psychiatrisch ungeschulten Leser wird die Diagnose einer periodisch ausgelebten *hysterischen Neurose* so lange wenig sagen, wie unerwähnt bleibt, dass den Neurosen – als Verhaltensstörungen – stets unbewusste Konflikte zugrunde liegen und die daraus resultierenden Spannungszustände mit Hilfe von häufig ganz entfernt liegenden Symptomen (Tics, Nägelknabbern, Einnässen, Mutismus usw.) teilweise abreagiert werden. Genau dies tut Klaus, aber – wie die Schaumkrone einer Welle treibt das neurotische Symptom des Schreibkrampfes den unbewussten Autoritätskonflikt vor sich her, löst ihn also nicht, sondern verschafft dem Jungen nur partiell und vorübergehend Entspannung …

Was war zu tun? Zunächst einmal kam es darauf an, die unmittelbare Symptomatik zu beseitigen, d. h. der Lehrer hatte umzulernen und Einstellungsänderungen vorzunehmen. Das gelang relativ einfach mit Hilfe von psychoanalytischer Wissensvermittlung, Rollenanalyse und Distanz zur verinnerlichten Leistungsforderung. Der einsichtsvolle Lehrer vollzog atmosphärische Veränderungen („Jeder darf sich sein Heft selber holen"), räumte Feldbarrieren hinweg („Wenn es heute nicht geht, brauchst du nicht mitzuschreiben"), baute Hilfestellungen auf („Du darfst dir natürlich von deinem Nachbarn helfen lassen") und entautorisierte sich („Ich habe als Schüler manchmal sogar in die Hose gemacht").

Mit Hilfe dieser Veränderungen ließ das Symptom immer mehr nach und verschwand nach etwa zwei Monaten ganz. Der Konflikt war damit natürlich nicht beseitigt, weshalb Klaus prompt ein Ersatzsymptom suchte und fand: Er verlagerte es in den eigentlichen Ursachenbereich, seine Familie, und praktizierte dort ausgeklügelte Essstörungen, wenn – der Vater anwesend war. Erst drei Jahre später konnte beiden Eltern im Rahmen einer Gruppentherapie und durch intensive Analyse der von H.-E. RICHTER (1969; 1970) beschriebenen neurotischen Familiensituation wirkungsvoll geholfen werden. Die Eltern mussten zunächst einmal ihr Kind in der neurotischen Familienkonstellation sehen, also z. B. das Kind als (möglichen) Partnersubstitut, d. h. als Ersatz für eine Eltern-, Gatten- oder Geschwisterfigur, das Kind als Selbstsubstitut, d. h. als Abbild schlechthin, als Ich-Ideal oder als Sündenbock und das Kind als umstrittenen Bundesgenossen wahrnehmen. Erst von daher gelang es, neue Rollenerwartungen und -realisationen anzubahnen, was selbstverständlich Zeit, Geduld sowie eine erhebliche Umlernbereitschaft erforderlich machte.

4. Fall: Wolfgang und Fredy geraten in Streit

Frau Möller ist neu an der Schule. Seit fünf Monaten ist sie Klassenlehrerin der 7b und unterrichtet – in einem sozial-integrativen Stil – 21 Jungen und 17 Mädchen vornehmlich in Deutsch, Mathematik, Englisch und (z. T.) Religion.

An einem von Regen bedrohten Dienstagvormittag ist die Klasse gerade dabei, auf einen Ausflug zu gehen. Die Kinder haben sich schon lange auf diesen Ausflug gefreut und sind gespannt, „wie das mit der Neuen klappen wird". Sie stellen sich ungeduldig im Flur auf. Aber der Abmarsch verzögert sich, denn in letzter Minute muss noch nach Fußbällen, verlorenen Butterbrottaschen und anderem Kram gesucht werden. Dadurch steigt die Reizbarkeit in der Klasse. Vorwürfe, Anfragen, Rechtfertigungen usw. wechseln hinüber-herüber. In dem folgenden allgemeinen Gezänk geraten Wolfgang und Fredy in Streit, wobei Wolfgang heftiger verprügelt wird, als er es ertragen kann. Er rennt aufgebracht in das Klassenzimmer zurück, verflucht seinen Peiniger, die ganze Welt und besonders alle Lehrer, und er schwört, dass er niemals mehr in seinem ganzen Leben auf einen Ausflug gehen wird …

Was ist zu tun? Handelt es sich um einen ganz normalen und alltäglichen Streit zweier Hitzköpfe, die sich von allein wieder abkühlen? Oder ist die ganze Klasse betroffen? Soll man den vorgesehenen Ausflug abblasen? Auf Wolfgang einreden? Liegt einer der üblichen Disziplinkonflikte vor? Eine Provokation? Eine abrupte Aggression, aus der sich die Lehrerin am besten heraushalten sollte?

Sicherlich gibt es nicht nur *ein* pädagogisch sinnvolles Arrangement, um aus der misslichen Situation eine für alle Beteiligten tragbare Handlungsperspektive zu eröffnen. Ich möchte kurz schildern, was die betroffene Lehrerin realiter tat:

Zunächst einmal unternahm *Frau Möller* – rein äußerlich – überhaupt nichts und vermied dadurch (in *diesem* Fall) unüberlegte und triebhafte Reaktionen nach dem Klipp-Klapp-Schema einer simplen Reiz-Reaktions-Theorie. Sicherlich – sie zeigte Betroffenheit und wohl auch Ratlosigkeit. Aber – und das ist wichtig – sie unterließ zunächst *bewusst* alle weiteren Verhaltensweisen. Schließlich bat sie die Schüler, sich in zwei konzentrischen Kreisen auf den Fußboden zu setzen, so wie sie das des öfteren taten, wenn Nachdenklichkeit und gesammelte Ruhe nötig waren. *Frau Möller* schloss die Augen, legte die Hände vors Gesicht, und auch etliche Schüler ließen erkennen, wie sehr sie sich um Konzentration auf das, was da zu tun war, bemühten. Schließlich – es mögen einige Minuten vergangen sein – fragte die Lehrerin:

„Was meint ihr, sollte ich jetzt *auf gar keinen Fall tun*?“

Einige Schüler durcheinander: „Auf keinen Fall schimpfen!“ – „Nicht zum Rektor laufen!“ – „Den Fredy nach Hause schikken!“ – „Strafarbeiten aufgeben!“ ...

Die Lehrerin: „Danke! Das hilft mir sehr. Immerhin bin ich an dem Streit nicht ganz schuldlos. Hätte ich die Vorbereitungen besser getroffen, wären die Sachen parat gewesen. Und vielleicht hätte uns diese gereizte Stimmung nicht in Beschlag genommen ...“

„Ach, wir waren alle irgendwie nervös. Vielleicht liegt’s auch am Wetter ...“

„Wie auch immer: Es ist unser *aller* Problem. Was wir jetzt auch unternehmen werden, alle sind wir davon betroffen.“

„Vielleicht reden Sie mal mit Wolfgang. Er scheint ja mit dem Heulen aufgehört zu haben.“

„Das ist doch Mist! Wenn mich einer verkloppt hat, will ich die Lehrerin bestimmt nicht sehen. Die quatscht einen dann nur voll. Und unterwegs geht’s dann bloß weiter ...“

„Das find’ ich auch. Wir sollten ihm ’ne Brücke bauen.“

„Wie dann?“

„Wie wär’s mit ’ner Extra-Cola unterwegs?“

„Das ist doch Bestechung!“

„Immer der Fredy!“ –

Die Lehrerin: „Lasst uns alle noch mal nachdenken. Schließt ruhig die Augen! Das hilft.“

Wieder vergehen einige Minuten. Dann Fredy, stockend:

„Ich glaube, ich sollte jetzt da reingehen und das selbst in Ordnung bringen ...“

„Was willst du ihm denn sagen?“

„Fangt bloß nicht noch mal an! Dann können wir gleich nach Hause gehen!“

„Quatsch doch nicht!“

Fredy erhebt sich, geht zögernd zur Klassentür, dreht sich noch einmal um und sagt – sehr langsam und ernst –:

„Ich werd’ dem Wolfgang jetzt sagen, dass mir das leid tut und dass nur er uns helfen kann ...“

Fredy geht hinein und bleibt ca. fünf Minuten mit Wolfgang allein. Man hört nur das Raunen von Stimmen. Dann geht die Tür auf, Fredy erscheint, hinter ihm – etwas verlegen – Wolfgang. Die Klasse und die Lehrerin sitzen noch schweigend am Boden.

Die Lehrerin:

„Kommt, setzt euch zu uns, ihr beiden Schlingel! ... Wir wollen uns alle fest an den Händen fassen, so dass niemand allein ist. Vielleicht hilft uns dann der Wolfgang ...“

Die beiden Jungen setzen sich in den Kreis. Die Kinder fassen sich an, Wolfgang, stockend:

„Also, die Sache ist schon in Ordnung. Fredy hat sich entschuldigt. Und jetzt gehn wir los! Ich denke, das wird noch’n dufter Ausflug ...“

Auch hier wird man nicht meinen dürfen, damit den Unterricht in der 7b ein für allemal störungsfrei gemacht zu haben.

Warum auch? Etwas viel Entscheidenderes jedoch haben Lehrerin und Schüler gelernt: Dass der gestörte Schulalltag das Problem aller ist und Nachdenklichkeit, Sich-in-den-anderen-Hineinversetzen sowie Verzicht auf Pressionen und Racheimpulse den Weg frei machen für humane Handlungsstrategien. Die Lehrerin reißt den Konflikt nicht an sich, sondern gibt ihn an die, die es angeht, d. h. an alle am gestörten Kommunikationsprozess Beteiligten. Damit agiert sie viel entscheidender als der handlungsbesessene Pädagoge, der durch ein permanentes In-Aktion-Treten den Schülern ihre Verantwortung nimmt, dadurch kreative Lösungsvorschläge im Ansatz bereits erstickt und Konflikte mit Hilfe von Lohn und Strafe zuschüttet, anstatt sie gemeinsam zu analysieren, um eine allseits akzeptable Lösung mittlerer Tragweite zu finden. Die Verbindlichkeit des Handelns kommt also nicht von außen an die Beteiligten heran oder von einem Normenhorizont auf sie herunter, wohl aber ... Ja, woher rührt die Notwendigkeit, in dieser Situation so und nicht anders zu handeln? In einem der besten pädagogischen Aufsätze, die ich kenne, der gleichzeitig eine Fallstudie ist, schrieb sein Autor Jürgen HENNINGSEN (1963/1987, S. 235): „Verantwortliches Handeln gründet im Gespräch." Indem wir die Probleme gemeinsam überdenken, unsere Gefühle wechselseitig erfahren und unser Handeln kooperativ bewerkstelligen, schaffen wir pädagogische Normen, die in der jeweiligen *Situation* erdacht, erfühlt und erhandelt werden müssen, wenn sie kommunikativ genannt werden wollen. Früher oder später werden wir so, wie wir übereinander *denken,* was wir miteinander *tun* und in welcher Weise wir etwas füreinander *empfinden.*

5. Fall: Jonas, der Störenfried

„Ein neuer Lehrer betritt zu Schuljahrsbeginn zum erstenmal die Klasse. Die Schüler erheben sich von ihren Plätzen, worauf ihnen der Lehrer bedeutet, sie können sich wieder setzen. Jonas, der Störenfried der Klasse, bleibt jedoch, wie vorher bereits vereinbart, stehen. Der Lehrer darauf:

'Auch du darfst dich setzen.'

Jonas aber gibt mit todernster Miene zu verstehen:

'Ich bin gelähmt in den Knien, von Kindesbeinen an ... ich muss immer stehen ... den ganzen Vormittag.'

Nun stellt sich die Frage, wie der Lehrer auf derartige Provokationen sinnvoll reagieren sollte."[2]

In solcher und ähnlicher Form wird jeder Lehrer mal getestet. Das ist mehr Spaß als Ernst. Und doch: Wie oft nehmen wir Spiele dieser Art persönlich, todernst, ungeschützt! Wie oft fighten wir zurück und manövrieren uns selbst und die Schüler in ausweglose Situationen! Ich weiß, wie schnell unser aller Frustrationstoleranz, eingezwängt zwischen dem „Uhr-und-Schelle-Diktat“ einerseits und dem hohen Anspruchsniveau andererseits, überschritten ist; wie schnell Geduld, Beherrschung und auch Humor angesichts einer vielen Stößen ausgesetzten Batterie erschöpft sind; wie verständlich da Wackelkontakte und auch Funkensprühen sein können. Aber es gehört auch zum professionellen Habitus eines Lehrers, Stereotypismen zu vermeiden, Reize vermittels einer reflektierenden Haltung zu entschärfen, permanent umzulernen, Triebdynamiken zu durchschauen, Über-Ich-Attacken ins Leere laufen zu lassen, kritische Ich-Funktionen aufzubauen, kurz: eben nicht so zu reagieren, wie das der vermeintlich „geborene Erzieher“ immer schon tut.

Was könnte der Lehrer also konkret tun, wenn er die Aggressionsspirale nicht in Gang setzen will? Eine Lehrerin schlug vor, den stehengebliebenen Jonas einfach zu ignorieren. Jonas aber *will* spielen. Irgendwann wird er also mit neuen Einfällen kommen ...

Ein Student meinte, man sollte auf das Spiel eingehen und z. B. zurückfragen: „Nun sag' mal bloß, wie du mit den gelähmten Knien *auf*gestanden bist?“ Solche und ähnliche Rückfragen erscheinen schon situationsadäquater, binden andererseits aber das Spiel ausschließlich an Jonas und an den Lehrer, wobei die Klasse schnell zum Zirkuspublikum werden kann ...

H. DOMKE (1973, S. 69) bietet folgende Möglichkeit an. Der Lehrer sagt, in sachlichem Ton:

„Bei einem neuen Pauker ist man neugierig, man fragt sich, was ist das denn für einer, wie reagiert er denn eigentlich, wenn wir ihn hereinlegen ...?“ Und zu Jonas gewandt:

„Und du bist hier derjenige, der den neuen Lehrer testen soll, nicht wahr!“ Mit folgender Frage an die Klasse könnte die heikle Lage des Lehrers überbrückt werden:

„Übrigens, wie sollte sich denn nach eurer Meinung der ideale Lehrer aus einer solchen Affäre ziehen?“

Kein Vorwurf, kein Abblocken, kein Ignorieren, aber auch keine Kapitulation, kein laissez-faire, keine Aggression. Der Lehrer spielt mit und nimmt das Spiel ernst, indem er den Test für berechtigt erklärt. Nur – und das scheint hier die eigentlich produktive Lösung zu sein – gibt der Lehrer den Ball an die *Klasse* zurück, denn von dort war Jonas stimuliert worden. Er macht ihnen das Motiv ihres provozierenden Spiels bewusst und bittet um *ihren* Rat. Wie der Witz die Spannung durch eine unvorhergesehene Wendung zur Entspannung bringt, tut der Lehrer genau das, was niemand erwarten konnte: Er lässt jeden einzelnen Schüler einen Augenblick lang in die Lehrerrolle schlüpfen („Was würdest du jetzt an meiner Stelle tun?“). In dem Buch „Disziplinkonflikte in der Schule“ von E. ZÜGHART ([3]1961) finden sich eine Reihe solcher produktiver Lösungsversuche – jenseits von autoritärem Gehabe, manipulativer Verführung und resignierendem Gewährenlassen: Der Lehrer nimmt seine Verantwortung wahr, indem er sie mit den Schülern teilt.

*

Diese drei Fallberichte sollen zunächst eine einfache Erkenntnis vermitteln: Lehrer, die nicht mehr nach den (zugegeben: oft verborgenen) Ursachen gestörter Unterrichtsprozesse fragen, bewegen sich auf der ersten analytischen Ebene, d. h. sie mögen recht effektiv Techniken der Disziplinierung anwenden, aber sie verfehlen solche Lösungen, die Lehrer *und* Schüler – zumindest langfristig – in die Verantwortung einbeziehen und verlagern das Problem aus dem pädagogischen Kontext heraus in Verhaltensmodifikationen. Natürlich ist es verständlich, dass viele Lehrer zu den üblichen Bestsellern in Sachen „Disziplinschwierigkeiten" greifen, also z. B. T. GORDON ([13]1979; [3]1979) oder J. GRELL ([1]1974; [11]1983) sinnbildlich verschlingen: In der Regel sind sie auf diese Schwierigkeiten ja nicht oder nur unzureichend vorbereitet worden; der zermürbende Schulalltag lässt ihnen selten die Gelegenheit, über mögliche Ursachen nachzudenken; und hinzu kommt der Erwartungsdruck der Schüler, Eltern, Kollegen, Vorgesetzten und der Öffentlichkeit, die ansonsten zwar heftig zerstritten sind, wenn es um die Belange der Schule geht, in einem Punkt jedoch übereinstimmen: Der erfolgreiche Lehrer muss vornehmlich Ruhe, Ordnung und Disziplin halten können, ansonsten jedoch ausgesprochen freundlich sein und gute Noten geben. Ich empfinde also durchaus Verständnis für diejenigen Lehrer, die sich oft vom Titel bereits auf eine Ebene locken lassen, die – mitunter entgegen den Intentionen der Autoren – nur noch Anpassungsrituale erlauben. Wer überfordert ist, beschränkt nun mal sein Handlungsfeld und betreibt lieber eine erfolgreiche Symptombeseitigung als eine den Erfolg oft nicht so rasch mitliefernde Ursachenerhellung. Damit soll also nichts gegen bestimmte Bücher gesagt werden. Aus den einschlägigen Publikationen von z. B. G. E. BECKER u. a. ([2]1978), K. CZERWENKA (1979), K. GEISSLER / M. HEGE (1978), H. GRÄSER/ M. LEDERER (1982), B. HANKE u. a. ([2]1978), J. LOHMANN / B. MINSEL (1978), W.-R. MINSEL u. a. (1976) oder A. REDLICH / W. SCHLEY (1978) lässt sich sehr viel lernen, auch was die Steuerungsfähigkeit von Konflikten anbelangt. Aber vor einem Verharren auf der Anpassungsebene können eher Gedankengänge bewahren, wie sie z. B. M. CHARLTON u. a. (1975), H. GINOTT (1974), H. v. HENTIG (1976a), W. NEIDHARDT (1977), R. SEISS (1976), K. SINGER ([2]1974), die 32 Autoren des Jahresheftes über UNTERRICHTSSTÖRUNGEN (1987), W. DÖPP (1988) oder H. TRAPMANN / W. ROTTHAUS ([10]2003 u. 2004) geäußert haben. Erst von dorther wird nämlich die Notwendigkeit ersichtlich, den – sicherlich unumgänglichen – „Techniken des Lehrerverhaltens" (GRELL) oder den „Techniken der Klassenführung" (KOUNIN) pädagogische Legitimationen zuzuordnen. Das bitte ich, besonders bei der Lektüre des folgenden Abschnitts im Gedächtnis zu behalten.

II. Diagnostische und therapeutische Hinweise

Warum wird Unterricht eigentlich so häufig (alle 2,6 Minuten?) und mitunter so gravierend (bis hin zum Abbruch oder zum bloß scheinbaren Lernen?) gestört? Diese Frage kann man nicht beantworten, ohne das vieldimensionale Geflecht der realen Unterrichtssituation wenigstens ausschnittweise zu beleuchten. Auf vier Sachverhalte sei deshalb hingewiesen:

Eine Ursache ist sicherlich der ach so häufig beschuldigte Schüler. Aber – ist er wirklich schuldig? Wie erlebt denn auch heute noch der durchschnittliche Schüler den Schulalltag? Dazu ein paar Zahlen:

Ca. 60 % aller Wörter im (traditionellen) Unterricht werden vom Lehrer gesprochen, d. h. der Lehrer redet etwa 50mal soviel, wie dies dem einzelnen Schüler möglich ist. Jedem Schüler bleiben also lediglich 1–2 % des gesamten Sprechausmaßes im Unterricht. Oder: Im Schnitt kann ein Schüler alle drei Tage an den Lehrer eine Frage richten, während der Lehrer in diesem Zeitraum die Klasse, d. h. jedes Klassenmitglied, mit ungefähr 800 Fragen konfrontiert[3]. Ein zweiter Aspekt:

Im Schnitt bleiben Jahr für Jahr ca. 4 % aller Grund- und Hauptschüler, etwa 7,6 % aller Realschüler und 3 % aller Gymnasiasten sitzen – die Prozentsätze steigen. Bei z. Z. 8 600 000 Vollzeitschülern handeln sich jedes Jahr weit über 400 000 Schüler (ca. 5 %) den stigmatisierenden Vermerk

„Sitzenbleiber“ ein. 400000 gescheiterte junge Menschen; die doppelte Anzahl zittert ein ganzes Jahr lang, bangt um die Versetzung, fürchtet jede Arbeit; 1,5 Millionen Väter und Mütter sind davon betroffen; Geschwister, Tanten, Omas und Freunde in nicht gezähltem Ausmaß nehmen Anteil an diesem Schuldilemma. Kurz: Mit Millionen Schülern schleicht trotz (oder wegen) der Schulreform sowie angesichts des Numerus clausus und der drohenden Arbeitslosigkeit Nacht für Nacht die Angst ins Bett – auch das gehört zum Schulalltag[4]. Denn diese Angst bleibt morgens nicht in den Federn, sie hockt in jeder dritten Bank. Wir wissen heute um die eruptiven Kräfte verängstigter Psychen, um den Teufelskreis von Frustration und Aggression, um die Abwehrmechanismen neurotischer Kinder. Deshalb sind nicht die referierten Zahlen so bedeutsam, sondern das dahinter sich verbergende *persönliche* Leid. So wünscht man sich – als Pädagoge – Lebenslaufanalysen und Fallberichte – z. B. im Kontext der Sitzenbleiberkatastrophe.

Der dritte Aspekt, von dem hier die Frage nach den Ursachen des gestörten Unterrichts verdeutlicht werden soll, sei durch den nüchternen Rückblick eines großen irischen Schriftstellers konkretisiert[5]:

„Als ich, ein sehr kleiner Knabe, in die Schule kam, besaß ich schon ziemliche Kenntnisse der lateinischen Grammatik, die mir in wenigen Wochen des Privatunterrichts durch meinen Onkel beigebracht worden waren. Nachdem ich einige Jahre in der Anstalt verlebt hatte, prüfte mich dieser selbe Onkel und fand als Reinertrag meiner Schulzeit, dass ich, ohne anderes hinzuzulernen, das vergessen hatte, was er mich gelehrt hatte. Bis zum heutigen Tage, obwohl ich noch ein lateinisches Hauptwort deklinieren und einige Musterreime in der alten, gedankenlosen Weise wiederholen kann, weil der Rhythmus mir im Gehör geblieben ist, vermochte ich niemals eine lateinische Inschrift auf einem Grabstein vollkommen zu übersetzen … Ich lese jedoch Französisch mit derselben Leichtigkeit wie Englisch und kann unter dem Zwang der Notwendig-

keit einige Brocken Deutsch und Operntexten entlehnte italienische Worte verwerten, doch wurde mir all dies nicht in der Schule beigebracht. Statt dessen lehrte man mich lügen, würdelose Unterwürfigkeit vor Tyrannei, schmutzige Geschichten, die gotteslästerliche Angewohnheit, Liebe und Mutterschaft zum Gegenstand obszöner Witze zu machen, Hoffnungslosigkeit, Ausflüchte, Spott, Feigheit und alle Lumpenkniffe, mit denen ein Feigling den anderen einschüchtert."

Hier wird – lange bevor es zum didaktischen Schlager wurde – das angesprochen, was die Schule jeden Tag in vielleicht viel entscheidenderem Ausmaß anbietet, als ihr bewusst ist: Das hidden curriculum, der geheime Lehrplan, der Schüler offensichtlich wesentlich mehr beschäftigt als der offizielle Lehrplan (official curriculum) oder der ideale Lehrplan (ideal curriculum), mit dem hehre Bildungsziele beschworen werden. In ihm liegt der Nährboden für viele unterrichtliche Störungen. Nicht die „Nebenflüsse der Donau" oder das „Gerundivum" dringt unseren Schülern unter die Haut, sondern: „Wie kriege ich in Mathe noch eine 4?" – „Den Egoisten Friedhelm lass' ich kein Wort mehr abschreiben!" – „Beim Studienrat Schäfer muss ich ein bisschen rechts oder links argumentieren ..."

Und viertens schließlich muss auf die Neuen Medien und deren Einflüsse auf das Verhalten, die Einstellungen, Hoffnungen, Ängste und Lernographien unserer heutigen Schüler/innen hingewiesen werden. W. *DARSCHIN* und B. FRANK haben zum Fernsehverhalten der Bundesbürger bereits im Jahre 1986 folgende Zahlen ermittelt: Danach hatten die bundesdeutschen Haushalte an einem durchschnittlichen Wochentag den Fernsehapparat 213 Minuten lang eingeschaltet. Während 1976 der Bundesbürger 'nur' knapp 2 Stunden pro Tag ferngesehen hat, saß er 10 Jahre später bereits 2 Stunden und 12 Minuten vor dem Bildschirm; die 8- bis 13jährigen 81 Minuten. Von den 22,9 Millionen Fernsehhaushalten in der Bundesrepublik Deutschland waren 1986 zwar erst 1,7 Millionen (rund 7 %) verkabelt, die aber ihrerseits ihren Fernsehkonsum bereits täglich um 20 Minuten erhöhten. Tendenziell wird man sagen können: Während ein heutiger junger Mensch bis zu seinem 18. Lebensjahr ca. 15 000 Stunden in der Schule gesessen hat, wird er ca. 20 000 Stunden vor den Bildschirmen der Neuen Medien (also des Fernsehens, der Videos, des PCs, der diversen Flipper in den Spielotheken usw.) verbracht haben. Ehe ein Kind heute in die Schule kommt, hat es – nach Auskunft der Medienkommission von ARD und ZDF – im Schnitt bereits 2000 Stunden ferngesehen ... Bei all diesen Zahlen soll hier nicht auf die (noch ungesicherte) Korrelation zwischen Fernsehen und Gewalt oder auf den funktionellen Analphabetismus hingewiesen werden. Hier interessiert lediglich ein lernographisches Datum. Während die Generationen davor noch weitgehend mit Hilfe und entlang statischer Signale (vor allem gedruckter Buchstaben) lernten, empfangen die heutigen Kinder und Jugendlichen ihre 'Informationen' inmitten *beweglicher Bilder* (sowie eingebettet in Farbe und Musik). Dies hat, wenn wir an den damit verbundenen Hemisphärenshift denken und die Hirnforschung zu Rate ziehen (vgl. E. HUNZIKER / G. MAZZOLA, 1990 und E. R. KANDEL u. a., 1996), vehemente schulpädagogische Konsequenzen. Die für das abstrakte Denken, die Sprache, die logischen Schlussfolgerungen etc. „zuständige" linke Gehirnhälfte wird weitgehend „arbeitslos", während die für das Fühlen, die Phantasie, die Empfindungen usw. ansprechbare rechte Hälfte unseres Gehirns im Übermaß aktiviert und belastet wird. Über den von Neil POSTMAN hinaus beklagten Verfall der literalen Kultur beobachten wir also heute ein gänzlich neues Lernverhalten, das einerseits ausgesprochen „sensibel", „ganzheitlich", „empfindsam", „Betroffenheit erwartend" und auch „engagiert" sein kann (wenn es als sinnvoll erlebt wird), andererseits aber auch als „zerbrechlich", „bizarr", „öde", „Langeweile hervorrufend" und auch „desmotivierend" zu beobachten ist (wenn es als unbefriedigend erfahren wird).

Allein diese medialen Einflüsse machen nicht nur ein Ansteigen der *Quantität* der Unterrichtsstörungen erklärlich, sondern auch die gewandelte *Qualität* heutiger gestörter Unterrichtsprozesse, die nicht mehr und zumeist (wie noch in früheren Zeiten) intentionalen Charakter haben, also absichtlich-bewusst zum Zwecke des Störens inszeniert werden, sondern eher *funktionale Störungen* genannt werden müssen, mit anderen Worten: in Form lähmender Passivität, aber auch in Gestalt eines Überaktivismus auftreten. Auf solche und ähnliche Veränderungen lässt sich sinnvollerweise weder mit der Re-Etablierung vergangener Werte und verflossener Rituale noch mit resignativer Larmoyanz antworten, wohl aber mit – diese Ursachen wirklich tangierenden – edukativen sowie didaktisch-methodischen Reformen.

Diese vier Aspekte (lehrerzentrierter Verbalunterricht mit frontalunterrichtlichen Ermüdungserscheinungen; angstbesetzte Schullaufbahnregelungen bei subjektiv bedrohlich erlebten Leistungsanforderungen; geheime Lehrplaninhalte sowie Einflüsse der Neuen Medien) scheinen den gestörten Unterricht nicht unerheblich zu verursachen. Bevor ein Raster diagnostisch relevanter Unterrichtsstörungen und ein Katalog möglicher Therapien vorgeschlagen werden, sollen noch einige der sinnlichen Realitätserfahrungen, die ein heutiger Schüler tagtäglich macht, thesenartig genannt werden:

- Man versteht einander nicht mehr, d. h. Lehrer und Schüler reden aneinander vorbei und leben in verschiedenen Welten –
- Man empfindet gegenüber Lehrern Angst, Aggressionen, Mitleid, Gleichgültigkeit usw. –
- Man aktiviert gegenüber Mitschülern (bes. ausländischen) Konkurrenz, Bedrohung, Hass, Gleichgültigkeit, Unterwürfigkeit usw. –

- Man fühlt sich isoliert, verwaltet, manipuliert, ohnmächtig und schlapp –
- Man hat Angst vor Zensuren, Repressalien, dem schwierigen Stoff, dem Mobbing, der Konkurrenz, der Zukunft oder der momentanen Langeweile –
- Man tröstet sich mit der irgendwann einmal kommenden großen Belohnung, mit zukünftigen Karrieren und ersehnten Statussymbolen –
- Man mogelt, lehnt sich auf, kuscht, schwindelt, taucht weg, träumt, führt ein vielfältiges Doppelleben –
- Man lernt, dass Nachgeben vorteilhafter ist als Widerstand; dass Gerechtigkeit, Lernfreude, Mit- und Selbstbestimmung häufig Illusionen sind; dass Schule allzu oft und entgegen den Behauptungen der Reformer „Der Weihwassersprenger der Chancenungleichheit“ [6] ist –
- Und vielleicht lernt man auch einmal, dass es interessante, packende, die Neugier befriedigende Stunden; dass es hier und da verständnisvolle, helfende und sympathische Lehrer; dass es auch relativ gute sowie um sinnstiftenden Unterricht wirklich bemühte Schulen gibt ...

Wem diese Realitätserfahrungen einseitig, übertrieben oder gar unbelegt vorkommen, der lese einmal das Buch von W. KEMPOWSKI (1974) mit dem treffenden Titel „Immer so durchgemogelt“, eine erschütternde Sammlung von Antworten, die KEMPOWSKI auf seine an über 1000 Bürger gestellte Frage erhalten hat: „Was bedeutet Ihnen Ihre Schulzeit?“ Besser als aus manchem wissenschaftlichen Buch oder mancher Demoskopie wird da deutlich, was Schule in der Regel auch heute noch ist: Öde und Langeweile, Angst und Quälerei, Sadismus und Einsamkeit, Aggressionen und Schläge, Verführung und Radfahren, Sinnlosigkeit und Desinteresse ... Selten: Freude und Begegnung, packende Stunden und gegenseitige Hilfe, freies Lernen, Staunen und Probieren ... Nur eines wird in deutschen Schulen wohl immer noch zu wenig und zu selten getan: Einfach gelacht, so ganz unbeschwert, ohne Schadenfreude und Sarkasmus ... Und wem das alles nicht mehr aktuell genug ist, der hospitiere mal eine Woche oder wenigstens einen Tag lang in irgendeiner der 40000 deutschen Schulen – zwischen Flensburg und München, Görlitz und Aachen ...

*

Hilfen, die nicht zu kurz greifen oder die Probleme gänzlich verfehlen sollen, müssen – auch wenn dies schwieriger ist – an den wirklichen Ursachen sowie den möglichen Intentionen störenden Verhaltens ansetzen. Mit anderen Worten: Eine begründete Therapie kann nur vor dem Hintergrund einer redlichen Diagnose Bestand haben, die es freilich laufend zu verbessern gilt. Deshalb soll der folgende DIAGNOSEBOGEN BEI UNTERRICHTSSTÖRUNGEN zwar erläutert werden; seine Tragfähigkeit aber wird und kann er erst dann erweisen, wenn er anhand konkreter Fälle und Ereignisse gemeinsam mit anderen immer wieder eingesetzt wird und d.h. als Wahrnehmungs- und Erinnerungshilfe dient.

DIAGNOSEBOGEN BEI UNTERRICHTSSTÖRUNGEN

I. Lässt sich die jeweilige Unterrichtsstörung *differentialdiagnostisch* abgrenzen? Formen bzw. verschiedene Arten von Unterrichtsstörungen können sein:

1. Disziplinstörungen
2. Provokationen und Aggressionen
3. Akustische oder visuelle Dauerstörungen sowie allgemeine Unruhe bzw. Konzentrationsstörungen
4. Störungen aus dem Außenbereich des Unterrichts
5. Lernverweigerung und Passivität
6. Desmotivationen
7. Neurotisch bedingte Störungen

II. Auf welcher *analytischen Ebene* wird die jeweilige Unterrichtsstörung als solche definiert?

1. Ausschließlich vom Lehrer? ▫ Personale
2. Ausschließlich von den Schülern? ▫ ▫ Ebenen
3. Vom beeinträchtigten Lehr- und Lernprozess her? ▫ Unterrichtliche ▫ ▫ Ebenen

III. Lassen sich *Störungsrichtungen* ausmachen?

1.	Personale Richtungen?	Schüler	–	Schüler
		Schüler	–	Lehrer
		Lehrer	–	Schüler
		Lehrer	–	Lehrer
2.	Objektive (gegenständliche) Richtungen?	Objekt	–	Schüler
		Schüler	–	Objekt
		Objekt	–	Objekt
		Lehrer	–	Objekt
3.	Abstrakte Richtungen?	Norm	–	Schüler
		Schüler	–	Norm
		Norm	–	Lehrer
		Lehrer	–	Norm

IV. Lassen sich Störungsfolgen beobachten oder vermuten?
Z.B.:

1. Kurze Stockung?
2. Längere Unterbrechung?
3. Hartnäckige Blockade?
4. Allgemeine Verstimmung?
5. Neuerliche Störungen?
6. Organische oder psychisch-soziale Lädierungen?
7. Rückwirkungen auf die Lehrinhalte, Lehrmethoden, Kommunikationsbeziehungen usw.?
8. Sonstige Störungsfolgen?

V. Liegen die *Ursachen* mehr im *schulisch-unterrichtlichen* Kontext?
Z.B.:

1. Im lehrerzentrierten Verbalunterricht?

2. Im angstbesetzten Schulalltag?
3. In geheimen Lehrplanstrategien?
4. Im fehlenden oder nicht genügend ausgebildeten Interesse der Schüler für die Lerninhalte?
5. In schulorganisatorischen Schwierigkeiten?
6. In fehlenden Abreaktions-, Spiel- oder Sportgelegenheiten?
7. Wo eventuell sonst?

VI. Liegen die Ursachen mehr im *psychisch-sozialen* Kontext?
Z. B.:

1. Beim Schüler?

Organische / Psychische / Soziale Dimension
→ Psychoanalytische Warum-Fragen
→ Teleologische Wozu-Fragen

2. Beim Lehrer?

Organische / Psychische / Soziale Dimension
→ Psychoanalytische Warum-Fragen
→ Teleologische Wozu-Fragen

3. In der Lehrer-Schüler-Interaktion? (Vgl. Anhang zum DIAGNOSEBOGEN)
4. Im familiären Hintergrund?
5. In der Subgruppenformation?
6. In gesellschaftspolitischen Widersprüchen?
7. In der medialen Reizüberflutung bzw. Reizbrutalisierung?
8. Wo eventuell sonst?

Dieses Raster bedarf der Verdeutlichung, wobei Probleme, die bereits in den vorausgegangenen Kapiteln erläutert wurden, hier nur noch gestreift, die übrigen aber ausführlicher behandelt werden sollen.

Zu I.: In dieser Rubrik käme es nicht darauf an, ein bestimmtes Verhalten zu etikettieren oder eine möglichst latinisierte Bezeichnung für ein mitunter alltägliches Benehmen zu finden, sondern differential-diagnostisch zu denken und zu beobachten. Disziplinstörungen z. B. sind nicht identisch mit Provokationen. Sie werden zum großen Teil unabsichtlich (vor allem gegenüber der Schulordnung) begangen, ihr Urheber bleibt häufig anonym, und darüber hinaus sind sie in der Regel gegen (unbewusst) abgelehnte Wertvorstellungen (vor allem während der Pubertät) gerichtet, auch wenn sie den Lehrer als Blitzableiter benutzen. Häufig werden Disziplinverstöße auch fahrlässig begangen und verdienen nicht den Aufwand, den man um sie macht. Ein Schild auf dem Rasen BETRETEN VERBOTEN ist unter Umständen so lange ein permanenter Auslöser für Disziplinverstöße, bis – ja, bis jemand den Mut besitzt, es zu beseitigen. Je uneinsichtiger *für den Schüler* bestimmte Ordnungsvorstellungen sind, desto disziplinloser sein Verhalten – eine Erfahrung, die abermals *für* das emanzipatorische Streben junger Menschen spricht. Gleichwohl ist Disziplin ein notwendiges Übel, wogegen Schüler jedoch verstoßen dürfen (weil sie Grenzen erkunden müssen), wofür Lehrer aber auch eintreten müssen (damit soziale Regelungskompetenz kein bloßes Lippenbekenntnis, sondern ein anzustrebendes Erziehungsziel bleibt). Wie unverzichtbar Disziplin zum Lernen gehört, demonstriert u. a. der im Jahre 2004 zum ersten Mal gezeigte Dokumentarfilm RHYTHM IS IT – einer der besten pädagogischen Filme, die ich kenne: Ein bunter Haufen von netten (aber bequemen), lustbetonten (aber auch egoistischen), spontanen (und schwatzsüchtigen) Berliner Schülern wird wohl nie zu STRAWINSKYS „Le sacre du printemps“ (aus dem Jahre 1913) tanzen lernen. Erst nachdem sie die von dem Choreographen Royston MALDOOM und dem Chef der Berliner Philharmoniker Sir Simon RATTLE geforderte Disziplin akzeptieren, gelingt ihnen eine mitreißende Performance ...

Die Provokation ist gewiss dann problematisch, wenn sie aggressive Bedürfnisse ohne Hemmungen befriedigen will, also z. B. Frustrationen glaubt kompensieren zu müssen, langweilige Unterrichtsstunden provokativ unterbrechen will oder Bloßstellungen als Quelle von Schadenfreude zu genießen trachtet. In spielerischer Form dürfte die Provokation dann relativ harmlos sein, wenn der, gegen den sie sich richtet, ihr adäquat begegnet. Dass man auf Disziplinstörungen anders zu reagieren hat als auf Provokationen, werden die therapeutischen Überlegungen noch verdeutlichen.

Auch und gerade die „Gewalt in der Schule", über die z. B. das Heft 3/1993 der Zeitschrift PÄDAGOGIK und auch das Heft 1/2004 der Zeitschrift PÄD Forum berichteten, muss stets entschlüsselt werden, wenn wir ihr *pädagogisch* begegnen wollen. Grundsätzlich kann jede aggressive Handlung mehr oder weniger eine von wenigstens sechs Sinnperspektiven aufweisen:

- Aggression als *spielerischer Kampf* mit dem Ziel, Stärke, Freude am Siegen u. ä. m. auszuprobieren. Aus Spaß wird jedoch häufig Ernst, mitunter blutiger Ernst.
- Aggression als Abwehr einer *Bedrohung* mit dem Ziel, Angst zu beseitigen, Verletzungen zu vermeiden u. ä. m. Unter diesem zweiten Horizont droht die Gefahr, eine legitime Abwehr von Gefahren bis zur Vernichtung des (vermeintlichen) Gegners zu steigern.
- Aggression entsteht darüber hinaus als *Reaktion aufgrund von Frustration(en)* und verfolgt dann das Ziel, einen Ausgleich für eine Niederlage, eine Demütigung usw. herbeizuführen, wobei die Gefahr einer bloßen Ersatzbefriedigung droht.
- Aggression ist viertens häufig ein bloßes *Auskundschaften* mit dem Ziel, Freiräume und Grenzen zu erforschen,

eigene und fremde Terrains abzustecken u. ä. m. Bei aller Berechtigung solcher Reviersicherungen droht hier u. U. ein schieres Machtstreben in Form von „Raubzügen" – übrigens nicht nur in Klassengruppen, sondern auch zwischen ganzen Völkern und Nationen.

- Aggression kann fünftens *Einschüchterung* bezwecken, Macho-Attitüden demonstrieren, um Herrschaft, Unterdrückung oder auch Ausbeutung und Demütigung zu bewirken: Brutalisierung macht sich breit.
- Und schließlich kann eine Aggression eine *entstellte Liebessehnsucht* bedeuten mit dem Ziel, Aufmerksamkeit, Zuwendung, Liebe u. ä. m. zu gewinnen. Hier liegt die Gefahr einer „negativen" Zuwendung auf der Hand, d. h. der junge Mensch will lieber bestraft als ignoriert werden.

Aggressionen (vgl. lat.: *aggredi, aggredior, aggressus sum* > an etwas herangehen) sind also weder „gut" noch „böse", sondern in sich ambivalent, d. h. in ihrem Vollzug sowie ihren Wirkungen erst eher destruktiv oder konstruktiv und: Jede aggressive Einstellung oder Handlung will (mir) etwas sagen, leider häufig in entstellter Form. Eine solche Sicht lässt auch den leidigen Streit der verschiedenen Aggressionstheorien als anachronistisch erscheinen. Sie stimmen alle, und keine stimmt allein, sondern je nach der situativen Bedeutung der einzelnen Aggression wird mal diese, mal jene Theorie zur Erklärung derselben relevant.

Über akustische Dauerstörungen („dieses ewige Schwatzen", „Tuscheln", „Herumzappeln" usw.) scheinen die Lehrer sehr häufig zu klagen. Aber auch das visuelle Wahrnehmungsfeld der Schulklasse ist in der Regel so groß, bizarr und von permanenten „Querschlägern" durchzuckt, dass hier für viele Lehrer eine gravierende Ursache ihrer nervösen Reaktionen liegt. Das ist verständlich und oft genug auch nicht einfach zu beseitigen. Weniger verständlich sind die „Diagnosen", die wir gelegentlich damit verbinden. Sie reichen vom „angeborenen Konzentrationsmangel" bis hin zu Vorwürfen wie „eine flatterhafte Jugend". Drei Sachverhalte über „Die Klasse als

Ameisenhaufen“ (I. WOLFF, 1982) sollen wenigstens erwähnt werden:

Erstens die Tatsache, dass wir es heute mit medial erzogenen Kindern und Jugendlichen zu tun haben, die z. B. länger vor dem Fernsehapparat sitzen als in der Schule (ca. 20000 Stunden bis zum 18. Lebensjahr) und dabei pro TV-Stunde bis zu neun Gewaltdarstellungen gesehen haben. Um den Gesetzen der optischen Wahrnehmungskonstanz und -kapazität Rechnung zu tragen, wird keines der beweglichen Bilder länger als wenige Sekunden gezeigt. Die Kinder würden sich also im Grunde schaden, wenn sie lange verweilten und Besinnlichkeit demonstrierten. Darf es uns dann eigentlich noch wundern, wenn sie als Schüler vermeintlich unkonzentriert und sprunghaft sind?

Zweitens wissen wir heute, dass Lärm nicht nur Gehör- und Nervenschäden verursacht, sondern auch das Lernen beeinträchtigt. In einer empirischen Untersuchung an der Austin-University haben die Amerikaner S. COHEN u. a. (1973) festgestellt, dass Grundschulkinder, die Lärm ausgesetzt waren, signifikant schlechtere Leistungen in solchen Tests erbrachten, mit deren Hilfe ihre Hör- und Lernfähigkeit ermittelt wurde. Wenn man bedenkt, dass die Hauptursache der Lärmbelastung durch den Straßenverkehr hervorgerufen wurde, wird manche Großstadtschule nachdenklich werden müssen. Wundert es uns da eigentlich noch, dass Kinder und Jugendliche „nicht mehr hören wollen“? Oder einen Walkman tragen und süchtig sind nach berieselnder Musik?

Und *drittens*: Einerseits verhalten sich unsere Schüler also genau so, wie wir Erwachsene es ihnen zumuten; andererseits aber ist zum Lernen sicherlich auch ein gewisses Maß an Konzentration und Ruhe notwendig. Wer folglich an einer Bewältigung dieser Störungsart interessiert ist, richtet Vorwürfe oft an die falsche Adresse und ist doch nicht von der Verpflichtung befreit, mit seinen Schülern Lernerfahrungen zu machen, die außerhalb der Schule eher schaden als nutzen. Von solcher Art Dialektik ist manches therapeutische Bemühen unserer Tage gekennzeichnet.

Der akustische Dauerstress ist in großen Schulsystemen heute fast unerträglich geworden – nicht selten hausintern (zumindest) verstärkt. Hier dem einzelnen Pädagogen prompte Abhilfemöglichkeiten zu suggerieren, hieße, Politik mit Pädagogik zu verwechseln. Im einzelnen Klassenzimmer jedoch wird manche unnötige Akustik zu vermeiden oder zumindest zu reduzieren sein. Eine wohnliche Ausstattung dämpft vieles, so dass es erträglicher wird, wenn der zappelnde Rüdiger vom Stuhl fällt, dort zwei Mädchen miteinander tuscheln, hier Ralf mit Klickern spielt und sich dort eine Gruppe von Außenseitern mal wieder balgt. Das Überschreiten eines gerade noch erträglichen Geräuschpegels jedoch verleitet seinerseits zu neuen Störungen, verbalen Kraftakten und Gegengeräuschen und dürfte den psychischen Kollaps vieler Lehrer sowie die oft beklagte Nervosität unserer Schüler nicht unwesentlich beeinflussen.

Auch die Störungen aus dem Außenbereich des Unterrichts (vom Flur, vom Hof, von der Straße usw. her) sind nicht selten primäre Ursachen für misslungene Lehr- und Lernprozesse. Was will man da machen, wenn die Lehrerin, wie geschildert, beim Vortrag der „Kraniche des Ibykus" vom Hausmeister unterbrochen wird, der wissen will, wer morgen Kakao oder Milch trinkt?

Die Lernverweigerung bzw. Passivität vieler Schüler weist auf die Notwendigkeit hin, diesen DIAGNOSEBOGEN nicht von vorn bis hinten abhakend durchzugehen, sondern immer wieder Querverbindungen zu suchen, hier z. B.: den Punkt V./1 oder VI./1–5. Ein paar Erläuterungen: Das Lernen verweigernde Schüler können dies aus den verschiedensten Gründen tun. Vielleicht ist der Unterricht didaktisch-methodisch zu anregungslos; über- oder unterfordernd; vielleicht gehört es zum „guten Ton" der Clique, für die Schule oder dieses Fach nichts zu tun; unter Umständen ist die außerschulische Perspektive so trostlos, dass sich ein Engagement in der Schule kaum noch lohnt; aber auch entmutigende Schulkarrieren können narkotisierend wirken.

Unter systematischen Gesichtspunkten lassen sich beim heutigen Forschungsstand wenigstens sechs Ursachenbereiche für Lernverweigerungen bzw. Passivität anführen:

- Überforderungen und daraus resultierende Ängste wirken lähmend auf die Lern- und Leistungsbereitschaft. Wer andauernd ermahnt wird, über eine Latte in 140 cm Höhe zu springen, obgleich er mit viel Mühe gerade noch 90 cm zu überspringen sich zutraut, verweigert zum Schluss jeden Sprungversuch. Dabei bedenke man aber: Die Überforderung hat nichts mit dem didaktischen Prinzip der „Mehrdarbietung“ zu tun, über das Heinz PÜTT (1987) aufschlussreiche Reflexionen angestellt hat; und – die Vermeidung von Überforderungen geschieht nicht entlang von *Unter*forderungen, denen gleichfalls keine didaktische Legitimation zukommt.
- Provokationen können gleichfalls den Lernverweigerungen zugrunde liegen. Jeder Lehrer kennt den seine Schultasche aufreizend langsam öffnenden Schüler oder die das Buch nicht aufschlagende, sondern behutsam Seite für Seite umblätternde Schülerin, der es darauf ankommt, mit dem Mittel einer zur Schau gestellten Passivität die Frustrationstoleranz des Lehrers zu testen oder das „Vergessen“ der Hausaufgaben zu vertuschen.
- Die Normen einer Subgruppe bilden ein drittes Erklärungsmodell. Viele Schüler machen deshalb keine Schulaufgaben, melden sich deshalb nie oder schreiben deshalb schlechte Arbeiten, weil ein solches Verhalten seitens der Gruppe honoriert wird, in der sie cliquenmäßig verankert sind. Dort gehört es einfach zum Normenkodex, für die Schule, dieses Fach oder diesen Lehrer nichts zu tun und Desinteresse („keinen Bock“) zu dokumentieren. Dass hier Moralpredigten oder Sanktionen absolut unnütz

sind, ist eine triviale Erfahrung, der wir jedoch immer wieder erliegen. Ohne eine Veränderung der Gruppennorm werden solchermaßen passiv sich verhaltende Schüler ihr Verhalten nicht ändern.

- Scheinmotivationen (in des Wortes doppelter Bedeutung) sind nicht selten eine weitere Ursache für Lernverweigerung. Wer vom 1. Schuljahr an für Bildchen, Bonbons, Zensuren usw. gelernt hat; wem später die *credits* wichtiger sind als das Lernen selbst; wo der Schein die ursprüngliche Neugier verdrängt, wird man sich nicht wundern dürfen, dass die Lernbereitschaft sinkt – vor allem dann, wenn diese Surrogate wegfallen. Hier sind also schulische und familiäre Rituale ebenso in die Kritik einzubeziehen wie gesellschaftliche Praktiken, denen wir als Pädagogen keine Handlangerdienste leisten sollten.
- Eine fünfte (mögliche) Ursache entsteht vor dem Hintergrund gesellschaftlicher und politischer bzw. ökonomischer Daten und Prozesse. Sinnkrisen, Werteverlust, blockierte Ausbildungsgänge, grassierende Arbeitslosigkeit, Angst vor einer bedrohlicher werdenden Zukunft usw. kennzeichnen diesen Background, vor dem es immer mehr Schülern, Studenten, Lehramtsanwärtern (aber auch Lehrenden) schwerer fällt, die Groß- und Kleinschreibung zu üben, geschichtliche Epochen zu studieren, didaktische Theorien aufzuarbeiten (oder auch anderen dieses und ähnliches beizubringen).
- Und schließlich können neurotische Störungen, Konflikte, Hemmungen, Beziehungsprobleme usw. Lernverweigerungen verursachen. Wer an Beziehungsstörungen, familiären Auseinandersetzungen, sexuellen Problemen, aggressiven Bedürfnissen oder dem Drogenabusus leidet, wird kaum dazu in der Lage sein, die Zinsrechnung oder eine Ballade zu lernen. Aber auch Etikettierungs- und Stigmatisierungsprozesse, auf die das VII. Kapitel ausführlich eingeht, können zu einem Verhalten führen, das

sich passiv geriert: Einmal die Hausaufgaben vergessen, schon als 'faul' deklariert, und prompt übernimmt ein solcher Schüler die entsprechende Rolle, die wir ihm (ungewollt) zuweisen – vom „Problemfall“ bis zum „Klassenclown“.

- Eine sechste Störungsart formen die Desmotivationen – in der Schülersprache: „Null-Bock-auf-nix!“ Ihre Ursachen sind ebenso zahlreich wie ihre Erscheinungsformen und reichen von körperlichen Anomalien (etwa der Fettleibigkeit / Adipositas) bis hin zu einem Sinnverlust. Da die zentrale Aufgabe der Lehrer darin besteht, zum Lernen buchstäblich anzustiften, leiden sie besonders unter dieser Störung ihrer Schüler, so dass sie selbst ihre Begeisterung verlieren. Niemand kann aber andere be-geistern, der selbst nicht mehr begeistert ist.

Die neurotisch bedingten Störungen schließlich werden im V. Kapitel erläutert, deshalb hier nur so viel: Sie begegnen dem Lehrer zunächst einmal nicht in Gestalt der latenten Konflikte, sondern als mannigfache Symptome, die bestimmte Rückschlüsse auf die zugrundeliegende Konfliktkonstellation erlauben. Bei folgenden Symptomen sollte der Lehrer besonders aufmerken[7]:

1. Psychomotorische Störungen (Labilität, Tics, lactationen, Stottern, Nägelknabbern usw.)
2. Auffälliges Schulversagen (Pseudodemenz, Erschöpfungssyndrome, häufiger Absentismus, hartnäckige Desmotivation usw.)
3. Verhaltensstörungen (Mutismus, Vandalismus, Lügen, Stehlen, Drogengebrauch, Phobien usw.)
4. Ernährungsstörungen (Appetitmangel, einseitige Ernährung, abnormer Hunger, Magersucht usw.)
5. Organische Störungen (Einnässen, Einkoten, Magen-, Kopf- und Herzschmerzen, Neurodermitis usw.)

6. Schlafstörungen (Nachtangst, Schlafwandeln usw.). Erläutern wir den DIAGNOSEBOGEN in seiner nächsten Rubrik.

Zu II.: Ich verweise auf das 1. Kapitel, das dieses Problem und seine normative Zuordnung zu entfalten versuchte. Dass hier mit relativ langen Umlernprozessen gerechnet werden muss, die Jahrzehnte dauern, sei jedoch nicht verschwiegen. Unverzichtbar bleibt aber die Forderung, die personalen Ebenen des Definierens allmählich zu verlassen und von einer sachlich-unterrichtlichen Ebene her die Frage zu stellen: Inwiefern ist unser *Lehr- und Lernprozess* momentan gestört bzw. unsere *Lehr- und Lernarbeit* bedroht? Wechselseitige Hospitationen (Intervisionen), aber auch Beratungen durch Dritte (Supervisionen) erleichtern den hier gemeinten Umlernprozess.

Zu III.: Auch das Ermitteln der Störungsrichtung kann für das adäquate pädagogische Handeln wertvolle Hinweise bergen: Wenn plötzlich während einer Dia-Vorführung der Strom ausfällt, handelt es sich ursprünglich um eine Störung, die von einem Objekt auf den Lehrer wirkt, der aber womöglich seine Verärgerung in einer personalen Richtung an die Schüler weitergibt, die sich ihrerseits irgendwann rächen können. Zirkuläre (Verstärker-)Prozesse sind hier nicht selten.

Zu IV.: Bei den Störungsfolgen ist besonders zu beachten, dass sie Rückwirkungen aufweisen können, also z. B. die ursprünglich festgestellte Störungsart und -richtung zu verändern vermögen. Und: Viele Lehrer sehen das Problem (vor allem der eigenen) Unterrichtsstörungen häufig nur von ihren Folgen her, was verständlich ist, aber blickverengend sein kann, wenn es bei dieser Sichtweise bleibt.

Zu V.: Die vier ersten Unterpunkte wurden bereits erläutert. Eine häufige Ursache liegt in der Diskrepanz zwischen idealen, offiziellen und geheimen Lehrplanstrategien. Eine Schule, die z. B. über ihrer Pforte das Motto stehen hat DEO ET

LITTERIS (FÜR GOTT UND DIE WISSENSCHAFT), idealiter also humanistische Bildung betreibt, auf verborgenen Ebenen jedoch Schülern das Mogeln, Lügen und Heucheln beibringt, muss sich nicht wundern, wenn sie permanent Konflikte produziert. Auch der schulorganisatorische Bereich (das rigide Differenzieren, Fachunterricht, Vertretungsstunden usw.) zeigt Lehrern und Schülern die Möglichkeiten und Grenzen ihrer Bemühungen um einen erträglichen Unterricht auf. Just aus ihnen resultieren fehlende Abreaktions-, Spiel- und Sportgelegenheiten bzw. werden mit ihrer Hilfe als „prinzipiell wünschenswert, aber leider nicht möglich" deklariert. Ehe wir jedoch den Vandalismus auf unseren Schulhöfen, zertrümmerte Toiletten oder Graffiti auf den Schülerpulten beklagen, sollten wir selbstkritisch überlegen, ob wir den Spielraum für entsprechende Bewegungen wirklich genutzt und frühzeitig mit der ästhetischen Bildung begonnen haben. Eine der schwierigsten didaktischen Probleme ist das der sogenannten Motivation – vom Lerninteresse oder der Lernbereitschaft zu sprechen, ist gewiss sinnvoller. Ohne hier auf Einzelheiten eingehen zu können, sei wenigstens auf einen einzigen Gedanken hingewiesen, den Heinrich ROTH in seine „Pädagogische Psychologie des Lehrens und Lernens" ([1]1957; [14]1973) aufgenommen hat, ein Gedanke, den er freilich schon 1950, im Heft 3 der Zeitschrift „Die Sammlung", publiziert hatte. In der Buchpublikation schreibt er (S. 121):

„Der pädagogische Gehalt eines Kulturgutes schließt sich nur dem auf, der selbst einmal von ihm zuinnerst getroffen wurde und dieses Getroffensein immer wieder in sich zu verlebendigen vermag. Nur wer selbst vom Gegenstand verwandelt wurde, besitzt das Feingefühl für die erweckende und verwandelnde Kraft eines Kulturgutes."

Ob im Englisch- oder Mathematikunterricht, ob in Biologie oder Sport –: „Das wichtigste Curriculum des Lehrers ist seine Person" (H. v. HENTIG, 1981, S. 110). Mit solchen und ähnlichen Überlegungen wird der „gestörte Unterricht“ als das bezeichnet, was er ist: ein Lehrer und Schüler gemeinsam betreffendes Problem.

Zu VI.: Hier soll auf die bisher noch nicht erläuterte Lehrer-Schüler-Interaktion eingegangen werden. Die beiden Amerikaner J. E. Brophy / T. L. Good (1976) haben diese Interaktionen systematisch untersucht. Daraus lassen sich Typologien bilden, die im folgenden – etwas erweiternd und modifizierend – zusammengefasst werden sollen.

Selbstverständlich soll diese Typologie keiner neuerlichen Etikettierung Vorschub leisten, sondern lediglich in griffiger Form zum Nachdenken über die eigene Qualität des Lehrer-Schüler-Verhältnisses anregen. Bezogen auf die Frage nach den möglichen Ursachen für Unterrichtsstörungen sind nicht die Entsprechungen (das sog. *matching*) als vielmehr die disharmonischen Erwartungen und Befriedigungen (*crossing*) sowie die einander verfehlenden Beziehungen (*failing*) wichtig.

Zusammenfassend wollen wir festhalten: Gestörte Unterrichtsprozesse lassen sich in einem vielfältigen und mehrdimensionalen Raster diagnostisch analysieren. Sie bestehen aber nicht in einer simplen Addition der hier vorgetragenen sechs Raster. Beim heutigen Forschungsstand wissen wir im Grunde nichts oder nur wenig über die resultierenden Folgen, deren Rückwirkungen auf verborgene Störanfälligkeiten, über das Verhältnis von Ursachen und Wirkungen u. a. m.

Dialog

ANHANG ZUM DIAGNOSEBOGEN

Lehrer-Schüler-Interaktionen bzw. -Typologien		
Lehrer typisieren Schüler als	Schüler typisieren Lehrer als	Zentrale Interaktionsmuster
1. Zuneigungs-schüler	1. Geliebte Lehrer („Starlehrer“, „Lieblings-lehrer“)	1. Sympathie / Liebe
2. Sorgeschüler	2. Um Hilfe gebetene Lehrer („Pestalozzityp“)	2. Hilfe / Fürsorge
3. Gleichgültig-keitsschüler	3. Ignorierte Lehrer („Lehrer Luft“)	3. Desinteresse
4. Ablehnungs-schüler	4. Gehasste Lehrer („Lehrer-schwein“)	4. Antipathie / Hass
5. Mitleidsschüler	5. Bemitleidete Lehrer („Trottel“, „Flasche“)	5. Mitleid
6. Angst erleidende Schüler	6. Gefürchtete Lehrer („Schar-fer Hund“)	6. Angst
7. Anpassungs-schüler	7. Routinierte Lehrer („Meisterpäd-agoge“)	7. Nachahmung / Unterwerfung
8. Kooperative Schüler	8. Souveräne Lehrer	8. Antinomien aus- und durchhaltend

Vielleicht werden diese und ähnliche Fragestellungen nie ganz geklärt, d.h. gesetzmäßig erfasst werden können, denn schließlich beinhalten sie höchst lebendige Prozesse, die sich letztlich einer abstrakten Formel entziehen. Was heute zu leisten ist, liegt im Aufzeigen *möglicher* Diagnostica, nicht in der Bestimmung einer zugrundeliegenden und unter Umständen vielfach gebrochenen, allgemein-gültigen, wechselseitigen Abhängigkeit. Die Lehrer in der Schule hingegen können solche Interdependenzen, beschränkt auf den einzelnen Fall, durchaus ermitteln. Und darauf sollte sie, die Pädagogik, durch entsprechende Übungen vorbereiten. Anderenfalls riskieren wir den berühmten „Praxisschock", den junge Lehrer erleiden, nachdem sie Pädagogik studiert haben. Man kann diesen (unnötigen) Praxisschock, der die allseits beklagte „Konstanzer Wanne"[8] ausformt, aus einer anderen Sicht auch als „Bankrotterklärung" einer zu bedeutungslosen Theorien oder in den Praktizismus sich flüchtenden Lehrerbildung bezeichnen, was hier nicht aggressiv-despektierlich gemeint ist, sondern lediglich zu entsprechenden Korrekturen stimulieren möchte.

Darüber hinaus sollte deutlich werden, dass der Diagnosebogen eine gestufte Ergiebigkeit aufweist: Bei der Analyse eines bloß literarisch fixierten Falles wird er relativ wenige Erkenntnisse zu produzieren helfen. Kommen (über Hospitation, Tonband und Kamera) narrative sowie audio-visuelle Darstellungen hinzu, so lassen sich schon erheblich mehr Einsichten gewinnen – noch dazu, wenn z.B. der betroffene Lehrer für Rückfragen zur Verfügung steht. Letztlich aber sollte die Anwendung eines diagnostischen Rasters zu der Einsicht führen, dass erst die Teilnahme *aller* – die Störung hervorrufenden und erleidenden – Beteiligten, also die rationale Kommunikation von Lehrern und Schülern die Fülle möglicher Diagnostica zu präsentieren vermag.

Hinzu kommt ein wissenschaftstheoretisch-methodischer bzw. erkenntnistheoretischer Hinweis: Jeder Problemfall basiert auf einem Fundament, das aus vier miteinander verbundenen Ecken, Seiten, Kanten besteht. Da ist zunächst die subjektive Wahrnehmung bzw. die selektive Erinnerung, ohne die ein Fall gar nicht erzählbar wird, die ihn andererseits aber auch (in dieser narrativen Gestalt) relativieren und einer hermeneutischen Interpretation anheimgeben. Ein zweites konstitutives (nicht jedoch verursachendes) Element bei der Entstehung von Störungen ist die Gegenwart mit ihren drei Dimensionen Raum, Zeit und gesellschaftliche bzw. institutionelle und personale Strukturen. Drittens ist die z. T. verarbeitete, z. T. (noch) nicht hinreichend aufgearbeitete Vergangenheit ein Entstehungsmoment, zumal sie uns immer wieder einholt und unser Denken, Fühlen und Handeln beeinflusst. Und schließlich gibt es keine Störung ohne subjektive Befindlichkeiten – etwa im Bereich des Körpers, der Emotionalität und des sozialen Verhaltens. Auf der Basis dieser vier Axiome türmen sich gleichsam diejenigen Probleme auf, die man mit Hilfe eines diagnostischen Denkens zu analysieren vermag.

*

Mehr noch als diagnostische Feststellungen interessieren aus der Sicht des Praktikers natürlich *therapeutische Möglichkeiten.* Im Bereich abweichenden Verhaltens und seiner Korrektur lassen sich heute fünf verschiedene Ansätze unterscheiden:

1. Pädagogische Maßnahmen,
2. Psychoanalytische Prozesse,
3. Gruppentherapien,
4. Verhaltenstherapien und
5. Psychopharmakologie.

Je nach der Art devianten Verhaltens (vom Klassenclown bis hin zum schizophrenen Schub), je nach individueller Ansprechbarkeit und aktuellem Entwicklungsstand wird man mehr den einen oder anderen Ansatz zum Tragen bringen, so dass die fünf möglichen Therapien nicht alternativ, sondern durchaus als sich ergänzend gesehen werden müssen. Bei schweren Störungen (z. B. hartnäckigem Mutismus, Affektlabilität, Drogensucht usw.) wird der Lehrer mit Fachleuten anderer methodischer Ansätze zusammenarbeiten müssen:

Schulpsychologen, frei praktizierenden Analytikern, klinischen Therapeuten u. a.

Welches Instrumentarium an pädagogischen Maßnahmen steht nun dem Lehrer *prinzipiell* zur Verfügung? In Anlehnung an F. REDL (1971, S. 206f.) möchte ich folgende herausstellen:

1. Bewusstes Ignorieren (planful ignoring): in der Annahme, dass sich die Störung teilweise von selbst erledigt, und zwar um so schneller, je weniger Aufhebens man davon macht;
2. Zeichen geben (signal interference): in der Erwartung, dass der Schüler mit Hilfe solcher Zeichen (z. B. linker Zeigefinger auf die geschlossenen Lippen) die aus der Kontrolle geratene Verhaltensweise reaktiviert;
3. Verschieben der physischen Distanz und Kontakthalten (proximity and relationship control): etwa in der Form, dass der Lehrer auffällig zurücktritt oder den (zornig-zitternden) Schüler fest an den Oberarmen packt, zu sich heranzieht, nicht um ihn zu bestrafen, sondern um ihn zu beruhigen;
4. Unauffällige affektive Zuwendung (hypodermic affection): durch ein verständnisvolles Ansehen, Lächeln, eine liebevolle Geste usw.;
5. Entspannen der Situation durch Humor (decontamination through humor): in der Erwartung, dass aufgestaute Triebdynamiken durch Lachen, einen Witz oder verständnisvolle Ironie Abflussmöglichkeiten erhalten;
6. Hilfestellung zur Überbrückung des Hindernisses (hurdle help): in Form von Vorschlägen, Ermunterungen usw.;
7. Umstrukturierung der Situation (restructuring): durch atmosphärische Veränderungen, Beseitigung allzu enger Feldgrenzen usw.;

8. Umgruppierung (regrouping): um z.B. marginale Schüler zu integrieren;
9. Intellektuelle Gegenbeweise (counterdistortional evidence): in der Absicht, den kritischen Ich-Funktionen zum Durchbruch zu verhelfen;
10. Bewusstmachung und Beseitigung von emotionalen Spannungen (removal of emotional debris): z. B. ödipaler Konflikte, Übertragungsmechanismen, aggressiver Attacken usw.;
11. Appell an das Ich, Ich-Ideal, Über-Ich und Verhaltensnormen der Gruppe (appeal to ego, ego ideal, super ego and group code representations): mit dem Ziel einer Befolgung der von dorther sich ableitenden Wertvorstellungen;
12. Vorbeugendes Hinausschicken (antiseptic bouncing): in der Hoffnung, dass sich der betreffende Schüler – zumindest teilweise – abreagiert;
13. Physische Einschränkungen (physical restraints): mit dem Ziel einer äußeren Ruhigstellung;
14. Beschränkung von Aktivität, Raum und Gegenständen (limitations in activity, space and props): zumeist in der Absicht, störende Außenreize so weit es geht auszuschalten;
15. Erweiterter Freiraum bei gleichzeitig schärferer Grenzziehung (special surplus quantity of permission with sharpened boundary impact): z.B. in Form einer klar abgegrenzten Sondererlaubnis;
16. Übungen und Erlebnisse der Entspannung und Desensibilisierung (relaxations) bzw. meditative Übungen zum Aufbau von Konzentration sowie zum Abbau von Aggressionen: um Konzentration, Ruhe sowie Ich-Stärke und soziale Sensibilität herzustellen;
17. Verbote (prohibitions): deutlich markierte Grenzlinien;

18. Versprechungen (promises): in Aussicht gestellte Vergünstigungen bei erwartetem Wunschverhalten;
19. Belohnungen (rewards): erhaltene Vergünstigungen bei eingetretenem Wunschverhalten;
20. Drohungen (threats): treten zumeist flankierend mit Verboten auf, um ihre Einhaltung zu sichern; und schließlich
21. Bestrafungen (punishments): in der Regel als Folge übertretener Verbote.

Diese *möglichen* pädagogischen Maßnahmen stellen das Repertoire eines Lehrers dar, der situationsadäquat Unterrichtsstörungen und Erziehungskonflikten begegnen will. Die letzten fünf sind sicherlich problematischer als die anderen; aber eine vorschnelle und generelle Abqualifizierung ist wenig durchdacht. In der Lernschule des vorigen Jahrhunderts z. B. wurde alle sechs Minuten eine Prügelstrafe vollzogen[9], d. h. 65-mal am Tag antworteten die Lehrer auf eine Konfliktsituation mit dem Rohrstock, einer besonders drastischen Form der Bestrafung. Natürlich gibt es heute kaum noch einen Lehrer, der die körperliche Strafe für der (Pädagogen) Weisheit letzten Schluss hält. Aber: Wenn in einem Seminar an der Hochschule eine Studentin zum dritten Mal einen Hustenanfall erleidet und ich sie daraufhin anschaue und die linke Braue hebe, wird sie mein *winziges* Zeichen verstehen, also unter Umständen hinausgehen und sich ein Hustenbonbon besorgen. Die gleiche Geste in einer 9. Hauptschulklasse würde gewiss völlig unbeachtet bleiben, einfach deshalb, weil Lehrer und Schüler nicht dieselbe Zeichensprache benutzen. Der Lehrer hat es nicht selten mit Schülern zu tun, die – das Wort sei gestattet – brutalisiert sind, die erst aufhorchen, „wenn es kracht", d. h. wenn Signale auftauchen, die sie kennen und verstehen. Deshalb verlangen solche Schüler (und auch deren Eltern) häufig Strafarbeiten, Nachsitzen, ein paar Ohrfeigen u. ä. m. Und ich kann den Lehrer verstehen, der – nachdem er seine Mittelstandssignale vergeblich ausgesendet hat – zu härteren Maßnahmen greift. Nur, verstehen heißt nicht, mit dem Verstandenen einverstanden sein. Und: Er sollte das eigentliche Ziel nicht aus den Augen verlieren, das darin besteht, für humanere Signale zu sensibilisieren. Konkret: Er sollte trotz gelegentlicher Ergreifung situationsinadäquater Maßnahmen immer wieder vor- und bewusst machen, dass die kleine Geste dasselbe intendieren und bewirken kann wie das große Tamtam. Anderenfalls besteht die Gefahr, dass sich der Lehrer parallel zu seinen Schülern brutalisiert. Prinzipientreue, Theoriehörigkeit, aber auch unreflektierte Reaktionen und zielloses Herumprobieren sind wesentlich unpädagogischer als der flexibel sich verhaltende, Kompromisse nicht scheuende und doch einer bestimmten Zielsetzung sich verpflichtende Lehrer.

Um diese einundzwanzig pädagogischen Maßnahmen vor Missverständnissen zu bewahren, sei zunächst auf fünf Sachverhalte hingewiesen, ehe sie dann (an Beispielen) zu bestimmten Unterrichtsstörungen in Beziehung gesetzt werden.

Erstens: Diese Maßnahmen besitzen keinen Wert an sich, sondern nur in ganz bestimmten Situationen können sie diesem oder jenem Wert zur Wiederentdeckung bzw. Geltung verhelfen.

Zweitens: Alle Maßnahmen sind in sich ambivalent, d.h. „guten“ oder „schlechten“ Lösungen zuträglich.

Drittens: Zu jeder Maßnahme gibt es eine Fülle konkreter Ausführungen, die hier anders aussehen als dort; diese sind nicht transferierbar und verallgemeinerungsfähig.

Viertens: Wenn die konkrete Ausführung keine Nachahmung allüberall gestattet, so sind doch die zugrundeliegenden Funktionen der einzelnen Maßnahmen verallgemeinerungswürdig. Und:

Fünftens: Die Erziehung (auch und gerade inhumaner Verhaltensweisen) muss sich vor autoritärer Vergewaltigung und sublimer Gruppendynamik ebenso hüten wie vor antiautoritärer Gegenherrschaft und dem sanften Druck der Gruppe: „Die autoritäre Vorgabe von Bestimmungen verfehlt die pädagogische Aufgabe so sehr wie die Leugnung von Bestimmungen“ (H. v. HENTIG, 1978, S. 14). Nicht die scheinbar repressiv oder fortschrittlich klingende Formulierung der einzelnen Maßnahme trifft die pädagogische Aufgabe, sondern der erziehliche Kontext, in dem sie entsteht und den sie verändert. Eine „Strafe“ kann z. B. ebenso Zeichen einer blindwütigen Herrschaftsdemonstration sein wie Hilfe zur Re-Sozialisierung; das „Versprechen“ vermag bestechend oder aufmunternd zu wirken ... Erst der situative Kontext und die zugrunde liegenden Motive einer Gesinnungs- *und* Verantwortungsethik (im Sinne Max WEBERs) entscheiden über Wert und Un-Wert dieses oder jenes pädagogischen Handelns.

Zur *Illustration* der Maßnahmen:

1. Das *bewusste Ignorieren* kennen wir aus der klassischen Lernpsychologie, wo es aber zum ausschließlichen Verhalten gegenüber „anormalen“ Kindern deklariert wurde. Dies ist sicher ebenso falsch, unmenschlich und ineffektiv wie das Eingehen auf jeden Fall. Bewusstes Ignorieren ist dort zu empfehlen, wo ein unkontrolliertes Verhalten nicht dadurch verstärkt werden soll, dass man es besonders beachtet. Es beinhaltet die begründete Aussicht, dass sich die Störung auf diesem Weg des „Drüber-Wegsehens“ am ehesten und quasi von allein wieder einrenkt. Wenn wir diese erste Maßnahme auf einige Formen der Unterrichtsstörungen beziehen, wird deutlich, dass bewusstes Ignorieren z. B. bei Provokationen gänzlich fehl am Platze ist. Der Schüler will ja beachtet werden und würde sein Verhalten gerade wegen der Ignorierung noch verstärken. Bei Disziplinverstößen hingegen kann diese Maßnahme durchaus angezeigt sein. Und sicherlich ist das bewusste Ignorieren (nicht das unbewusste Laissez-faire) häufig dann sinnvoll, wenn damit eine momentan zu legitimierende Toleranz doku-

mentiert werden soll: Nicht jede Störung muss beseitigt, aber viele Störungen und viele Störende müssen ertragen, ausgehalten, toleriert werden, indem wir über manches hinwegsehen, was nicht heute (sondern morgen) und was nicht hier (sondern dort) pädagogisch bearbeitet werden soll.

2. Wir alle *geben Zeichen,* um Kommunikation zu erleichtern, ja überhaupt erst zu ermöglichen. Sie erinnern uns an Gemeintes, aber Vergessenes und werden oft mimisch, gestisch und bildlich übermittelt. In jeder Klasse entwickeln Lehrer und Schüler solch einen Katalog verabredeter Zeichen: Augen schließen, Ohren zuhalten, Sich-hinhocken usw. Mir ist eine Lehrerin bekannt, die mit ihren schwierigen Schülern folgende Zeichen verabredet hatte: Wenn es im Unterricht gelockert zugehen darf, ist an der Wand das Bild einer fröhlichen Kindergruppe zu sehen; sind Konzentration und Ruhe erforderlich, dreht die Lehrerin (und oft auch ein Schüler) das Bild herum, so dass jetzt ein aufmerksam zuhörender Junge in die Klasse schaut ... Andere Kolleginnen und Kollegen verabreden andere Zeichen: z. B. das Läuten eines Glöckchens oder das Rinnen einer Sanduhr. Die einzelnen Ausgestaltungen der Maßnahmen sind nicht imitationsfähig, sondern wollen nur anregen. Auf die zugrundeliegende Funktion kommt es an, und die lautet hier: bereits gelernte Verhaltensweisen reaktivieren. Wo das gewünschte Verhalten noch gar nicht bekannt ist und noch nicht gekonnt wird, verliert diese Maßnahme ihren Sinn. Eine hervorragende Sammlung von verabredeten Zeichen auf sog. Signalkarten haben für die Klassen 1–4 W. HUND (2004) und für die Klassen 5–10 L. MORGENTHAU (2004) vorgelegt. Auch wenn nicht jede dieser Signalkarten in jede Schulklasse passt, weisen sie dennoch genügend Anregungspotential auf, um eigene Verabredungs-, Hinweis- und Erinnerungszeichen herzustellen und einzusetzen – wohlgemerkt zur Unterstützung der Selbstkontrolle des Verhaltens.

3. Das *Verschieben der physischen Distanz und Kontakthalten* will vor allem beruhigen und dürfte bei abrupten Aggressionsausbrüchen zunächst einmal helfen, unmittelbare Reaktionen abzublocken. In Form des Zurücktretens oder des An-den-Armen-Anpackens (bei gleichzeitigem Distanzhalten) werden so Zeit, Geduld und Überlegung gewonnen, um weitere Maßnahmen einzuleiten. Dass dabei die körperliche Integrität gewahrt bleiben muss und dennoch physischer Kontakt hergestellt werden darf, ist einsichtig.

4. Die *unauffällige affektive Zuwendung* besitzt die Funktion des Tröstens. Wie oft hilft sie, berechtigte Bedürfnisse (vgl. die Wozu-Fragen bei auffälligem Verhalten) aus ihrer pathologischen Form in gesunde Interaktionen zu überführen! In einem 3. Schuljahr mag es ein Streicheln über den Kopf einer Schülerin sein, in einem 9. die ritualisierte Andeutung eines anerkennenden Boxschlages gegenüber einem Jugendlichen, der hier und jetzt Anerkennung verdient hat. Gekoppelt mit der dritten Maßnahme weist diese hier darauf hin, dass wir Lehrer (hierzulande!) viel zu selten den taktvollen (!) Körperkontakt bei der Befriedigung von Schülerbedürfnissen einsetzen und z. T. auch deshalb mit Unterrichtsstörungen „bestraft“ werden.

5. Das *Entspannen der Situation durch Humor* will entkrampfen und hat nichts mit Ironie oder Sarkasmus zu tun. Zur rechten Zeit ein Witz oder eine humorvolle Bemerkung – das kann schon helfen. Zumindest wird die Atmosphäre so weit aufgelockert, dass weiterreichende Lösungswege sich eröffnen. Meine eigenen Unterrichtserfahrungen bestätigen jedenfalls immer wieder diese eine Erfahrung: Mit keiner anderen Verhaltensweise lassen sich Schüler aller Jahrgänge bereitwilliger zum Lernen bewegen als mit Humor, mit gespielter Theatralik oder einer mitreißenden Fröhlichkeit. Und: Humor kann man lernen, z. B. im Rollen- und Handlungsspiel.

6. Die *Hilfestellungen zur Überwindung des Hindernisses* besitzen die Funktion des „Drüber-Weghelfens" und werden von jedem Lehrer in der ihm gemäßen Form praktiziert: ein aufmunternder Blick, eine verbale Brücke, Beseitigung unnötiger Schwierigkeiten usw. Gerade bei Unterrichtsstörungen, denen Angst zugrunde liegt, dürfte diese Maßnahme – zusammen mit anderen – hilfreich sein und aus Sackgassen herausführen.

7. Eine *Situation umstrukturieren* heißt, sie anders gestalten und dadurch verfremden. Das kann über curriculare, mediale oder methodische Neuarrangements geschehen und ist immer dann überlegenswert, wenn z. B. Langeweile (aufgrund von Monotonie) aufkommt, aus der heraus bekanntlich viele Störungen resultieren. Wie das geschieht, ist abermals sekundär und der Phantasie des einzelnen Lehrers überlassen.

8. Die *Umgruppierung der Schüler* lässt sich gut mit der vorigen Maßnahme koppeln und sollte keine etikettierende, sondern eine entreizende Funktion haben. Es kommt also sehr darauf an, wie wir z. B. den Vorschlag begründen, dass die beiden Schüler dort nicht länger nebeneinandersitzen und jene Schüler da zusammenarbeiten sollten bzw. was einem Stuhlkreis dienlich ist und was der Tischgruppenformation. Dabei sollten wir die ganze Palette der möglichen Raumstruktur bzw. der Klassenraumsituation nutzen, die vier Standardtypen kennt: Der frontal ausgerichtete *Hörsaal-Typ*, der hufeisenförmige *Sitzungssaal-Typ*, der Gruppentische aufweisende *Speisesaal-Typ* und der alle drei Formen je nach Bedarf sowie zusätzliche Ecken und Nischen aufweisende *Lebensraum-Typ*, wie ihn z. B. die Bielefelder Laborschule kennt (vgl. A. v. d. GROEBEN / M. F. RIEGER, 1991 und ausführlicher R. WINKEL, 1997, S. 243 ff.).

9. *Intellektuelle Gegenbeweise* wollen aufklären über – z. B. entstellte Sachverhalte, verlogene Behauptungen oder unterdrückte Meinungen. Sie pervertieren jedoch zu Streit-

gesprächen und Tribunalen, wenn die Verpflichtung zur gemeinsamen Wahrheitssuche nicht immer wieder hergestellt wird.

10. Die *Bewusstmachung und Beseitigung emotionaler Spannungen* ist in die zuvor erwähnte pädagogische Absicht eingebettet. Sie intendiert die rationale Erhellung, wo sie am Platze ist. Mir ist eine Szene in Erinnerung, in der mich ein 14-jähriger Schüler durch ein rhythmisches Räuspern provozieren wollte. Nach einiger Zeit sagte ich zu ihm, mit einem Anflug von Humor: „Peter, ich bin nun wahrlich nicht dein daddy!" Er lachte, verstand die Bewusstmachung und fühlte die Inadäquatheit seines Handelns. Natürlich lässt sich solch eine Reaktion nicht einfach nachmachen: Sehr viele hier nicht erwähnte Daten mussten vorhanden sein, um solch eine Form der Bewusstmachung zu wagen (z. B. regelmäßige Hausbesuche, Vertrauensbasis, sichere Stellung im Klassenverband usw.).

11. Die *Appelle an das Ich, Über-Ich oder Verhaltensnormen der Gruppe* können über ein Wir-Gefühl die notwendige Ich-Stützung einleiten. Sie sind dann gefährlich, wenn sie zur bloßen Anpassung führen („Wir, die 5 a!"), dort aber berechtigt, wo sie egozentrische Verhaltensweisen abbauen wollen und die von Ruth C. COHN (10 1991) immer wieder für notwendig erachtete Balance zwischen ICH, WIR und ES herstellen sollen, ein Gleichgewicht also zwischen meinen, deinen und unseren Belangen inmitten von Problemen, wobei alle Eckpunkte dieser Interaktion von räumlichen und zeitlichen Bedingungen wie von einem Globe umgeben sind.

12. *Vorbeugendes Hinausschicken* will angestaute Triebdynamiken sich abreagieren lassen und mitunter Schlimmeres verhüten. Drei Beispiele dazu: In einem 3. Schuljahr saß Ralf, ein liebes Kerlchen, das alle halbe Stunde einen unbändigen Bewegungsdrang verspürte. Während eines Hausbesuches erfuhr ich u. a., dass seine Mutter während der

Schwangerschaft ein schädliches Medikament eingenommen hatte. Ich gestattete ihm, wann immer seine Zeit gekommen war, auf den Schulhof zu rennen, um dort drei oder vier Runden zu laufen ... Oder: In einem 9. Schuljahr wurde der Wunsch an mich herangetragen, ab und zu – wenn es gar nicht mehr ging – nach draußen gehen zu dürfen (um eine SMS abzuschicken oder einfach, um mal allein sein zu können). Mein Akzeptieren dieses Bedürfnisses hat viele Unterrichtsstörungen gar nicht erst aufkommen lassen ... Und: Ich komme morgens, nachdem es die ganze Nacht über heftig geschneit hatte, in die Schule. Die Kinder sind ähnlich kribbelig wie die Lehrer, nur – der Schulleiter wird, auch nach 10.00 Uhr, kein Rodelfrei geben. Ich bespreche mich kurz mit der 5 b, trage ins Klassenbuch ein „Unterrichtsgang zum Zwecke von Schneekunde“, und schon sind wir weg. In der großen Pause kommen wir zurück, erschöpft von der Schneeballschlacht, aber zutiefst beglückt. Im Lehrerzimmer das große Klagen: keine Konzentration, Unruhe usw. Wir lernen bis halb eins sehr viel, u. a. des Gleichnamigmachen von Brüchen. Die scheinbar verlorene Zeit wird spielend wieder aufgeholt: vorbeugendes Hinausschicken ... Natürlich engen hier juristische Bestimmungen z. T. die pädagogischen Erfordernisse ein. Das ist bedauerlich, aber noch lange kein Grund, Einsichten vor Paragraphen gleichsam strammstehen zu lassen. Ohne Konflikte gibt es nun mal kein gutes pädagogisches Handeln. Wer gar keine Widersprüche durchhalten kann, wird seine Schüler letztlich auch an die unsinnigen Ansprüche der Gesellschaft ausliefern. Natürlich gibt es Hilfen in solchen Konflikten. Schon mehrmals bin ich nach bestimmten Risikoentscheidungen von Lehrern gutachtlich tätig gewesen, und das hat jedes Mal genutzt. Aber nur deshalb, weil die betroffenen Lehrer zu Recht beanspruchten, Fachleute für Erziehungsprobleme zu sein – wer denn auch sonst, wenn nicht sie? Erst der Rest ist eine Frage gegenseitiger Unterstützung.

13. *Physische Einschränkungen* können genauso autoritär missbraucht werden wie die anderen Maßnahmen; sie können aber auch im Sinne des Schülers liegen und Ablenkungen vermeiden helfen. Manches Kind ist letztlich dankbar, wenn wir vor anstrengenden Lernprozessen, also nicht den ganzen Vormittag über, sein Spielzeug einsammeln, auf ruhige Hände achten oder es bitten, seinen Arbeitsplatz die nächsten 30 Minuten nicht zu verlassen. Auf unsere tieferliegende Einstellung kommt es an, wenn der betreffende Schüler das Wohl dieser Maßnahmen spüren soll.

14. Auch die *Beschränkung von Aktivität, Raum und Gegenständen* verliert jede Hilfsfunktion, wenn sie etwa als Strafritual missbraucht wird. Hier wird die Absicht des Ent-Reizens verfolgt, also der Versuch gemacht, die gelegentliche Überfülle von Reizen auf die Sinnesorgane zu reduzieren und zu steuern. Wir schließen die Augen; hören auf unsere innere Stimme; setzen uns in den Kreis usw. Die Form muss in den jeweiligen Kontext des Alters, der Erfahrungen und Perspektiven der Schüler passen – aber auch in die Persönlichkeitsstruktur des Lehrers bzw. der Lehrerin.

15. Der *erweiterte Freiraum bei gleichzeitig schärferer Grenzziehung* soll wieder an einem Beispiel illustriert werden: Achim, Schüler eines 8. Schuljahres, kam fast jeden Morgen zu spät. Viele Gespräche und Mahnungen hatten nichts genutzt. Dann besprachen wir die Störung in der Klasse, und nach vielen Vorschlägen einigten wir uns darauf, dass Achim zu spät kommen durfte – bis eine Viertelstunde nach Unterrichtsbeginn. Sollte er später als 8.15 Uhr eintreffen, hatte er erst zur nächsten Pause das Recht, den Klassenraum zu betreten. Nach einigen Wochen des Ausprobierens war Achims Zuspätkommen verschwunden ... Das Beispiel ist wiederum nicht transferierbar, aber die pädagogische Funktion, nämlich: die *Grenzen* der Freiheit zu verdeutlichen, damit deren *Freiräume* sichtbarer werden.

16. *Übungen und Erlebnisse der Entspannung* dürften gerade den hektischen, atemlosen, medial überfütterten sowie von einem Reiz zum anderen hechelnden Kindern und Jugendlichen helfen, wenigstens in der Schule Ruhe, Stille, Kon-Zentration sowie Nach-Denklichkeit und De-Sensibilisierung zu finden. *Schule* kommt aus dem Lateinischen *schola* sowie dem Griechischen *s'cholé* und heißt wörtlich: ein Ort der Muße, der Stille, der Nachdenklichkeit, den es herzustellen gilt. Was ist damit gemeint? Als ich wieder einmal mit einigen meiner Studenten in der Krefelder *Maria-Montessori-Schule* war und sie nach einem anstrengenden Hospitationstag im dortigen „Meditationsraum" saßen, begriffen sie ebenso das, was diese große Reformpädagogin mit der „Polarisation der Aufmerksamkeit" meinte (vgl. H. RÖHRS, 1986, S. 129–157) wie jenes von Peter PETERSEN in seinen Jena-Plan-Schulen realisierte Prinzip der Vor-Ordnungen – Schulen, die er bekanntlich nicht nur als Schulen des Gespräches, des Spiels, der Arbeit und der Feier, sondern auch als „Schulen des Schweigens und der Stille" gekennzeichnet hatte (vgl. P. PETERSEN, [60]1980; [10]1984; bes. S. 98ff.). Solche Erlebnisse eines gleichzeitig anregenden und beruhigenden Lernmilieus erfordern also schul- und unterrichtsorganisatorische Reformen, die in der einen Schule leichter durchzusetzen sind als in einer anderen. Aber selbst dort, wo sich ein Schulsystem schwer tut, seinen Schülern (und übrigens auch Lehrern) solch eine Lernumwelt zu bereiten, muss deshalb auf Entspannungsübungen nicht verzichtet werden. Im Gegenteil, gerade dort sind sie nötiger denn je. Jeder Lehrer kann einfache Entspannungsübungen lernen und sie so – verändernd – handhaben, dass sie seinen Schülern zugute kommen. Der eine greift also zum „Aufmerksamkeitstraining mit impulsiven Kindern" (von I. WAGNER, 1976), der andere zur „Entspannung im Unterricht" (von I. WOLFF, 1982); mitunter hilft das von W. SCHÖNIG (1984) vorgestellte Programm „Ruhe durch Entspannung", dann wieder empfiehlt es sich, das Buch „Meditation

und pädagogische Praxis“ von L. M. BODEN (1978) durchzuarbeiten; selbst „Autogenes Training mit Kindern und Jugendlichen“ (vgl. G. BIERMANN, ²1978 und P. ADEN, 1992), Übungen zur „Tiefmuskel-Entspannung“ (vgl. H. BRENNER, 1982) oder das „Marburger Konzentrationstraining“ (von D. KROWATSCHEK u. a., ⁶2004) bieten eine Fülle von Möglichkeiten, gemeinsam mit überreizten Schülern zur Ruhe zu kommen und damit unnötigen Störungen (etwa der Unkonzentriertheit, der Labilität oder der Flatterhaftigkeit) vorzubeugen. Freilich: Je spezieller und anspruchsvoller die hier gemeinten Übungen sind, desto notwendiger wird das Lernen bzw. Handhaben mit Hilfe eines professionellen Therapeuten, eines Psychologen also oder auch eines Arztes. Unter diesen Einschränkungen findet der Leser im IV. Kapitel ebenso einige praktische Übungen zum *Aufbau von Konzentration* wie Beispiele für psycho-vegetative Verfahren, um unnötige bzw. destruktive *Aggressionen* abzubauen.

17. *Verbote* mögen wie die folgenden vier Maßnahmen manchem kritischen Pädagogen nicht in seine Theorie passen, und sicherlich ist die Gefahr des manipulativen Missbrauchs bei den jetzt zu verdeutlichenden Handlungsmustern noch größer als weiter oben. Und doch: Mitunter müssen wir als Erwachsene Markierungen aufzeigen, also – wie im Verkehr – Verbotsschilder aufstellen, um menschliches Zusammenleben vor Inhumanismen zu bewahren. Wenn diese Absicht mit erläutert wird, können Verbote nutzen und helfen – gerade den sogenannten schwachen Schülern. Im pädagogischen Niemandsland kann keine Ich-Werdung gelingen und wird die Achtung vor den Rechten des anderen verfehlt.

18. *Versprechungen* machen ist dann illegitim, wenn eine gewisse Raffinesse damit verbunden ist. Wo das Versprechen Hoffnungen weckt und ermuntert, Schädigendes zu lassen und Gutes zu tun, hat es hingegen seinen Platz.

19. *Belohnungen* als Ersatz für die aus der Mode gekommene Peitsche sind hier nicht gemeint, wohl aber solche „Geschenke“ (auch emotionaler Art), die wirklich Dank und Freude zeigen. Belohnungen sollen möglichst spontan gegeben werden und aus der Trias kommen, die z. B. von der Humanistischen Psychologie (C. R. ROGERS, 1972) als überaus wichtig für unser Tun und Lassen gefordert wird: Kongruenz mit dem eigenen Selbst, positive Zuwendung und empathisches Einfühlungsvermögen. Ansonsten sei an LESSINGS „Emilia Galotti“ erinnert, die am Schluss dieses Trauerspiels zu ihrem Vater Odoardo sagt: „Verführung ist die wahre Gewalt.“

20. *Drohungen* sind nicht schön und wünschenswert und rufen zumeist mehr Schaden als Nutzen hervor. Und doch kann die zugrunde liegende Funktion des Warnens mitunter sinnvoll sein. Wenn wir in einer gefährlichen Situation die Autohupe betätigen, ist das – kommunikationspsychologisch gesehen – eine Drohung mit Warnungseffekt. Ein pausenlos hupender Autofahrer hingegen benutzt die Drohung als Einschüchterung zum Zweck seiner rücksichtslosen Bedürfnisse. Auf die Schule übertragen bedeutet dies: Der mit Zensuren, Elternbriefen usw. drohende Lehrer will Angst einflößen und einschüchtern. Sein Verhalten findet hier keine Rechtfertigung, wohl aber der Lehrer, der dem Schüler die Folgen seines Verhaltens ruhig und bestimmt vor Augen führt, d. h. ihn zu seinem eigenen Schutze warnt.

21. Ähnlich verhält es sich mit der *Strafe*. Sie hat in Erziehung und Schule nichts zu suchen, wo sie Ich-schwächend wirkt, Angst verbreitet und Racheimpulse befriedigt. Schwere Vergehen und antisoziale Verhaltensweisen (wie z. B. Stehlen, Schlagen oder Zerstören) weisen hingegen darauf hin, dass der Betreffende unsere Hilfe benötigt, resozialisiert zu werden beanspruchen darf. Wenn *das* mit der Strafe verbunden wird, kann sie in der Tat pädagogisch sinnvoll sein und einen geradezu heilenden Effekt haben.

THERAPIEBOGEN BEI UNTERRICHTSSTÖRUNGEN

Pädagogische Maßnahmen		Funktionen
1. Bewusstes Ignorieren	⟶	Pathologisches Verhalten nicht verstärken
2. Zeichen geben	⟶	Bereits gelernte Verhaltensweisen reaktivieren
3. Verschieben der physischen Distanz und Kontakthalten	⟶	Beruhigen
4. Unauffällige affektive Zuwendung	⟶	Trösten
5. Entspannen der Situation durch Humor	⟶	Entkrampfen
6. Hilfestellungen zur Überwindung des Hindernisses	⟶	Darüber hinweghelfen
7. Umstrukturierung der Situation	⟶	Verfremden
8. Umgruppierung der Schüler	⟶	Entreizen
9. Intellektuelle Gegenbeweise	⟶	Aufklären
10. Bewusstmachung und Beseitigung der emotionalen Spannungen	⟶	Rationale Erhellung
11. Appelle an das Ich, Über-Ich oder Verhaltensnormen der Gruppe (Wir)	⟶	Ich-Stützung
12. Vorbeugendes Hinausschicken	⟶	Abreagieren / Schlimmeres verhüten
13. Physische Einschränkungen	⟶	Ablenkungen vermeiden
14. Beschränkung von Aktivität, Raum und Gegenständen	⟶	Desensibilisieren
15. Erweiterter Freiraum bei gleichzeitig schärferer Grenzziehung	⟶	Verdeutlichen
16. Übungen und Erlebnisse der Entspannung	⟶	Konzentration auf- und Aggressionen abbauen
17. Verbote	⟶	Markierungen aufzeigen
18. Versprechungen	⟶	Hoffnungen wecken / Ermuntern
19. Belohnungen	⟶	Dank / Freude zeigen
20. Drohungen	⟶	Warnen
21. Strafen	⟶	Re-sozialisieren

Alle einundzwanzig Maßnahmen können mannigfache Ausformungen finden, denen keine Allgemeingültigkeit zukommt. Erst die zugrunde liegenden Funktionen erlauben die Transferierung auch in Zusammenhänge, die den je subjektiven Verantwortungsbereich überschreiten. Und schließlich soll darauf hingewiesen werden, dass diese pädagogischen Hilfestellungen (Therapien) keine kurzfristigen Lösungen intendieren. Gestörte Unterrichtsprozesse zu beheben, erfordert vor allem Geduld und eine lange Perspektive. In Ergänzung zum DIAGNOSEBOGEN wurden die obigen Überlegungen in einem THERAPIEBOGEN auf der vorausgegangenen Seite zusammengefasst.

Weil die letzten fünf zwischen „Lohn und Strafe“ angesiedelten Maßnahmen als Erziehungsmittel eine vielschichtige Problematik beinhalten, die in der hier vorgenommenen Illustration kaum aufgefächert werden konnte, sollten im Folgenden wenigstens sechs Feststellungen gemacht und kurz erläutert werden – Feststellungen, die eine Beurteilung der pädagogischen Maßnahmen 17 bis 21 (Verbote, Versprechungen, Belohnungen, Drohungen und Strafen) erlauben und damit Handlungsregulationen gestatten[10].

1. Feststellung:

Erziehungsmittel wie Belohnungen und Strafen müssen – wie andere Erziehungsmittel auch – auf die pädagogische Zielperspektive hin betrachtet werden, die sich in der Chiffre von der „Ausbreitung von Humanität“ einfangen lässt. Ohne dieses Meliorationsprinzip (einer Verbesserung des einzelnen und seiner Verhältnisse) ist Pädagogik überflüssig.

Erziehung, Schule, Bildung haben es (letztlich) mit dem Ausbreiten von Menschlichkeit zu tun, mit der „emendatio rerum humanarum“ (COMENIUS). Kein Pädagoge kann diese in den abendländischen Deklarationen (Erklärung der Menschenrechte, Grundgesetze, Länderverfassungen usw.) beschworenen Sollensaussagen ignorieren oder gar attackieren, wenn er beanspruchen will, für die Emanzipation der ihm anvertrauten jungen Menschen einzutreten – also für die Freilassung des allzu oft gefesselten und verkümmerten Humanum bei diesem oder jenem Kind, in dieser oder jener Klasse. Mit dieser ersten Feststellung soll die von Max WEBER durchdachte Dialektik zwischen (politischer) Gesinnungs- und Verantwortungsethik nicht ein weiteres Mal auseinandergerissen, sondern im Gegenteil auch für pädagogische Probleme gefordert werden[11]. Denn bei all unserem erziehlichen Handeln haben wir die Beweggründe, Motive, Normen und „ethischen Maxime“ genauso zu bedenken und zu verantworten wie die Wirkungen, Folgen und Mittel unseres Tuns.

2. Feststellung:

Lohn und Strafe können (vor allem von Außenstehenden) nur angemessen beurteilt werden, wenn der situative Kontext einschließlich der Motive der Handelnden mitbedacht wird.

Dieses Zurückweisen einer prinzipiellen Bejahung oder Verneinung hat nichts zu tun mit jenem heute so modernen bodenlosen Relativismus, sondern nimmt lediglich Abschied von Normen und Ideologien außerhalb des jeweiligen pädagogischen Prozesses, bindet also das Maß des Handelns gerade an diesen Interaktionsprozess. Deshalb kann der Schlag, mit dem z.B. MAKARENKO den Gorki-Zögling Sadorow bestrafte, *unter Umständen* pädagogisch legitim sein, während die Ohrfeige des Lehrers X in einem ganz anderen historisch-gesellschaftlichen Kontext *eventuell* völlig illegitim ist.

3. Feststellung:

Nur wenn die den Erziehungsmitteln inhärenten pädagogischen Funktionen mitvermittelt werden, können sie positiv wirken.

Auch wenn diese Feststellung recht banal klingt, wird doch allzu oft gegen sie verstoßen. Wer z. B. eine Strafe ausspricht und insgeheim doch Rachebedürfnisse befriedigen will; wer belohnt und dabei auch an *reinforcement* (Verstärkerwirkungen) denkt, bugsiert das Kind, den Jugendlichen in eine unheilvolle *Double-bind-Situation*, redet mit gespaltener Zunge und beseitigt auf der unbewussten (latenten, hidden, inoffiziellen, analogen) Kommunikationsebene das, was er auf der bewussten (manifesten, idealen, offiziellen, digitalen) aufzubauen versucht hat.

4. Feststellung:

Erziehungsmittel dürfen nicht nur nicht zielinadäquat sein, sondern müssen darüber hinaus eine konkrete Form annehmen, die der Würde des (heranwachsenden) Menschen hier und jetzt sowie seiner intendierten Freigabe auf eine vor dem kritischen Ich und dem auf Solidarität angewiesenen Du Bestand habenden Lebensführung entsprechen.

Mit dieser Aussage soll auf eine weitere Spannung hingewiesen werden, die z. B. darin besteht, dass von uns häufig genug „drastische Maßnahmen" erwartet werden, Maßnahmen, die in der Tat mitunter unumgänglich scheinen, denen aber auf der anderen Seite bestimmte Normen entgegenstehen. Einen außer Rand und Band geratenen Jungen vor die Tür zu schikken, mag *hic et nunc* zu verantworten sein, eine legitime Dauermaßnahme ist es sicherlich nicht. Diese Spannung (oder Antinomie) zwischen momentanen Maßnahmen und zukünftigen Perspektiven gilt es nicht zu beseitigen, sondern – durchzustehen.

5. Feststellung:

Alle pädagogischen Maßnahmen – besonders die letzten fünf – sind in sich ambivalent, pervertierbar und können demnach gute, aber auch schlechte Dienste leisten.

In einem anderen Kontext, bei einem anderen Lehrer oder Schüler, wirkt ein und dieselbe Maßnahme durchaus verschieden. Auch wie man unter Umständen belohnt oder bestraft oder auch beides verweigert, ist eben nicht imitationsfähig, ubiquitär transferierbar und in jedem Fall generalisationswürdig. Erziehung ist nun einmal prinzipiell offen, wandelbar, antinomisch und das heißt: missbrauchbar. Sie deswegen (weil man diese ihre Spannung nicht auszuhalten vermag) blindlings abzuschaffen, kann nur eine Antipädagogik fordern, der Risiken zuwider und Differenzierungen verdächtig sind. Wer pädagogisches Handeln als „complexio oppositorum" versteht, wird Widersprüche und Gefahren gerade nicht leugnen, sondern durchzustehen gewillt sein – ein ganzes Lehrer- oder Erzieherdasein lang. Dieses oft mühselige Ausbalancieren von einander widersprechenden Anforderungen erfordert sehr viel Verantwortungsbereitschaft und auch ein gewisses Maß, Erfolg und Versagen sowie Nichtzuständigkeit und Mitschuld im pädagogischen Alltag zu ertragen.

6. Feststellung:

Da edukatives Handeln von antinomischen Anforderungen durchdrungen ist, muss gerade das eventuelle Belohnen und Bestrafen bzw. die Verweigerung dieser beiden Erziehungsmittel vor dem Hintergrund einer extreme Positionen vermeidenden Grundeinstellung betrachtet werden.

Kinder und Jugendliche brauchen nicht nur Grenzen, sie müssen Grenzen auch überschreiten dürfen. Den Erziehungsmaßnahmen kommen dabei Signalfunktionen zu. Da wir alle in unterschiedlichen sozialen Bezügen großwerden (müssen), sind auch verschiedene Grenzerfahrungen nötig, wenn omnipotentes, narzisstisches Gehabe ebenso vermieden werden soll wie die Unterdrückungsprozedur. Die autoritäre und laissez-faire Erziehung leisten dies eben nicht: Orientierung an bestehenden Grenzen einerseits *und* Verantwortung zu neuen Markierungen andererseits. Fritz REDL (1979) benutzt zur Illustrierung dieser Aussage gern das in der Abbildung 3 verdeutlichte Beispiel von den „Grün-Gelb-und-Rot-Bezirken".

In den Grün-Bezirken werden dem Kind bewusst Freiräume zur Verfügung gestellt, in denen es eigenverantwortlich handelt bzw. handeln lernen muss. Zum Beispiel: „Wenn du vorher Bescheid sagst, kannst du selbstverständlich allein auf

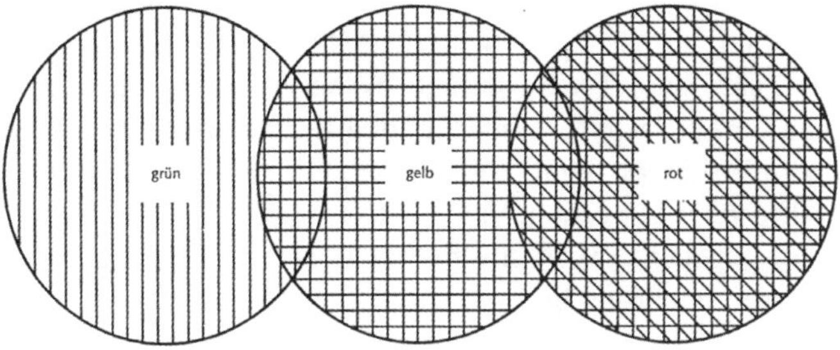

Abb. 3 Grün-Gelb-und-Rot-Bezirke in der Erziehung

die Toilette gehen." Oder: „In eurem Klassenzimmer bestimmt ihr selber über Ordnung und Unordnung – nicht aber in der übrigen Schule." Solche Erfahrungen sanktionsfreier Bezirke sind für die kritische Ich-Entwicklung ebenso nötig wie für eine Du-Sensibilität, die aber erst und nur dann aufgebaut werden kann, wenn die Bezirke anderer als solche erfahrbar werden.

Diese Ansprüche anderer begegnen dem Kind in Form von gelben Signalen, das heißt es bekommt Hinweise, dass es (bitte!) an dieser Stelle vorsichtig zu sein hat. Natürlich sind die Grenzen fließend. Vergleichbar dem Ampel-Gelb muss das Kind zu entscheiden lernen, ob es warten, stehenbleiben, zurückgehen oder rasch hinüberwechseln soll. Und: Hier *muss* es „Grenzen überschreiten dürfen, weil es Selbstbestimmung und Unabhängigkeit zu üben gilt. Da probt es ein Stück Ungehorsam und Befreiung von fremdem Willen, um *eigene* Einsichten zu gewinnen, eigene Maßstäbe aufzubauen" (F. REDL, 1979, S. 27). Aber: Das Kind, der Schüler muss diese Grenzüberschreitungen stets *gegen* den Rat des erziehenden Lehrers sowie der erziehenden Eltern tun (dürfen).

Während Grün-Bezirke innerhalb ihrer Grenzen gänzlich frei von Einschränkungen sind und in Gelb-Bezirken nur eine ungefähre Orientierung gegeben wird, signalisieren Rot-Bezirke Verbote, die nicht willkürlich und folgenlos außer

Kraft gesetzt werden dürfen. Welche Verhaltensweisen sind nun hier anzusiedeln? Sicherlich diese: dass man andere (und sich selbst) nicht belügt, bestiehlt oder schlägt; dass man Lehrer nicht fertigmacht und Mitschüler verhöhnt letzlich also immer dann, wenn Konkretionen der Menschenrechte verletzt werden. Vielleicht auch: Petzen ist unfair und – ein gegebenes Wort soll man halten. Mit Sicherheit aber gehören (auch) in diesen Bezirk keine Sprüche vom Muster des „Wer lügt, der stiehlt!" oder „Misstrauen ist besser als Vertrauen!". Schülern verschiedene Handlungsbezirke anzubieten und zu eröffnen, erleichtert die soziale Orientierung. Dabei können Verbote und Versprechungen, Belohnungen und Drohungen, ja auch die Strafen – wenn sie Signalcharakter besitzen – wichtige Erfahrungen der Eigenverantwortlichkeit und der Rücksichtnahme vermitteln. Diese den Maßnahmen zugrunde liegenden Signalfunktionen sind besonders wichtig für die multikulturelle Erziehung, lies: für die möglichst weite Integration ausländischer Schüler bei gleichzeitigem Respekt vor manchen separaten Lebensführungen und Ansichten. Ohne solche Hinweise entstehen Parallelkulturen – auch und gerade schon in unseren Schulen, die entweder *community schools* sein bzw. werden müssen oder erbärmlich an diesen neuen Herausforderungen scheitern werden.

*

Nun erhebt sich natürlich die Frage, welche Verhaltensweisen des Lehrers und Erziehers ein solches pädagogisch-therapeutisches (also erziehlich-helfendes) Agieren überhaupt erst ermöglichen, sodann erleichtern und schließlich aufrechterhalten. Ich spreche mit Absicht nicht von den berühmt-berüchtigten „Techniken des Lehrerverhaltens" und auch nicht von „Charaktereigenschaften", die mancher heute wieder gern als „endogen bedingt" in die Diskussion einbringen möchte, sondern von – Verhaltensweisen, Einstellungen, Haltungen. Diese kann man nämlich gezielt suchen und (leider auch) konsequent ignorieren; entdecken, aber (natürlich) ebenso verlieren; erlernen und (das heißt auch) aufgeben; einüben und (wie sollte es anders sein) verkümmern lassen.

Ich habe einen Großteil der Lehrerinnen und Lehrer, mit denen „Der gestörte Unterricht“ durchgesprochen wurde, immer wieder gebeten, schriftlich und mündlich diese hier gemeinten Verhaltensweisen zu beschreiben und nach Möglichkeit zu benennen. Dabei hat es mich lediglich anfangs überrascht, mit welch großer Übereinstimmung immer wieder die drei folgenden Verhaltensweisen von sich selbst und anderen gefordert wurden. Der im obigen Sinn pädagogisch-therapeutisch tätige Kollege bzw. die Kollegin sollte nämlich nach übereinstimmender Meinung Tausender von Lehrern erstens:

- Humor aktivieren können; zweitens:
- Gelassenheit anbieten; und drittens:
- Eindeutigkeit zur Richtschnur des Handelns machen.

Was ist damit gemeint?

Humor ist – bekanntlich – „wenn man trotzdem lacht“. Mit anderen Worten: dem Humor liegt (im Gegensatz zum Sarkasmus) die Liebe zugrunde. Der Humor erwächst aus dem Respekt auch und gerade dem ganz anderen Verhalten gegenüber. Ich weiß, wie unendlich schwer es heute ist, angesichts schrecklicher Abgründe, in die hineinzusehen wir uns nicht ersparen können, humorvoll zu reagieren. Ein ökologisch sensibler Lehrer, ein um den Hunger und den Terrorismus wissender Zeitgenosse, eine unter den mannigfachen Ungerechtigkeiten nicht nur intellektuell leidende Erzieherin wird hier immer wieder an Grenzen stoßen, aber: Auf Humor verzichten, ist eine Sache; sich um Humor immer wieder und trotz alledem bemühen, eine andere, nicht unwichtigere Angelegenheit. Jeder Beruf besitzt bekanntlich Bedingungen der Möglichkeit seiner Ausübung. So würde z. B. ein zitternder Operateur zu Recht gefragt, was er eigentlich in einem OP zu suchen hat. Und ein humorloser, pessimistischer, sauertöpfischer, resignierender oder auch nur noch die Annehmlichkeiten seines

Berufs in Anspruch nehmender Lehrer? Dürfen wir ihn, darf er sich selbst, auch wenn es hart klingt, von jeder kritischen Rückfrage dispensieren? Ein kleiner Lesetip → H. PÜTT (1992) und A. HINLEGEN (1993).

Gelassenheit ist das Gegenteil von Hektik, Aufgeregtheit, Nervosität und Engstirnigkeit. Der gelassene Mensch hat Vertrauen in seine eigene Kompetenz und in die Lernfähigkeit von jungen Menschen. Gelassenheit hat etwas mit Geduld zu tun, mit Offenheit und Souveränität. Warum kommt sie uns so oft abhanden? Sicherlich liegt das auch an den Strukturbedingungen der Arbeitsplatzsituation des Lehrers: 2000 Schüler, 200 Kollegen, eine Pädagopolis aus Glas und Beton ... All diese Bedingungen erschweren es ungemein, ruhig zu bleiben (inmitten der Hektik), Zutrauen zu verbreiten (obwohl Misstrauen uns quält), einfach zu lachen (auch wenn uns zum Heulen zumute ist). Und doch: Gelassenheit erwächst *auch* in uns selbst, in der Persönlichkeit des einzelnen, in der gesammelten Mitte eines sich selbst bejahenden Ich. Ohne eine Wiederentdeckung der Langsamkeit bleibt gelassenes Handeln eine Illusion. Darin liegen unsere *Möglichkeiten*, in den Strukturbedingungen unsere *Grenzen*. Auch hier sei ein kleiner Lesetip gestattet → Das chinesische Märchen „Die Reise zur Sonne“ (vgl. J. GUTER, 1973, S. 33–35) oder der Roman „Die Entdeckung der Langsamkeit“ (von Sten NADOLNY, 1987).

Eindeutigkeit ist eine Verhaltensweise, die zu erfahren jedes Kind ein Recht besitzt. Sie hat nichts zu tun mit jener Kasernenhofbrüllerei, die man auch in unseren heutigen Schulen noch gelegentlich zu hören vermag. Sie ist andererseits aber auch die Absage an Unverbindlichkeit und nebulöses Gehabe, jene Schaumgummiattitüden und Styroporkulissen, die wir heutigen Kindern und Jugendlichen häufiger anbieten als Echtheit und Eindeutigkeit. „Mit pädagogischem Haferschleim nährt man keinen Charakter, allein mit politischem Chili und Tabasco freilich auch nicht“, hat H. v. HENTIG

(1979, S. 43) einmal gesagt. Wo dies nicht beachtet wird, nimmt es nicht wunder, wenn Punker nach „power“, Rechtsradikale nach „Ordnung“ und Spontis nach „action“ rufen. Eindeutigkeit heißt eben (in einem 1. Schuljahr): Mit welchem Schreibgerät die Kleinen anfangen, lege *ich* als Lehrer/in fest; ob die Kinder aber eine Blumenbank anlegen, ist *ihre* Sache ... Und zu einer Schülerin im 7. Schuljahr wird man zu Recht sagen dürfen, ja müssen: Das Rauchverbot im Klassenzimmer gilt für dich, für mich und für uns alle ... Basierte der Humor auf der Liebe, die Gelassenheit auf der Kompetenz, so gründet sich die Eindeutigkeit auf der Konfliktbereitschaft. Vielleicht ein dritter Tip → Schauen Sie sich bitte einmal den Film von Randa HAINES „Gottes vergessene Kinder“ (1986) mit William HURT und Marlee MATLIN in den Hauptrollen an!

Sicherlich sind die drei hier nur kurz herausgestellten Verhaltensweisen letztlich Aufgabe jener „Erziehung der Erzieher“, die nicht erst Karl MARX gefordert, sondern z. B. bereits C. G. SALZMANN in seinem 1806 erschienenen „Ameisenbüchlein“ konzipiert hat. Sie in der heutigen Zeit auszugestalten und jenseits einer durch getrennte Phasen zergliederten Lehrer(aus)bildung neu zu entwerfen, kann hier lediglich gefordert werden[12].

*

Auch die letzte in diesem Kapitel aufgeworfene Frage ist unter dem berechtigten Druck des oft handeln müssenden Praktikers entstanden. Sie lautet: Was kann man eigentlich kurzfristig tun? Mit anderen Worten: All die bisher herausgestellten Maßnahmen sowie die drei grundlegenden Lehrerverhaltensweisen sind zwar „gut und schön“ – aber: Was mache ich eigentlich im unmittelbaren Handlungskontext, der mir ja selten Gelegenheit gibt, lange nachzudenken, gezielt auszuwählen oder bestimmte Verhaltensweisen zu aktivieren?

Zunächst einmal gilt es darauf hinzuweisen, dass auch und gerade das Erlernen von längerfristig wirkenden Maßnahmen die kurzfristig wirkenden beeinflusst: Das, was ich jenseits des Handlungsdruckes gelernt habe, kennzeichnet auch mein spontanes Reagieren. Insofern ist das gelegentliche Pochen manches Praktikers auf prompte Handlungsstrategien eigentlich müßig. Und doch wird er zu Recht nach dem Hier und dem Jetzt fragen.

Grundsätzlich würde ich folgende Verhaltensweisen angesichts gestörter Unterrichtsprozesse und aufkommender Erziehungskonflikte empfehlen, Verhaltensweisen also, die vornehmlich zu aktivieren sind, wenn man schon „mittendrin" ist:

1. Man sollte *„niemals mit Kindern kämpfen,* aus dem einfachen Grund, weil sie die Stärkeren sind" (A. ADLER, 1974, S. 186).
2. Vor jeder Reaktion sollte *eine* (und sei es noch so kurze) *Besinnungspause* liegen, die unmittelbare Triebäußerungen abblockt.
3. Trotz zur Handlung drängender Impulse sollte man sich (und möglichst auch die Schüler) zunächst fragen, was angesichts des speziellen Problems *auf gar keinen Fall unternommen werden sollte.*
4. Erst dann empfiehlt es sich, *den Katalog pädagogischer Maßnahmen innerlich Revue passieren zu lassen,* um die situationsadäquateste herauszufinden.
5. Die entscheidende Leitfrage bei dieser Suche könnte wie folgt umschrieben werden: „*Wenn ich in der Rolle des Störenden wäre,* welche Motive, Intentionen und Bedürfnisse mögen mich geleitet haben, welche Hilfen erwarte ich, welche Maßnahmen würden mein Verhalten nur noch verschlimmern?"
6. Sollte einem partout nichts pädagogisch Sinnvolles einfallen, so ist eine Verhaltensweise jedoch nie ganz falsch: *humorvoll reagieren!*

III. Fallberichte als Diskussions- und Übungsmaterialien

Abschließend sollen drei weitere Fallberichte zur Diskussion anregen, eingedenk der Tatsache, dass es viele *gute* Lösungsvorschläge für unterrichtliche Störsituationen, aber auch viele schlechte Reaktionen gibt. Die wissenschaftliche Literatur lässt den Leser bezüglich illustrierender Materialien fast gänzlich im Stich, obgleich andererseits und quasi vorwissenschaftlich das Unbehagen an der Schule mittlerweile so groß geworden ist, dass man ernsthaft „Das Ende der Schule" proklamiert. Brauchbare Anregungen findet man bei den Sensiblen unter uns, d. h. bei einer Reihe von Schriftstellern, Dichtern und Künstlern, deren Schulerinnerungen von V. MICHELS (1972), F. PRATZ (o. J.), G. PRAUSE (1974) und H. E. RÜBESAMEN (1970) gesammelt und herausgegeben wurden. Darüber hinaus habe ich persönlich sehr viel gelernt von der Art und Weise, wie M. J. LANGEVELD (1978) in seiner Erziehungsberatung mit Kindern gearbeitet hat, die „Sorgen machen" – aber auch von der diese Praxis erklärenden Theorie ([9]1978). Und schließlich verweise ich neben einer zusammen mit 13 Autoren von mir (1994) herausgegebenen Publikation sowie einem Ratgeber-Bändchen (1995) auf die Arbeiten von Jakob MUTH, insbesondere auf sein Buch „Tines Odyssee zur Grundschule" (1991), in dem die hier gemeinte Fallstudienarbeit mit Hilfe von zwölf pädagogischen Porträts hervorragend illustriert wird.

Sinnvoll wäre es, wenn die drei folgenden Beispiele zunächst anhand des DIAGNOSEBOGENS – und sei es vermutend – analysiert und erst dann mit Hilfe des THERAPIEBOGENS auf Lösungsmöglichkeiten hin besprochen würden. Die Angaben sind nicht ohne didaktische Absichten so kurz gehalten, denn in erster Linie wollen sie dazu ermuntern, eigene Fälle und ungelöste Probleme zur Sprache zu bringen, bei denen die nötigen Informationen sukzessive in die diagnostischen und therapeutischen Überlegungen einfließen können.

6. Fall: Die frühreife Gisela

6. Schuljahr einer großstädtischen Hauptschule: 18 Jungen und 14 Mädchen werden gerade von dem jungen und allseits umschwärmten Physiklehrer unterrichtet. Die Klasse ist unruhig, wenn auch nicht undiszipliniert. Irgendwo – so denkt der Lehrer – ist da was im Gange. Es wird getuschelt, gekichert, Zettelchen wandern herum ... Der Lehrer:

„Also Kinder, nun konzentriert euch doch mal! Oder interessiert euch das nicht?“

„Doch! Dooch!“

„Es ist nur so schön, so lustig bei Ihnen!“

Der Lehrer fährt fort zu experimentieren und zu erläutern. Wieder die vorherige Unruhe. Plötzlich kreischt Gisela, ein gegenüber ihren Mitschülerinnen um gut ein Jahr älteres und körperlich sehr weit entwickeltes Mädchen, theatralisch auf. Der Lehrer schaut sie ernst an, will weitermachen. In diesem Augenblick erhebt sich Gisela, zieht ihren Pullover stramm und sagt – sehr laut: „Also, jetzt bin ich's leid! Der Norbert hat mich schon wieder unterm Pullover angefasst.“

Gisela schaut sich – leicht kichernd – in der Klasse um. Norbert protestiert, wird rot und schreit:

„Das ist ja gar nicht wahr! Die lügt!!“

WAS WÜRDEN SIE ANGESICHTS DIESER SITUATION TUN?

*

7. Fall: Keine besonderen Vorkommnisse

Frau Schürmann ist seit fast einem Jahr Lehrerin einer 7. Realschulklasse. Sie unterrichtet Mathematik, Physik und Biologie. Von dramatischen Unterrichtsstörungen weiß sie nichts zu berichten; ihr Unterricht krankt an schleichenden Prozessen der Langeweile, des Desinteresses und demzufolge einer unruhigen Disziplinlosigkeit, hart an der Grenze des Statthaften. Frau Schürmann, eine noch recht junge Lehrerin, besitzt sehr viel Engagement und bereitet ihren Unterricht exzellent vor. Neulich hatte sie im Rahmen einer Unterrichtseinheit über „Innere Organe" vom Schlachthof tierische Eingeweide mitgebracht, dazu Seziermesser und Mikroskope. Anfangs schienen die Schüler wenigstens kurz interessiert zu sein, dann aber das übliche Verhalten: Därme wurden mit einem „I-gitti-gitt" hochgehalten; Magenteile den Mädchen in den Ausschnitt gesteckt; Nieren flogen herum; und Gehirnteile wurden mit Vergnügen zwischen den Händen zerquetscht ... Das alles geschah, ohne dass man einen einzelnen „Unruhestifter" ausfindig machen konnte und ohne dass die Klasse insgesamt und gänzlich den Unterricht aufkündigte. Die Schüler wussten offensichtlich sehr genau, wie weit sie gehen konnten. Entsprechende Ermahnungen fruchteten ein paar Minuten lang, dann setzte das übliche Herumgammeln ein. Am meisten litt Frau Schürmann dann, wenn sie sehr viel investiert hatte und die Schüler keine ihrer Anregungen entsprechend aufnahmen. Zwar liefen die einzelnen Stunden ohne besondere Vorkommnisse ab, aber unterschwellig spürte sie eine tiefgreifende Desmotivation. Gegen Schuljahresende überlegte sich die Lehrerin zum erstenmal ernsthaft, den Beruf, den sie mit viel Idealismus aufgenommen hatte, aufzugeben. Als sie dieses während einer Lehrerfortbildungstagung in kleinem Kreis erzählt, beginnt sie zu weinen. Die übrigen Teilnehmer sind erschüttert und versichern ihr nach einer längeren Pause der Betroffenheit, dass es in ihrem Unterricht eigentlich genauso zuginge. Nicht die dramatischen Szenen seien so aufregend und zermürbend, sondern dieses Gefühl, als Lehrer nicht ernstgenommen zu werden, überflüssig zu sein und die Schüler für nichts, aber auch gar nichts interessieren zu können ...

WAS WÜRDEN SIE ANGESICHTS DIESER SITUATION TUN?

8. Fall: „Das halt' ich nicht länger aus!"

6. Stunde in der Untertertia eines neusprachlichen Gymnasiums: Der Religionslehrer spricht mit den Schülern über christ-

liche und heidnische Feste. Man ist ermüdet und gereizt. Plötzlich ertönt vom Flur her das laute Geräusch eines Steinbohrers, hört auf, setzt wieder an. Lehrer und Schüler dieser 8. Klasse sind verärgert.

„Auch das noch!“ stöhnt ein Schüler. Bald darauf geht die Tür auf, und der Oberstudiendirektor tritt ein. Er spricht zunächst leise mit dem Lehrer. Dann zur Klasse:

„Meine Damen und Herren, ich bitte um Verständnis und Disziplin. Ihr wisst, dass die Heizkörper ersetzt werden. Und wenn wir nicht frieren wollen, muss die Arbeit eben auch vormittags getan werden. Klar?“

Ein Schüler:

„Können wir nicht nach Hause gehen? Bei dem Lärm ...“

Der Direktor unterbricht erregt:

„Jetzt hört mal gut zu! Wir haben in Stalingrad ganz anderen Lärm ertragen. Da könnt ihr Pfeifenköppe wohl das bisschen Bohrgeräusch ertragen. – Machen Sie weiter, Herr Kollege! Und dass mir keine Klagen kommen!“

Der Direktor verlässt den Klassenraum, Schüler und Lehrer schauen sich verdutzt und ratlos an. Wieder vernimmt man das an den Nerven zerrende Bohrgeräusch, Heizkörper klappern, die Stimmen der Arbeiter sind zu hören ...

Mehrere Schüler durcheinander:

„Das ist doch Wahnsinn!“ – „Also, ich kann nicht arbeiten!“ – „Das halt' ich nicht länger aus!“

WAS WÜRDEN SIE ANGESICHTS DIESER SITUATION TUN?

*

Wir hatten dieses Kapitel mit der Erwähnung KOUNINs begonnen, der den Wellen-Effekt von Maßregelungen zum Anlass nahm, intensive Nachforschungen über die effektivsten Techniken der Klassenführung anzustellen. Wir wollen nicht verschweigen, zu welchen Resultaten er gekommen ist. Das Lehrerverhalten ist nämlich dann besonders effektiv, wenn es von

- Souveränität
- Elan
- Mobilität
- Spannung und
- Abwechslung

gekennzeichnet ist. D.h. der gekonnt geleitete, schwungvoll gestaltete, gruppenbezogene, spannende und abwechslungsreiche Unterricht – so KOUNIN – ist und bleibt das beste Mittel gegen gestörte Unterrichtsprozesse, nicht die post-factum-Reaktionen und die angelernten Krisenbewältigungstechniken. In der Tat: Eine pädagogische Bereicherung für einen Wissenschaftler, der ausgezogen war, die Formen des Managements zu entdecken und statt dessen feststellen musste, dass nicht die einzelne Technik und ihre Beherrschung gestörte Unterrichtsprozesse verhindern, sondern der Erziehungsstil, den der Lehrer *vorher* mit den Schülern zur Geltung gebracht hat. *Dieser* Erkenntnis wollen wir uns gerne anschließen.

Anmerkungen

1 Wenn nicht anders kenntlich gemacht, entstammt das hiesige sowie das folgende Material der eigenen Schul- und Erziehungspraxis, pädagogisch-psychiatrischen Seminaren und therapeutischen Sitzungen an der Universität / Gesamthochschule Essen, der UdK Berlin, der Uni Bonn sowie der Volkshochschule Witten und Berichten auf Lehrerfortbildungsveranstaltungen. Den zahlreichen Diskussionsteilnehmern sei auch an dieser Stelle für ihre produktiven Lösungsvorschläge gedankt. Zur fallanalytischen Methode vgl. K. BILLER (1988) und D. FISCHER (1982).

2 E. WICHERT, zit. in: H. DOMKE (1973, S. 69).

3 Vgl. dazu: R. und A.-M. TAUSCH ([6]1971, S. 210ff.).

4 Vgl. die vorausgegangenen Zahlen in: W. STARCK (1974), die zwar nicht mehr ganz jungen Datums, jedoch keinesfalls überholt sind.

[5] G.B. SHAW in: V. MICHELS (1972, S. 11f.).

[6] J. HENNINGSEN (1974, S. 2).

[7] Vgl. dazu: M. DONGIER (1971, S. 147ff.).

[8] Unter der „Konstanzer Wanne" versteht man folgende Einstellungsentwicklung angehender Lehrer: Während Abiturienten relativ konservative Einstellungen zeigen, sinkt das Ausmaß an Konservatismus während des Lehrerstudiums erheblich, macht also liberalen und progressiven Einstellungen Platz, die aber bereits während der zweiten Ausbildungsphase rasch zugunsten einer Wiederentdeckung konservativer Attitüden aufgegeben und schließlich von einem innovationsfeindlichen Syndrom völlig verdrängt werden. Graphisch läßt sich dieser Prozeß u-förmig als Wanne darstellen. Vgl. dazu: B. CLOETTA u.a. (1973) sowie die Untersuchungen von J.-J. KOCH (1972) und H. SUSTECK (1975), die zu ähnlichen Resultaten führten.

[9] Vgl. dazu: J. DEWEY / W.H. KILPATRICK (1935, S. 57).

[10] Vgl. dazu ausführlicher: R. WINKEL (1981).

[11] Vgl. dazu M. WEBERs berühmten Vortrag von 1919 „Der Beruf zur Politik", wiederabgedruckt in der Schrift „Politik als Beruf" ([6]1977).

[12] Vgl. dazu den interessanten Ansatz von W. LAUFF und H.G. HOMFELDT (1981).

Literatur

ADEN, Patricia: Anleitung zum autogenen Training mit Kindern und Jugendlichen. Münster (Daedalus) 1992.

ADLER, Alfred: Die Technik der Individualpsychologie. Zweiter Teil. Frankfurt a.M. (Fischer Taschenbuch) 1974.

BÄRSCH, Walter: Zu Verhaltensstörungen in der Lerngruppe. In: Westermanns Pädagogische Beiträge, 25 (10/1974), S. 523–529.

Ders.: Erziehungskonflikte. Königstein (Scriptor) 1978.

BECKER, Georg E. u.a.: Konfliktbewältigung im Unterricht. Bad Heilbrunn (Klinkhardt) [2]1978.

BETTELHEIM, Bruno: So können sie nicht leben. Stuttgart (Klett) 1973.

BIERMANN, Gerd: Autogenes Training mit Kindern und Jugendlichen. München (Reinhardt) [2]1978.

BILLER, Karlheinz: Pädagogische Kasuistik. Baltmannsweiler, Hohengehren (Schneider) 1988.

BLACKHAM, Garth J.: Der auffällige Schüler. Weinheim (Beltz) ²1973.

BODEN, Liselotte M.: Meditation und pädagogische Praxis. Methoden – Vorstufen – Modelle. München (Kösel) 1978.

BRENNER, Helmut: Entspannungs-Training für alle. München (Humboldt Taschenbuch) 1982.

BROPHY, Jere E. / GOOD, Thomas L.: Die Lehrer-Schüler-Interaktion. München (Urban & Schwarzenberg) 1976.

BRUSTEN, Manfred / HURRELMANN, Klaus: Abweichendes Verhalten in der Schule. München (Juventa) 1973.

CHARLTON, Michael u. a.: Innovation im Schulalltag. Reinbek (Rowohlt) 1975.

CLOER, Ernst (Hrsg.): Disziplinkonflikte in Erziehung und Schule. Bad Heilbrunn (Klinkhardt) 1982.

CLOETTA, Bernhard u. a.: Berufsrelevante Einstellungen als Ziele der Lehrerausbildung. In: Zeitschrift für Pädagogik, 19 (6/1973), S. 919–941.

COHEN, Sheldon u. a.: Apartment Noise, Auditory Discrimination, and Reading Ability in Children. In: Journal of Experimental Social Psychology, 9 (5/1973), S. 407–422.

COHN, Ruth C.: Von der Psychoanalyse zur themenzentrierten Interaktion. Stuttgart (Klett, Cotta) ¹⁰1991.

CZERWENKA, Kurt: Probleme im Unterricht. Hilfen aus der Verhaltenspsychologie für die Praxis des Lehrers. München (Kösel) 1979.

DARSCHIN, Wolfgang / FRANK, Bernward: Tendenzen im Zuschauerverhalten. In: Media Perspektiven (4/1987), S. 197–208.

DEWEY, John / KILPATRICK, William Heard: Der Projekt-Plan. Grundlegung und Praxis. Weimar (Böhlau) 1935.

DIEKMANN, Johann / ROYL, Wolfgang: Der marginale Schüler. In: Die Deutsche Schule, 64 (4,5/1972), S. 213–227; S. 289–302.

DÖPP, Wiltrud: Die Ameise im Feuer. Schulgeschichten. Essen (Neue Deutsche Schule) 1988.

DOMKE, Horst: Lehrer und abweichendes Schülerverhalten. Donauwörth (Auer) 1974.

DONGIER, Maurice: Neurosen. Darmstadt (Wissenschaftliche Buchgesellschaft) 1971.

DREIKURS, Rudolf: Psychologie im Klassenzimmer. Stuttgart (Klett) 1967; ¹⁰1985.

DÜHRSSEN, Annemarie: Psychogene Erkrankungen bei Kindern und Jugendlichen. Göttingen (Verlag für Medizinische Psychologie) [1]1954; [13]1982.

FISCHER, Dietlind (Hrsg.): Fallstudien in der Pädagogik. Konstanz (Faude) 1982.

GAMM, Hans-Jochen: Einführung in das Studium der Erziehungswissenschaft. München (List) 1974. Jetzt: Reinbek (Rowohlt) 1978.

GEISSLER, Karlheinz / HEGE, Marianne: Konzepte sozialpädagogischen Handelns. München (Urban & Schwarzenberg) 1978.

GINOTT, Haim: Takt und Taktik im Klassenzimmer. Göttingen (Vandenhoeck & Ruprecht) 1974.

GORDON, Thomas: Familienkonferenz. Konflikte zwischen Eltern und Kind. Hamburg (Hoffmann & Campe) [1]1972; [13]1979.

Ders.: Lehrer-Schüler-Konferenz. Wie man Konflikte in der Schule löst. Hamburg (Hoffmann & Campe) [1]1977; [3]1979.

GRÄSER, Hannelore / LEDERER, Margarete: Störende Schüler – unruhige Klasse. Hilfen für den Schulalltag. München (Kösel) 1982.

GRELL, Jochen: Techniken des Lehrerverhaltens. Weinheim (Beltz) [1]1974; [11]1983.

GROEBEN, Annemarie von der / RIEGER, Maria F.: Ein Zipfel der besseren Welt. Leben und Lernen in der Bielefelder Laborschule. Essen (Neue Deutsche Schule) 1991.

GUTER, Josef (Hrsg.): Chinesische Märchen. Frankfurt a.M. (Fischer Taschenbuch Verlag) 1973.

HANKE, Barbara u. a.: Aggressiv und unaufmerksam. München (Urban & Schwarzenberg) [2]1978.

HAVERS, Norbert: Erziehungsschwierigkeiten in der Schule. Weinheim (Beltz) 1978.

HENNINGSEN, Jürgen: Analyse einer Erziehungssituation. In: Die Deutsche Schule, 55 (1/1963), S. 26–35. Jetzt in: Hans-Georg HERRLITZ (Hrsg.): Von der wilhelminischen Nationalerziehung zur demokratischen Bildungsreform. Eine Auswahl aus 30 Jahren „Die Deutsche Schule“. Frankfurt/M. (Hirschgraben) 1987, S. 228–238.

Ders.: Zinken & Zeichen. Beiträge für Westermanns Pädagogische Beiträge 1970–1974. Braunschweig (Westermann) 1974.

HENTIG, Hartmut von: Was ist eine humane Schule? München (Hanser) 1976 (a).

Ders.: Einführung in das Buch von Leopold von WIESE: Kadettenjahre. Ebenhausen (Langewiesche-Brandt) 1978, S. 5–22.

Ders.: Die Reform der Schule war nicht radikal genug. In: betrifft: erziehung, 12 (10/1979), S. 38–58.

Ders.: Vom Verkäufer zum Darsteller. Absagen an die Lehrerbildung. In: Neue Sammlung, 21 (2/1981), S. 100–114.

HINLEGEN, Anton: Das endgültige Lehrer-Handbuch. Reinbek (Rowohlt) 1993.

HUND, Wolfgang: Es geht auch ohne Worte. Signalkarten für den Unterricht. Mülheim (Verlag an der Ruhr) 2004.

HUNZIKER, Ernst / MAZZOLA, Guerino: Ansichten eines Hirns. Aktuelle Perspektiven der Hirnforschung. Basel (Birkhäuser) 1990.

KANDEL, Eric R. u. a. (Hrsg.): Neurowissenschaften. Heidelberg, Berlin, Oxford (Spektrum) 1996.

KEMPOWSKI, Walter: Immer so durchgemogelt. München (Hanser) 1974.

KOCH, Jens-Jörg: Lehrer-Studium und Beruf. Ulm (Süddeutsche Verlagsgesellschaft) 1972.

KOUNIN, Jacob S.: Techniken der Klassenführung. Bern, Stuttgart (Huber, Klett) 1976.

KROWATSCHEK, Dieter u. a.: Marburger Konzentrationstraining (MKT) für Schulkinder. Dortmund (Verlag modernes Leben / Borgmann) 1 1994; 6 2004.

KUPFFER, Heinrich: Unangepaßte Primaner. In: Die Deutsche Schule, 63 (12/1971), S. 783–797.

LANGEVELD, Martinus J.: Wenn Kinder Sorgen machen. Aus der Praxis eines Erziehungsberaters. Braunschweig (Westermann) 1978.

Ders.: Einführung in die theoretische Pädagogik. Stuttgart (Klett-Cotta) 9 1978.

LAUFF, Werner / HOMFELDT, Hans Günther: Pädagogische Lehre und Selbsterfahrung. Erziehung der Erzieher mit pädagogischen Medien. Weinheim (Beltz) 1981.

LESSING, Gotthold Ephraim: Emilia Galotti. Stuttgart (Reclam) 1987. Original 1772.

LOHMANN, Jürgen / MINSEL, Beate (Hrsg.): Störungen im Schulalltag. München (Urban & Schwarzenberg) 1978.

MATZA, David: Abweichendes Verhalten. Heidelberg (Quelle & Meyer) 1973.

MICHELS, Volker (Hrsg.): Unterbrochene Schulstunde. Frankfurt a.M. (Suhrkamp) 1972.

MINSEL, Wolf-Rüdiger u. a.: Lehrverhalten II. Unterrichtsentscheidung und Konfliktanalyse. München (Urban & Schwarzenberg) 1976.

MORGENTHAU, Lena: Klasse organisieren ohne Worte. Signalkarten für die Sek. I. Mülheim (Verlag an der Ruhr) 2004.

MUTH, Jakob: Von acht bis eins. Essen (Neue Deutsche Schule) [1]1967; [3]1970.

Ders.: Schulpädagogik. Essen (Neue Deutsche Schule) 1978.

Ders.: Tines Odyssee zur Grundschule. Essen (Neue Deutsche Schule) 1991.

NADOLNY, Sten: Die Entdeckung der Langsamkeit. Or. 1983. München (Piper) 1987.

NEIDHARDT, Wolfgang: Kinder, Lehrer und Konflikte. München (Juwenta) 1977.

PETERSEN, Peter: Der Kleine Jena-Plan. Langensalza (Beltz) [1]1927; Weinheim (Beltz) [80]1980. Neuherausgabe von Dietrich BENNER / Herwart KEMPER. Weinheim (Beltz) 1991.

Ders.: Führungslehre des Unterrichts. Langensalza (Beltz) [1]1937; Weinheim (Beltz) [10]1971.

PINKERT, Egon: Schulversagen und Verhaltensstörungen in der Leistungsgesellschaft. Neuwied, Berlin (Luchterhand) [2]1974.

POSTMAN, Neill: Das Verschwinden der Kindheit. Frankfurt/M. (S. Fischer) 1983.

Ders.: Wir amüsieren uns zu Tode. Frankfurt/M. (S. Fischer) 1985.

PRATZ, Fritz (Hrsg.): Wie es in der Schule war. München (Goldmann) o. J.

PRAUSE, Gerhard: Genies in der Schule. Düsseldorf (Econ) 1974.

PREUSS-LAUSITZ, Ulf (Hrsg.): Schwierige Kinder – Schwierige Schule. Weinheim-Basel (Beltz) 2004.

PÜTT, Heinz: Das didaktische Prinzip der „Mehrdarbietung". In: Die Deutsche Schule, 79 (4/1987), S. 463–478.

Ders.: Das Lehrerbild im Schülerwitz. In: PÄDAGOGISCHES FORUM, 5 (2/1992), S. 80–86.

REDL, Fritz: Erziehung schwieriger Kinder. München (Piper) 1971; [4]1987.

Ders.: Bis hierher und (nicht) weiter. In: Deutsches Institut für Fernstudien / Zeitungskolleg „Achtung: Kinder". Tübingen (DIF) 1979.

REDLICH, Alexander / SCHLEY, Wilfried: Kooperative Verhaltensmodifikation. München (Urban & Schwarzenberg) 1978.

RICHTER, Horst-Eberhard: Eltern, Kind und Neurose. Reinbek (Rowohlt) 1969.

Ders.: Patient Familie. Reinbek (Rowohlt) 1970.

RÖHRS, Hermann (Hrsg.): Die Schulen der Reformpädagogik heute. Düsseldorf (Schwann) 1986.

ROGERS, Carl R.: Die nicht-direktive Behandlung. München (Kindler) 1972.

ROLFF, Hans-G. u.a.: Strategisches Lernen in der Gesamtschule. Reinbek (Rowohlt) 1974.

ROTH, Heinrich: Pädagogische Psychologie des Lehrens und Lernens. Hannover (Schroedel) [1]1957; [14]1973.

ROTTHAUS, Wilhelm / TRAPMANN, Hilde: Auffälliges Verhalten im Jugendalter. Handbuch für Eltern und Erzieher. Bd. 2. Dortmund (Verlag modernes Leben / Borgmann) 2004.

RÜBESAMEN, Hans Eckart (Hrsg.): Man sage nicht, Lehrer hätten kein Herz. München (Kindler) 1970.

RÜCKRIEM, Norbert: Disziplin in der Schule. Freiburg (Herder) 1975.

SALZMANN, Christian Gotthilf: Ameisenbüchlein oder Anweisung zu einer vernünftigen Erziehung der Erzieher. Bad Heilbrunn (Klinkhardt) 1964. Original 1806.

SCHÖNIG, Wolfgang: Ruhe durch Entspannung. In: Westermanns Pädagogische Beiträge, 36 (10/1984), S. 500–503.

SCHULTE, Walter / TÖLLE, Rainer: Psychiatrie. Berlin (Springer) 1971.

SEISS, Rudolf: Beratung und Therapie im Raum der Schule. Bad Heilbrunn (Klinkhardt) 1976.

SINGER, Kurt: Lernhemmung, Psychoanalyse und Schulpädagogik. München (Ehrenwirth) [2]1974.

STARCK, Willy: Die Sitzenbleiber-Katastrophe. Stuttgart (Klett) 1974.

SUSTECK, Herbert: Lehrer zwischen Tradition und Fortschritt. Empirische Untersuchungen über die Innovationsbereitschaft der Pädagogen. Braunschweig (Westermann) 1975.

TAUSCH, Reinhard / TAUSCH, Anne-Marie: Erziehungspsychologie. Göttingen (Hogrefe) [8]1971; [9]1979.

TRAPMANN, Hilde / ROTTHAUS, Wilhelm: Auffälliges Verhalten im Kindesalter. Handbuch für Eltern und Erzieher. Bd. 1. Dortmund (Verlag modernes Leben / Borgmann) [10]2003.

UNTERRICHTSSTÖRUNGEN. Dokumentation, Entzifferung, Produktives Gestalten. Jahresheft V/1987 aller pädagogischen Zeitschriften des Friedrich Verlages in Zusammenarbeit mit Klett. Seelze (Friedrich) 1987.

WAGNER, Angelika C. u. a.: Bewußtseinskonflikte im Schulalltag. Denk-Knoten bei Lehrern und Schülern erkennen und lösen. Weinheim (Beltz) 1984.

WAGNER, Ingeborg: Aufmerksamkeitstraining mit impulsiven Kindern. Stuttgart (Klett) 1976.

WEBER, Max: Politik als Beruf. Berlin (Duncker & Humblot) [6]1977.

WESTERMANNS PÄDAGOGISCHE BEITRÄGE: Unterrichtsstörungen. 32. Jg., Heft 4/1980.

WINKEL, Rainer: Lohn und Strafe: geeignete Erziehungsmittel? In: Walter TWELLMANN (Hrsg.): Handbuch Schule und Unterricht. Bd. I. Düsseldorf (Schwann) 1981, S. 251–266.

Ders.: „Uwe ist nicht zu bändigen!“ Wenn Schüler aggressiv und unkonzentriert sind – aufgezeigt anhand eines Fallberichtes. In: Unterrichtsstörungen. Jahresheft V/1987 aller pädagogischen Zeitschriften des Friedrich Verlages in Zusammenarbeit mit Klett. Seelze (Friedrich) 1987, S. 118–122.

Ders. (Hrsg.): Schwierige Kinder – Problematische Schüler. Fallberichte aus dem Erziehungs- und Schulalltag. Baltmannsweiler, Hohengehren (Schneider) [1]1994; [3]2001.

Ders.: Unterrichtsstörungen. 12 Tips für die Praxis. Essen (Neue Deutsche Schule) 1995 (b).

Ders.: Theorie und Praxis der Schule. Oder: Schulreform konkret – im Haus des Lebens und Lernens. Baltmannsweiler, Hohengehren (Schneider) 1997.

WOLFF, Irmhild: Entspannung im Unterricht. Vorschläge zur Bewältigung problematischer Lernsituationen. In: Grundschule, 14 (11/1982), S. 554–557.

ZÜGHART, Eduard: Disziplinkonflikte in der Schule. Hannover (Schroedel) [3]1961.

Viertes Kapitel

Jede Störung will uns etwas sagen oder: Von der Fallbesprechung zur Systemanalyse

Lehren ohne Schüler
Schreiben ohne Ruhm
Ist schwer.
Bert Brecht, 1935

„Wenn alles schweigt und einer spricht, so nennt man dieses Unterricht!“ Diese Kennzeichnung kolportierten Pädagogik-Professoren in den 50er Jahren. Wer sich heute mit dieser Erwartungshaltung auf eine entsprechende Suche in unseren knapp 40000 Schulen zwischen Rostock und Konstanz oder Aachen und Görlitz machen würde, er hätte wohl Mühe, überhaupt Unterricht zu finden. Meine – zusammen mit Mitarbeitern verschiedener Universitäten seit vielen Jahren durchgeführten – Forschungen über AUFFÄLLIGE SCHÜLER erstrecken sich *nicht* auf alle deutschen Schulen, *nicht* auf alle 400000 Klassen, *nicht* auf alle 700000 Lehrer und ihre ca. 9 Millionen Schüler und auch *nicht* auf all ihre ca. 3 Millionen Stunden pro Tag bzw. ihre 15 Millionen Wochenlektionen[1]. Und doch sprechen unsere Materialien[2] eine typische Sprache: Heutiger Unterricht ist anders als vor 30, 20 oder noch vor 10 Jahren und wird auf andere Weise gestört bzw. mit anderen Bewältigungsmöglichkeiten vor seinem Zusammenbruch zu bewahren versucht. Entlang von drei szenischen Fällen sei dieses Typische, über dessen Häufigkeit es keine gesicherten Erkenntnisse gibt, illustriert.

I. Bedeutungsebenen der Kommunikation

Die folgende Szene ist die Momentaufnahme eines längeren Geschehens, das aber hier nicht analysiert werden soll. Statt dessen geht es um die Illustration des basalen Kommunikationsgesetzes, das P. WATZLAWICK u. a. ([8]1990, S. 53) wie folgt formuliert haben: *„Man kann nicht nicht kommunizieren."* Mit anderen Worten: Jeder sendet Botschaften aus. Die Frage ist nur: Welche?

9. Fall: „Hochinteressant!"

Ländliche Hauptschule in Rheinland-Pfalz, 8. Schuljahr, Deutsch bei Herrn A. In regelmäßigen Abständen unterbricht Stephan den Erklärungsfluss des Lehrers mit Worten wie diesen: „Hochinteressant!" – „Aufgepasst jetzt!" – „Obacht nun!" – „Sehr interessant!" Herr A. antwortet zunächst mit ermahnend-strafenden Blicken; als aber in der 26. Minute die Klasse immer fröhlicher auf diese Unterbrechungen reagiert, geschieht folgendes: Der Lehrer: „Noch einmal deutlich: Der Unterschied zwischen weisen Männern und weißen Männern." Stephan: „Herhören jetzt! Es wird spannend!" L.: „Also, Stephan, du fliegst gleich raus!" St.: „Wieso das denn? Ich sorge hier für Aufmerksamkeit und flieg' deshalb raus." L.: „Deine Bemerkungen stören." St.: „Ach, die stören? Wen, bitte schön? Stören meine Bemerkungen hier irgend jemanden? Null Meldungen." L.: „Ruhe jetzt!" St.: „Hochinteressant!"

Was geschieht in einer solchen Szene eigentlich? *Stephan* sagt einen Kurzsatz – z. B.: „Herhören jetzt!" Wenn wir ihn wörtlich nehmen, also seine inhaltliche Botschaft hören, dann liegt darin die Aufforderung an die Klasse: „Lasst alle Nebenbeschäftigungen sein und hört jetzt Herrn A. intensiv zu!" Auf dieser Ebene vernimmt der Lehrer diese Bemerkung und – sitzt in der Falle. Denn auf der einen Seite stört sie seinen Redefluss, auf der anderen kann er dem Schüler nichts Schlimmes beweisen, denn dieser sorgt ja nur „für Aufmerksamkeit". Eine geschickte Double-bind-Situation, aus der Lehrer *A.* nur herauskommt, wenn er sich zunächst einmal um Bedeutungserweiterung bemüht. In der Abbildung 4 erkennen wir, dass jede Mitteilung vier Bedeutungsebenen haben kann:

eine inhaltliche, eine beziehungsspezifische, eine selbstoffenbarende und eine appellierende. Der Satz HANS SPIELT MORGEN IM TOR übermittelt seine eigentliche Botschaft eben erst im Sprechen, Betonen, der mimisch-gestischen Konnotation u. a. m. Wird HANS, aber nicht KAI im Tor spielen? Spielt Hans MORGEN, aber nicht HEUTE im Tor? Spielt Hans morgen im TOR, aber nicht im STURM? SPIELT Hans morgen im Tor, oder STEHT er nur wieder passiv herum? Der Satz kann also ganz bestimmte Inhalte ausdrücken und muss zu diesem Zweck bereits auf einer ersten Ebene akzentuiert sowie verstanden werden, was eine entsprechende Kodierungs- und Dechiffrierungskompetenz auf Seiten des Senders und des Empfängers voraussetzt. Der Kommunikator kann aber auch eine ganz andere Botschaft übermitteln wollen – z. B.: Als Trainer habe ICH hier die Entscheidung zu treffen. Dann ist die Beziehungsebene gemeint. Unter Umständen will der Sprecher aber etwas über sich selbst offenbaren und den Satz wie folgt transkribiert wissen: Ich mache MIR SORGEN um euch, wenn nicht Hans morgen im Tor spielt. Oder aber ein Appell ergeht an die Mannschaft: REISST euch zusammen, denn morgen spielt Hans im Tor! Wir alle benötigen also ein sog. Entzifferungsohr, um Botschaften zu entschlüsseln. Just dieses aber ist bei Lehrer A. wie hypnotisiert ausschließlich auf die erste Ebene gerichtet, so dass er gar nicht hört, was *Stephan* ihm eigentlich sagen will – z. B. Unsere frühere Deutschlehrerin konnte ich viel besser leiden. (2. Ebene) Oder: Ich kapier' das alles gar nicht. (3. Ebene) Oder auch: Nun bringen Sie doch mal wirklich etwas Interessantes! (4. Ebene) Vor allen anderen produktiven Lösungen von Unterrichtsstörungen und zur Vermeidung von solchen und ähnlichen Beziehungsfallen kommt es darauf an, ein Ohr für die vier möglichen Bedeutungsebenen von Botschaften zu entwickeln[3].

Abb. 4 Die vier Bedeutungsebenen jedweder menschlichen Kommunikation

II. Systemische Aspekte

10. Fall: „Pst!" – „Be quiet, please!"

In dieser nordrhein-westfälischen Realschule bleibe ich einen ganzen Vormittag in ein- und derselben Klasse: 9. Schuljahr. Untergebracht in einem qualvoll engen Raum sind 19 männliche und 16 weibliche Jugendliche. Ich sitze neben Björn, zur Zeit meiner teilnehmenden Beobachtung 15,1 Jahre alt. In den ersten drei Stunden unterrichtet der Kollege B. Mathematik und Frau C. Französisch – im Stil der neuen Zeit: An Stelle der Tafel wird der Overhead-Projektor benutzt, der Non-Permanent-Stift hat die Kreide ersetzt, und statt Papier gibt es Folien, Folien, nichts als Folien. Die Schüler arbeiten ungemein konzentriert mit. Die geringsten Zwischenbemerkungen unterbricht Herr B. sofort mit dem Ruf „Pst!"; und als Melanie einmal kurz aufzulachen wagt, blitzen sie die Augen des Lehrers dermaßen an, dass sie und die ganze Klasse zusammenzuckt. Zweifellos wird hier viel gelernt und behalten; die Frage ist nur: Um welchen Preis?

2. und 3. Stunde: Französisch. Frau C. brennt ein wahres Feuerwerk ab: „Où est la route de …?“ Kreuz und quer geht es durch Paris; auf einem Tonband erklärt eine Frau einem deutschen Austauschschüler den Weg vom Montmartre zum Aéroport; und immer wieder: Wörter von der Projektionswand lesen, sprechen, abschreiben. Die Lokomotion der Lehrerin[4] *ähnelt einem „Tafelständer“: nicht ein einziges Mal verlässt sie die Tabuzone zwischen Projektor, Tafel und Tür, die sog. „Lehrerbühne“. Alles hat sie im Griff, entgehen kann ihr nichts, kein Leerlauf, eine Stunde wie am Schnürchen. Um nicht missverstanden zu werden: Ich kritisiere diese Stunde nicht, die unter fachlichen Gesichtspunkten gewiss erstklassig ist; ich möchte nur ein Ereignis verständlich machen, das in eben dieser Klasse in der 4. Stunde zu beobachten ist – nachdem in etwas milderer Form auch die 3. Lektion (als Teil einer Doppelstunde) ähnlich stattgefunden hat – letztere freilich bei einigen in einem eher schläfrig-dösenden Zustand. Dann aber kommt Frau D. und – sie will Englisch unterrichten. Anfangs halten sich die meisten noch zurück. Dann aber reckt und streckt Björn seinen 194 cm langen Körper, steht auf, macht im Zeitlupentempo eine Bewegung wie Boris Becker nach einem schweren 5-Satz-Sieg und lässt seine 85 kg Lebendgewicht krachend auf den Stuhl fallen. Die anderen jauchzen, und das Gaudium beginnt. Briefe wandern hin und her, Utensilien fliegen durch die Gegend; anzügliche Bemerkungen sind zu hören. Die Lehrerin will eine Partnerarbeit durchführen. „Come together!“ ironisiert die Klasse dieses Bemühen, das nach knapp 10 Minuten wegen fortschreitenden Chaotisierens abgebrochen werden muss. Es folgen verzweifelte Versuche dieser freundlichen und fachlich durchaus kompetenten Lehrerin, einen Text zu erschließen, die „Zugpferde“ haben längst das Kommando übernommen: Heute sind sexuelle Assoziationen dran. Frau D. liest vor aus „Tortilla Flat“ von Steinbeck: „It was well after dark, but Pilon had a candle in his pocket …“ Mike: „Ich hab' was ganz anderes in meiner Hosentasche!“ Björn: „Wieso Hosentasche? Hier steht doch*

After?" Insgesamt zähle ich 18mal: „Be quiet, please!", erspare mir aber eine weitere Schilderung und will statt dessen auf ein Problem hinweisen, das die 5. Abbildung illustrieren soll:

Je größer der Disziplinierungsdruck einzelner Lehrer (vor allem zu Beginn eines Schulalltages) ist, desto geringer ist das Ausmaß an Unruhe, Störung, Abgelenktsein usw. auf seiten der Schüler – vor allem dann, wenn in sog. harten Fächern mit Hilfe von Zensuren angepasstes Schülerverhalten honoriert und unangepasstes sanktioniert werden kann. Aber der Preis für dieses Verhalten ist enorm. Denn je geringer dieser Druck wird, je öfter also relativ liberale und schülerorientierte Lehr- und Lernformen angeboten werden, desto größer die Wahrscheinlichkeit, dass die Klasse chaotisiert und es zu der „Störungskurve im Schulalltag" kommt, die (idealtypisch!) Disziplinierungsdruck mit angepasstem und unmittelbar darauf folgende bzw. nicht gelernte „offene" Lehr- und Lernformen mit chaotischem Verhalten ausdrückt – vor allem unter zwei Determinanten: Schüler, die bewegliche Lernformen nicht vom 5. oder 1. Schuljahr an gelernt haben, fühlen sich bei Kreisgesprächen, Partnerarbeiten, Projektunterricht u. ä. m. restlos überfordert und „stören" solche didaktisch-methodischen Rituale so lange, bis der gewohnte Frontalunterricht einschließlich seines Disziplinierungsdrucks wieder angeboten wird. Und: Vor allem diejenigen Schüler tun sich mit beweglichen Unterrichtsritualen schwer, die ein gespaltenes Lehrerkollegium aushalten müssen, in dem die einen strikt auf Disziplin und Lehrerfixierung pochen, die anderen aber Unterricht eher als flexible Arbeit in einer Lernwerkstatt begreifen oder auch als Freizeitbeschäftigung nicht mehr ernst nehmen.

In der 6. Abbildung wird dieses Dilemma deutlich. Relativ wenig Disziplinschwierigkeiten haben Kollegien vom Muster 1 und 2: Wo (fast) alle Lehrende „Druck ausüben" oder zumindest als *Referees* auf Einhaltung bestimmter Regeln bestehen und zu diesem Zweck im Kollegium feste Rituale vereinbart haben (vgl. etwa die Waldorfschulen), sind die Schüler relativ

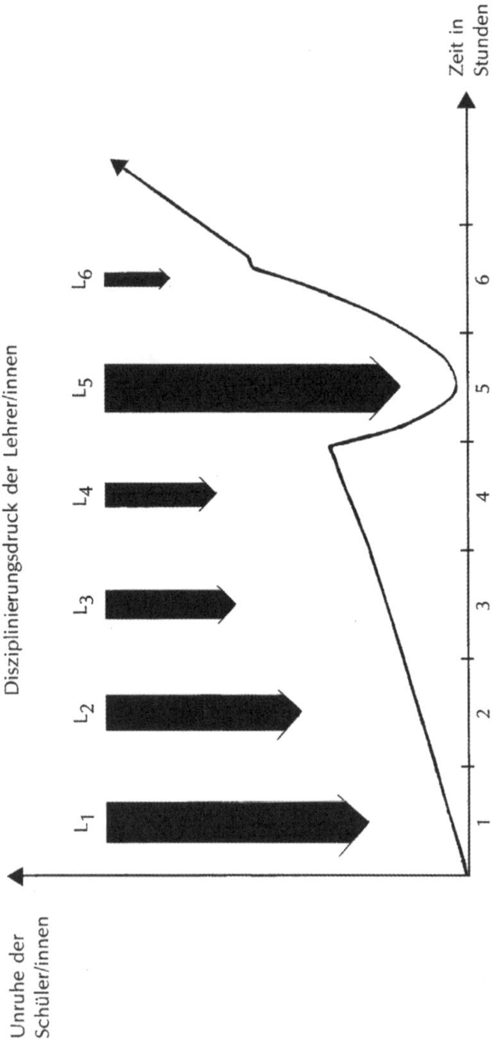

Abb. 5 Die idealtypische Störungskurve im Schulalltag

diszipliniert – wenn auch oft nur gezwungenermaßen. Ebenfalls relativ störungsarm zeigen sich Schulen, in denen ein liberales Klima herrscht, das aber von allen Kollegen mitgestaltet (also nicht bloß laissez-faire-haft ersehnt) wird. In solchen (reformpädagogischen) Schulen lernt man eben frühzeitig: einen Stuhlkreis bilden und einen Wochenplan aufstellen, in der Tischgruppe zu arbeiten und einen Konflikt zu lösen …

Wiederum anders zeigt sich ein 3. Kollegium: gespalten in das Lager der „Autoritären", die es mit relativ liberalen Kollegen zu tun haben, denen aber Eindeutigkeit insofern abgeht, als sie zwar schülerorientiert sein *wollen*, aber dennoch den von ihren autoritären Kollegen vertretenen Leistungsanspruch durchsetzen möchten – vergeblich. Sie sind, die Metapher sei gestattet, wie Dompteure, die in eine Arena gehen, aber – *ohne* Peitsche.

Und schließlich kennen wir eine 4. Konstellation: Liberale Lehrer baden den Leistungsdruck ihrer Kolleginnen und Kollegen insofern aus, als sie von den Schülern wie Ventile gesucht werden, mit deren Hilfe angestaute Spannungen bzw. Überdruckverhältnisse abgebaut werden können. Einem Kollegium dieser Zusammensetzung gehörte die Lehrerin Nr. 6 an (vgl. Abb. 5), die für den Druck ihrer Kollegen buchstäblich herhalten musste.

An solchen relativ jungen Forschungsresultaten wird ein doppelter Sachverhalt deutlich: Unterrichtsstörungen sind eben nicht nur die einzelne Lehrerpersönlichkeit und bestimmte Schüler betreffende, gleichsam personale Probleme, sondern immer auch, aber nicht ausschließlich, *systemische* Prozesse, die von einem ganzen Kollegium mitverursacht und deshalb letztlich auch nur von allen gemeinsam bearbeitet werden können. Zwar mag sich z. B. ein einzelner Lehrer quasi auf Kosten seiner Kollegin Disziplin in einer bestimmten Klasse zu verschaffen, im Grunde bewirkt er damit aber ein Anwachsen des Störungsquantums an und in seiner Schule, was mit Sicherheit das Ausmaß bzw. die Intensität an Berufszufrieden-

1.

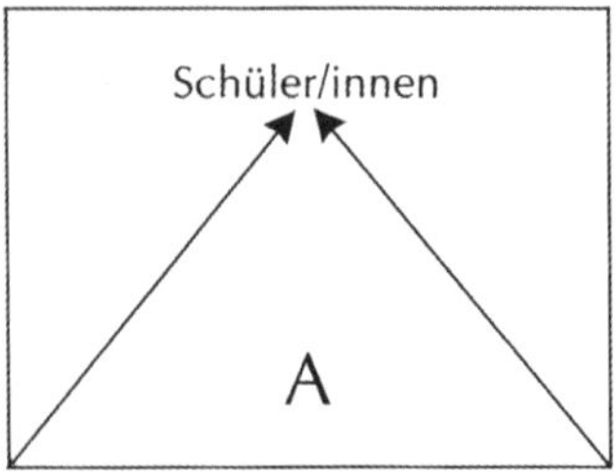

Autoritäres Kollegium > Gezwungenermaßen mitarbeitende Schüler/innen

2.

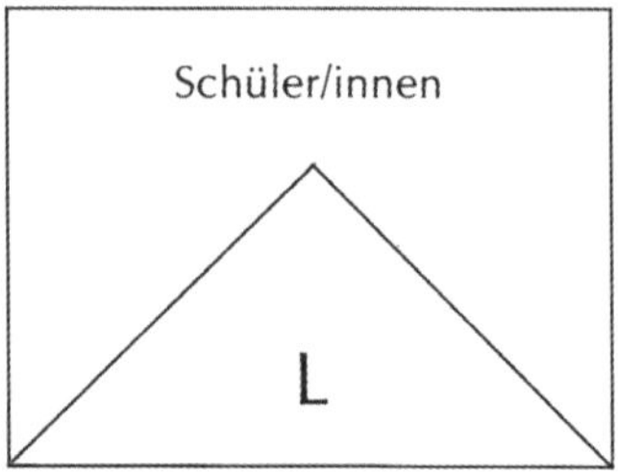

Liberales Kollegium > Konstruktiv mitarbeitende Schüler/innen

3.

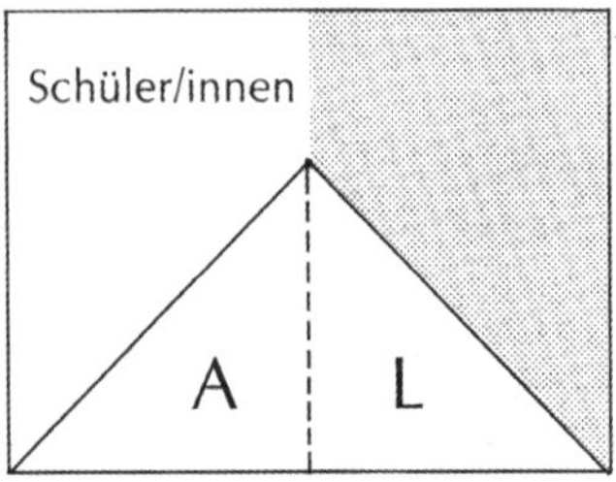

Gespaltenes Kollegium: Autoritäre Lehrer/innen *und* liberale, mit verdeckt-autoritärem Leistungsanspruch Unterrichtende > Gezwungenermaßen mitarbeitende *und* offen störende Schüler/innen

4.

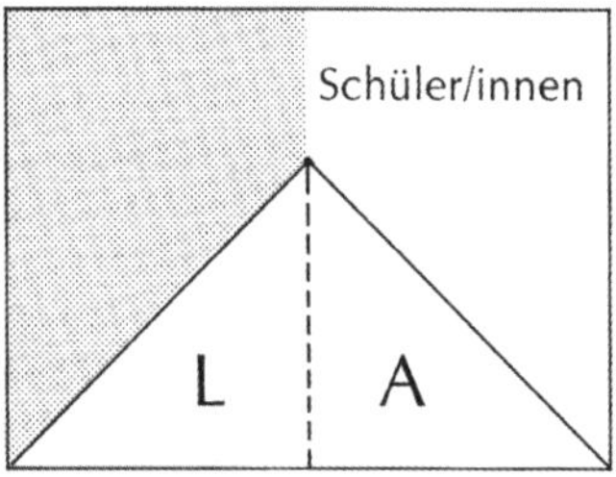

Gespaltenes Kollegium: Liberale, den Druck der autoritären Lehrer/innen ausbadende Kollegen > Offen störende *und* gezwungenermaßen mitarbeitende Schüler/innen

Abb. 6 Lehrerkollegien und Schulklassen unter störfaktorialen Aspekten

heit, das „Corporate Identity“[5] also, reduziert, worunter wiederum der betreffende Lehrer leidet, denn letztlich wird das sich solchermaßen verschlechternde Gesamtklima auch *seine* professionelle Einstellung lädieren oder bei anderen Kollegen ein Burnout-Syndrom[6] generieren. Darüber hinaus belegen unsere Forschungen die „Rutter-Studie“[7]: Eine (relativ) gute Schule, zu der auch im Umgang mit Störungen kompetente Lehrer gehören, ist vor allem eine vom Zustand des Kollegiums abhängige Variable: Je besser sein Ethos und sein Selbstwertgefühl, je höher sein Wissens-, Könnens- und Bildungsgrad, je größer die gemeinsame Varianz an Überzeugungen, um so wahrscheinlicher die Aussichten, auch schwierige störfaktoriale Prozesse produktiv zu gestalten, d. h. auf ihre latenten Botschaften hin zu entziffern und konstruktiven Lösungen zuzuführen. Kein Kollegium kann seine Schüler weiter-bilden als es selbst um Bildung sich bemüht; und kein Lehrer kann seine kommunikativ gestörten Schüler zu mehr psychisch-sozialer Gesundheit verhelfen als er selbst gesund ist. Ohne schul- und kollegiumsinterne Fortbildungen also sind Unterrichtsstörungen weder optimal zu diagnostizieren noch hinreichend zu therapieren[8].

11. Fall: „26 Zappelheinis“

Donnerstag in einer Berliner Schule: Frau E. hat eine „schwierige Klasse“ mit sieben Ausländern (davon drei Asylbewerber), zwei Neurodermitikern; vier Schüler wiederholen das 5. Schuljahr, zwei leben allein bei ihrer Mutter, einer verkraftet z. Z. die Scheidung seiner Eltern; als Legastheniker gelten sechs, um einen kümmert sich die Erziehungsberatung (wegen wiederholten Ladendiebstahls), kurz: „Ohne Defizite“, so Frau E., „ist hier niemand. Aber deshalb bin ich ja ihre Lehrerin und werde dafür recht gut bezahlt!“ Dem Kollegium hat sie ihren „Behandlungsplan“ gleich zu Beginn des Schuljahres vorgestellt. Bis Weihnachten soll vor allem anderen Vorrang die „Pädagogische Meditation“ haben. „Ehe diese Kinder keinen ruhenden Pol in sich aufbauen, ist alles andere sinnlos." Und in der Tat machen bereits wenige Hospitationen deutlich, worauf es bei diesen (unruhigen, lauten, hektischen, medienabhängigen und konzentrationsgestörten) Kindern ankommt. Hatte David Elkind in seinem Bestseller „The Hurried Child" noch den Blick ausschließlich auf die Diagnose des „Gehetzten Kindes" gelegt, bemüht sich Frau E. um Therapien: Einfache Meditationsübungen, Phantasiereisen, Sinnesschulungen, Zauberatem auf der einen Seite (zur „Polarisation der Aufmerksamkeit"[9]) und Spiele, Tänze, Schattenboxen, Tour-de-France-Fahren, Rudern u. ä. m. auf der anderen Seite (um Spannungen bzw. Aggressionen abzubauen). Der morgendliche Stuhlkreis beginnt regelmäßig mit der zweiminütigen „Kutscherbockübung" – länger würden es diese 26 „Zappelheinis" kaum aushalten. Eine rigide Zeit- und Fächereinteilung hat Frau E. fast aufgegeben; ihr Unterricht folgt einem beweglichen Konzept entlang von frontalen Lernsequenzen, sehr viel Einzelarbeit mit Hilfe des Wochenplans und gelegentlicher Partnerarbeit – auch Gruppenunterricht würde diese Klasse noch restlos überfordern. Und immer wieder zwischendurch: der „Vorlese-Stern" oder Handübungen, Atemgymnastik oder das „Mörder-Spiel", die „Reise mit der Nautilus" oder „Der versteckte Dirigent". Sicher, von Freitag bis Montag ist hier nichts zu machen. Über die Monate und Jahre hinweg aber, d.h. mit geduldigem und gleichzeitig beharrlichem Erlernen der Pädagogischen Meditation, lassen sich viele Konzentrationsstörungen beheben und prophylaktisch verhindern. Freilich gilt auch hier die Einsicht Montessoris: „Wenn ein Mensch nicht in einer geeigneten Umgebung lebt, kann er nicht alle seine Fähigkeiten normal entwickeln, und er kann nicht ... lernen, sich selbst zu erkennen"[10], mit anderen Worten: Nur wer in sich selber immer wieder Ruhe herstellt und um die Bildung seiner selbst sich bemüht, kann anderen zur Ruhe und Bildung verhelfen.

Kurze Zeit nach dieser ermutigenden Beobachtung besuche ich in einer hessischen Gesamtschule das Lehrerteam der 7.

Jahrgangsstufe. Im Pädagogischen Zentrum treffe ich auf eine Gruppe, die sich um einen überdimensionalen Recorder geschart hat. Aus dessen Boxen dröhnt *Madonna: He takes a drink, she goes inside / He starts to scream, the vases fly / He starts the fight, she starts the lie ...*[11] „Von welchem Jahrgang seid ihr?" *„Hä?"* „Von welchem Jahrgang?", frage ich sie. *„Vom siebten!"* „Und bei wem habt ihr jetzt?" *„Hä?"* „Bei wem?", wiederhole ich schreiend. *„Bei Madonna!"* „Bei *Madonna*?" – *„A chance to start it all again / Till death do us part."* Wir gehen einen langen Flur entlang, an dessen Ende die 7. ihre Verfügungsfläche hat. Ich sehe Frau *F.* auf uns zukommen. Grauer ist sie geworden. Gespannt bin ich, wie sie mit denen hier zu Rande kommen wird, vor allem mit dem Recorderschlepper, der aufreizend schreit: „Okay, Fans! Mit *Madonna* in die Siebte!"

III. Praktische Übungen

Den Abschluss dieses Kapitels bilden praktische Übungen – zum Aufbau von Konzentration sowie zum Abbau von Aggressionen (soweit sie destruktiv zu wirken scheinen). Zwei Bemerkungen seien vorausgeschickt:

Diese relativ wenigen Hinweise ersetzen nicht das Studium einer umfänglichen Fachliteratur, die auch im Literaturverzeichnis dieses Kapitels nur in Auszügen präsentiert wird – aber zum (Weiter-)Lesen will sie motivieren ... Und zweitens sind alle Übungen, vergleichbar den im vorausgegangenen Kapitel vorgestellten „Pädagogischen Maßnahmen", kontextgebunden, situativ bedingt und von daher modifizierbar. Den vielen Lehrern, mit denen ich die folgenden Übungen praktiziert habe, wurde immer wieder der Hinweis gegeben, dass sie (als Fachleute für das Herstellen von Lehr- und Lernbedingungen) souverän jede der möglichen Übungen abändern und auf die spezifischen Belange hin variieren sollten.

Konzentrationsübungen

- Viele Schüler spüren bereits beim Anhören von getragener Musik eine gewisse Entspannung: Vor allem *fernöstliche Musik* (mit ihren Obertönen und den fallenden Kadenzen) eignet sich besonders, um zur Ruhe zu kommen. Wenn man darüber hinaus die Augen schließen lässt, also der „Hypertrophie des Sehens“ (vgl. J.-E. BERENDT, 1988, S. 55) entgegenwirkt, sind viele wieder bei sich selbst.
- Da aber viele der heutigen Kinder so sehr auf das Sehen angewiesen sind, empfiehlt es sich, eine gestufte Dispensierung der einzelnen Sinne vorzunehmen und den Sehsinn als letzten auszublenden: „Heute können wir *nicht* – riechen, tasten, schmecken, uns bewegen, hören, sondern nur sehen ... Morgen wollen wir *nur* – uns bewegen, etwas schmecken, tasten, riechen ... In dieser Reihenfolge lässt sich *Sinnesschulung* (heutzutage!) durchführen.
- Ein hervorragendes Medium der konzentrativen Selbstentspannung ist die sog. Phantasiereise: *„Setzt euch bitte bequem und locker hin! Entspanne deine Schultern, deine Arme, deine Beine! Schließe langsam die Augen! Heute wollen wir wieder eine weite Reise tun. Ich lade euch ein in das Land der tausend Bäume. Und wenn du willst, darfst du dich sogar in einen Baum verwandeln. Was für ein Baum bist du? Ein großer, starker? Oder ein kleiner, zierlicher? Wie sind deine Äste? Dick und stämmig? Oder schlank und biegsam? – Heute lass' uns einmal vom Baumwipfel bis zu den Wurzeln hinabgleiten. Was siehst du? Kannst du etwas hören? Vielleicht rieselt Wasser in den Adern des Baumes? Riechst du das Harz deines Baumes? Wie fühlt sich das weiche Innenholz an?“* – Hier, während einer solchen „Phantasiereise“, wird über die ach so böse Medienwelt nicht lamentiert, RTL oder SAT 1 nicht mit dem resignierenden Lehrerspruch der Eh-nix-Pädagogik belegt, sondern praktische Sinnesschulung betrieben, so dass in der Vorstellung unserer Kinder wieder

eigene Bilder entstehen können, bei und in Kindern, denen häufig Hören und Sehen vergehen, weil sie zu viel hören und zu viel sehen (dürfen oder müssen?).

- Auch *Mobiles* aller Art bzw. das Betrachten ihrer Bewegungen dienen dem Aufbau von Kon-Zentration – vor allem dann, wenn sie die Kinder selbst hergestellt haben (z.B. Kugelbahnen).
- Spezielle Dienste leisten darüber hinaus z.B. *Sanduhren, Rieselbilder* oder elektrisch bzw. mechanisch betriebene *Perpetua mobilia,* wie sie das Kunstgewerbe in mannigfachen Variationen anbietet. Vor allem, wenn sie 10, 20 oder 30 Sekunden lang fixiert werden, können tranceartige Zustände extremer Beruhigung erreicht werden. Solche Ruhezustände lassen sich dann – in die Klassenarbeit, eine schwierige Auseinandersetzung oder einen Gedichtvortrag quasi „mitnehmen".
- Sehr gute Erfahrungen habe ich mit Schülern aller Jahrgangsstufen mit der sog. *Kutschersitzübung* gemacht. Die Klasse sitzt entweder im Stuhlkreis oder an ihren Plätzen, wobei die Stühle etwas zurückgeschoben werden sollten. Danach folgen diese Hinweise: *Hände auf die Stuhlkante, beide Beine langsam anheben und wieder absetzen! Beide Unterarme auf die Oberschenkel legen! Tief einatmen und den Kopf, Wirbel für Wirbel langsam abrollend, in den Nacken legen. Augen schließen! Das Kinn langsam auf das Brustbein sinken lassen! Gleichmäßig weiteratmen und sich das Bild vorstellen: Ich sitze auf einem Kutschbock, habe Zeit und warte ...* Evtl. lässt sich während der einminütigen Dauer die Vorsatzformel sprechen: ICH WERDE (oder BIN) GANZ RUHIG! Danach: *Tief ein- und ausatmen, strecken und die Ruhe mitnehmen!*
- Auch *psychovegetative Übungen* gehören zu den konzentrativen Verfahren. Sie reichen von einfachen Atemübungen über das Ertasten der Gesichtszüge, das Abfahren der Handlinien (bei sich und anderen) bis hin zum Pulsfühlen,

dem Erspüren des Herzschlags oder der leichten Massage (etwa des Nackens).

- Wer sich in der Technik des *Autogenen Trainings* (der aus sich selbst kommenden Entspannung also), der *Eutonie* (einer Methode zur Erfahrung der körperlich-geistigen Einheit des Menschen), der *Yoga-Übungen* (einschließlich der philosophischen Überlegungen) oder des *Katathymen Bilderlebens* (des durch Gefühle und Affekte gesteuerten Bilderlebens in Form von Tagtraum-Geschichten) ausgebildet hat, findet hier weitere Möglichkeiten der Desensibilisierung. Und nicht wenige Lehrer bestätigen immer wieder, dass auch ihnen selbst inmitten des oft hektischen Schulalltags diese und ähnliche Übungen guttun.

- Wichtig ist, dass kein Schüler mit irgendeiner Übung überfordert wird. Kichern, Lachen oder Witze-machen sind in der Regel Symptome einer Überforderung. Man beginne also nicht mit einer – sagen wir – wechselseitigen Nackenmassage, sondern mit dem, was M. MONTESSORI *„die vorbereitete Lernumwelt"* oder P. PETERSEN die *„Vorordnungen"* genannt hat: Eine Blume oder Kerze in der Mitte der Klasse; eine wassergefüllte Schale, die, wenn man ihren Rand bestreicht, einen langgezogenen Ton aussendet; ein Bild an der Wand u. ä. m. – Gegenstände und Arrangements also, die zum verweilenden Betrachten oder auch zum lauschenden Hin-hören, zum *listen to,* einladen.

- In Klassen mit extrem viel und nachhaltig konzentrationsgestörten Schülern habe ich gute Erfahrungen mit dem Anlegen von „Regelheftchen" gemacht: Jedes Kind trägt darin diejenigen Regeln oder Übungen ein, die es gerade gelernt hat – z. B.: *Hände auf den Tisch (oder die Schenkel) legen! Kinn auf die Brust! Bis 10 zählen! (1. Übung) Hände auf die Ohren legen! Kinn auf die Brust! Bis 20 zählen! (2. Übung) Hände vor die Augen legen! Kinn auf die Brust! Bis 30 zählen! (3. Übung)* Usw. Diese Übungshefte nehmen die

Kinder mit nach Hause, so dass die Eltern diese Übungen ebenfalls anregen können. Und ich bin nicht nur einmal von Eltern angesprochen worden, die mich gefragt haben, ob sie diese und ähnliche Übungen nicht auch machen dürfen ...

Aggressionsabbauübungen

- Bei all diesen Übungen ist es wichtig, den Sinn- und Bedeutungsgehalt der jeweiligen Aggression vor Augen zu haben (vgl. S. 100f.), wenn aus gutgemeinten Übungen nicht bloße Techniken werden sollen – z. B. aus der Übung mit dem Aggressionskissen: In einen alten Kopf- oder Sitzkissenbezug fülle man Reiskörner, Sand, Schaumstoff oder eine Mischung aus mehreren solcher und ähnlicher Materialien, nähe ihn fest zusammen und –: *„Wer benötigt heute unser Kissen?"* Die im Kreis sitzenden Schüler entscheiden selbst. Boris hebt die Hand, erhält das Kissen. Er überlegt sich ein besonders drastisches Schimpfwort oder einen wütenden Halbsatz, sagen wir: DIESER LUMP! Er reckt die linke Faust in die Höhe, die anderen tun es ihm nach. Anfangs langsam und leise, dann immer lauter und schneller werdend trommelt er dieses Wort im Rhythmus der Silbenfolge in das Kissen. 5-, 10-, 20-mal vielleicht. Die anderen machen die Bewegungen mit, hören irgendwann die herausgepresste Injurie, nehmen sie – wenn sie wollen – auf ... Nach spätestens einer Minute entsteht eine Art Urschrei (DIESER LUMP!), der erschöpft in sich zusammenbricht, während die rasend-schnell getrommelten Fäuste auf dem Kissen (von *Boris*) sowie den Oberschenkeln der Klassenkameraden zur Ruhe kommen.
- Eine andere Anti-Wut-Übung ist das Fäuste-Ballen: Abwechselnd werden die linke und die rechte Hand jeweils dreimal geöffnet (wobei die Finger bis zur Schmerzgrenze gespreizt werden sollen) und zur Faust geballt.

- Im Bedarfsfall kann man anschließend *Schattenboxen* veranstalten oder den *Watschenmann* schlagen: Eine imaginäre oder auch konkrete Figur erhält Ohrfeigen – „rechts, links", „rechts, links" ... bis die Übenden müde werden.

- Auch das *Fingerhakeln*, das mit den gegeneinandergepressten Handflächen *Sich-Wegdrücken*, das *Stirnschieben*, das *ritualisierte Fechten* oder *pantomimische Imitationen* „anstrengend-schwieriger" Tätigkeiten gehören zu dieser Gruppe von Übungen. Wichtig dabei ist der auch den Schülern gegebene Hinweis, dass wir mit ihrer Hilfe Ver-Spannungen loswerden, nicht aber neue Wut in uns aufbauen wollen.

- Ein mitunter großes Staunen entsteht in solchen Gruppen, wenn der Übungsleiter zur *Kippschwingung* einlädt, also sämtlichen Übungen die gegenteilige Funktion zuordnet: „Unser Aggressionskissen ist heute ein Gute-Nacht-Kissen. Jeder sucht sich ein besonders liebes Wort, einen besonders schönen Satz ... Mit den Fingerkuppen schreibe ich mein Wort auf das Kissen, auf meinen Schoß; ich spreche es langsam und leise, dann etwas lauter werdend aus; zum Schluss ist ein Chor von wunderschönen Worten zu hören, dem wir mit geschlossenen Augen lauschen können ..."

- Schon in die Nähe der sozialen Rollen- und Handlungsspiele gehört die *Übung mit dem weißen Ball*: Eine von einem Kaufhaus besorgte weiße Kugel aus Styropor oder Schaumstoff wird in die Mitte eines Sitzkreises gelegt – ein Wollknäuel oder ein Ball aus Stoffresten tut's freilich auch. Drei Regeln bestimmen dieses Spiel: *„1.: Jeder hat das Recht, den Ball dorthin zu verrücken, wo seiner Meinung nach die Mitte unseres Kreises ist. 2.: Ich darf erst dann den Ball verrücken, wenn sich der vor mir betätigende Mitschüler wieder hingesetzt hat und 3.: Es darf weder geredet noch gelacht oder ein anderer berührt werden!"* Manche Klasse ist erstaunt, wenn nach fast einer Stunde der Ball endlich dort zum Liegen kommt, wo der Lehrer vorher ein winziges

Kennzeichen angebracht hatte ... Darüber freilich sollte dann ausgiebig geredet werden.

- Der damit erhoffte Aufbau von sozialer Sensibilität, von Ich-und-Du- sowie Ich-Du-und-Wir-Kompetenz kann durch einfaches *Regelverändern* gesteigert werden, wobei man aber das Tempo dieses Aufbaus behutsam steigern sollte: „Ab jetzt darf der Ball nur noch dreimal, nur noch zweimal, nur noch einmal verrückt werden!"
- Eine Variante dieser Übung ist das *sehende Zurollen*: Alle sitzen wieder im Kreis, einer erhält den Ball, dessen Größe umgekehrt proportional zum Alter der Schüler sein sollte. Mit den Händen nach hinten aufgestützt, die Beine gestreckt und geschlossen, erwarten wir, dass der den Ball oder auch eine Kugel bzw. ein Wollknäuel habende Schüler in seine Hände klatscht, in die entstehende Stille hinein leise einen Namen ruft (vgl. M. MONTESSORIs „Stilleübungen"), der Angerufene die Beine spreizt und wartet, bis der Ball, vorsichtig gerollt, zwischen dessen Beinen zur Ruhe kommt. Sollte dies misslingen, muss die Übung wiederholt werden. Danach ist derjenige dran, der den Ball empfangen hat, wobei alle das Rollen des Balles so lange mit den Augen beobachten sollten, bis dieser wirklich völlig zur Ruhe gekommen ist.
- Auch diese Übung, die soziale Kompetenz nicht beschwört oder Sensibilität predigt, sondern spielerisch-real erfahrbar macht, lässt sich steigern: *Das blinde Zurollen* erfordert nämlich insofern eine noch größere Feinfühligkeit, als derjenige, der in die Hände klatscht, damit gleichzeitig alle Augen zu schließen bittet. Nur derjenige, dessen Namen er ruft, öffnet die Augen, spreizt die Beine und klatscht erst dann in seine Hände, nachdem der Ball – wo auch immer – ausgerollt zur Ruhe gekommen ist.
- Abschließend sei eine Übung skizziert, die dazu dient, aus einer vertrackten Situation einen konstruktiven Ausweg zu finden – *Das untergehende Floß*: Zwei bis acht Schüler

werden auf eine Matte, eine Decke oder auch auf ein eingegrenztes Stück Fußboden gebeten. Sie befinden sich auf einem Floß, das aber nur für einen, für zwei, für drei ... Überlebende der Schiffskatastrophe Halt bietet. Wenn alle sich darauflegen oder -stellen, geht es nach einer Minute unter. „Kämpft also ums Überleben!“ – Mit hoher Wahrscheinlichkeit werden die meisten versuchen, die Schwächeren ins Wasser zu stoßen. Danach aber setzt die kreative Spielphase ein: „Was wäre wenn ...?“ – Immer drei schwimmen und drei sich ausruhen? Wir abwechselnd einen von uns hinterherziehen? – Die meisten Schüler finden sehr bald ausgesprochen konstruktive Lösungen, die natürlich mit dem Herannahen eines Rettungsbootes „belohnt“ werden.

Wichtig bei all diesen und anderen Übungen sind drei Hinweise. Erstens: Jede Lehrkraft wird hier ausdrücklich ermutigt, eigene Übungen zu erfinden, deren Ausgestaltung lediglich von der eigenen Kompetenz, sie durchzuführen, begrenzt sein sollte. Zweitens: Nicht die jeweilige Übung ist das Entscheidende, sondern die mit ihr verbundene pädagogisch-therapeutische Funktion. Und schließlich: Nur derjenige kann den jeweiligen Sinn der Übung (zum Beispiel die Stille) glaubwürdig vermitteln, der selber um diesen Sinn (die Stille also) sich bemüht. Mit diesen drei Hinweisen mag die folgende Literaturübersicht zu weiteren Studien anregen. Und wer diese und andere Übungen demonstriert haben möchte (vielleicht im Rahmen einer Fortbildung), dem sei mein für die FernUni Hagen hergestellter Lehrfilm „Hilfe Schule!?“ empfohlen.

Anmerkungen

1 Vgl. STATISTISCHES BUNDESAMT (1989), S. 3413f. sowie eigene Hochrechnungen.

2 Das gemeinte Forschungsprojekt AUFFÄLLIGE SCHÜLER/INNEN erhob vor allem Material über „Unterrichtsstörungen – aus der

Sicht von Schülern“ (durch Bernd BENIKOWSKI), „aus der Sicht von Lehrern“ (durch Johannes MAND) sowie entlang fallanalytischer „Beobachtungen einzelner Problemkinder“ (durch Charlotte LUDWIG). Fortgeführt wird diese Forschungsbemühung von Gita KROWATSCHEK und Christa SCHÄFER.

3 Neben eigenen Arbeiten verweise ich auf F. SCHULZ v. THUN (1989 f.) sowie P. WATZLAWICK u. a. (8 1990).

4 Vgl. dazu R. WINKEL (1990).

5 Vgl. W. OLINS (1990).

6 Vgl. E. MEYER (1991).

7 M. RUTTER u. a. (1980) sowie K.-J. TILLMANN (1989 b).

8 Vgl. beispielhaft U. GREBER u. a. (1991) und W. SCHÖNIG (1990).

9 M. MONTESSORI (2 1988).

10 M. MONTESSORI (1954, S. 72 f.).

11 MADONNA: Like A Prayer. Sire Records and WEA International (1989) 925848-1. WX 239.

Literatur

ADEN, Patricia: Anleitung zum autogenen Training mit Kindern und Jugendlichen. Münster (Daedalus) 1992.

BACHMANN, Peter: Hyperaktive Kinder in Erziehung und Schule. In: Schweizer Schule, 78 (10/1991), S. 3–8.

BERENDT, Joachim-Ernst: Das Dritte Ohr. Vom Hören der Welt. Reinbek (Rowohlt) 1988.

BIERMANN, Gerd: Autogenes Training mit Kindern und Jugendlichen. München, Basel (Reinhardt) 2 1978.

BODE, Marianne: Minutengymnastik und Entspannung in der Schule. 3 Folgen. MC 30002. Stuttgart (Walter Kögler) 1990. Die Kassetten sind auch zu beziehen durch den Dieter Balsies Versand. Westring 272, 24116 Kiel, Tel. (04 31) 159 72.

BRECHT, Bertolt: Die Gedichte in einem Band. Frankfurt a.M. (Suhrkamp) 1981 (zit. S. 556).

BÜTTNER, Christian: Mit aggressiven Kindern leben. Weinheim, Basel (Beltz) 3 1992.

Ders.: Spiele gegen Streit, Angst und Not. Waldkirchen (Waldkircher Verlagsgesellschaft) 1982.

ELKIND, David: The Hurried Child. Reading (Addison-Wesley) 1988. Dt. Ausgabe: Ders.: Das gehetzte Kind. Bergisch-Gladbach (Lübbe) 1992.

FAUST-SIEHL, Gabriele u. a.: Mit Kindern Stille entdecken. Frankfurt a. M. (Diesterweg) ²1991.

GOLDSTEIN, Nicole: Hyperaktiv – na und ...? Yoga-Übungen für überaktive Kinder. Dortmund (Verlag modernes Leben / Borgmann) 2003.

GREBER, Ulrich u. a. (Hrsg.): Auf dem Weg zur „Guten Schule“: Schulinterne Lehrerfortbildung. Weinheim, Basel (Beltz) 1991.

HIPPENSTIEHL, Christa / KRAUTZ, Herbert: Konzentrations-Trainingsprogramm – für Kinder des 1. und 2. sowie 3. und 4. Grundschuljahres. Dortmund (Verlag modernes Leben) 1991.

KESPER, Gudrun / HOTTINGER, Cornelia: Mototherapie bei Sensorischen Integrationsstörungen. München, Basel (Reinhardt) 1992.

KROWATSCHEK, Dieter: „Ich kann ruhig sein ...“ Übungen zur Entspannung von Kindern. CD. Dortmund (borgmann publishing) 1997.

Ders.: Entspannung für Jugendliche. Mit einer Ton- bzw. Musikcassette. Dortmund (borgmann publishing) 1998.

LEUNER, Hanscarl u. a.: Katathymes Bilderleben mit Kindern und Jugendlichen. München, Basel (Reinhardt) ³1990.

MEYER, Ernst (Hrsg.): Burnout und Streß. Baltmannsweiler (Schneider) 1991.

MONTESSORI, Maria: Das Kind in der Familie und andere Vorträge. Stuttgart (Klett) 1954.

Dies.: Kinder sind anders. München (Deutscher Taschenbuchverlag) ²1988.

NOLTING, Hans-Peter: Lernfall Aggression. Reinbek (Rowohlt) 1987.

OLINS, Wally: Corporate Identity. Frankfurt a. M. (Campus) 1990.

PACKEBUSCH-SCHEER, Agnes / MEYER, H. Peter: „Bleib ruhig!“ Entspannungs- und Konzentrationsübungen für Jugendliche. Set mit Anleitungsbuch und CD. Mülheim (Verlag an der Ruhr) 1997.

PETERMANN, Franz / PETERMANN, Ulrike: Training mit aggressiven Kindern. München (Psychologie Verlags Union) ⁴1990.

PETERSEN, Peter: Führungslehre des Unterrichts. Weinheim, Basel (Beltz) 1984.

PORTMANN, Rosemarie / SCHNEIDER, Elisabeth: Spiele zur Entspannung und Konzentration. München (Don Bosco) 1991.

RÜCKER-VOGLER, Ursula: Yoga und Autogenes Training mit Kindern. München (Don Bosco) ²1991.

RUTTER, Michael u. a.: Fünfzehntausend Stunden. Weinheim, Basel (Beltz) 1980.

SCHÖNIG, Wolfgang: Schulinterne Lehrerfortbildung als Beitrag zur Schulentwicklung. Freiburg (Lambertus) 1990.

SCHULZ VON THUN, Friedemann: Miteinander reden. Bd. 1 u. 2. Reinbek (Rowohlt) 1989 f.

TILLMANN, Klaus-Jürgen (Hrsg.): Was ist eine gute Schule? Hamburg (Bergmann & Helbig) 1989.

VERNOOIJ, Monika A.: Hampelliese – Zappelhans. Problemkinder mit Hyperkinetischem Syndrom. Bern, Stuttgart (Haupt) 1992.

VOPEL, Klaus: Bewegung im Schneckentempo. Hamburg (ISKO-Press) ²1989. Dieser Verlag bietet in seinem Sortiment viele nützliche Handreichungen zum praktischen Umgang mit Phantasiereisen, Atemübungen, Interaktionsspielen usw. an und liefert direkt an Besteller (Beselerstraße 32, 22607 Hamburg, Tel. (040) 89 20 39).

WATZLAWICK, Paul u. a.: Menschliche Kommunikation. Bern, Stuttgart (Huber) ⁸1990.

WINDELS, Jenny: Eutonie mit Kindern. München (Kösel) 1984.

WINKEL, Rainer: Sitzen · Stehen · Laufen. Lehrer/innen und ihre Lokomotion im Klassenzimmer. In: Grundschule, 22 (9/1990), S. 66–68.

Ders.: Offener oder Beweglicher Unterricht? Zur Klärung einer Mißlichkeit. In: Grundschule, 25 (2/1993), S. 12–14 (a).

Ders.: „Ey, ich aids dich an!“ Die fünf Sinnperspektiven von aggressivem Verhalten in der Schule. In: PÄDAGOGIK, 45 (3/1993), S. 6–9 (b). Alle drei Literaturhinweise sind in dem Buch verarbeitet worden: Theorie und Praxis der Schule ... Baltmannsweiler, Hohengehren (Schneider) 1997.

Ders.: Unterrichtsstörungen: Präsentieren, entziffern und produktiv gestalten. In: Pädagogisches Forum, 8 (1/1995), S. 20–29 sowie in: schweizer schule, 81 (11 u. 12/1994) und 82 (1-4/1995), jeweils Beilage (a).

Ders.: „Hilfe Schule!?“ Lehrer und Schüler lösen Konflikte. Videofilm. Baltmannsweiler, Hohengehren (Schneider) 1999.

Fünftes Kapitel

Neurotische Schüler oder: Hinweise für die Einzelbehandlung und für den Unterricht

„Die bloß menschliche Welt human zu machen, ist schwerer als die von Gott oder Göttern verantwortete. Wer über die Inhumanität der Schule klagt, muß wissen, daß er auch darüber klagt und daß daran nichts zu ändern ist."

Hartmut von Hentig, 1976(a)

Um neurotische Schüler zu finden, braucht man heute nicht mehr eines von etwa 60000 Heimkindern zu besuchen oder in eine der rund 3000 Sonderschulen[1] zu gehen – längst gehören sie zum gewohnten Schulalltag in unseren Grund-, Haupt-, Real-, Gymnasial-, Gesamt- und Berufsschulen. Die in den letzten Jahren sich häufenden alarmierenden Nachrichten in Sachen Schule bestätigen dies.

Erinnert sei an eine Reihe von Lehrertagebüchern, diesem immer populärer werdenden Genre pädagogischer Literatur, mit dessen Hilfe empfindsame Lehrer ihre konkreten Schulerfahrungen mitteilen: 1969 veröffentlichte F. WEIGLE seinen „Report aus dem Klassenzimmer" eines Frankfurter Gymnasiums; 1974 erschienen die „Aufzeichnungen aus dem Schulalltag" einer Bremer Hauptschule von J.-G. KLINK; 1975 publizierte R.G. ERMER sein „Hauptschultagebuch", das die hessische Schulszenerie am Beispiel einer Schule heller beleuchtet als umfängliche Konvolute repräsentativer Untersuchungen; ebenfalls 1975 legte I. HUSMANN unter dem Titel „Glanz und Elend eines Schuljahrs" ihre Beobachtungen in einer Hamburger Orientierungsstufenklasse (5. Schuljahr) vor; 1976 erschien das Buch „Dummheit ist lernbar" von J. JEGGE, einem Schweizer Lehrer, das von der zermürbenden

Arbeit mit „Hilfsschülern aus dem Zürcher Unterland" erzählt; und ebenfalls 1976 fühlten sich Konservative und Progressive (wieder mal) von H. v. HENTIG geschockt, der mehrere Publikationen zur „Sozialpathologie der Schule" vorlegte[2], die ohne sein tägliches Engagement in der Bielefelder Laborschule nicht denkbar gewesen wären; weitere Tagebücher, die z.T. in der EINLEITUNG erwähnt wurden, folgten und folgen ...

All diesen tagebuchartigen Reminiszenzen, Analysen, Seufzern, Anklagen und Vorschlägen ist ein diagnostischer Hinweis gemeinsam: Unsere Schulen haben es heute mit einer steigenden Zahl von „unangepassten", „motorisch unruhigen", gar „labilen", „verhaltensgestörten", „disziplinlosen", „neurotischen" (oder wie die Etikettierungen lauten mögen) ... kurz: unsere Schulen haben es heute auch mit typisch kranken und deshalb unglücklichen Schülern zu tun; Schulehalten macht häufig kein Vergnügen mehr – weder für Schüler noch für Lehrer.

Auch im Bewusstsein breiter Bevölkerungsschichten hat die heutige Schule keinen guten Ruf. Ich habe einmal einige Überschriften gesammelt, mit denen Zeitungen und Zeitschriften (vom *Spiegel* bis zum *Stern*, von der *Süddeutschen* bis hin zum *Bild der Wissenschaft*) ihre Leser auf das Thema „Schule" aufmerksam machen. In dicken Lettern war da zu lesen:

• Schüler zerbrechen unter dem Leistungsdruck • Immer mehr Schüler zeigen Lernschwierigkeiten • Achtung Schule! Lebensgefahr! • So macht die Schule unsere Kinder krank • 500 Schülerselbstmorde pro Jahr! • Aggression und Gewalt in den Schulen • Es gibt keine fröhliche Jugend mehr • Tollhaus Schule • Waffen – Raub – Erpressung: Gewalt in den Schulen ...

Wenn man diese Berichte liest, ist man in der Tat erschrocken. Das sicherlich nicht sensationslüsterne Wochenjournal DIE ZEIT ließ im März/April 1977 in einer dreiteiligen Folge

Schüler, Eltern und Lehrer zum Thema „Brennpunkt Schule“ zu Worte kommen: Da ist von „Weinkrämpfen“ und „nervösen Zuckungen“, von „Kopfschmerzen“ und „Aggressionen“ die Rede – von mehr als 200 Schülern berichteten lediglich drei über positive Schulerfahrungen. An diesem negativen Urteil über die Schule hat sich auch in jüngster Zeit wenig geändert. In Zusammenarbeit mit dem Bayerischen Lehrer- und Lehrerinnenverband (BLLZ) sowie gefördert von der Deutschen Forschungsgemeinschaft (DFG) legten Kurt CZERWENKA u. a. 1988 erste Resultate einer Vergleichsstudie vor, die zu deprimierenden Ergebnissen kam: Während amerikanische Schüler zu 9,7% ihre Lehrer negativ beurteilen, liegt der Prozentsatz in der Bundesrepublik Deutschland bei 42,6%. Und: In dem darin angestellten internationalen Vergleich beurteilen die Schüler der Bundesrepublik ihre Schule am schlechtesten ...

Immer weniger Schüler und auch Lehrer geben uns irgendeinen Hinweis darauf, dass ihnen das Lernen und Lehren in den staatlichen Bildungs-„Anstalten“ Freude macht. Ein tiefgreifender Identitäts- und Legitimationsverlust scheint die Schule ergriffen zu haben. Die Dysfunktion zwischen hohen gesellschaftlichen Erwartungen und oft erbärmlichen Hilfestellungen, zwischen privaten Wünschen und Versagungen, zwischen ministeriellen Utopien und schulischen Wirklichkeiten, zwischen Bildungsversprechungen und finanziellen Strangulierungen – diese Widersprüche sind so groß geworden, dass Schule in der Zerreissprobe steht. Das haben übrigens Schulkritiker wie I. ILLICH oder J. KOZOL seit langem erkannt. Wir haben ihre Kritik in die linke Extremistenecke geschoben, ihre Alternativen zu Sozialromantizismen erklärt und doch bzw. trotz der vor allem in den 70er Jahren vorgenommenen Schulreform nichts Entscheidendes an dem Dilemma Schule zu ändern vermocht. Im Gegenteil: Die Widersprüche scheinen größer zu werden; die Diagnosen klingen ernster; und die Bereitschaft zu einschneidenden Korrekturen sinkt rapide.

Wir müssen uns also vor zwei Extrempositionen hüten: Die eine ist *gesellschaftspolitisch* blind, stellt Schule unter eine Käseglocke, schiebt dem Lehrer die alleinige Verantwortung zu, bevorzugt weiterhin den Ausdruck „Disziplin", die man entweder „halten" oder „nicht halten" kann und suggeriert entlang dieser Assoziationen, mit den entsprechenden Methoden ließe sich das Problem schon lösen, die richtigen Therapien würden die Symptome allemal beseitigen …

Die andere Position ist *pädagogisch* blind, schiebt die Verantwortung von den Schülern auf das Schulsystem, das Elternhaus, die Gesellschaft, bevorzugt den Ausdruck „Verhaltensstörungen", für die niemand und alles zuständig ist, ignoriert pädagogisch-didaktische Möglichkeiten und suggeriert auf diesem Weg die letztliche Unheilbarkeit schulischer Missstände …

Im Folgenden wird eine Position vertreten, die beide Extreme meidet und sie gerade dadurch sehr ernst nimmt. So kann z. B. an der politischen Entscheidung, die (Lehrer-)Arbeitslosigkeit bei übervollen Klassen hinter einem Blendwerk von Zahlen oder Gutachten fortzuschreiben[3] und damit Immobilität, Gettoisierung ganzer Kollegien sowie soziale Ungerechtigkeit in Kauf zu nehmen und gleichzeitig zu beklagen, kein Lehrer in der *Schulklasse* etwas ändern, und doch beeinflusst sie sein Handeln. Oder: Es ist einhellige Meinung aller Pädagogen, dass – um H. BECKER (1976, S. 10) zu zitieren – „die formale Notengebung die Bildungsmöglichkeiten des Unterrichts zerstört". Und doch werden wir diesen Unsinn von eins bis sechs treiben müssen, wenn es uns nicht wie jenem Studienrat aus Delmenhorst ergehen soll, der „aus sozialpädagogischen Gründen die Zensuren Fünf und Sechs nicht mehr vergeben wollte und deshalb nach einem Anhörungstermin beim Oldenburger Verwaltungspräsidenten vorläufig des Dienstes enthoben wurde", weil – so die Begründung – „er unter anderem gegen die geltenden Richtlinien für die Notengebung in niedersächsischen Schulen verstoßen und damit die erforderliche Ordnung an dem Gymnasium bewusst und nachhaltig gestört habe“[4]. Auch diesen Widerspruch kann man schlechterdings nicht schulintern lösen, sondern allenfalls in seinen Folgen mildern.

Daraus aber den Schluss zu ziehen, es sei eben alles unkorrigierbar geworden, an dem Dilemma sei zuallerletzt die Schule schuld und alle Therapien seien im Grunde Symptomkuriererei, ist nicht weniger falsch. Wer sagt denn, dass man nur die Alternative habe, rigide Noten zu erteilen oder seine Demission zu riskieren? Kann man unglückliche Schüler wirklich nur bedauern, an *ihrem* Zustand gar nichts ändern, auch wenn sich das Hospital jedes Jahr von neuem füllt und der Kollege von nebenan längst resigniert hat? Müssen wir nicht politisch *und* pädagogisch denken und handeln, wenn wir Utopismus ebenso vermeiden wollen wie Resignation?

In diesem Zwischenbereich sind die folgenden Überlegungen angesiedelt. Ich kann und will keine Konditionierungsstrategien lehren, mit deren Hilfe neurotische Schüler (an das Krankmachende) „angepasst“ und „normal“ (was ist schon die Norm?) gemacht werden können. Ich weigere mich aber auch, das zu verschweigen, was *heute* pädagogisch-psychiatrisch möglich ist, um das Leid dieser jungen Menschen zu lindern.

Das Kapitel gliedert sich in drei Abschnitte. Zunächst wird die Frage zu beantworten sein: Was sind überhaupt *Neurosen?* Sodann werde ich im Kontext einiger Fallberichte neurotische *Schüler* beschreiben. Und drittens schließlich wird uns die Frage beschäftigen: Wie ist dem neurotischen Schüler zu *helfen?*

I. Was sind überhaupt Neurosen?

Kaum ein Begriff wird sowohl umgangssprachlich als auch in der wissenschaftlichen Terminologie so unscharf, salopp und stigmatisierend benutzt wie der der Neurose. Neurotisch ist landläufig das Auffällige, Andersartige, Anormale, Krankhafte und Befremdliche, das eben einen Namen braucht wie „der fremde Lausebengel", der die gewohnte Ordnung stört. Auch im Kontext der vielen psychiatrischen Schulen sind Neurosen durchaus nicht gleich Neurosen. Wenn S. FREUD als Psycho*analytiker* von einer Angstneurose spricht, so ist diese nicht identisch mit der Angstneurose im diagnostischen Raster eines *Verhaltens*psychologen à la H.-J. EYSENCK. Zwangsneurosen werden von *client-centered Therapeuten* à la R. TAUSCH anders erklärt und behandelt als von den *Urschrei-Experten* in der Nachfolge von A. JANOV. Und Konversionsneurosen sind für *psycho-sozial* orientierte Wissenschaftler wie H.-E. RICHTER nicht dasselbe wie für medizinisch ausgerichtete Psychiater neben und hinter einem Mann wie J. GLATZEL.

Auch hier möchte ich zwei extreme Definitionen meiden. Die eine könnte man als „abgeleiteten Erbfanatismus" bezeichnen. Im Gefolge dieser zumeist medizinisch sich gebärdenden Definitionsversuche werden „anormale" Reaktionen letztlich endogen begründet, auch dann, wenn der Elefant einer weltweiten biochemischen, anatomischen, genetischen und sonstigen naturwissenschaftlichen Forschung auf dem Gebiet der Neurosenerklärung bis heute – um ein Wort C. KULENKAMPFFs (1969, S. 9) zu variieren – nicht einmal eine Maus geboren hat. Hier, d. h. an immer noch viel zu vielen deutschen Universitätskliniken, ist man sozial erblindet, kultiviert man den „Weißen-Kittel-Mythos", hat man Pillen und Spritzen stets zur Hand und kann das Drehtürenphänomen doch nur unvollkommen kaschieren. Über diese Position urteilte ein international so renommierter Neurosenforscher wie der 1907 geborene und 1990 verstorbene John BOWLBY (1973, S. 19) mit angelsächsischer Prägnanz:

„Die deutsche Schule der Psychiatrie ... bewertet Anlagen und Erbfaktoren in einem Ausmaß, das manchmal an die kalvinistische Prädestinationslehre gemahnt."

Der Erziehungswissenschaftler Reinhard VOSS hat diese weiterhin bestehende Medizinierung auffälligen Verhaltens von Kindern und Jugendlichen 1987 einer scharfen Analyse unterzogen, von der zu wünschen ist, dass sie aufklärend wirken möge. Aber auch die Gegenansicht, nichts sei individuell, innerpsychisch, meinethalben endogen bedingt, ist mehr Ideologie als saubere Beweisführung. Wer *die* Gesellschaft zum Generalsündenbock erklärt, auf deren „Abschaffung" wartet und jedes persönliche Verhalten von dorther ableitet, ist kein geringerer Determinist als der Erbfanatiker obiger Provenienz. Bei dem einen sind es die in den Körperzellen des Menschen vorhandenen 46 Chromosomen als Träger etlicher Millionen Gene; bei dem anderen sind es die Systemzwänge vom Aktienmarkt bis hin zu der Zensurengebung, die für alles und jeden verantwortlich gemacht werden. Diese Überzeichnungen werden der komplexen Wirklichkeit nicht gerecht. Wir wissen z. B. heute, dass ca. 1 % aller Neugeborenen an einer Chromosomenanomalie leiden, die unmittelbar Mongolismus[5] oder das Cri-de-chat-Syndrom[6] hervorrufen, dass also Erbfaktoren sehr wohl eine Rolle spielen. Andererseits wissen wir mit derselben Sicherheit, dass bestimmte Formen der Angst, der Mutter-Kind-Beziehung oder des kindlichen Mutismus nicht genetisch, sondern sozial „vererbt", d. h. familiär und gesellschaftlich weitergegeben werden[7]. Beide Einflussgrößen sind also *unter Umständen* wichtig, entscheidend, maßgebend. Eine Verabsolutierung des einen oder anderen Erklärungsmodells ist eher verwirrend als aufklärend. Vielmehr muss *im Einzelfall* ermittelt werden, ob's eher am Schlüssel oder am

Schloss liegt, dass die Tür nicht aufgeht, dass sie klemmt und knarrt. Alle Krankheiten besitzen körperliche *und* psychisch-soziale Korrelate.

Diesen interdisziplinären, d.h. natur- *und* sozialwissenschaftlichen, Forschungszugang habe ich *Pädagogische Psychiatrie* genannt. Sie ist gleichsam die Fortführung der Erkenntnislinie, die der störfaktoriale Aspekt der Kommunikativen Didaktik in den Unterricht unter dem Gesichtspunkt seines Scheiterns hineinzieht, bis in die Anomalie jedweder Verziehung überhaupt. Die dort ausführlich entfaltete Neurosentheorie soll im Folgenden wenigstens in Umrissen skizziert werden:

Neurosen sind Verhaltensstörungen, partielle psychische Erkrankungen im Gegensatz zu den drei großen Psychosen (Epilepsien, manisch-depressive und schizophrene Erkrankungen), die – unbehandelt – die gesamte Persönlichkeit in Mitleidenschaft ziehen, ja destruieren. Die Arbeit von H. GUDJONS u. a. (1986) informiert darüber entlang der verschiedenen Krankheitsbilder. Neurosen hingegen sind lokalisierbare, eng begrenzte Auffälligkeiten (Devianzen), bei denen bestimmte anormale Reaktionen zu Tage treten, ohne dass die gesamte übrige psychisch-soziale Wirklichkeit des Betreffenden Schaden erleidet. Diese Fehlverhaltensformen sind im Einzelfall mehr innerpsychisch oder auch familiär, mal cerebral oder endogen, hier eindeutig sozial und dort zweifelsfrei schulisch bedingt. Das wird noch deutlich zu machen sein.

Nun kann man über „anormale“ Reaktionen nicht sprechen, ohne auf das hinzuweisen, was eigentlich die „Norm“ ist bzw. sein soll. Ich halte es für normal und Ausdruck eines recht gesunden psychischen Empfindens, einen langweiligen Unterricht provokativ zu unterbrechen, normaler jedenfalls als das dumpfe Erleiden eines quälenden Zustandes. Mir scheint es auch normal, dass und wenn ein Großteil der heutigen Schüler permanent aggressionsbereit ist. Unsere Kinder und Jugendlichen haben, ehe sie das 18. Lebensjahr erreichen, rund 20000

Stunden vor dem Fernsehschirm verbracht, damit länger vor der „Flimmerkiste“ gesessen als in der Schule und dabei u. U. bis zu 18000 Gewaltakte in vielen Variationen gesehen[8]. Es wäre recht unnormal, wenn eine solche Fernsehgeneration nicht nach Abreaktionen verlangte, d.h. (grausame) *stimuli* nicht in (entsprechende) *responses* umsetzen würde. Anormal reagieren heißt also nicht, schädigende Einflüsse mit schädigendem Verhalten zu beantworten. Hier sind zunächst die *Ursachen* anormal, nicht unbedingt die Folgen, auch wenn uns die letzteren erhebliche Sorgen bereiten, gelegentlich Therapien abverlangen – zumal dann, wenn sie destruktiv wirken. Anormale Reaktionen sind solche Verhaltensweisen, die von der Norm eines befriedigenden Miteinanderlebens abweichen, innerpsychische Balance-Zustände, interpersonale Kommunikationen usw. über die Maßen belasten, pervertieren, zerstören, ohne dass dies zwangsläufig sein müsste. Zwei Beispiele: Es ist relativ normal, als Lehrer heute unzufrieden zu sein. Wer dieses Gefühl vermisst, hat sich bereits an das Anormale angepasst und ist – so gesehen – nicht mehr normal. Derjenige, den diese Unzufriedenheit aber in neurotische Reaktionen treibt, sagen wir in die sexuelle Impotenz, würde anormal reagieren, denn diese Fehlverhaltensweise wirkt psychisch-sozial schädigend, macht unglücklich und ist nicht die einzig mögliche oder gar *die* konstruktive unter den in Frage kommenden Reaktionen. Oder: Ein mit seinem autoritären Vater im Dauerstreit sich befindender Schüler reagiert durchaus normal, wenn er seinen Ödipuskonflikt in die Schule trägt, weil er zu Hause tabuisiert wird. Aber es ist nicht normal, wenn er diesen zum Komplex verdichtet und – sagen wir – auf den Klassenlehrer überträgt, der prompt fehlerhaft reagiert. Die Entstehung des ödipalen Vater-Sohn-Konfliktes war angesichts bürgerlicher Kleinfamilien regelgerecht, die inadäquate Abreaktion hingegen nicht. Wir sehen also, dass die „Norm“ kein Fixpunkt ist, von dem her wir alles eindeutig messen und bewerten könnten. Hier sind die Grenzen fließend, Ursachen und Folgen in einem dialektischen Verhältnis und differenzierende Kriterien erforderlich. Ich nenne deren vier. Anormal (neurotisch) ist eine Verhaltensweise dann,

- wenn sie erstens *be*lastend anstatt *ent*lastend wirkt, d.h. psychisches, soziales oder auch organisches Wohlbefinden stört;
- wenn sie zweitens die eigene Psyche und/oder die zwischenmenschlichen Beziehungen unglücklich macht;
- wenn sie drittens nicht zur Beseitigung der eigentlichen Defekte eingesetzt wird, sondern sich in Scheinlösungsversuchen erschöpft, im Grunde also eine sinnlose Abwehrmaßnahme darstellt, d.h. destruktiv anstatt konstruktiv wirkt;
- und wenn sie viertens durch solche alternative Reaktionen ersetzt werden kann, die zufriedenstellender, situationsadäquater oder problemlösender sind.

An dieser Stelle wird schon ein erster therapeutischer Hinweis plausibel. Wer – bei allem Verständnis für das Belastende neurotischer Fehlverhaltensweisen – diese allzu schnell und im Ansatz bereits zu therapieren beginnt, nimmt häufig sich und dem Betreffenden jede Möglichkeit, diese vier Krankheitskriterien zu erkennen und angemessen zu helfen. Neurotische Schüler müssen – auch wenn es wenig populär klingt – ihre aggressiven, libidinösen, perversen und schädigenden Symptome erst einmal und ausreichend genug äußern dürfen, wenn man die latenten Ursachen und nicht die manifesten Symptome kurieren will – soweit dies die Belastbarkeit der Lehrer, Klasse oder Schule zulässt. Dazu wären freilich Schulen notwendig, die sich mehr nach ihren eigenen Problemen als nach ministeriellen, familiären, medialen und lobbyistischen Erwartungen richten dürfen.

Ein zweiter Fragenkomplex rankt sich um die Entstehung, die Ursachen neurotischer Verhaltensweisen. Neurosen sind nicht nur partielle Verhaltensstörungen, sondern auch *gelernte* Fehlverhaltensweisen. Irgendwann mal hat jeder Neurotiker seine Auswege gefunden, ist auf sie hingewiesen worden, hat sie über „Erfolge“ hinweg gelernt. Schule, Elternhaus und

Fernsehen als entscheidende Lernagenturen heutigen Lebens leisten hier enorme „Hilfen", vor allem dadurch, dass sie kaum lehren, wie man angesichts vieler Defekte eben nicht defektkonform reagieren kann. Wie kommt es z. B., dass der eine dieselben Schwierigkeiten erleidet, die gleichen Krimis sieht, ebenfalls in Double-bind-Beziehungen (inmitten widersprüchlicher Botschaften) großgeworden ist, Frustrationen und Ängste hinnimmt und doch nicht-neurotisch reagiert? Warum ist Karin Bettnässerin und Irmi nicht? Warum knabbert Eric an seinen Fingernägeln, während Oliver den Papierkorb zertrümmert? Wie lernt man, ausgerechnet neurotisch zu überleben?

Neurotisch reagieren heißt, Konflikte inadäquat verarbeiten. Dies lässt sich am psychoanalytischen Modell gut illustrieren:

Wir alle spüren (zum großen Teil unbewusste) Triebregungen libidinöser und aggressiver Färbung, die zur Befriedigung drängen. Wir möchten schlafen, essen, trinken und lieben; wir möchten anderen unsere Meinung sagen, schimpfen, toben und mitunter schlagen; wir möchten anerkannt, bewundert, respektiert und von unseren Feinden gefürchtet werden ... Diese aus dem ES der menschlichen Psyche herrührenden Triebregungen sind gleichsam „Jenseits von Gut und Böse", also normal und Voraussetzung jedweder bewussteren Tätigkeit. Sie sind – metaphorisch gesprochen – der Motor unserer Gefühle, Einsichten und Handlungen. Problematisch wird es eben nur und erst dann, wenn diese Triebe sich gegenseitig ausschließende Ziele verfolgen, übermächtig werden oder auf dem Weg ihrer Befriedigung auf nicht-tolerable Versagungen und Verbote treffen – etwa in Gestalt realer Hindernisse oder strafender ÜBER-ICH-Impulse. Da möchte man seiner Ehefrau unter allen Umständen treu bleiben und *gleichzeitig* mal ein Abenteuer riskieren. Der eine Schüler will von seinen Kameraden geliebt *und* gefürchtet werden. Ein anderer möchte den Lehrer am liebsten zusammenschlagen und *doch* alles vermeiden, was sein Verhältnis gerade zu diesem Lehrer trüben könnte. Divergierende und überwältigende (also ungebildete) Triebregungen stürzen uns in Konflikte. Aber auch das ist (noch) normal. Vier solcher Konfliktmodelle sind uns bekannt:

1. Der Appetenz-Appetenz-Konflikt: Jemand verfolgt zwei wünschenswerte, aber unvereinbare Ziele. Der Schüler A möchte z.B. sowohl zur Hauptschule zurück als auch in der Sonderschule bleiben:

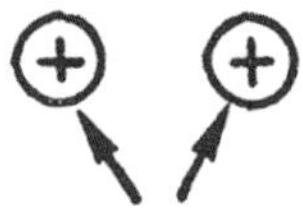

2. Der Appetenz-Aversions-Konflikt: Jemand möchte ein bestimmtes Ziel erreichen und ihm gleichzeitig aus dem Wege gehen. Der Schüler B möchte sich z.B. durch eine Unterrichtsstörung bei der Klasse beliebt machen, andererseits fürchtet er die mit einem solchen Verhalten verbundene Strafe des Lehrers:

3. Der Aversions-Aversions-Konflikt: jemand möchte weder die unerwünschte Verhaltensweise X noch die unerwünschte Verhaltensweise Y unternehmen, gleichwohl beide heftig nach Verwirklichung drängen. Der Schüler C weigert sich z.B., seine Rolle als Klassenclown noch länger zu spielen, andererseits will er auf die damit verbundenen Anerkennungspotenziale nicht verzichten:

4. Der doppelte Appetenz-Aversions-Konflikt: Jemand will etwas tun und gleichzeitig vermeiden, wobei jede der zuwiderlaufenden Alternativen wünschenswerte wie unerwünschte Aspekte aufweist. Der Schüler D möchte sich z. B. an seinem Lehrer rächen, aber er fürchtet dessen Strafe; er möchte aber auch nicht auf die Rache verzichten, denn sonst stempelt ihn die Klasse zum Feigling:

Bis hierher ist alles normal, alltäglich, ubiquitär. In Konflikte geraten wir alle, jeden Tag und reagieren deshalb noch lange nicht neurotisch. Wir lösen halt unsere Konflikte; wir entscheiden uns für dieses oder jenes Ziel: Wir lernen (1.) zu vermeiden, (2.) zu verzichten, (3.) zu verschieben, (4.) zu kompensieren und (5.) zu sublimieren. Diese fünf produktiven Konfliktlösungen müssen mühsam gelernt werden, sie sind uns nicht angeboren, sondern machen u. a. Erziehung, Bildung und Schule überhaupt erst notwendig. Nun wissen wir heute, dass Elternhaus und Schule diesbezüglich alles andere als erfolgreich wirken. Das Versagen öffentlicher und privater Edukation ist offenkundig geworden. Was also Wunder, wenn unsere Kinder häufig anormal auf Konflikte reagieren! Sie lernen (1.) Konflikte zu verleugnen, (2.) zu verdrängen, (3.) zu übertragen, (4.) in frühere Entwicklungsstadien zu regredieren, (5.) verdrängte Impulse in ihr Gegenteil zu verkehren, was man Reaktionsbildung nennt; sie lernen (6.) zu projizieren, (7.) zu somatisieren und (8.) zu rationalisieren, d.h. sie lernen z.B. zu petzen und projizieren damit nur ihren eigenen Wunsch, bestimmte Verbote zu übertreten; sie lernen, ihre psychischen Konflikte in körperliche Krankheitssymptome umzuwandeln; oder Widersprüche krampfhaft plausibel zu machen ... Und wir sind auch darin ihre Lehrmeister: Wir kolportieren z.B. genüsslich schlüpfrige Witze und projizieren damit viel mehr unsere eigene Perversion als die einer gigantischen Sexindustrie. Im Durchschnitt schluckt jeder Bundesbürger im Laufe seines Lebens 36000 Tabletten, häufig angesichts konfliktträchtiger Situationen und suggeriert damit der nachwachsenden Generation, psychisch-soziale Probleme ließen sich durch Pharmaka beseitigen. Wir zimmern ganze Gebäudekomplexe, wenn es darum geht, Missstände zu ummauern und fassadär vor den kritischen Augen zu verbergen. Und wir erwarten von unseren Schulkindern diejenige Ruhe, die wir im eigenen Berufsleben längst hinter Stress und Hetze verloren haben ... Den fünf produktiven Konfliktlösungen stehen also acht Lösungsversuche gegenüber, die zumindest neurotisierende Tendenzen aufweisen und im Verlauf der primären und sekundären Sozialisation nicht zuletzt deshalb gelernt wurden, weil Eltern, Verwandte, Erzieherinnen, Lehrer usw. zufolge ihrer eigenen Ich-Schwäche selten als Modelle eines zwar schwierigen, aber produktiven Konfliktlösungsverhaltens fungierten.

PRODUKTIVE KONFLIKTLÖSUNGEN		
1.	Vermeiden:	Bewusstes Aus-dem-Weg-Gehen
2.	Verzichten:	Ein Triebziel oder -objekt aufgeben
3.	Verschieben:	Ein Triebziel oder -objekt auf „niedrigerer“ Ebene durch ein anderes ersetzen
4.	Kompensieren:	Ein Triebziel oder -objekt auf „gleicher“ Ebene durch ein anderes ersetzen
5.	Sublimieren:	Ein Triebziel oder -objekt auf „höherer“ Ebene durch ein anderes ersetzen
NEUROTISIERENDE KONFLIKTLÖSUNGSVERSUCHE		
6.	Verleugnen:	Nicht-wahrhaben-Wollen
7.	Verdrängen:	Im Unbewussten belassen
8.	Übertragen:	Einen anderen zum Blitzableiter machen
9.	Regredieren:	In infantile Stadien ausweichen
10.	Reaktionsbildung:	Triebregungen in ihr Gegenteil umkehren
11.	Projizieren:	Eigene Impulse in andere hineinlegen
12.	Somatisieren:	Konfliktspannungen in körperliche Symptome umwandeln
13.	Rationalisieren:	Neurotische Verhaltensweisen krampfhaft plausibel machen

Der Neurotiker – so sagten wir – löst seine Konflikte nicht. Er kann sich nicht entscheiden. Er ist wie der Esel, der zwischen zwei Heuhaufen hin- und herrennt und letztlich verhungert. Er sagt A und B, will absolut Widersprüchliches vereinen, gleichzeitig „hüh!“ und „hott!“ kommandieren, bremsen und gasgeben – die Metaphern sind Legion. Dabei löst er natürlich die Triebspannungen nur partiell und passager. Es bleiben Reste von Triebdynamiken übrig, die zur Quelle von *Angst* und damit zur Quelle neuerlicher Konflikte werden. Um diese Spannungsreste wenigstens teilweise abzureagieren, sucht der Neurotiker Symptome: Er knabbert an den Fingernägeln, weil er unter Umständen aggressiv reagieren möchte und *gleichzeitig* seine Aggressionen nicht zu äußern wagt ... Er steht unter einem permanenten Waschzwang, weil er sowohl seine sexuellen Bedürfnisse *als auch* den Ekel davor abreagieren möchte ... Er flüchtet sich in eine Enuresis nocturna (ins nächtliche Bettnässen), weil er unter Umständen der große *und* der kleine Junge sein möchte ...

Die neurotischen Symptome sind also entstellte Ersatzbefriedigungen für die unaufgelösten Konfliktspannungen, die sie letztlich zwar nicht beseitigen, sondern wie die Schaumkrone einer Welle nur vor sich hertreiben, die aber eben doch in gewissem Maße Erleichterung verschaffen. Was kann nicht alles zum neurotischen Symptom werden: Rhythmisches Zucken (sog. Tics), Erröten, Magenkrämpfe, morgendliches Erbrechen, zwanghaftes Zählen, Stehlen, Lügen, in Ohnmacht fallen, Stottern, Masturbieren, Daumenlutschen, Asthma, Leistungsunfähigkeit, Impotenz, Angst vor bestimmten Plätzen (Agoraphobie), Esssucht, Flucht in das Schweigen (Mutismus) oder in die Hyperaktivität usw. Unter Jugendlichen besonders verbreitet sind die Anorexie (also die neurotische Magersucht) und die Bulimie (die neurotische Ess- und Brechsucht). Gelegentlich leiden – gerade – Pubertierende an einem permanenten Wechsel von wahren Essorgien und Ekelgefühlen vor jeder Nahrungsaufnahme. Übrigens hat in einem hervorragenden Jugendroman der Schriftsteller Gerhard EIKENBUSCH ([2]1986) das Schicksal eines solchen magersüchtigen Mädchens literarisch gestaltet.

Nicht die manifesten Symptome sind wichtig, sondern die zugrunde liegenden latenten Konflikte. Oft führen Symptome den Diagnostiker sogar in die Irre, denn jeder Neurotiker hängt an ihnen, braucht sie zur Abreaktion seiner Spannungsreste und wehrt sich gegen ihre Beseitigung. In der Abbildung 7 sei dieser Entstehungsprozess noch einmal graphisch verdeutlicht.

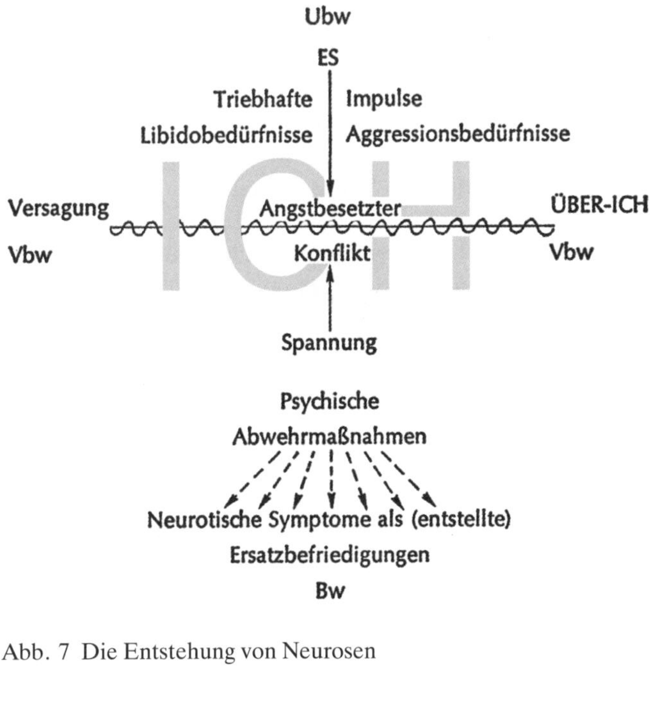

Abb. 7 Die Entstehung von Neurosen

Wir können also festhalten: *Neurosen sind partielle und gelernte Verhaltensstörungen, mit deren Hilfe der Betreffende die aus ungelösten Konflikten resultierenden Spannungsreste abzureagieren versucht und die wegen des letztlichen Misserfolgs eher belastend als entlastend wirken, unglücklich machen, destruktiv sind und die eigentlichen Probleme ungelöst zurücklassen.*

II. Neurotische Schüler

Die zahlreichen neurotischen Fehlverhaltensweisen lassen sich bezüglich ihrer Symptomatik und Ätiologie zu drei großen Gruppen ordnen: Es sind dies die Angstneurosen, die Zwangsneurosen und die Konversionsneurosen. Bei den zuerst genannten wirkt die Angst im Zentrum des neurotischen Geschehens; bei den zweiten lassen sich zwanghafte Strukturen sichtbar machen; und die Konversionsneurosen sind dadurch gekennzeichnet, dass psychische Bedürfnisse in körperliche Krankheitssymptome umgewandelt werden (*convertere*). Selbstverständlich weisen viele Neurosen auch Mischformen auf (z. B. depressive Neurosen), sind untypisch (z. B. der Massentourismus) und erschweren damit jede Therapie.

Im Folgenden sollen uns neurotische Schüler beschäftigen. Ich beginne mit dem Bericht eines recht undramatischen Falles.

12. Fall: Was ist nur mit dem Günther los?

In der 6. Klasse der Sonderschule für Lernbehinderte fällt Günther selten auf. Er ist ein 13-jähriger Pubertierender mit den üblichen Verhaltensweisen: unkonzentriert im Unterricht, aber voll da bei allen Sachen, die außerhalb der Klassentüre stattfinden. Mehrmalig durchgeführte Schulleistungs- und Intelligenztests ergaben eine mittlere sprachliche 'Begabung' und extrem hohe mathematische Fähigkeiten. Ausgerechnet jedoch im Mathematikunterricht versagt Günther permanent. Selbst die vier Grundrechenarten beherrscht er nur äußerst mangelhaft, sein Zahlenverständnis scheint bei hundert stehengeblieben zu sein. Während der Klassenarbeiten schreibt er allenfalls die Aufgaben ab, ansonsten gibt er Zettel zurück, auf denen wirr ein paar Zahlen stehen – sonst nichts. Im Unterricht selbst lohnt sich kein Drannehmen mehr. Sein Mathematiklehrer, der etwas hilflos wirkende Herr Wagemann, hat längst resigniert und hält „das Phänomen Günther" für unlösbar. Eines Tages jedoch erfährt ausgerechnet Herr Wagemann, dass Günther, der übrigens von Donnerstag bis Montag die Schule geschwänzt hatte, in dieser Zeit als Aushilfskraft bei einem Schausteller der regelmäßig stattfindenden Kirmes tätig gewesen war, und zwar als „fliegender Kassierer" auf der beliebten Raupe. Dort hat er Tagesumsätze bis zu 1000 DM getätigt, seine 10 Prozent Beteiligung stets korrekt und per Kopf ausgerechnet, ja sogar in ein Oktavheftchen Einnahmen und vorgesehene Ausgaben fein säuberlich aufgelistet. Erst im Anschluss an dieses Ereignis tauchte die Frage auf: Was ist nur mit dem Günther los?

„Der Fall Günther" ist ein typisches Beispiel für ein neurotisch bedingtes Schulversagen: Günther ist das, was man im Gegensatz zum *over-* einen *underachiever* nennt, ein erwartungswidrig „schlechter Schüler". Auch seine Eltern bestätigen, dass er zu Hause keinerlei Schwierigkeiten im Rechnen hat, im Gegenteil: Er hilft seinen Geschwistern sogar bei schwierigen Aufgaben, die er in der Schule nicht anzugehen wagt. Auch andere Lehrer bekräftigen, dass seine sonstigen Leistungen zwar nicht überragend, aber durchaus zufriedenstellend sind. Wie kommt es also zu diesem totalen Lern- und Leistungsabfall im Fach Mathematik? Übrigens zeigen seine Grundschulzeugnisse, dass er wegen einer zweimaligen Nichtversetzung ins 3. Schuljahr (Rechtschreiben und Sachkunde ungenügend; Rechnen jedoch befriedigend) in die Sonderschule überwiesen wurde. Günthers Recheninsuffizienz bzw. -schwäche (*Dyskalkulie*) ist eindeutig schulisch bedingt, genauer gesagt ein Problem zwischen Herrn Wagemann und Günther. In dem Beratungsgespräch wird einiges davon sichtbar: Günther hat einen dynamischen Vater, schwärmt für „männliche Typen", „abenteuerliche Gestalten" und leistet unter ihren Fittichen

Ungewöhnliches. Angst, Hass usw. bringt er jedoch solchen Menschen entgegen, die ihm Schwäche signalisieren, trottelhaft wirken, Mitleid hervorrufen. „Bei solchen Typen", sagt er, „kann ich nichts lernen. Ehrlich! Da ist alles weg. Da versteh' ich noch nicht mal die Aufgabe. Da krieg ich echt Kopfschmerzen, wenn ich zwei und zwei zusammenzählen soll." Günther gerät also in einen Konflikt zwischen seinen Bedürfnissen, etwas zu leisten, von „wirklichen Männern" bewundert zu werden und andererseits „schwächliche Typen" mit Verachtung zu bestrafen, sie am liebsten nachzuäffen, was aber im Kodex seiner (männlichen) Werte tabu ist. Aus diesem Konflikt stiehlt sich Günther quasi davon, indem er erst gar nicht anfängt, etwas zu leisten. Unterschwellig ist nicht auszuschließen, dass Günther das Schwache in sich selbst verdrängt und Stärke deshalb dokumentiert, weil das Kind in ihm äußerst verwundbar ist.

Die Lehrer-Schüler-Interaktion war also hier das Problem. Günther suchte den zu bewundernden „Starlehrer" und fand den „Lehrertrottel". Herr Wagemann entwickelte seinerseits all seine pädagogischen Fähigkeiten bei „Sorgeschülern", die ihre Hilfebedürftigkeit signalisierten und den „Pestalozzi" in ihm wachriefen. Verständlich also, dass der eine in die Insuffizienz flüchtete, der andere resignierte.

Die beiden Amerikaner Jere E. BROPHY und Thomas L. GOOD haben die Lehrer-Schüler-Interaktionen systematisch untersucht und ihre Ergebnisse in einem informativen Band (1976) veröffentlicht. Aus diesen Interaktionen lassen sich Typologien bilden, die im ANHANG ZUM DIAGNOSEBOGEN BEI UNTERRICHTSSTÖRUNGEN auf S. 111 zusammengefasst wurden. Die Beziehung Lehrer (Wagemann) – Schüler (Günther) ist vom Merkmal des *failing* gekennzeichnet, denn die zentralen Interaktionsmuster (Hilfe einerseits und Liebe andererseits) entsprechen einander nicht, sondern verfehlen sich.

Gerade im Bereich dieser Lehrer-Schüler-Interaktionen liegen noch zahlreiche ungeklärte Forschungsfragen. Dass jedoch aus den *nicht* entsprechenden Interaktionsmustern eine Fülle von Störfaktoren, Disharmonien, Konflikten, Verhaltensauffälligkeiten und Neurosen entstehen können, ist unbestritten. Deshalb war Günther und auch Herrn Wagemann am ehesten dadurch zu helfen, dass ihre Lehrer-Schüler-Beziehung (zunächst) beendet wurde, konkret: Günther von einem Lehrer Mathematikunterricht erhielt, den er bewundern, achten und – lieben konnte.

Wenden wir uns einem weiteren Fall zu, den viele Lehrer in ihrer eigenen Unterrichtswirklichkeit – wenn auch in einer nicht so dramatischen Form – wiederentdecken werden.

13. Fall: Kerstin sucht einen Blitzableiter

In einer 9. Klasse einer vierzügigen Hauptschule ist das, was man „geregelten Unterricht“ nennt, kaum noch möglich: Es herrscht eine permanente Unruhe, die Schüler sind unaufmerksam und nutzen jede Gelegenheit, „Quatsch zu machen“. Verzweifelt bemüht sich die Klassenlehrerin, Frau Schönpflug, ein Minimum an Ruhe, Ordnung und Disziplin herzustellen. Jede Schwäche von ihr wird brutal ausgenutzt: Dreht sie sich zur Tafel um, fliegen alle möglichen Gegenstände durch die Klasse; fällt ihr ein Zettel aus der Hand, stürzen sich wenigstens zehn Schüler „hilfsbereit“ hinzu und beginnen eine „Schlacht um den Zettel“ und bei jeder freundlichen Bemerkung der Lehrerin lacht die ganze Klasse theatralisch auf; ein ernstes Wort wird mit einem scheinheiligen Schluchzen beantwortet. Rädelsführerin ist Kerstin, sie gibt die Kommandos und bestimmt die Einsätze. Ihr Verhalten ist aggressiv-provokativ, sie scheint sich permanent produzieren zu wollen bzw. zu müssen …

Bei einem Hausbesuch lernt Frau Schönpflug die Eltern Kerstins kennen: Ihr Vater ist ein zurückhaltender und gehemmter Mann; die Mutter eine strenge Frau mit drakonischen Erziehungspraktiken. Seltsamerweise kuscht die 14jährige

Kerstin zu Hause. Vor ihrer Mutter hat sie große Angst. In einem Augenblick, als Frau Wenzel ihren Mann mit der Lehrerin allein lässt, gesteht dieser ihr, dass Kerstin noch heute Bettnässerin ist und deshalb häufig geschlagen wird, Essensentzug verordnet bekommt oder unflätige Beschimpfungen über sich ergehen lassen muss …

Eines Tages kommt es zum offenen Zusammenstoß zwischen Frau Schönpflug und Kerstin. Als die Lehrerin wieder einmal am Rande eines unterrichtlichen Chaos steht, hört sie Kerstin halblaut sagen: „Los, jetzt machen wir sie fertig!"

Frau Schönpflug antwortet: „Also Kerstin, ich finde das nicht fair, was du da kommandierst."

Kerstin springt auf, rennt nach vorn und schreit Frau Schönpflug mit sich überschlagender Stimme an: „Was erlauben Sie sich eigentlich! Sie blöde Ziege! Ich habe überhaupt nichts gesagt …"

Die Lehrerin antwortet, ruhig und bestimmt: „Doch. Du hast gesagt: Los, jetzt machen wir sie fertig!' Das habe ich deutlich gehört."

„Nehmen Sie das sofort zurück! Nehmen Sie das sofort zurück! Oder ich knall Ihnen ein paar!"

„Kerstin, du solltest dich beruhigen …"

Und ehe sich Frau Schönpflug eines weiteren besinnen kann, hat Kerstin zu einem Schlag in ihr Gesicht ausgeholt, der jedoch die Lehrerin, da sie sich zur Seite dreht, nur noch leicht am Hals trifft. Frau Schönpflug ist einen Moment benommen. Dann sagt sie mit zitternder Stimme: „Auch das finde ich nicht fair, Kerstin. Aber ich glaube, ich verstehe dich. Trotzdem werde ich jetzt nicht wie deine Mutter reagieren."

Kerstin ist blass geworden, taumelt an ihren Platz zurück und bricht in einen Weinkrampf aus, der übergeht in ein befreiendes Tränen-vergießen. In der Klasse ist es still, und Frau Schönpflug macht zum erstenmal „richtigen Unterricht". In der Pause geht die Lehrerin auf Kerstin zu, legt ihr die Hand auf die Schulter und sagt: „Ist ja schon gut, Kerstin!"

Zur Überraschung aller steht Kerstin auf und wirft beide Arme um den Hals der neuerlich überraschten Lehrerin.

In dem vorliegenden Fall handelt es sich um eine Übertragungsneurose, die die Lehrerin als Objekt, als „Blitzableiter" benutzt. „Übertragung" – so heißt es bei R. R. *GREENSON* (Bd. 1, 1973, S. 167) – „ist das Erleben von Gefühlen, Trieben, Einstellungen, Phantasien und Abwehr gegenüber einer Person in der Gegenwart, die zu dieser Person nicht passen, sondern die eine Wiederholung von Reaktionen sind, welche ihren Ursprung in der Beziehung zu wichtigen Figuren der frühen Kindheit haben und unbewusst auf Figuren der Gegenwart verschoben werden. Die beiden hervorstechendsten Merkmale einer Übertragungsreaktion sind: sie ist eine Wiederholung und sie ist unangemessen." Während also die *Übertragung* einen anderen als Ersatzobjekt sucht, Unbewusstes auf einen anderen überträgt, weil das eigentliche Objekt die Auseinandersetzung blockiert, findet in der *Projektion* das statt, was H.-E. *RICHTER* (1969, S. 77) das Suchen „einer Projektionsfläche des eigenen Selbst" in Form des Abbilds schlechthin, der positiven und negativen Aspekte des eigenen Selbst genannt hat. Bei der Übertragung wird z. B. die Lehrerin zur Mutter; bei der Projektion sucht man – um im Beispiel zu bleiben – in der Lehrerin eine Projektionsfläche für eigene Anteile des Selbst, werden verdrängte Gefühle, Wünsche, Triebe usw. des eigenen Ich anderen unterschoben oder in sie hineingesehen. In der Abbildung 8 sei dies verdeutlicht.

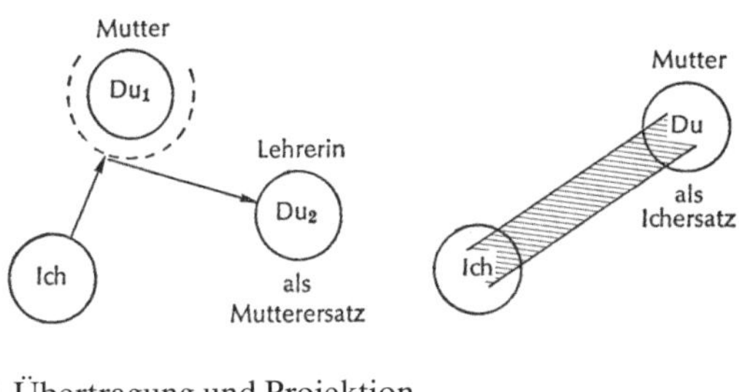

Abb. 8 Übertragung und Projektion

Das „Schwärmen“ für einen Lehrer etwa ist ein projektiver Akt; während der Lehrer als Ersatzfigur in eine Übertragung geraten ist. Darüber hinaus unterscheidet man positive und negative Übertragungen. H.H. *HOPF* (1976a; 1976b), der über affektive Einstellungen des Lehrers gearbeitet hat, schreibt (1976a, S. 386): „In der positiven Übertragung werden Zuneigung, Liebesgefühle und Idealisierungen, in der negativen Übertragung werden aggressive, destruktive, ablehnende und enttäuschte Gefühle übertragen.“ In unserem Fallbericht agierte Kerstin eine negative Übertragung ab, denn:

Ihre Mutter ließ keine Aggressionen zu und baute damit den latenten Konflikt auf: Einerseits Aggressions*bedürfnisse*, andererseits Aggressions*tabus*. Kerstin reagiert diese für sie unerträgliche Triebspannung zum Teil mit Hilfe des neurotischen Symptoms Einnässen und zum anderen mit Hilfe der Übertragung ab. Frau Schönpflug wurde zum Ersatz für die Mutter, an der man sich – in der Schule – erfolgreich rächen konnte.

Zwei Gefahren liegen auf der Hand: Die Lehrerin kann ihrerseits aggressiv re-agieren (Kerstin wartet ja nur darauf) und damit die Übertragung perfektionieren. Darüber hinaus schwebt sie in der Gefahr, eine *Gegenübertragung* zu aktivieren (etwa Kerstin zur eigenen aufmüpfigen Tochter zu stempeln, die ihre mütterliche Autorität bedroht). Frau Schönpflug tut keines von beiden, sondern verhält sich so, dass die Übertragung misslingt. Sie entzieht sich als negatives Übertragungsobjekt, benutzt von den im dritten Kapitel erläuterten pädagogischen Maßnahmen die 4. (Affektive Zuwendung), 10. (Bewusstmachung) und 11. (Appell an das Ich) und erreicht damit, dass Kerstin die Unangemessenheit ihrer Verhaltensweise erkennt, ihre aggressive Fassade zusammenbricht und humanere Interaktionen möglich werden. Dass ein solches Lehrerverhalten in dieser Situation gerechtfertigt war, in einer anderen schädlich sein kann, bedarf im Rahmen der hier immer wieder betonten situativen Pädagogik keiner besonderen Erläuterung mehr.

23 Fehler
Massen-IG
attrak-
erreichbaren
organismen

Obgleich wir keine ausreichenden empirischen Belege haben, scheint die Vermutung berechtigt, dass viele der täglich zu beobachtenden Aggressionsausbrüche bei Schülern und Lehrern neurotisch bedingt sind und den Charakter von Übertragungen besitzen. Wie oft aber fighten wir zurück und verdichten damit Fehlverhaltensweisen, deren Ursachen sicherlich nicht schulisch bedingt, deren Entkrampfungen aber schulisch möglich sind. Aus der Fülle der heutzutage verbreiteten Schülerneurosen darf ich im folgenden dreißig wenigstens stichwortartig nennen.

MÖGLICHE SCHÜLERNEUROSEN

I. Angstneurosen:
1. Irrationale (Lebens-)Ängste unspezifischer Art
2. Phobische Reaktionen gegenüber Tieren, Objekten oder Situationen
3. Psychovegetative Erschöpfungssyndrome
4. Leistungsinsuffizienzen und underachievement (Schulversagen, Konzentrationsschwächen usw.)
5. Scheindebilität und overachievement
6. Suizid und Suizidversuche sowie schleichende Selbsttötungsabsichten in Form der Drogensucht

II. Zwangsneurosen:
7. Zwanghafte Reaktionen unspezifischer Art
8. Schreib- und Bewegungskrämpfe
9. Motorische Störungen (Labilität, laktationen, Tics, Stottern, Stammeln, Lispeln)
10. Krampfhafte Pedanterien und Darstellungswut

III. Konversionsneurosen:
11. Konversionsreaktionen unspezifischer Art
12. Asthma
13. Hautaffektionen (vor allem Neurodermitis)
14. Kopfschmerzen

15. Herzsymptomatik
16. Magen- und Darmsymptomatik
17. Enuresis, Enkopresis (Einnässen, Einkoten)
18. Ohnmachten
19. Essstörungen
20. Schlafstörungen

IV. Mischformen:

21. Neurotische Verhaltensweisen mit angst-, zwangs-, konversionsspezifischen und depressiven Anteilen
22. Gehemmtheiten (orale, retentive, aggressive, hingebende, sexuelle, intentionale, spielerische usw.)
23. Verwahrlosungserscheinungen bzw. Vandalismus
24. Mutismus sowie autistische Verhaltensweisen
25. Masturbation zwanghafter Art
26. Perversionen
27. Übertragungen
28. Projektionen
29. Regressionen
30. Neurosen im Zuge organischer (z. B. cerebraler) Erkrankungen oder entlang von Behinderungen

Selbstverständlich sind die Grenzen hier fließend. Neurotisch bedingte Herzschmerzen können durchaus Ausdruck einer tieferliegenden Angstneurose sein, und hinter einem psychovegetativen Erschöpfungssyndrom mögen sich Zwangskonstellationen verbergen. Entscheidend bei der obigen Auflistung ist eher die hervortretende Symptomatik, weniger die verborgene Ursächlichkeit. Darüber hinaus sind die Grenzen zwischen den hier genannten Neurosen und benachbarten gesunden Verhaltensweisen gleichfalls offen: Wer gönnt sich nicht mitunter eine Übertragung, ohne dass er gleich an einer Neurose erkrankt? Ich erinnere hier an die eingangs erläuterte Definition, die vier Krankheitskriterien und die zugrundeliegende Konfliktkonstellation der Neurose. Und schließlich sind die Neurosen offen gegenüber den Psychosen. Wie schwierig es z. B. ist, zwischen *mutistischen* und *autistischen* Kindern zu unterscheiden oder den Anteil endogener und exogener Faktoren auch nur ungefähr zu bestimmen, ist ein gängiges Gravamen in der entsprechenden Fachliteratur (vgl. WING, 1973 vs. BETTELHEIM, 1973; FEUSER, 1979; oder MAND, 1992a u. b).

Ein dritter Fallbericht diene als negatives Beispiel. Ich fand ihn in der Rubrik „Der Schulpsychologe berichtet" im Heft 3/1977 der Zeitschrift *Westermanns Pädagogische Beiträge*.

14. Fall: Wenn an gesunden Kindern herumgedoktert wird

„Klaus hat sich noch nicht daran gewöhnt, einigermaßen geordnet im Unterricht mitzuarbeiten. Nach Beendigung der Pause begibt er sich als einziger nicht gleich auf seinen Platz, sondern läuft in der Klasse umher und versucht, andere Schüler entsprechend zu animieren. Der Lehrer kann ihn dann nur schwer überreden, seinen Platz einzunehmen. Während des Unterrichts meldet er sich nicht, sondern ruft solche „Beiträge" nach Belieben in die Klasse, die zum Ziel haben, Mitschüler zum Lachen zu bringen und den Lehrer zu provozieren. Aufforderungen, sich zu melden und unterrichtsbezogene Antworten zu geben, haben eher den gegenteiligen Effekt. Klaus wirft z. B. geräuschvoll einen Stuhl um, nimmt Mitschülern Gegenstände weg, macht sich am Schrank oder am Pult zu schaffen, singt oder versucht, durch andere auffällige Verhaltensweisen auf sich aufmerksam zu machen …

Bevor wir auf die konkreten Ratschläge eingehen, die in diesem Fall dem Lehrer gegeben wurden, erscheint es günstig, einige simple Tatsachen aus der Lernpsychologie zu rekapitulieren:

1. Tatsache: Ein unerwünschtes Verhalten wird dann sukzessive gelöscht, wenn es nicht weiter verstärkt wird.

2. Tatsache: Der Prozess der Löschung eines unerwünschten Verhaltens wird dauerhaft unterbrochen durch intermittierende Verstärkungen, d. h. durch Bekräftigungen, die nicht regel-

mäßig, sondern in einem bestimmten Zeitintervall nur ab und zu auf das unerwünschte Verhalten folgen. Intermittierende Verstärkungen halten ein bestimmtes (unerwünschtes) Verhalten ggf. stabiler aufrecht als kontinuierliche Verstärkungen.

3. Tatsache: Erwünschtes Verhalten (in unserem Fall unterrichtsbezogenes Verhalten nach bestimmten Regeln) kann dadurch aufgebaut bzw. aufrechterhalten werden, dass zunächst kontinuierlich und – nachdem es mit hinreichender Häufigkeit beobachtbar ist – intermittierend verstärkt wird …

Deshalb ist es wichtig, die Störungen des Jungen konstant zu ignorieren und nicht unbeabsichtigt durch zeitweilige Kritik intermittierend zu verstärken … Parallel zu der konsequenten Nichtbeachtung unerwünschten Verhaltens sollte das entgegengesetzte und erwünschte Verhalten – in unserem Fall Ansätze des Jungen zu einer geregelten Beteiligung am Unterricht – zunächst kontinuierlich und nach einiger Zeit intermittierend bekräftigt werden …“

In dieser oder jener Form geistern solche Ratschläge auch heute noch durch viele Erziehungsberatungsstellen, Lehrerzimmer und Hochschulseminare. Verständlich: Sie versprechen einen raschen Erfolg und ersparen einiges Nachdenken. Dennoch halte ich sie für falsch, gefährlich und in hohem Maße anti-emanzipatorisch. Fünf Überlegungen sind für dieses Urteil maßgeblich.

- Erstens handelt es sich bei den zitierten „Tatsachen“ nicht um Tatsachen, sondern um verdrehte Schlussfolgerungen. Die lernpsychologischen Gesetze, von denen der Autor spricht, sind allesamt an Tierversuchen (mehr noch: mit Hilfe extrem *hungriger* Tiere) gewonnen und von B.F. SKINNER, dem Stammvater des Behaviorismus, anfangs mit äußerster Vorsicht auf den ganz anders gearteten Funktionsbereich Mensch übertragen worden. Erst seine Adepten haben hier einen simplen Klipp-Klapp-Transfer behauptet, meist nur in Kenntnis der SKINNERschen Schriften aus dritter und vierter Hand.

• Zweitens ist es einfach falsch zu behaupten, unerwünschtes menschliches Verhalten würde durch konsequentes *Ignorieren* gelöscht, durch Beachtung (und sei es Kritik) hingegen verstärkt. Ich verweise auf eine Reihe von anglo-amerikanischen Untersuchungen, etwa die von J. RUBINSTEIN (1967), S. BELL / M. AINSWORTH (1972), M. AINSWORTH / S.M. BELL / D.J. STAYTON (1974) oder J. BOWLBY (1973; 1975; 1976), die sich jetzt auch in deutschsprachigen Büchern referiert finden[9] und genau das Gegenteil – nicht bei Tauben, sondern bei Kleinstkindern ermittelt haben. RUBINSTEIN etwa beobachtete 44 Kinder im Alter von fünf Monaten, die aufgrund umfänglicher Protokolle in drei Gruppen eingeteilt wurden: In der ersten Gruppe waren solche Babys, denen die jeweilige Mutter sehr viel Zuwendung schenkte; in der zweiten Babys, die von ihren Müttern eher ignoriert wurden; und die dritte Gruppe lag dazwischen. Bei der zweiten Beobachtung, einen Monat später, zeigten die Babys mit der starken Mutterzuwendung das stärkste Erkundungsverhalten und den größten Lernfortschritt. Oder:

S. BELL und M. AINSWORTH haben untersucht, ob und wie oft Mütter ihre weinenden Babys in den ersten drei Lebensmonaten aufnahmen und trösteten. Im Alter von neun Monaten wurden alle Kinder noch einmal drei Monate lang beobachtet. Dabei machten die beiden Forscherinnen den überraschenden Befund: Kinder, deren Mütter auf ihr Weinen regelmäßig reagiert hatten, weinten wesentlich *seltener* als jene Kinder, deren Weinen von den Müttern „konsequent ignoriert" worden war. Diese Erkenntnis, die sich mittlerweile mit weiteren Befunden deckt, führte selbst bei vielen Verhaltenspsychologen zur Aufgabe jener behavioristischen Theorie vom „konsequenten Ignorieren" – freilich geistert sie hier und da immer noch durch die Lande.

• Drittens machen uns die Psychoanalytiker darauf aufmerksam, dass vorübergehend gelöschte Verhaltensweisen noch lange nicht beseitigt sind. Symptome des Darstellungsbedürfnisses etwa (wie im obigen Fall) lassen sich zwar wegtherapieren, aber die Ursachen dieses Verhaltens bleiben u. U. völlig unberührt. Deshalb machen wir ja häufig die Beobachtung, dass ein neues Symptom an anderer Stelle auftritt, worüber Verhaltenspsychologen freilich nicht gern berichten. Schlimmer noch: Jedes wegtherapierte und damit häufig ins Unbewusste verdrängte Symptom erschwert eine die Ursachen freilegende Therapie (man denke nur an das kindliche Bettnässen).

- Viertens ist nach dem zugrundeliegenden Menschenbild einer solchen Konditionierungsstrategie zu fragen. Nehmen wir mal an, konsequentes Ignorieren eines unerwünschten Verhaltens führe in der Tat zum „Erfolg“ (das ist übrigens mitunter der Fall, freilich aus einem ganz anderen Grund, denn jemanden nicht beachten, ist eine der schlimmsten *Strafen* und hat schon so manchen Schüler mürbe gemacht). Gesetzt den Fall also, Ignorieren sei erfolgreich, dann wird man als Pädagoge nicht nur nach dem Erfolg schielen dürfen, sondern auch die Mittel ins Auge fassen müssen. Wollen, dürfen, können wir es verantworten, Kinder wie Tauben zu behandeln? Sie zu konditionieren? Sie bedenkenlos zu testen? – Was muss der den Bericht verfasst habende Schulpsychologe eigentlich für eine Anthropologie besitzen, dass er dem Schüler und auch dem Lehrer so etwas „verordnet“?

- Und fünftens schließlich illustriert der obige Fall sehr deutlich, was eine Unterrichtsstörung *nicht* ist. Sie ist nicht das, was ruhebedürftige Lehrer (bei allem Verständnis für ihre vielfältigen Belastungen) als normabweichend deklarieren und auch nicht das, was ein Diplompsychologe für konditionierbar hält. Eine Unterrichtsstörung liegt dann vor, wenn Lehrer und Schüler aneinander leiden, wenn der *Kommunikationsprozess* des Lehrens und Lernens pervertiert und inhumane Abwehrmaßnahmen zu beobachten sind. Von daher würde man die „Störungen“ von Klaus geradezu begrüßen müssen: Endlich zeigt er Unbehagen, Bedürfnisse, Frustrationen ... endlich weist er auf einen Unterricht hin, der langweilig und öde ist und den zu unterbrechen sich lohnt ... endlich taucht die Chance auf, über all dies mit Klaus und den anderen Schülern zu diskutieren ... endlich bietet sich die Gelegenheit, am und durch den Konflikt Emanzipation und Humanität zu lernen ... Mir scheint das entmündigende Therapiekonzept des Schulpsychologen jenseits aller Erkenntnisse einer Kritischen Erziehungswissenschaft und diesseits eines Handlungsmodells zu liegen, das in Form einer versteckten Manipulation für die Mit- und Selbstbestimmung von Lehrern und Schülern viel gefährlicher ist als die in früheren Zeiten häufiger zu beobachtende Ohrfeige, die wenigsten Widerstand mobilisierte. Klaus aber wird angepasst, nicht jedoch erzogen.

Zu welch oberflächlichen Anpassungsritualen die hier kritisierte Konditionierungsstrategie führt, soll abschließend anhand eines Mitteilungsblattes illustriert werden. Ich bekam es von einer Lehrerin an einer nordrhein-westfälischen Gesamtschule auf meine Frage in die Hand gedrückt, wie diese „progressive" Schule mit den Unterrichtsstörungen ihrer mehr als 2000 Schüler umginge. Die Antwort lautete:

Sozialpädagogischer Dienst Gesamtschule X, den ....

An den Klassenlehrer und die Fachlehrer der Klasse .....

Betr.: *Trainingsprogramm mit dem Schüler / der Schülerin* ....

Liebe Kollegen und Kolleginnen,

aufgrund des Beschlusses der Klassenkonferenz vom ______ beginnen wir am ______ mit einem Trainingsprogramm, dessen Ziel es ist, Störverhalten von ______ einzugrenzen und eine beständigere Arbeitshaltung zu erreichen.

Im Verlauf des Trainingsprozesses ist zu berücksichtigen, dass die Reduktion der störenden Verhaltensweisen sowie der Aufbau einer angemessenen unterrichtlichen Mitarbeit sich schrittweise vollziehen; es wird jeweils ein Segment einer längeren Handlungsabfolge mit dem Schüler eingeübt und damit zum Baustein für das angestrebte komplexere Endverhalten. Dies impliziert freilich im Anfang häufigere und später noch gelegentliche Rückfälle von ________ in bereits überwundene Phasen.

______ erhält für einzelne Unterrichtsstunden bzw. Stundenblöcke von uns ein Stundenplanformular, auf dem genau definiert steht, was er „heute schaffen möchte". Dieses Blatt wird euch jeweils am Beginn der Stunde von ihm vorgelegt, und daraus wird das Verhaltensziel (z. B. „in dieser Stunde werde ich nicht durch die Klasse rufen") bekannt. Am Ende der Unterrichtsstunde bestätigt ihr mit eurer Unterschrift, ob sich der Schüler in gewünschter Weise verhalten hat. Der Schüler bekommt die Unterschrift nicht, wenn er gegen das genannte Ziel verstoßen hat. Bitte dann auch nicht auf „Überredungskünste" eingehen! Wir bitten euch zusätzlich, ________ während der Unterrichtsstunden – wo es möglich ist – vor seinen Mitschülern zu loben, z. B. wenn er/sie gut mitarbeitet. Ist er/sie unaufmerksam, offensichtlich desinteressiert und/oder ähnliches, solltet ihr versuchen, nicht auf ihn einzugehen (negative Zuwendung!).

Für eure Bereitschaft zur Mitarbeit und Rückmeldung bedanken wir uns im voraus.

Freundliche Grüße

____

Wie mir die Kollegin versicherte, hat sie pro Woche mehrere solcher hektographierten Blätter in ihrem Fach. Nur die punktierten Freiräume erlauben noch ein Minimum an individuellem Zugang. Verborgene Ursachen, Intentionen, Richtungen und Legitimationen des Störverhaltens passen nicht auf ein DIN-A4-Formular und wohl auch nicht in das Konzept eines sozialpädagogischen Teams, das Feuerwehrdienste übernehmen muss, ohne nach Brandursachen zu fragen. Dreimal das Datum einsetzen, fünfmal den Namen des Schülers und eine Unterschrift! So einfach ist das ... Ist es das wirklich?

III. Wie kann man helfen?

In diesem dritten Abschnitt wollen wir uns mit den therapeutischen Hinweisen beschäftigten. Therapeutisches Handeln ist hier nicht im ärztlich-medizinischen Sinn gemeint, sondern recht wörtlich und abgeleitet vom Griechischen *therapeía* (θεραπεία), was so viel bedeutet wie: jemandem *Hilfe* oder *Pflege leisten* (therapeuein bzw. therapeuo/ θεραπέυω) bzw. ihm ein *Diener, Behüter, Pfleger* therapeutes (θεραπευτής) sein. Das ist schwierig und notwendig zugleich. Therapien müssen nämlich auf den individuellen Fall bezogen sein, die konkrete (Schul- und Klassen-)Wirklichkeit vor Augen haben und im Verlauf der Erkrankung entwickelt und modifiziert werden. Insofern kann hier nicht gesagt werden, was in diesem oder jenem (noch dazu zukünftigen) Fall zu tun ist. Therapien müssen andererseits aber auch verallgemeinerungswürdig sein, wenn sie Willkür und Zufall vermeiden wollen. So gesehen haben sie von der Einmaligkeit zu abstrahieren und grundlegende Einsichten sowie basale Gemeinsamkeiten herauszustellen, die dann freilich in die jeweilige Praxis einzubringen sind und dort erst ihre Konkretion erfahren. Von dieser schwierigen Aufgabe kann kein Therapeut entbunden werden, auch wenn der Ruf nach „Rezepten“ noch so verständlich erscheint.

Wie kann man helfen? – lautet die Frage. Ich beginne mit einigen Hinweisen für den *Unterricht*, der – ob wir das eingestehen oder leugnen – Schülerneurosen verursachen, mitbedingen, verstärken und gewährenlassen oder auch entkrampfen, lindern und beseitigen kann, wenn ... ja wenn eigentlich was geschieht?

In dem bereits erwähnten Tagebuch von Ina HUSMANN (1975) schildert diese erfahrene Lehrerin auf fast einhundert Seiten, wie sie allein die mannigfachen Störungen und anormalen Verhaltensweisen ihrer Schüler ertragen hat. Sie schreibt (S. 20):

„Die Kinder toben, der Boden ist bedeckt mit Papierschnitzeln, Zetteln und sonstigem Abfall. Die wenigsten sitzen auf den Plätzen. Es kümmert kaum jemanden, dass ich hereingekommen bin. Warten. Keine Reaktion ...“

Das ging so weiter, fast jeden Tag, ein halbes Jahr lang. Erst dann strukturierte Frau HUSMANN die oft chaotische Lernsituation um. Sie bot Förderstunden an, lud die Schüler in kleinen Gruppen in ihren „Privatclub“ ein und siehe da (S. 99):

„1. Sitzung mit Carsten, Axel und Peter. Die drei schleppen ihre Briefmarken-Alben an. Briefmarken sind groß in Mode. Nachdem jeder erst gezeigt hat, was ihm am wichtigsten ist – die Konzentration ist enorm –, stelle ich Fragen zu einzelnen Marken und Ländern. Nun können die Kinder zeigen, was sie wissen. Sie wissen viel, sie können es sagen, sie können erklären, Lehrer sind sie, Schüler bin ich.“

Dies scheint in der Tat zuallererst notwendig zu sein: Neurotische Kinder muss man eine ganze Zeit lang *gewährenlassen* können; sie brauchen Gelegenheit, ihre anormalen Reaktionen zu äußern; jede vorschnelle Therapie versperrt sich den Zugang zu den tieferliegenden Ursachen. Bei Besuchen in Alternativschulen[10] habe ich nie gezählt, *wie viele* Kinder sich neurotisch verhielten, aber es waren eine Menge. Meine Bewunderung galt und gilt den Lehrern, die diese unvorstellbare Belastung auf sich nehmen – nicht weil sie das Chaos lieben, sondern diese *Kinder*, denen nichts so sehr schadet wie übereifriges Therapieren. Auch in den „ganz normalen" Schulen sitzen – nach vorsichtigen Schätzungen[11] – knapp eine Million Neurotiker, aber wir haben Disziplinierungsstrategien entwickelt, die ihnen nicht nur die verursachenden Schäden belassen, sondern auch jede Gelegenheit nehmen, ihre Symptome zunächst einmal straffrei zu äußern. Dieses „Unter-den-Teppich-Kehren" entspricht sicherlich den Erwartungen vieler Eltern und auch mancher Schulaufsichtsbehörde, gewiss aber nicht den Bedürfnissen dieser Kinder. Wir müssen uns also freimachen von unpädagogischen Auflagen und den Mut entwickeln, im Interesse gerade dieser gefährdeten Schüler zu handeln. Was ist denn wichtiger: nach dem Takt industrieller Produktion, im 45-Minuten-Rhythmus also, Rechnen, Lesen und Schreiben zu bimsen, egal was da in den Kindern vorgeht, oder erst einmal die psychisch-sozialen Probleme zu sehen, d. h. mit den Kindern zu lernen, was da *los* ist, warum sie so unkonzentriert, aggressiv, flatterhaft, brutal, verklemmt usw. sind? Wir müssen heute in vielen Schulen zuallererst die einfachsten menschlichen Verhaltensweisen lernen. Denn wo sonst sollen sie das Spielen, das Lachen, das Weinen, das Fair-sein, das Rücksicht-nehmen usw. erfahren? In der von mir und anderen aufgebauten und geleiteten Ev. Gesamtschule Gelsenkirchen haben wir vielen Kindern ein Essens- und Toiletten-Training zumuten müssen, weil ihnen selbst diese simplen Verhaltensweisen niemand beigebracht hatte. In unseren (Kleinst-)Familien, im Fernsehen, auf der Straße lernen sie unglaublich viel, aber humanes Miteinanderleben kaum. Esther P. ROTHMAN (1972), eine amerikanische Lehrerin, stand genau vor diesem Problem, als sie die Leitung der *Livingston Street School* übernahm: Entweder machte sie weiterhin „normalen Unterricht" und lehrte an den z. T. psychotischen Zuständen der schwer verhaltensgestörten Schülerinnen vorbei, oder sie warf die Curricula aus dem Fenster und kümmerte sich zunächst einmal um die verkrüppelten und geschundenen Seelen dieser Kinder. Sie tat das Letztere.

Ehe Schüler nicht gelernt haben, mit ihren Ängsten und Frustrationen, ihren Erschütterungen und Disharmonien, mit ihrer Sinnlosigkeit, Langeweile, Aggression und den daraus resultierenden Kompensationsversuchen produktiv umzugehen, hat es wenig Sinn, ihnen die „Prozentrechnung" oder die „Groß- und Kleinschreibung" beizubringen. Im Gegenteil: Dem neurotisch angepassten Schüler ist nicht mehr zu helfen, und der diszipliniert seine Probleme kaschierende Mensch ist zwar leichter zu ertragen, aber letztlich abgeschrieben. Deshalb ein erster therapeutischer Hinweis:

Wir müssen neurotischen Schülern ausreichend Gelegenheit geben, ihre Anomalien und Symptome zu äußern. Wir müssen sogar in manchen Schulen mancher problem areas lernen, sehr viel Labilität in Kauf zu nehmen. Denn die bloß disziplinierende (und deshalb disziplinierte) Schule ist eine schlechte Schule.

*

Bei diesem – ganz und gar nicht passiven, sondern sehr viel Engagement erforderlich machenden – Gewährenlassen soll es selbstredend nicht bleiben. Eine zweite therapeutische Maßnahme muss hinzukommen. Ich möchte sie die *Humanisierung des Unterrichts* nennen. In dem bereits erwähnten Tagebuch von I. HUSMANN (1975, S. 102) schlägt die Autorin drei Veränderungen vor, die in diese Richtung zielen:

- „Unsere Bemühungen müssen dahin gehen, die Lernorganisation flexibel zu gestalten, damit jedes Kind mehr Entfaltungsmöglichkeiten hat." *Der Unterricht muss also beweglicher werden!*
- „Wir müssen unter Umständen auf die (gänzliche) Erfüllung des Lehrplans verzichten und zunächst die Fähigkeiten und Möglichkeiten zu Kommunikation auf anderem

Wege entwickeln." *Mit anderen Worten: Keine Lehrplanhörigkeit!*

- „Wir müssen drittens Lernsituationen schaffen, indem wir die Kinder selber lehren lassen." *Dies geht nicht ohne Abbau der Lehrerdominanz!*

Auch der englische Schulpädagoge D. WARWICK (1977, S. 145 ff.) spricht von einer „dreifachen Umstrukturierung der Schule" und nennt erstens die Lehrerzusammenarbeit (Team Teaching), zweitens funktionale Gruppierungen, die auf spezielle Lehr- und Lernaktivitäten bezogen sind, und drittens flexible Zeiteinteilungen, um das „Uhr-und-Schelle-Diktat" zu vermeiden. Im Grunde handelt es sich bei all diesen Vorschlägen um längst geronnene Erfahrungen der klassischen Reformpädagogik im ersten Drittel des 20. Jahrhunderts. Aber wer liest und kennt, vor allem: wer realisiert sie noch – die „Arbeitsschule" Georg KERSCHENSTEINERS oder die „Freie Geistige Schularbeit" Hugo GAUDIGS? „Die elastische Einheitsschule" von Paul OESTREICH oder den „Projektunterricht" von John DEWEY? Die „Arbeitsmaterialien" von Maria MONTESSORI oder den „Gruppenunterricht" im Sinne Peter PETERSENS? – Es gibt so viele Anregungen, aber es gibt so wenige Realisationen ... Nicht (nur) neue Curricula tun not, sondern (auch) neue Formen der Lehrer-Schüler-Interaktionen, intensive Zuwendungen und pädagogische Verhältnisse. Wenn ich mit meinen Studenten die klassische Reformpädagogik durcharbeite, die in Deutschland zwischen (etwa) 1900 und 1932 ihre Verdichtung erfuhr, beende ich diese Arbeit gern mit der Bemerkung: Sie mögen alle Details und viele Fakten und Ereignisse im Laufe Ihres Lehrerlebens vergessen, aber bitte nicht die drei zentralen Kriterien eines reformpädagogischen Unterrichts, der immer noch die beste Prophylaxe gegenüber Unterrichtsstörungen ist. Er soll nämlich sein:

- schülerorientiert und doch sachgerecht,
- flexibel und doch strukturiert sowie
- anspruchsvoll und doch fördernd.

Vor etlichen Jahren ermittelte die amerikanische Soziologin DALE, dass sich der durchschnittliche Amerikaner 38 *Sekunden* am Tag um seine Kinder kümmert[12], während er – nach den Berechnungen von I. ILLICH (1974, S. 26) – täglich 4,4 Stunden seinem Auto widmet, sich im Jahr also mehr als *1600* Stunden mit seinem Auto beschäftigt, aber noch nicht einmal *4* Stunden mit seinen Kindern. Dieses Deprivationssyndrom hat längst Einlass in die Schule gefunden, denn an der Tatsache, dass bei durchschnittlich 25 bis 30 Schülern pro Klasse und 6 Frontalunterrichtsstunden täglich der einzelne Schüler im Schnitt nur noch jeden dritten Tag eine einzige Frage an den Lehrer zu richten vermag, kann seit den Erhebungen von R. und A.-M. TAUSCH ([6]1971, S. 210) nicht mehr gezweifelt werden. Wir müssen deshalb, wie H. v. HENTIG (1976a, S. 53) fordert, „vor allem *Zeit* haben" – für unsere Kinder, denen heute selbst die Zeit zugeteilt wird: 45 Minuten lernen, 10 Minuten Pause; 38 Sekunden für den Vater, 10 Sekunden pro Fernsehbild ... Wen wundert es eigentlich noch, dass die so „getimten" Kinder Schwierigkeiten mit ihrer Konzentration haben? Bereits dieses Sich-Zeit-Nehmen für unsere Schüler würde eine erhebliche Veränderung der leidigen Unterrichtssituation bedeuten. Ich nenne nur stichwortartig: Statt (permanente) Lehrerisolation → Teamarbeit; statt (ausschließlich) Frontalunterricht → zusätzlich ein Drittel Einzel- und ein Drittel Gruppenarbeit; statt Unterrichtsstunden → flexible Zeitblöcke; statt Klassen und Vereinzelte → überschaubare Gruppen und Gemeinschaften; statt Curricula, Notenbüchlein und Angst → Didaktische Lernzentren, in denen wirklich gelernt werden darf und nicht wiedergekäut werden muss. So ließe sich der zweite therapeutische Hinweis wie folgt zusammenfassen:

Nicht die Kinder müssen schulgeeignet, sondern die Schulen müssen kindgeeignet gemacht werden. Manche schulspezifische Neurose ließe sich vermeiden, wenn Lehrer und Schüler ihre Lehr- und Lernarbeit in diesem Sinn humanisieren würden.

*

Diese beiden ersten therapeutischen Maßnahmen, die nun in der Tat mit der Medizinierung von Kindern nichts zu tun haben (wollen), könnten zahlreiche Schülerneurosen beseitigen oder zumindest lindern helfen. Aber nicht alle psychischen Anomalien sind damit therapierbar. Auch der gelassene und human sich verhaltende Pädagoge wird es immer wieder mit neurotischen Schülern zu tun haben, denen weder das Äußerndürfen ihrer Symptome noch eine freundliche sowie anregende Unterrichtsgestaltung entscheidend helfen. Deshalb sei auf eine dritte Therapie hingewiesen, die mehr den *einzelnen Schüler* im Auge hat.

Als 1973 der DEUTSCHE BILDUNGSRAT unter dem Vorsitzenden des Ausschusses „Sonderpädagogik“, dem Bochumer Erziehungswissenschaftler Jakob MUTH, seine Empfehlung „Zur pädagogischen Förderung behinderter und von Behinderung bedrohter Kinder und Jugendlicher“ vorlegte, signalisierte er damit das Ende einer auf Separation hinauslaufenden Entwicklung des Sonderschulwesens. Nicht die Gründung immer neuer und spezialisierter sich ausrichtender Schulen wird darin gefordert, sondern die Verwirklichung des pädagogischen Gedankens, der sich in Kürze so formulieren lässt: So viel Integration wie möglich, so wenig Separation wie notwendig. Hatte diese Empfehlung, die man als Pendant zum BERICHT ÜBER DIE LAGE DER PSYCHIATRIE IN DER BUNDESREPUBLIK DEUTSCHLAND (1975) ansehen kann, mehr den Grundgedanken einer neuen Förderungsart von Behinderten entfaltet, so finden sich in dem von J. MUTH u. a. (1976) herausgegebenen Materialband 6 des Deutschen Bildungsrates („Schulversuche zur Integration behinderter Kinder in den allgemeinen Unterricht“), in der von J. MUTH und B. HÜWE (1988) vorgelegten Schrift („Wege zur Gemeinsamkeit“) sowie in dem Büchlein „Tines Odyssee zur Grundschule“ (1991) zahlreiche praktische Modelle, die uns bei der Ausformulierung der dritten therapeutischen Maßnahme helfen können. Ich halte diese Bände nicht zuletzt deshalb für Pädagogen für ausgesprochen lesenswert, weil in die Darstellung der Integrationsversuche ausdrücklich auch psychisch-sozial behinderte Kinder aufgenommen wurden. Auf sechs Modelle sei hingewiesen:

Die „Integrationshilfen für Kinder mit Lernschwierigkeiten an einer Grundschule in Bremen", wie sie z. B. in dem Materialband beschrieben werden (S. 73–82), vollzogen sich in Form eines *Stützunterrichts*, der vom Sonderschullehrer erteilt wurde und der eine enge Koordination mit der Arbeit in den Stammklassen vorsah, denen alle Schüler weiterhin zugeordnet blieben. Der Erfolg spricht für sich (S. 79): „Danach gelang es, von den ursprünglich 18 Kindern, die am Ende ihres 2. Schuljahres vom Schulversagen ernsthaft bedroht waren, im Laufe zweier Schuljahre durch Förderunterricht 14 von ihnen eine erfolgreiche Versetzung in das 5. Schuljahr zu ermöglichen."

„Die Förderung von lese- und rechtschreibschwachen Kindern an der Theodor-Heuss-Schule in Kiel" (S. 83–103) vollzog sich gleichfalls am Organisationsmodell des Förderunterrichts, wobei der Akzent hier auf einem klinikartigen Kleingruppenunterricht lag.

Der dritte Bericht über „Integrierte schulische Erziehungshilfe an einer Grundschule und Hauptschule in Köln" (S. 104–125) macht deutlich, wie man mit Hilfe des *Team Teaching* Lehrer der Grundschule, der Hauptschule und Heilpädagogen in die gemeinsame Vorbereitung, Durchführung und Auswertung von Unterricht und Erziehung einbeziehen kann und dabei gerade den verhaltensauffälligen Schülern entscheidend zu helfen vermag.

„Die Förderung von Schulversagern in Hamburger Schulen" (S. 126–159) umgreift ein ganzes Bündel von Maßnahmen: Schulpsychologischer Dienst („Schülerhilfe"), das Beratungslehrer-System, Werkklassen, Hausunterricht, Klassen für schulpflichtige Mütter, Kleinklassen, Förderunterricht oder die ambulante Betreuung verhaltensgestörter Schüler in einer Gesamtschule. Hier sei der *Beratungslehrer* erwähnt, der sich durch ein Zusatz- und/oder Weiterstudium für psychisch-soziale Anomalien sensibilisiert hat, der den anderen Kollegen wertvolle Hilfen anzubieten vermag und der in der Lage ist, spezielle Therapien für Schüler zu vermitteln. Das sieht im Schulalltag wie folgt aus (vgl. S. 151): Die Schulen melden ihre Problemkinder der Dienststelle „Schülerhilfe", die die schulpsychologische Untersuchung vornimmt und Empfehlungen ausspricht. Hierauf nimmt ein Beratungslehrer Kontakt mit der Stammschule des Schülers auf, hospitiert in der Klasse, konferiert mit Klassen- und Fachlehrern sowie dem Schulleiter, spricht mit den Eltern und dem Schüler und erstellt auf der Basis dieser Daten den bestmöglichen Therapieplan, der – wie erwähnt – auf ein differenziertes Funktionsmodell zurückgreifen kann. Dabei hat man die Erfahrung gemacht, dass Verhaltensstörungen nach zwei Polen hin tendieren: Das neurotische Kind ist im Extremfall mit sich selbst unzufrieden, lehnt sich selbst ab, hat Schwierigkeiten, das eigene Ich zu lieben und formt von daher seine Persönlichkeit (nicht wie das gesunde Kind durch Entfaltung, sondern) durch Verkümmerung seiner Fähigkeiten. Dieser Ich-Störung des Neurotikers entspricht die Du-Störung des sozial auffälligen Kindes. Während also der sich selbst zum Teil ablehnende Mensch (der Neurotiker) um so mehr von anderen geliebt werden will, liebt sich der von anderen abgelehnte (Verhaltensauffällige) zum Schluss nur noch selbst. Den Neurosen liegt folglich eher eine autopsychische Ich-Ich-Störung, den Soziosen eine heteropsychische Ich-Du-Störung zugrunde. Von daher gewinnen die zahlreichen pädagogisch-therapeutischen Maßnahmen zur Veränderung des Umgangs mit dem eigenen Ich und dem fremden Du erst ihren Stellenwert.

Fünftens soll Erwähnung finden die „Kooperation zwischen Sonderschule und Allgemeiner Schule" (vgl. J. MUTH / B.

Hüwe, 1988, S. 155–178), die z. B. seit 1982/83 an der Bielefelder Sudbrackschule realisiert wird. Um die Vorteile der Sonderschule (einer fachkompetenten Förderung) mit den Vorteilen der Allgemeinen Schule (einer beibehaltenden Integration in das gewohnte Umfeld) zu verknüpfen, wurden einige besonders auffällige Schüler der 2. Klasse dieser Schule eben nicht zur Sonderschule überwiesen, sondern blieben in ihrem gewohnten Schul- und Wohnmilieu, aber: „Im Tausch für einen Sonderschullehrer, der im ersten Jahr zunächst mit 10 Wochenstunden an der Grundschule arbeitete, sollte ein Grundschullehrer mit der gleichen Stundenzahl an der betreffenden Sonderschule arbeiten. Diese Bedingung ... besteht heute noch, so daß bisher drei Grundschullehrerinnen freiwillig an der Sonderschule gearbeitet haben ... und ebenfalls drei Sonderschullehrer/innen in bisher vier verschiedenen Klassen in der Grundschule mitarbeiten konnten“ (S. 157).

Und sechstens schließlich sei wenigstens erwähnt der beispiellose „Schulversuch nach Maria Montessori der Aktion Sonnenschein in München“ (vgl. J. Muth u. a. 1976, S. 160–222), wie er von T. Hellbrügge u. a. getragen und ausführlich erläutert wird. Nicht zuletzt dieser Versuch hat viele Eltern, Lehrer, Wissenschaftler und Bildungspolitiker motiviert, auf ähnliche Weise behinderte Kinder zusammen mit nicht-behinderten in das allgemeine Schulwesen zu integrieren. Beispielhaft seien genannt die Krefelder Maria-Montessori-Schule und die Bochumer Matthias-Claudius-Schule. Diesen wurde am 18. November 1992 von Jakob Muth, dem ersten Träger des von der „Comenius-Stiftung zur Unterstützung Not leidender Kinder“, die mit dem Comenius-Preis verbundene Geldsumme überreicht.

Wären solche und ähnliche Schulreformen in Deutschland flächendeckend realisiert worden, brauchten wir vor keiner internationalen Vergleichsstudie Angst zu haben...

Was können wir für unser Problem aus diesen und ähnlichen Berichten lernen? Einen dritten therapeutischen Hinweis:

Wir müssen es lernen und das heißt auch, schulpolitisch immer wieder einklagen, dass der schulpsychologische Dienst so auszubauen ist, dass so viel integrierende Hilfe wie möglich und so wenig separierende wie nötig angeboten werden kann. Wenn in einem Bundesland wie NRW vor den ca. 150 Erziehungsberatungsstellen mehr als 10000 Klienten permanent Schlange stehen und mit einer Wartezeit von über einem Jahr rechnen müssen[13]*, dann wird die Spitze eines Eisberges sichtbar, der uns noch das Frieren lehren wird. Vorhandene schulpsychologische Dienste sind also erstens vom Lehrer in Anspruch zu nehmen und zweitens muss ihre schulinterne Erweiterung als Schulsozialarbeit gefordert werden, denn: „In der Erziehung zählt das Urteil der Opfer" (H. v. HENTIG, 1978, S. 22).*

*

Abschließend sei an eine vierte Möglichkeit des Helfens erinnert, die weder originell noch kostenverursachend ist, weder eine Zusatzausbildung erfordert noch die Zusammenarbeit mit Spezialisten. Ich meine das *persönliche Engagement* des Lehrers, der es heute – nach Meinung aller Fachleute – mit einer wachsenden Anzahl von schwierigen Kindern zu tun hat. Dieser Lehrer als *pädagogischer* Fachmann und *sensibler* Mitmensch ist selbst die beste Therapie, wenn er sich seine Humanität weder von rechts verbieten noch von links verhöhnen lässt. Der bereits erwähnte Schweizer Sonderschullehrer J. JEGGE (1976) hat seinen „rudernden" Schülern auf gemeinsamen Theaterbesuchen, beim Kaffeeklatsch oder während zahlreicher Autofahrten mit Sicherheit mehr geholfen als der eifrig testende Unterrichtsbeamte oder der weißbekittelte Therapeut. Während meiner eigenen Unterrichtstätigkeit sind mir z.B. „Hausbesuche in entspannter Atmosphäre" sinnvoller geworden als ein paar Daten zum IQ, EQ und wie die „Kühe" sonst noch heißen mögen. Hier, d.h. jenseits von

Technokratie und Anpassung, liegen ungenutzte Möglichkeiten einfachster mitmenschlicher Hilfen, über die zu diskutieren zwar wenig wissenschaftslike, aber zutiefst pädagogisch ist. Es gibt ein Buch von B. BETTELHEIM (1970), dem amerikanischen Kinderpsychiater und Märchenverteidiger, der in seiner Orthogenic School vornehmlich mit autistischen Kindern gearbeitet hat und das den bezeichnenden Titel trägt „Liebe allein genügt nicht". Das ist sicherlich richtig. Aber ohne Liebe, so möchte man hinzufügen, ist letzten Endes alles umsonst. – Wer darüber hinaus und entlang von *Fallberichten* seine Kenntnisse über „Schwierige Kinder und Problematische Schüler" vertiefen, also z.B. das „aggressive", das „depressive", das „multiphrene" Kind verstehen will, den verweise ich an das gleichlautende und 1994 erschienene Buch.

Anmerkungen

1 Es ist bezeichnend, daß sich die Anzahl der Sonderschüler (damals noch – viel treffender – „Hilfsschüler" genannt) von ca. 133000 im Jahre 1960 auf fast 400000 im Schuljahr 1975/76 erhöht hat (Steigerungsrate = 200%), wobei es 1960 insgesamt 1106 und 1972 2540 Sonderschulen gab (Steigerungsrate = 130%). Quellen: J. MUTH (1976, S. 314); INSTITUT DER DEUTSCHEN WIRTSCHAFT (1975, S. 92); Süddeutsche Zeitung, Nr. 127, vom 3.6.1976, S. 48. Aufgrund geringerer Geburtenraten, aber auch als Folge stärkerer Integrationsbemühungen ist die Anzahl der Sonderschüler von 398200 im Jahre 1976 auf 337000 im Jahre 1981 gesunken, was Manfred WEISS in seinem Beitrag über die „Entwicklung der öffentlichen Ausgaben für Schulen" in der Zeitschrift *Recht der Jugend und des Bildungswesens,* 31 (1/1983), S. 20–35, zit. S. 32, belegt. Laut Auskunft des Statistischen Landesamtes Berlin gab es 1990 in ganz Deutschland 3187 Sonderschulen mit 317385 Schülern (alte Bundesländer 2692 Schulen und 251897 Schüler, neue Bundesländer 495 Schulen und 65488 Schüler).

2 Vgl. den Wiederabdruck des Aufsatzes zur „Sozialpathologie der Schule" in: H.v. HENTIG (1976a, S. 56–94) und seine „Auszüge aus einem Wochen-Buch über die Laborschule" (1976b, S. 201–212).

[3] Die Klassenfrequenzen an bundesdeutschen *Grundschulen* betrugen 1976 im Schnitt 30,1 Schüler (Niedersachsen: 27,6; Bayern: 34,3); an *Hauptschulen* 28,9 (Niedersachsen: 27,0; Bayern: 34,6). Die Lehrer-Schüler-Relationen beliefen sich 1976 an nordrhein-westfälischen *Grundschulen* auf 1 : 33; an nordrhein-westfälischen *Hauptschulen* auf 1 : 24, womit in etwa der bundesdeutsche Mittelwert getroffen ist. Quellen: Westermanns Pädagogische Beiträge, 28 (11/1976, S. 603) und Ruhr-Nachrichten, Nr. 191, vom 25.8.1976, S. 5. Würde man die Lehrer-Schüler-Relation wie in Schweden auf 1 : 12 drücken, so fehlten in der Bundesrepublik Deutschland allein im Pflichtschulbereich über 300000 Lehrer. Demgegenüber errechnete die GEW für das Schuljahr 1982/83 die Anzahl der ausgebildeten, aber arbeitslosen Lehrer auf 30000. Im Schuljahr 1987/88 gab es bereits 85000 arbeitslose Lehrer (vgl. *Pädagogik heute /betrifft: erziehung,* 20 (10/1987), S. 4. Oder: Wer von den angeblich leeren Kassen der Öffentlichen Hand bei der Nichteinstellung potentieller Lehrer redet, sollte nicht verschweigen, *warum* die Kassen u. a. so leer sind. Seit Einführung des Bundeswehr-Starfighters z. B. sind von diesem Flugzeug fast 250 abgestürzt (vgl. Frankfurter Rundschau, Nr. 178, vom 5.8.1982, S. 2). Jeder Starfighter kostete (ohne Folgekosten) ca. 3 Millionen Dollar, also damals rund 6 Millionen DM. Für 250 abgestürzte Starfighter im Wert von über 1,5 Milliarden DM hätten 6000 Lehrer 10 Jahre lang eingestellt und nach A 13 bezahlt werden können oder 2000 Lehrer 30 Jahre lang. Wer solche und ähnliche Vorwegausgaben (vgl. auch die jährlichen EG-Subventionen zur Beseitigung der verschiedenen Agrarproduktberge) verschweigt, setzt sich zumindest dem Verdacht aus, diesen Zustand nicht näher beleuchten zu wollen. Den vorläufigen Höhepunkt, Einsparungen im Schulbereich mit Hilfe betriebswirtschaftlicher Analysen zu legitimieren, d. h. als Fragen der Budjetierung aufzufassen, erreichte das vom Kultusminister des Landes NRW in Auftrag gegebene „Kienbaum-Gutachten“ (1991).

[4] Vgl. das Zitat in: Süddeutsche Zeitung, Nr. 52, vom 4.3.1977, S. 48.

[5] So entsteht Mongolismus (eine Form der mongoloiden Idiotie) als Folge einer *numerischen* Chromosomenanomalie, indem das 21. Chromosom im Zellkern dreimal statt zweimal vorhanden ist.

[6] Das Cri-de-chat-Syndrom basiert auf einer strukturellen Chromosomenanomalie, wobei das 5. Chromosom verkümmert ist und beim Neugeborenen ein katzenartiges Schreien, Missbildungen und auch Schwachsinnsformen hervorruft.

[7] Vgl. dazu die Forschungsresultate bei: J. BOWLBY (1973; 1975; 1976), K.-E. GROSSMANN (1977) oder auch bei K.-E. GROSSMANN / R. WINKEL (1977) und K. u. K. E. GROSSMANN (2004).

[8] Vgl. diese seit Jahren recht konstanten Zahlen in: Süddeutsche Zeitung, Nr. 273, vom 27.11.1975, S. 31; Ruhr-Nachrichten, Nr. 34, vom 10.2.1977, S. 22; FAZ, Nr. 49, vom 27.2.1985, S. 1 oder DER TAGESSPIEGEL, Nr. 14272, vom 27.7.1992, S. 13.

[9] Vgl. z. B.: K.-E. GROSSMANN (1977) und K.-E. GROSSMANN / R. WINKEL (1977).

[10] Vgl. dazu das Heft 2/1979 der Zeitschrift Westermanns Pädagogische Beiträge, das ausschließlich den Alternativschulen gewidmet ist, und die von M. BORCHERT / K. DERICHS-KUNSTMANN (1979) sowie L. v. DICK (1979) vorgelegten Bücher über „Alternative Schulen".

[11] Fachleute schätzen, dass gut 10 % unserer Bevölkerung an Neurosen leiden. Bei mehr als 9 Millionen Schülern dürften also etwa eine Million Schüler neurotische Symptome aufweisen. Vgl. dazu: R. WINKEL (1977, S. 180 ff. bzw. [2]1981, S. 162 ff. und Neuausgabe [4]2004, S. 143 ff.).

[12] Quelle: Ruhr-Nachrichten, Nr. 71, vom 25.3.1977, S. 7.

[13] Quelle: Ruhr-Nachrichten, Nr. 62, vom 15.3.1977, S. 3.

Literatur

AINSWORTH, Mary D. S. / BELL, Silvia M. / STAYTON, Donelda J.: Infant-mother attachment and social development: 'Socialisation' as a product of reciprocal responsiveness to signals. In: M. P. M. RICHARDS (Ed.): The integration of a child into a social world. London (Cambridge University Press) 1974, S. 99–135.

ALTERNATIVE SCHULEN – SCHULVERSUCHE. Themenheft der Zeitschrift Westermanns Pädagogische Beiträge, 31 (2/1979), S. 41–88.

BECKER, Hellmut: Was hat die Reform bewirkt? In: DIE ZEIT, Nr. 4, vom 16.1.1976, S. 9–10.

BELL, Silvia / AINSWORTH, Mary D. S.: Infant crying and maternal responsiveness. In: Child Development, 43 (1972), S. 1171–1190.

BERICHT ÜBER DIE LAGE DER PSYCHIATRIE IN DER BUNDESREPUBLIK DEUTSCHLAND: Zur psychiatrischen und psychotherapeutisch-psychosomatischen Versorgung der Bevölkerung. Bonn (Heger) 1975.

BETTELHEIM, Bruno: Liebe allein genügt nicht. Stuttgart (Klett) 1970.

Ders.: So können sie nicht leben. Die Rehabilitierung emotional gestörter Kinder. Stuttgart (Klett) 1973.

Ders.: Der Weg aus dem Labyrinth. Leben lernen als Therapie. Stuttgart (Deutsche Verlags-Anstalt) 1975.

BLACKHAM, Garth J.: Der auffällige Schüler. Weinheim (Beltz) ^{2}1973.

BORCHERT, Manfred / DERICHS-KUNSTMANN, Karin (Hrsg.): Schulen, die ganz anders sind. Frankfurt/M. (Fischer Taschenbuch) 1979.

BOWLBY, John: Mütterliche Zuwendung und geistige Gesundheit. München (Kindler) 1973.

Ders.: Bindung. Eine Analyse der Mutter-Kind-Beziehung. München (Kindler) 1975.

Ders.: Trennung. Psychische Schäden als Folge der Trennung von Mutter und Kind. München (Kindler) 1976.

BROPHY, Jere E. / GOOD, Thomas L.: Die Lehrer-Schüler-Interaktion. München (Urban & Schwarzenberg) 1976.

CZERWENKA, Kurt u. a.: Was Schüler von der Schule halten. Bericht über das laufende Forschungsprojekt. Lüneburg (Typoskript) 1988 u. Die Deutsche Schule, 80 (2/1988), S. 132–146.

DEUTSCHER BILDUNGSRAT / EMPFEHLUNGEN DER BILDUNGSKOMMISSION: Zur pädagogischen Förderung behinderter und von Behinderung bedrohter Kinder und Jugendlicher. Bonn (Bundesdruckerei) 1973.

DICK, Lutz van: Alternativschulen. Reinbek (Rowohlt) 1979.

EBHARDT, Agnes: Fröhliche Wege aus der Dyskalkülie. Kindern mit Rechenschwäche erfolgreich helfen. Dortmund (Verlag modernes Leben / Borgmann) 2002.

EIKENBUSCH, Gerhard: Jeden Tag ein Stück weniger von mir. Ravensburg (Otto Maier) ^{2}1986.

ERMER, Rudolf Georg: Hauptschultagebuch. Weinheim (Beltz) 1975.

EYSENCK, Hans-Jürgen / RACHMAN, Stanley: Neurosen – Ursachen und Heilmethoden. Berlin-Ost (Deutscher Verlag der Wissenschaften) 6 1973.

FEUSER, Georg: Grundlagen zur Pädagogik autistischer Kinder. Weinheim (Beltz) 1979.

FREUD, Sigmund: Studienausgabe. 10 Bände und 1 Ergänzungsband. Frankfurt a. M. (S. Fischer) 1969 ff.

GLATZEL, Johann: Endogene Depressionen. Stuttgart (Thieme) 1973.

GREENSON, Ralph R.: Technik und Praxis der Psychoanalyse. Stuttgart (Klett) 1973.

GROSSMANN, Klaus E. (Hrsg.): Entwicklung der Lernfähigkeit in der sozialen Umwelt. München (Kindler) 1977.

Ders. / WINKEL, Rainer: Angst und Lernen. Angstfreie Erziehung in Schule und Elternhaus. München (Kindler) 1977.

GROSSMANN, Karin / GROSSMANN, Klaus E.: Bindungen – das Gefüge psychischer Sicherheit. Stuttgart (Klett-Cotta) 2004.

GUDJONS, Herbert u. a. (Hrsg.): Psychische Erkrankungen in unserer Zeit. Hamburg (Bergmann & Helbig) 1986.

HENTIG, Hartmut von: Sozialpathologie der Schule. In: Was ist eine humane Schule? München (Hanser) 1976, S. 56–94 (a).

Ders.: An dem, was wirklich ist, erkennen, was möglich ist. In: Neue Sammlung, 16 (3/1976), S. 195–214 (b).

Ders.: Einführung in: Leopold von WIESE: Kadettenjahre. Ebenhausen (Langewiesche-Brandt) 1978, S. 5–22, zit. S. 22.

HOPF, Hans H.: Über negative Lehrer-Schüler-Beziehungen. In: Westermanns Pädagogische Beiträge, 28 (7/1976), S. 386–389 (a).

Ders.: Der Lehrer als Objekt für Übertragungen. In: Westermanns Pädagogische Beiträge, 28 (11/1976), S. 620–624 (b).

HUSMANN, Ina: Glanz und Elend eines Schuljahrs. Stuttgart (Klett) 1975.

ILLICH, Ivan: Entschulung der Gesellschaft. München (Kösel) 1972.

Ders.: Die sogenannte Energiekrise oder Die Lähmung der Gesellschaft. Reinbek (Rowohlt) 1974.

INSTITUT DER DEUTSCHEN WIRTSCHAFT: Zahlen zur wirtschaftlichen Entwicklung der Bundesrepublik Deutschland. Köln (Deutscher Instituts-Verlag) 1975.

JANOV, Arthur: Der Urschrei. Frankfurt a.M. (Fischer Taschenbuch) 1975.

JEGGE, Jürg: Dummheit ist lernbar. Bern (Zytglogge) 1976.

KLINK, Job-Günter: Klasse H 7e. Aufzeichnungen aus dem Schulalltag. Bad Heilbrunn (Klinkhardt) [1]1974; [2]1975; [3]1978.

KOLLEHN, Karlheinz / WEBER, Norbert H. (Hrsg.): Der drogengefährdete Schüler. Düsseldorf (Schwann) [2]1991.

KOZOL, Jonathan: Free Schools – Schule und Gegenschule. Ravensburg (Maier) 1973.

KULENKAMPFF, Caspar: Vorwort zu: Gregory *BATESON* u.a.: Schizophrenie und Familie. Frankfurt a.M. (Suhrkamp) 1969, S. 9f.

KULTUSMINISTER DES LANDES NRW (Hrsg.): Organisationsuntersuchung im Schulbereich. Abschlußgutachten der Kienbaum Unternehmensberatung. Düsseldorf (KM) 1991.

MAND, Johannes: Das autistische Kind. In: PÄDAGOGIK, 44 (4/1992), S. 42–43 (a).

Ders.: Das autistische Kind – ein Schüler mit Asperger-Syndrom. In: Grundschulunterricht, 39 (11/1992), S. 36–37 (b).

METZLER, Beate: Hilfe bei Dyskalkülie. Lernen durch Handeln bei Rechenschwäche. Dortmund (Verlag modernes Leben 7 Borgmann) 2001.

MÜLLER, Richard G.E.: Verhaltensstörungen bei Schulkindern. München, Basel (Reinhardt) [2]1972.

MUTH, Jakob: Organisationsformen eines differenzierten Unterrichts. In: Westermanns Pädagogische Beiträge, 28 (6/1976), S. 314–318.

Ders. u.a.: Schulversuche zur Integration behinderter Kinder in den allgemeinen Unterricht. Braunschweig (Westermann) 1976.

Ders. u.a.: Behinderte in allgemeinen Schulen. Essen (Neue Deutsche Schule) 1982.

Ders. / HÜWE, Birgit: Wege zur Gemeinsamkeit. Modelle integrativer Schulen in Nordrhein-Westfalen. Essen (Neue Deutsche Schule) 1988.

Ders.: Tines Odyssee zur Grundschule. Essen (Neue Deutsche Schule) 1991.

PARK, Clara C.: Eine Seele lernt leben. Bern, München (Scherz) 1973.

RICHARDS, Martin P. M. (Ed.): The integration of a child into a social world. London (Cambridge University Press) 1974.

RICHTER, Horst-Eberhard: Eltern, Kind und Neurose. Reinbek (Rowohlt) 1969.

Ders.: Patient Familie. Reinbek (Rowohlt) 1970.

Ders.: Die Gruppe. Reinbek (Rowohlt) 1972.

Ders.: Lernziel Solidarität. Reinbek (Rowohlt) 1974.

Ders. u. a.: Familie und seelische Krankheit. Reinbek (Rowohlt) 1976.

ROTHMAN, Esther P.: The Angel Inside Went Sour. London (Gollancz) 1972.

RUBINSTEIN, Judith: Maternal attentiveness and subsequent exploratory behavior in the infant. In: Child Development, 38 (1967), S. 1089–1100.

SEISS, Rudolf: Beratung und Therapie im Raum der Schule. Bad Heilbrunn (Klinkhardt) 1976.

SIGRELL, Bo: Problemkinder in der Schule. Weinheim (Beltz) [4]1975.

TAUSCH, Reinhard: Gesprächspsychotherapie. Göttingen (Hogrefe) [6]1974.

Ders. / TAUSCH, Anne-Marie: Erziehungspsychologie. Göttingen (Hogrefe) [6]1971; [9]1979.

Dies.: Gesprächspsychotherapie. Göttingen (Hogrefe) [7]1981.

VOSS, Reinhard: Anpassung auf Rezept. Die fortschreitende Medizinierung auffälligen Verhaltens von Kindern und Jugendlichen. Stuttgart (Klett-Cotta) 1987.

WARWICK, David: Die dreifache Umstrukturierung der Schule als Möglichkeit eines angstfreien Unterrichts. In: Ernst MEYER (Hrsg.): Angstbewältigung als pädagogische Aufgabe. Wien (Österreichischer Bundesverlag) 1977, S. 145–155.

WEIGLE, Fritz: Lehrprobe. Report aus dem Klassenzimmer. Frankfurt (Bärmeier & Nikel) 1969.

WESTERMANNS *PÄDAGOGISCHE BEITRÄGE*: Psychische Erkrankungen in unserer Zeit. Serie. 35. Jg., Heft 4-10/1983.

WING, J. K. (Hrsg.): Frühkindlicher Autismus. Klinische, pädagogische und soziale Aspekte. Weinheim (Beltz) 1973.

WING, Lorna: Das autistische Kind. Wie Erziehungsschwierigkeiten und Verhaltensstörungen überwunden werden können. Ravensburg (Maier) 1973.

Winkel, Rainer: Theorie und Praxis des Team Teaching. Braunschweig (Westermann) 1974.

Ders.: Pädagogische Psychiatrie für Eltern, Lehrer und Erzieher. Eine Einführung in neurotische und psychotische Schul- und Erziehungswirklichkeiten. München (List) 1977. Neuausgabe: Baltmannsweiler, Hohengehren (Schneider) [1]1991; [4]2004.

Ders. (Hrsg.): Schulreform konkret. Hamburg (Bergmann & Helbig) 1993 (c).

Ders. (Hrsg.): Schwierige Kinder – Problematische Schüler. Fallberichte aus dem Erziehungs- und Schulalltag. Baltmannsweiler, Hohengehren (Schneider) [1]1994; [3]2001.

Sechstes Kapitel

Ängstliche Kinder in der Schule oder: Quantitative und qualitative Aspekte der Schülerangst

„Erziehung ist unendlich öfter Terror als Führung zur Selbständigkeit. “

Alexander Mitscherlich, 1963

„Es war zehn Minuten vor acht Uhr, als er den Vorgarten passierte, die kleine rote Villa zurückließ und nach rechts in die winterliche Allee entlangzuhasten begann ... Das bißchen Frühstück revoltierte in seinem Magen bei diesem Morgenspaziergang, ihm ward übel, und sein Herz war nur noch ein bebendes und haltlos flatterndes Ding, das ihm den Atem nahm ...

Plötzlich vernahm er hinter sich ... Kai ...

'Hast du die Metamorphosen-Verse ... genau im Kopfe?' fragte er.

'Nein', sagte Hanno.

'Oder bist du vielleicht auf das Geographie-Extemporale präpariert?'

'Ich bin gar nichts und kann gar nichts', sagte Hanno.

'Also auch nicht Chemie und Englisch! Allright! Wir sind Herzensfreunde und Waffenbrüder ... Ich bin in genau derselben Lage', erklärte er munter ...

'Ich habe Angst', sagte Hanno zu Kai ... 'Ich habe eine unsinnige Angst, sie tut mir überall weh im Körper. Ist nun Herr (Oberlehrer) Mantelsack der Mann, vor dem man sich derartig fürchten dürfte? Sage selbst! Wenn diese widerliche Ovidstunde erst vorüber wäre! Wenn ich meinen Tadel im Klassenbuch hätte und sitzenbliebe und alles in Ordnung wäre! Ich

fürchte mich nicht davor, ich fürchte mich vor dem Eklat, der damit verbunden ist.'"[1]

Wenn man das 2. Kapitel (des Elften Teils) aus T. MANNs *Buddenbrooks*, aus dem hier einleitend zitiert wurde, insgesamt liest, die arroganten, sadistischen, launenhaften und schrulligen Oberlehrer bei ihren schulischen Umtrieben beobachtet, dann kann man schon verstehen, warum dieser Hanno Buddenbrook eine „unsinnige Angst" empfindet, schon bevor das eigentliche Examinierungsritual begonnen hat. Nun wird mancher einwenden: Was soll's! Thomas MANN ist gegen Ende des vorigen Jahrhunderts zur Schule gegangen. Heute gibt's das doch nicht mehr – Angst und Verzweiflung, Terror und Demütigung. Unsere Schulen könnten zwar besser sein, aber im Grunde fühlen sich Schüler und Lehrer in ihnen doch wohl. – Tun sie das wirklich? In einem ersten Abschnitt werde ich dieser Frage etwas genauer nachgehen, also Ausmaß und Art der Angst in unseren *heutigen* Schulen zu ermitteln suchen und diese in einem Katalog schulischer Ängste – wie auf einem Diagnosebogen – festhalten. In einem zweiten Abschnitt sollen die Grundzüge schulischer Ängste anhand zweier Fallberichte illustriert werden. Und drittens werde ich einige Therapievorschläge unterbreiten, wohl wissend, dass es so lange Angst in unseren Schulen geben wird, wie die Schule selbst und die sie tragende Gesellschaft sich entscheidende Korrekturen versagen, aber auch eingedenk der Tatsache, dass Lehrern, Eltern und Schülern Hinweise auf morgige Paradieszustände wenig helfen, wenn ihnen gleichzeitig verschwiegen wird, was man hier und jetzt – also konkret – gegen die Angst in und vor der Schule unternehmen kann. Die drei abschließenden Fallberichte stellen Diskussions- und Übungsmaterialien dar und könnten den Katalog von Therapievorschlägen auf seine Brauchbarkeit prüfen bzw. Arbeitsgruppen inspirieren, selbst diagnostische und therapeutische Überlegungen angesichts „Ängstlicher Kinder in der Schule" zu entwickeln.

Vorweg sei jedoch betont: Das Phänomen „Angst in der Schule“ ist viel zu komplex, als dass es hier in einem einzigen Kapitel erschöpfend behandelt werden könnte. Gerade die Angstforschung der letzten Jahre hat eine solche Fülle von Erkenntnissen erbracht, dass auf diese im Rahmen dieses Büchleins lediglich hingewiesen werden kann. Da der Autor an der Publizierung dieser Forschungen nicht ganz unbeteiligt war, verweise ich auf die Literatur von K. E. GROSSMANN / R. WINKEL (1977) und R. WINKEL (¹1979; ²1980). Darin wird der interessierte Leser vor allem diejenigen Aspekte finden, die hier ausgeklammert bleiben – nämlich die mannigfachen Ängste von *Lehrern* und *Eltern*.

I. Ausmaß und Art schulischer Ängste

Angst, Aggression, Stress und Flucht lassen sich als Signale interpretieren, die auf bestimmte Geschehnisse hinweisen. Die Flucht ist ein Vermeidungssignal, der Stress ein Überforderungssignal, die Aggression ein Erkundungs- oder auch ein Vernichtungssignal und die Angst ein Gefahrensignal. Nach der schon klassischen Definition des amerikanischen Psychologen E. E. LEVITT (²1973) kann die Angst wie folgt definiert werden:

Angst ist ein akut auftretender Zustand oder ein chronisch gewordenes Persönlichkeitsmerkmal, wobei als Folge innerer oder äußerer oder auch eingebildeter Bedrohungen eine qualvolle Unruhe erlebt wird, die sich in mannigfachen – operational definierbaren – Symptomen teilweise abreagiert.

Diese Definition versucht, die beiden konkurrierenden Angsttheorien in sich aufzunehmen: Einmal die sog. IOWA-Theorie, auch als DRIVE-MODELL bekannt, in dem die Angst als ein „emotionally based drive“, ein Energetisierungsfaktor verstanden wird, der den Sympathicus aktiviert und letztlich zu einer chronisch-dispositionellen Ängstlichkeit (*trait anxiety*) führt; und zum anderen das sog. HABIT-INTERFERENCE-MODELL, das zwar auch einen *anxiety drive* kennt, dem aber ein Aufgabenlösungstrieb *(task drive)* zugeordnet wird, der sich aus der Aufgabe selbst, ihrer Schwierigkeit, dem Material, der Instruktion, Motivation usw. zusammensetzt, was zu einer aktuell-situativ ausgelösten Angst *(state anxiety)* führen kann.

Beide Theorien haben in dem von ihnen untersuchten Kontext ihre Gültigkeit, und auf diesen kommt es in den folgenden Überlegungen an.

Zu den quantitativen Aspekten der Schülerangst gehört natürlich auch die Frage nach der *Wirkung* der Angst, über die es zwar eine Fülle divergierender Meinungen im vorwissenschaftlichen Raum gibt, aber auch recht eindeutige empirische Befunde.

Angst als Gefahrensignal wirkt nämlich auf verschiedene Ebenen durchaus verschieden: der Körper (das Physiologische) kann ebenso betroffen sein wie Gefühle, Triebe oder auch das Denken. Diese differenzierende Betrachtungsweise hat die ältere Angstforschung nicht gesehen, und deshalb gibt es bis heute unter – vornehmlich älteren – Medizinern, Psychologen, Psychiatern und Pädagogen verschiedene Ansichten über die Auswirkungen der Angst.

Auf der physiologischen Ebene wirkt die Angst, wenn sie einen kritischen Wert nicht übersteigt, durchaus motivierend, erregend, leistungsstimulierend. Ein auf uns zurasendes Auto würde ohne diesen Effekt schlimme Folgen anrichten. Auch simple Lernprozesse vom Merkmal des operanten Konditionierens (z. B. Vokabeln lernen unter Androhung von Strafen) werden durch Angst unter Umständen „erfolgreich“ durchlaufen.

Auf allen anderen Ebenen jedoch wirkt die Angst eher lähmend, leistungsvermindernd und handlungseinengend. Eine Fülle von Experimenten erlaubt die Aussage:

Einfache und vor allem somatogene Leistungen können durch ein verträgliches Maß an Angstintensität gesteigert werden, was biologisch durchaus sinnvoll ist. Wird aber die Angst (a) zu groß, kommt es auch bei solchen körpernahen Aufgabenbewältigungen zum Leistungsversagen (etwa in Form der Panik); und wirkt die Angst (b) auf emotionale, soziale und intellektuelle Ebenen, ist ihr Effekt in der Regel ein leistungsvermindernder.

In der Abbildung 9 sei dieser Sachverhalt veranschaulicht.

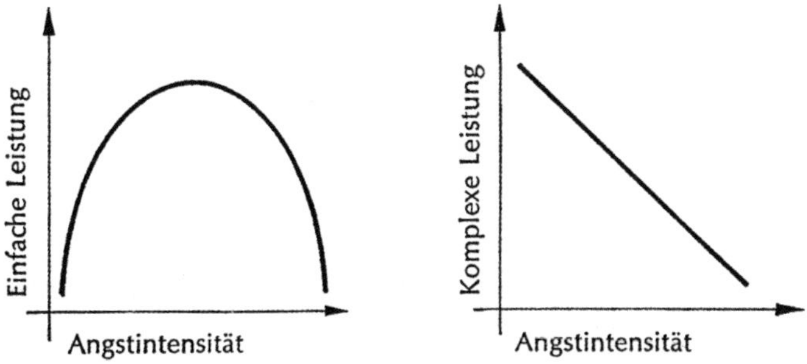

Abb. 9 Zusammenhang zwischen Angst und Leistung

Daraus muss eine erste pädagogische Folgerung gezogen werden: Da es in der Schule um das Lernen komplexer (emotionaler, sozialer und intellektueller) Leistungen geht, gibt es kein empirisches Datum, mit dessen Hilfe die Angst bei Schülern gerechtfertigt werden könnte – von ethisch-normativen Vorstellungen einmal ganz abgesehen.

Dennoch wird in der Schule (wenn auch versteckt) recht häufig mit der Angst operiert. Warum? Nun, die Angst ist das Disziplinierungsmittel schlechthin, und wer junge Menschen an bestimmte und von ihnen abgelehnte Verhaltensweisen dennoch anpassen will, hat in der Angst das wirkungsvollste Medium parat.

*

Werfen wir nun die Frage nach der *Verbreitung* der Schülerangst auf. Eine Reihe von Erhebungen, die in den oben erwähnten Publikationen ausführlich berücksichtigt wurden, erlauben es, entsprechende Zahlen in den Tabellen 1, 2 und 3 mitzuteilen.

Tab. 1: Die prozentuale Verbreitung schulischer Angst, bezogen auf verschiedene Regionen

	Orientalische Schüler	Europäische Schüler	Amerikanische Schüler	Deutsche Schüler
Prozentualer Anteil der an Schulangst leidenden Schüler	28	32	47	52

Tab. 2: Die prozentuale Verbreitung schulischer Angst, bezogen auf verschiedene Schulformen

	Waldorfschulen	Hauptschulen	Realschulen	Gymnasien
Anteil der an Schulangst leidenden Schüler	43	66	74	82

Natürlich handelt es sich bei den obigen und den folgenden Zahlen um Mittelwerte, die in keinem Fall eine einzelne Schule oder eine bestimmte Gruppe betreffen, sondern lediglich eine Tendenz ausdrücken.

Tab. 3: Die Verbreitung schulischer Angstpegel, bezogen auf verschiedene Schulformen

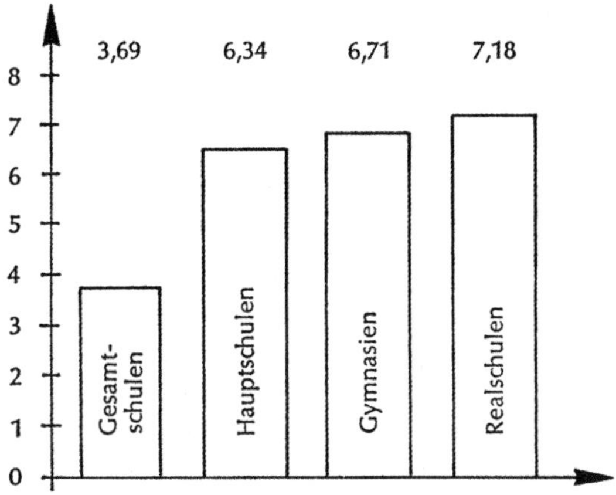

Wenn wir weitere Befunde hinzuziehen – etwa die Ergebnisse einer Schülerbefragung der AKTION HUMANE SCHULE (1977), die Untersuchung von B. JACOBS / P. STRITTMATTER (1979) oder die Studien von K. CZERWENKA u. a. (1988) und K. HURRELMANN u. a. (1988) –, sind auf den fraglichen Zeitraum bezogen folgende Hinweise bedeutsam:

- Wesentlich mehr Schüler als befürchtet leiden an schulischen Ängsten (im Schnitt 70 %, das sind z. Z. über fünf Millionen).
- Die Verbreitung der Schulangst ist abhängig von dem jeweiligen Land, in dem diese Schule sich befindet. Offensichtlich hält die Bundesrepublik Deutschland nicht nur bei den etwa 400 jährlich im Straßenverkehr getöteten und ca. 40000 schwer verletzten Kindern einen Spitzenplatz[2], sondern hinter Japan und Korea auch bei den an Schulangst leidenden Schülern. Entsprechend hart, auch im internationalen Vergleich, urteilen bundesdeutsche Schüler über ihre Schule, besonders die weiterführenden Schulen: In den Gymnasien fühlen sich lediglich 18,8 % der Schüler unein-

geschränkt wohl, in den Realschulen gar nur noch 12,7% (vgl. *FrankfurterAllgemeine Zeitung,* Nr. 33, vom 9.2.1988, S. 10).

- Gerade die Verbreitung der Schulangst ist (auch!) von der jeweiligen Schulform abhängig. Unsere Gymnasiasten und Realschüler leiden offensichtlich am meisten unter Schulangst, während die Waldorf- und Gesamtschüler die geringste Häufigkeit aufweisen.

- Die Schulangst ist viertens auch eine von der Dauer des Schulbesuches abhängige Variable: Je länger unsere Kinder zur Schule gehen, desto größer werden Schulunlust, Schulstress und Schulangst. Die Zahl der hochmotivierten und lernfreudigen Schüler ist in den Grundschulen mit 44,5% am höchsten; sie sinkt jedoch mit zunehmender Schulzeit bis zur 13. Klasse auf 8,2%: vgl. *FAZ,* ebd. sowie ausführlicher bei K. CZERWENKA u.a. (1988, S. 10f.), die den Pressemitteilungen zugrunde liegende Studien durchgeführt haben.

- Aber nicht nur das Ausmaß der Schulangst ist schulformbezogen, sondern auch die Schwere der Angst. In den Gymnasien und Realschulen erreicht die Schulangst nicht nur die weiteste Verbreitung, sondern auch den höchsten Schweregrad – sicherlich nicht nur aufgrund der Schul*form,* sondern auch aufgrund eines immer noch nicht überall überwundenen Schul*geistes,* so dass Konkurrenz, Isolation, Leistungsdruck und Anpassung auch heute noch in vielen Gymnasien und Realschulen zu spüren sind. Dabei muss immer wieder daran erinnert werden:

- Schulangst bewirkt letztlich keine größere Schulleistung, im Gegenteil: Angst macht letztlich dumm und schränkt emotionale, soziale und intellektuelle Leistungen erheblich ein.

- Siebtens gilt es, bei der Erklärung des Phänomens der Angstverbreitung darauf hinzuweisen, dass sich sowohl die Waldorf- als auch die Gesamtschulen (und sicherlich die meisten Grundschulen) in wesentlichen Prozeduren von den übrigen Regelschulen unterschieden: Die Waldorfschulen haben u. a. das Sitzenbleiben abgeschafft; es gibt dort keine Ziffernbenotung im Stil der *Gauß*schen Normalverteilung mehr, aber eine lerndiagnostische Beratung und ein engagiertes Zusammenwirken von Eltern, Lehrern und Schülern; eine größere Autonomie und recht schülerorientierte Curricula ... Und die Gesamtschulen (aber auch sehr viele Grundschulen) halten von Lerndiagnosebögen mehr als von traditionellen Zeugnissen; sie praktizieren flexible Gruppierungen; z. T. Team Teaching und eine Reihe von didaktisch-methodischen Arrangements, die offensichtlich eine erhebliche Reduzierung schulischer Ängste bewirken ...

- In einer repräsentativen Survey-Untersuchung unter 1717 Schüler/innen der Altersgruppe 13 bis 16 konnten Klaus HURRELMANN u. a. (1988) nachweisen, dass 48 % der Befragten oft oder manchmal „Kopfschmerzen" wegen der Schule und der elterlichen Erwartungen haben, 41 % deshalb „nervös" und „unruhig" sind sowie 30 % an „Schwindelgefühlen", 30 % an „Magenschmerzen" und 25 % an „Schlaflosigkeit" leiden. Mehr noch: Wegen der hohen schulischen Leistungsanforderungen und der z. T. noch höheren elterlichen Erwartungen auf der einen sowie der realen Schulleistungen auf der anderen Seite geraten 53 % der Gymnasiasten und 54 % der Realschüler mit den Eltern in teilweise heftige Konflikte. Und schließlich ist bei all diesen Phänomenen und Sachverhalten nicht zu vergessen, dass es auch (und in letzter Zeit womöglich immer häufiger) ängstliche *Lehrer* gibt. Desmotivierte, aggressive, verwöhnte und orientierungslose Schüler, die zu übersehen kein Anlass besteht, lassen manchen Lehrer zutiefst das spüren, was geradezu eine Definition von Angst sein könnte: die Abwesenheit von Freude. H. BRÜCK (1978) und B. WEIDENMANN ([1]1978; [2]1983) haben vor allem über die Lehrerangst gearbeitet – der eine psychoanalytisch, der andere empirisch.

*

Nach diesen quantitativen Aspekten der Schülerangst soll im Folgenden mehr nach den qualitativen Gesichtspunkten gefragt werden, d. h. die verschiedenen Arten der Schülerangst gilt es herauszustellen.

Seit dem WiSe 1974/75 bitte ich immer wieder und gleich zu Beginn der Veranstaltung die Hörer mancher meiner Vorlesungen, in Form eines kurzen Fallberichtes eine Situation zu schildern, in der irgendwie „auffällige“ oder „befremdliche“ Begebenheiten in Schulen, Familien, Heimen usw. zu beobachten waren. Aus den mehr als 1000 Fallberichten entnehme ich schon bei der ersten Materialsichtung zwei Hinweise: Zu mehr als der Hälfte schildern diese angehenden Lehrer auffällige *Schul*erinnerungen und fast alle berichten *negative* Erfahrungen. Da heißt es bei einer Studentin im 4. Semester, Jahrgang 1953:

„Der Mathematiklehrer meiner ehemaligen Schule hatte die Angewohnheit, Aufgaben an der Tafel vorrechnen zu lassen. Dabei brüllte er die Schüler an, so daß auch diejenigen, die glaubten, das mathematische Problem lösen zu können, unsicher wurden und Angst davor bekamen, etwas an der Tafel vorrechnen zu müssen. Eines Tages befahl der Studienrat einem an der Tafel versagenden Schüler: ‘Geh auf den Schulhof und rufe laut: Ich bin ein großer Esel!’ Und der Schüler tat es.“

Ein 1950 geborener Student im 6. Semester schreibt:

„Der Lehrer ... zelebrierte, wenn es darum ging, Klassenarbeiten zurückzugeben, einen absonderlichen Ritus. Er pflegte die Arbeiten, nach Noten geordnet, die guten zuoberst, die schlechten darunter, fein säuberlich geschichtet, zu Anfang der Stunde aufs Lehrerpult zu legen. Dort blieben sie dann unangetastet bis zum letzten Drittel der Stunde liegen, obwohl jeder Schüler mit Angst und Spannung wartete ... Dann

wurden die Arbeiten einzeln verteilt. Zunächst die guten. Das Häuflein der Verängstigten, die die schlechten Noten bekamen, schälte sich auf diese Weise allmählich heraus. Als der Lehrer zu den Fünfen kam, wurde es dramatisch. 'Nun wendet sich das Glück', verkündete er. 'Und hier ist die beste Fünf', fuhr er fort. Er ging sodann auf den Schüler zu, der diese Note erhalten hatte und gratulierte diesem per Handschlag und mit beißender Ironie. Der Schüler mit der besten Sechs erhielt eine ebensolche 'Auszeichnung'. Dieses Ritual wiederholte sich nach jeder Klassenarbeit."

Eine 1967 geborene Studentin notiert u. a.:

„*Die größte, ja geradezu eine vitale Angst hatte ich vor dem riesigen und kalten Schulgebäude, den Schülermassen und den furchtbar vielen Lehrern, die kein Mensch mehr mit Namen kannte. Da gab es nur noch den Mathe-Peter und den Deutsch-Peter ... Demgegenüber war die Angst vor den Tests und den Punkten fast harmlos.*"

Bei einer 1973 geborenen Studentin lese ich:

„*Am meisten Angst machte mir der Bio-Lehrer und die Busfahrt: Was wir von dem ansonsten ganz vernünftigen Bio-Lehrer über die Zerstörung der Umwelt und das sich vergrößernde Ozonloch erfuhren, hat mir jahrelang Angst und Schrecken bereitet. Und wenn ich über die Aggressionen und Zerstörungen auf den täglichen Busfahrten erzählen müßte, würden mir die meisten nicht glauben. Da wurden andere Schüler buchstäblich fertiggemacht.*"

Und ein 1984 geborener Student im 1. Semester notiert folgende Erinnerung:

„*Wir hatten einen in der Klasse, den wir 'Schimanski' nannten und der sich auch wie sein Filmidol benahm: Vorlaut und rüpelhaft schlug er drauf, wann immer es ihm passte. Auch die Lehrer hatten vor ihm Angst, gingen ihm aus dem Weg und mieden ihn. Von seiner Mutter wurde er verwöhnt, aber musste unsere Schule verlassen, nachdem er unserem Physiklehrer einen Bunsenbrenner nachgeworfen hatte.*"

Es fällt schwer zu glauben, in unseren heutigen Schulen aus Glas und Beton seien die Grundstrukturen eines angstgeladenen Unterrichts überwunden. Sicherlich: Da gibt es großartige Lehrer und packende Stunden. Die Frage ist nur, ob diese positiven Schulerfahrungen die Regel oder die Ausnahmen sind.

Im Schuljahr 1985/86 gab es in der Bundesrepublik Deutschland 27523 allgemeinbildende und 5328 berufsbildende Schulen mit 7116147 bzw. 2562619 Schülern, die von 491308 bzw. 81825 hauptberuflichen Lehrern unterrichtet wurden[3]. In rund 195000 Grund- und Hauptschulklassen, 30000 Realschulklassen, 50000 Gymnasialklassen usw. wurde also Unterricht erteilt. Jahr für Jahr handelten sich (wie erwähnt) 400000 Schüler, also etwa 5%, den stigmatisierenden Vermerk „Sitzenbleiber" ein. 400000 gescheiterte junge Menschen. Wie viele zitterten ein ganzes Jahr lang, wurden „mit Bedenken" oder „auf Probe" versetzt, bangten um jede Klassenarbeit und jedes Drankommen? Wie viele Verwandte waren davon betroffen? Quantitativ mag sich daran manches (auch im Zuge der deutschen Vereinigung) geändert haben, aber qualitativ und ohne Übertreibung wird man sagen können: *Mit viel zu vielen Schülern schleicht Nacht für Nacht die Angst ins Bett* – auch das gehört zum Schulalltag und zur Schule von heute. Angst läßt sich morgens nicht in den Schuhschrank sperren, sie hockt an jedem dritten oder vierten Platz, eine Angst freilich, die nicht nur von und durch Schule verursacht ist, dort aber virulent wird. Oder: In NRW erreichten im Schuljahr 1974/75 über 18% aller Hauptschüler keinen Schulabschluß[4], d. h. von 100 entlassenen Schülern klebte rund 18 Schülern das Etikett des Schulversagers an. Bundesweit hatten laut dem von H.-G. ROLFF u. a. (1982, S. 58) herausgegebenen „Jahrbuch der Schulentwicklung" fast 10% der 15-Jährigen bereits 1981 keinen Hauptschulabschluß ... Diese jungen Leute hatten und haben im Wettrennen um eine Lehrstelle kaum eine Chance. Und:

Die Dortmunder Zentralstelle für die Vergabe von Studienplätzen meldet[5]: Im WiSe 1987/88 bewarben sich in den Numerus-clausus-Fächern (aber ohne Lehramtsstudiengänge) 54993 Abiturienten um einen Studienplatz an einer deutschen Hochschule. Davon musste 26931 Bewerbern eine Absage erteilt werden; d. h. 49 % all derer, denen man nach 13 Schuljahren bescheinigt hat, die „Reife" für ein Hochschulstudium zu besitzen, liegen erst einmal auf der Straße, denn nur jeder 2. Bewerber erreicht den erforderlichen Notendurchschnitt. So wird von Sexta an um jede Musikzensur gebuhlt, und mancher Lehrer erlebt inmitten der übereifrigen und kuschenden Schüler im wahrsten Sinne des Wortes cäsarische Stunden. Und schließlich: J. ROTH (1974, S. 157) schätzte seinerzeit aufgrund amtlicher Statistiken die tatsächliche Zahl der jährlich zu Tode misshandelten Kinder bei uns in der Bundesrepublik Deutschland auf 1000. „Weitere 150000 Kinder werden von Eltern und Erziehungsbeauftragten gequält, gefoltert, ausgepeitscht, gewürgt, getreten, zu geistigen und körperlichen Krüppeln misshandelt." Auch an diesen Zahlen hat sich bis heute kaum etwas geändert. Und schließlich:

Im Jahre 1961 nahmen sich 388 junge Menschen im Alter von 10 bis 20 Jahren das Leben; genau 20 Jahre später töteten sich 627 Kinder und Jugendliche[6]; heute ist der Selbstmord in dieser Altersgruppe nach dem Unfalltod die zweithäufigste Todesursache[7]. Und ein Großteil von ihnen scheidet wegen schulischer Probleme aus dem Leben!

Ich darf diese Horrorzahlen hier abbrechen, denn sie sollten dies deutlich machen: Wer da meint, die Häufigkeit ängstlicher Schüler (und verängstigter Lehrer) sei eine *quantité négligeable*, ist entweder ahnungslos irregeführt worden oder – ein Zyniker.

Eine eingehende Analyse dieser gesammelten Schulerinnerungen erlaubt den anschließenden ANGST-DIAGNOSE-BOGEN und eine Frage:

ANGST-DIAGNOSEBOGEN

1. Die Angst vor schlechten Zensuren, dem Sitzenbleiben, dem dropping-out und dem Schulversagen *(Schullaufbahnangst)*
2. Die Angst, etwas nicht lernen oder leisten zu können, nicht zu begreifen, überfordert zu sein, in Prüfungen zu versagen usw. *(Lern- und Leistungsangst)*
3. Die Angst, vor dem Lehrer und den Mitschülern bloßgestellt zu werden, sich lächerlich zu machen oder Prestige zu verlieren *(Stigmatisierungsangst)*
4. Die Angst, allein zu sein, auf sonstige Hilfen, Personen und Zusprüche verzichten zu müssen bzw. einen bedrohlichen Verlust zu erleiden *(Trennungsangst)*
5. Die Angst vor Strafen, Repressalien und Ungerechtigkeiten *(Strafangst)*
6. Die Angst vor bestimmten drangsalierenden Personen, z. B. vor dem Rektor, einem Lehrer, einem Mitschüler oder einer Clique *(Personenangst)*
7. Die Angst vor bestimmten Konflikten, etwa sich auflehnen zu wollen, aber nicht mucken zu dürfen *(Konfliktangst)*
8. Die Angst vor der Schule als Institution, in der hierarchische Herrschaftsstrukturen walten und deren Größe und Unüberschaubarkeit den einzelnen anonymisieren bzw. wie in einem Rattenkäftig aggressiv aufladen *(Institutionenangst)*
9. Die Angst vor der Zukunft, in Gestalt der wertloser gewordenen Schulabschlüsse, der drohenden Arbeitslosigkeit, ängstigender Umweltschäden, Viren, politischer Auseinandersetzungen, dem Terrorismus u. ä. m. *(Zukunftsangst)*
10. Die Angst vor der Angst, die auf einen zukommen wird und phobische Zustände hervorruft, sowie Ängste, die sich psychosomatisch, depressiv oder zwanghaft äußern *(Neurotische Angst)*

Was für akute und chronische Bedrohungen erleben eigentlich unsere Schüler, d. h. welche *Arten* von Angst lassen sich in der Schule beobachten? Ich möchte zehn solcher Angstformen nennen, wobei deren Interdependenz kaum zu bezweifeln sein dürfte.

Dieser Katalog möglicher Schulängste setzt Akzentuierungen, um erste diagnostische Beurteilungen zu ermöglichen. Im Einzelfall wird gerade die mehrdimensionale Diagnose naheliegend sein. So aktivierte z. B. Hanno Buddenbrook zunächst eine Lern- und Leistungsangst, hinter der sich jedoch eine viel bedrängendere Stigmatisierungsangst verbarg, also die Angst „vor dem Eklat". Der die Rückgabe der Klassenarbeiten grausam ritualisierende Studienrat rechnet natürlich mit der Schullaufbahnangst und ruft unter Umständen eine ganze Reihe weiterer Ängste hervor: Strafangst, Personenangst oder Konfliktangst. Die Grundzüge solcher Ängste gilt es nun in einem zweiten Abschnitt zu verdeutlichen, was anhand zweier Fallberichte geschehen soll.

II. Grundzüge schulischer Ängste

Die Kasuistik ist allemal wichtiger als die Statistik, zumal für den Lehrer und Erzieher, der primär an der einzelnen Person und erst sekundär an Mittelwerten und Korrelationen interessiert ist. Mit dieser Vorbemerkung sei folgender Fall berichtet.

15. Fall: „Mutti, lass' mich nicht allein!"

Udo ist das einzige Kind einer 35jährigen Masseurin, deren Mann noch während ihrer damaligen Schwangerschaft bei einem Verkehrsunfall ums Leben kam. Frau Behrens hat, als zwei Jahre nach diesem tragischen Ereignis die Lebensversicherung ihres Mannes fast aufgebraucht war, in ihrem Einfamilienhaus einen medizinischen Massagesalon eröffnet, der ihr die Fortführung einer anspruchsvollen Lebensführung ermöglichte. Udo saß tagsüber meist still in einer Ecke und beobachtete seine Mutter bei ihrer Tätigkeit. Oft kam es dabei vor, dass der Junge am Daumen lutschte oder masturbierte, weshalb ihn Frau Behrens nicht selten im Spielzimmer ein-

sperrte, wo der Junge leise vor sich hinweinte. Die einzige 'Unterhaltung' scheint er in der täglich von 17.00–18.00 Uhr anberaumten Fernsehstunde gehabt zu haben, in einer Stunde übrigens, die Frau Behrens ausschließlich ihren umfangreichen Tagebüchern widmete. In dieser Atmosphäre durchlebte Udo seine frühe Kindheit – ohne Kindergarten, Spielgefährten oder andere Erwachsene.

Am ersten Schultag bringt Frau Gehrens Udo selbst zur Schule; auf dem Arm trägt er eine riesige Zuckertüte; den Ranzen hält seine Mutter. In der großen Pausenhalle scharen sich die I-Männchen mit einigen Müttern und Vätern um die Lehrerin, Frau Wabbels. Nach den üblichen Begrüßungszeremonien bittet die Lehrerin in das benachbarte Klassenzimmer. Die Kinder gehen aufgeregt und tuschelnd hinein, die meisten ohne ihre Eltern noch eines Blickes zu würdigen. Nur Udo scheint am Rande eines Abgrundes zu stehen. Mit einem herzzerreißenden Weinen hält er die Mutter umklammert und wimmert: „Mutti, lass' mich nicht allein!" Und sein kleiner Körper ist ein einziges Zittern und Beben. Frau Wabbels sieht die beiden vor dem Klassenzimmer stehen, und unwillkürlich durchzuckt sie der Gedanke: Wie kann ein Kind nur eine solche Angst erleben!

WAS WÜRDEN SIE ANGESICHTS DIESER SITUATION TUN?

Ehe wir diese Frage neuerlich aufwerfen, sollen einige Grundzüge dieser Angstattacke verdeutlicht werden. Von E. *KÄSTNER* ist bekannt, dass er als Kind beständig Angst hatte, seine Mutter zu verlieren. Und tatsächlich ist er mehr als einmal die Elbbrücken entlanggehastet, um die Mutter, schier verzweifelnd, zu suchen[8].

Nun, ich kenne keinen deutschen Schriftsteller, der in seinen Werken mit einer solchen Leidenschaft für das Recht des Kindes auf Liebe und Geborgenheit eintrat, wie E. *KÄSTNER*. Und man braucht keine psychologischen Purzelbäume zu schlagen, wenn man darin (auch) eine verspätete Wiedergutmachung an der eigenen beraubten Kindheit vermutet.

Was ist es nun, woran diese Kinder leiden? Wir bezeichnen eine solche psychische Anomalie als *Trennungsangst*[9], die sicherlich zu den schlimmsten kindlichen Traumata zählt. An ihr wird ein erster Grundzug deutlich, den ich den *anthropologischen Grundzug* nennen möchte. Darunter verstehe ich nicht ein Theorem, das die ältere Angstforschung glaubte, mit stereotyper Regelmäßigkeit wiederholen zu müssen und das die Angst als „allgemein-menschliche Befindlichkeit" (A. DEBRUNNER, 1964, S. 18) kennzeichnete, womöglich in Anlehnung an die mitunter dunklen Mythen M. HEIDEGGERs ([11]1967), dessen Lieblingsformel sich in endlosen Spiralen um die „Geworfenheit des Seienden" und die „Furcht als ein Modus der Befindlichkeit" dreht. Wer die Angst unserer menschlichen Existenz so zugrunde legt, treibt Metaphysik und Ideologie. Nein, der anthropologische Grundzug der Angst weist im Gegenteil darauf hin, dass alle Angst letztlich immer eine von *Menschen* gemachte, verursachte, verantwortete und erlittene Angst ist – nicht das von übermütigen Göttern unter die Menschen geschleuderte Wollknäuel, nicht das Geraune finsterer Mächte und auch nicht das eherne Gesetz philosophischer Weltgeister. Jahrhundertelang behaupteten die, die es immer schon wissen, Sklaven z. B. habe es stets gegeben und Sklaven werde es immer geben, und auch die Pest gehöre zum menschlichen Leben wie der Mond zur Erde. Wo aber gibt es heute noch Sklaven oder die Pest? Mit demselben Augenaufschlag wollen uns diese Leute glauben machen, Angst sei ein Wesenszug des Menschen. Seit knapp 100 Jahren erst erforschen Psychologie und Psychiatrie das Phänomen der Angst, und sie tun dies, weil sie einer solchen Philosophie zutiefst misstrauen. Angst ist eine *von* Menschen *an* Menschen vollzogene existentielle Bedrohung, d. h. Angst ist prinzipiell vermeid-, zumindest reduzierbar (was nicht deren Sinn in der konkreten Situation schmälert).

Diese These stößt gewöhnlich auf Widerspruch und klingt utopisch. Und doch ist sie beweisbarer als die Gegenbehauptung.

Da es den Menschen außerhalb der Gesellschaft nicht gibt, ist alles Menschliche immer auch und zuallererst personal und gesellschaftlich vermittelt. Selbst die scheinbar so „natürliche“ Angst bei Naturereignissen ist uns nicht einprogrammiert, sondern Resultat vielfältiger Lernprozesse. Ein sibirisches Bauernmädchen verhält sich während eines Gewitters unter Umständen völlig angstfrei, während der gleichaltrige Großstadtbub seine ängstliche *Mutter* anschaut und in ein lautes Weinen ausbricht. Umgekehrt steht die 6-jährige Larissa bei ihrem ersten Moskaubesuch unter Umständen zitternd an einer verkehrsreichen Kreuzung, wohingegen der in Moskau aufwachsende Aljoscha flink und selbstsicher die Straßen überquert. Auch Angst ist eine *gelernte* Verhaltensweise und deshalb tendenziell vermeidbar bzw. auf ihren konstruktiven Warncharakter hin auslegbar.

Die Trennungsangst, an der Udo litt, lässt sich darüber hinaus als Resultat einer psychischen Fixierung verstehen. Frau Behrens bietet das klassische Beispiel einer Mutter, die *via overprotection* (Überversorgung) ihr Kind einerseits an sich bindet und auf sich fixiert und andererseits *via underprotection* (Unterversorgung) massive Unsicherheitsgefühle hervorruft. Beide Erziehungsstrategien hindern Udo an seiner ICH-Entwicklung. Ängste müssen also immer vor dem Hintergrund solcher Fehlentwicklungen analysiert werden, weshalb ich dieses zweite Merkmal den genetischen *Grundzug* nennen möchte.

Und drittens wird deutlich, dass Udo zu einem ganz bestimmten Zeitpunkt, in einer ganz bestimmten Situation von der Angst gepackt wird. Sicherlich sind Ich-schwache Kinder permanent angstbereit, aber die Angst muss provoziert werden. Selbst die als Persönlichkeitsmerkmal sich zeigende und habituell gewordene Angst bedarf der Außenreize, um zur Attacke zu werden. Wir könnten hier drittens vom *situativen Grundzug* der Angst sprechen, der auf eben diesen angstauslösenden Background hinweist.

Ehe noch drei weitere Grundzüge herausgestellt werden, sei die Frage neuerlich gestellt: Was soll man denn angesichts einer solchen Situation tun? Ich möchte hier nicht den Katalog möglicher pädagogischer Maßnahmen Revue passieren lassen, sondern berichten, was die Lehrerin, Frau Wabbels, realiter tat.

Sie ging – sehr langsam – auf Udo und seine Mutter zu, hockte sich nieder (!) und sagte lächelnd:

„Schau Udo, deine Mutti lässt dich ja gar nicht allein. Du kannst sie mit in die Klasse nehmen ... Du kannst mit deiner Mutti aber auch wieder nach Hause gehen. Dann kommst du eben morgen wieder oder übermorgen. Und du kannst deine Mutti mitbringen, sooft du willst. Das verspreche ich dir!"

Udo beruhigte sich etwas, schaute die Lehrerin aber misstrauisch an und zog seine Mutter an der Hand dem Ausgang zu. Frau Wabbels ging in einigem Abstand hinterher, öffnete lächelnd die Tür und winkte Udo so lange nach, bis er sie nicht mehr sehen konnte. Am Abend desselben Tages hatte die Lehrerin ein längeres Telefongespräch mit Frau Behrens, das etliche Hausbesuche zur Folge hatte. Auf diesen wurde folgendes Konzept beschlossen: Frau Wabbels brachte zu mehreren Hausbesuchen zwei Schulkameraden Udos mit, die später sogar allein bei Udo aufkreuzten, ihn morgens anschellten und fragten, ob er Lust hätte, mit ihnen und seiner Mutti zur Schule zu gehen. Bereits in der folgenden Woche ließ Udo die beiden nicht mehr allein davonziehen, sondern bestand darauf mitzugehen. Und als er zweimal merkte, dass die anderen Kinder ohne ihre Mütter waren, schickte er die seine demonstrativ nach Hause. So bahnte sich allmählich eine Ich-Stabilisierung an, die mit den immer noch gelegentlich praktizierten over- und underprotections besser fertig wurde.

Dieses Lösungsmodell macht zugleich einen vierten Grundzug schulischer Ängste deutlich, die sich nämlich stets als komplexe Phänomene darstellen. So liegt z.B. die primäre Ursache der Trennungsangst in einer instabilen „Mutter"-

Kind-Beziehung bzw. nicht selten in einer durch Trennung oder Scheidung zerbrochenen Familienstruktur; ihre Folgen aber reichen über die familiäre Situation hinaus in fehlende Spielgemeinschaften oder Lernstörungen; die Therapie hat sich eines flexiblen und mehrdimensionalen Zugangs zu bedienen ... Kurz: Die Angst ist durch einen komplexen *Grundzug* gekennzeichnet, der jede monokausale Betrachtungsweise verbietet.

Die beiden letzten Grundzüge seien anhand des folgenden Fallbeispiels illustriert.

16. Fall: Jeans und Nacherzählungen

Der 16-jährige Hans-Georg ist der 2. Sohn eines Oberstudiendirektors und seiner Ehefrau, einer nicht mehr praktizierenden Kinderärztin. In einem wahren Anfall unerbittlicher Strenge hat Dr. Butzberg seinen ältesten Sohn, der vorübergehend Lernstörungen zeigte, von der Schule genommen und in eine Banklehre gesteckt. Hans-Georg jedoch, der gern Arzt werden will, bringt nur gute Noten nach Hause. Eines Tages überrascht er seinen Vater dadurch, dass er hautenge Jeans trägt, die er unbedingt auch in der Schule anbehalten will. In wochenlangen Auseinandersetzungen bleibt Hans-Georg zum erstenmal Sieger: Sein Vater duldet – wenn auch äußerst verstimmt –, dass der Junge „in diesem Aufzug" mit ihm zur Schule geht, denn Herr Butzberg leitet das Gymnasium, dessen neusprachliche Obertertia (9. Kl.) Hans-Georg besucht.

Besonders gute Leistungen zeigt Hans-Georg in Englisch und Französisch, und offensichtlich schätzt er den diese Fächer unterrichtenden Studienrat Hartwig von allen Lehrern am meisten. Wenige Tage nach seinem Sieg-mit-den-Jeans rügt nun ausgerechnet dieser Lehrer, vielleicht von Herrn Butzberg informiert, Georgs Aussehen scharf mit den Worten:

„Also, von meinen fünf Söhnen brauchte es keiner zu wagen, mit solchen Amihosen frei herumzulaufen. Du siehst aus wie ein verlotterter Nigger, Hans-Georg ..."

Bei der nächsten englischen Klassenarbeit, einer Nacherzählung, zunächst die übliche Atmosphäre: Stumme Erregung in der Klasse, schweißnasse Hände bei vielen Schülern, etliche versuchen heimlich mitzuschreiben. Nur Hans-Georg bietet nicht das gewohnte Bild des im Gegensatz zu seinen Klassenkameraden stets ruhigen und gelassenen Schülers. Sein Gesicht ist heute leichenblass, die Augen sind weit geöffnet, der Blick ruht wie festgenagelt auf dem Lehrer. StR Hartwig beginnt vorzulesen. Hans-Georg starrt auf den abwechselnd sich öffnenden und schließenden Mund, der immer größer zu werden scheint. Wie in eine riesige Höhle blickt er mit Entsetzen in die ruckartig sich bewegende Mundöffnung des Lehrers, der Text rauscht völlig unverständlich an ihm vorbei.

Der Lehrer bemerkt nach dem ersten Vorlesen Hans-Georgs Angst, die er sonst nur bei den 'schlechten Schülern' beobachtet. Mit viel Gestik, Mimik und lauterer Stimme liest er den Text abermals vor. Wieder das gleiche Bild: Hans-Georg starrt mit wachsendem Entsetzen in die Mundhöhle und versteht kein Wort der Erzählung. Mehr noch: Seine Nackenmuskeln und Hände zittern in auffälliger Weise. Zwei Stunden später gibt er ein leeres Arbeitsheft ab und bleibt den ganzen Vormittag unansprechbar.

Nachdem sich diese Szene auch bei der nächsten Französischarbeit und der darauffolgenden Englischarbeit wiederholt, beschließt Frau Dr. Butzberg gegen den Willen ihres Mannes, einen Psychologen zu Rate zu ziehen.

WAS WÜRDEN SIE ANGESICHTS DIESER SITUATION TUN?

Nun, sicherlich handelt es sich nur an der Oberfläche um eine Lern- und Leistungsangst; Hans-Georgs Angst ist auch nur indirekt auf den StR Hartwig bezogen, sondern primär eine Personenangst dem eigenen Vater gegenüber. Wieder erkennen wir die bisher herausgestellten Grundzüge: Hans-Georgs Angst fällt nicht wie Manna vom Himmel, sondern wird von ganz bestimmten Menschen verursacht und erlitten (anthropologischer Grundzug); sie zeigt sich in einer pubertären Entwicklungsphase, in der junge Menschen besonders sensibel sind für ÜBER-ICH-Verbote (genetischer Grundzug); diese Angst wird drittens im Klassenzimmer manifest (situativer Grundzug); und an ihr sind zahlreiche Faktoren beteiligt (komplexer Grundzug). Darüber hinaus wird deutlich, dass jede Angst das Verhalten des Betreffenden mehr oder weniger massiv schädigt. Hans-Georg reagiert neurotisch, genauer gesagt: er aktiviert eine Konversionsneurose mit paranoiden Verzerrungen. Die aus der Angst resultierenden Spannungen werden nämlich in körperliche Symptome umgewandelt und somit partiell und passager abreagiert. Die innerpsychischen Angstzustände externalisiert Hans-Georg so, dass sie ihn jetzt vom Mund des Lehrers her treffen. Dies gelingt freilich nur mit Hilfe paranoider Entstellungen. Angst führt also (wenn ihre Warnfunktion übersehen wird und sie ausschließlich destruktiv wirkt) zu Verhaltensstörungen, weshalb wir fünftens vom *neurotisierenden Grundzug* der Angst sprechen können.

Und schließlich zeigt sich, dass jeder Angst – zumeist unbewusste – Konflikte zugrunde liegen. Bei Hans-Georg kämpfen ES-hafte Wünsche gegen ÜBER-ICH-Verbote. Einerseits möchte er gegen den allmächtigen Vater aufmucken, sich an ihm rächen, ihn beseitigen; andererseits verlangt das ÜBER-ICH Gehorsam, tabuisiert jedwede Aggression und droht mit Strafen. Inmitten dieses ihn hin- und herreißenden Konfliktes entsteht Angst, die immer auch als Flucht vor der Entscheidung zu begreifen ist. Jede Angst, so könnten wir sechstens sagen, hat einen *konflikthaften Grundzug.*

Vor dem Hintergrund dieser sechs Merkmale sollen nun in einem dritten Abschnitt einige therapeutische (also helfende, nicht aber medizinierende) Möglichkeiten aufgezeigt werden.

III. Therapeutische Möglichkeiten

Der neurotische Mechanismus, den Hans-Georg zur Flucht aus dem Konflikt benötigt, wird von der Psychoanalyse „Übertragung“ genannt. Die dem Vater gegenüber empfundenen Hass- und Angst-Gefühle werden auf den StR Hartwig übertragen, der damit zur angstauslösenden Person wird. Deshalb empfahl der Psychologe zu Recht einen Schulwechsel, um zunächst einmal die unmittelbare Reizkonfiguration zu beseitigen. Hans-Georg wechselte auf das benachbarte Gymnasium über, wo er eine ältere Englischlehrerin erhielt, bei der er wie gewohnt gute Arbeiten schrieb. Diese erste therapeutische Maßnahme ist bei allen schulischen Ängsten indiziert; wir nennen sie die *Beseitigung der unmittelbaren Angstbedrohung,* denn sie hört die eigentliche Botschaft der Angst, die eine Warnung aussprechen will. Sie leitet eine Desensibilisierung ein und dient der Linderung der Angstsymptome, an denen der Betreffende verständlicherweise besonders leidet.

Damit aber ist der eigentliche Konflikt natürlich noch nicht gelöst. Wir müssen zweitens die *Ursachen der Angst ermitteln,* wenn wir Symptomkuriererei vermeiden wollen. Diese Ursachenermittlung ist sicherlich wesentlich schwieriger, zeitraubender und auch krisenhafter als die in „Streicheleinheiten“ sich bemessende Verhaltenstherapie. Natürlich lässt sich heute jedes Angstsymptom mit Hilfe von operational exakt definierten Verstärkerprogrammen wegkonditionieren. Aber als Pädagoge muß man das dahinter sich verbergende Anpassungskonzept kritisieren, und als Psychologe kann man die Oberflächlichkeit nur bedauern. Man lasse sich auch von den scheinbaren Erfolgen einer solchen Therapie nicht blenden, wenn da jemand von Weißbekittelten – Schritt für Schritt – seine Katzenphobie wegtrainiert bekommt und „geheilt“ entlassen wird. Die Ursachen dieser seiner Angst bleiben in der Regel völlig unangetastet, und niemand erfährt in solchen Features, dass und wenn eben dieser Mensch ein paar Monate später ein anderes Angstsymptom entwickelt, also z. B. an einer

Klaustrophobie zu leiden beginnt. Damit soll die Verhaltenstherapie nicht pauschal kritisiert werden, aber ihre Grenzen gilt es zu sehen.

Drittens sollten alle Hilfsmittel eingesetzt werden, die sowohl der Ursachenermittlung als auch der Angstbewältigung dienen. Und hier bietet gerade die Verhaltenstherapie eine Fülle von Möglichkeiten. So gibt es zahlreiche Testmaterialien, mit deren Hilfe der Lehrer in der Schule Angstbereitschaften und Angstursachen ermitteln kann. Ich weise etwa auf den von W. WIECZERKOWSKI u.a. (²1974) entwickelten „Angstfragebogen für Schüler“ hin. Und auch das „Autogene Training“ (vgl. K.R. ROSA, 1973 sowie G. BIERMANN, ²1978) vermag viel zur Reduzierung unmittelbarer und zur Prophylaxe kommender Ängste beizutragen. Entscheidend ist die Vielfalt möglicher Therapien, um das eigentliche Ziel, die Ursachenbeseitigung nämlich, zu erreichen. Gerade die neuere, sich heftig gegen den Weißen-Kittel-Mythos und gegen die Pillen-Medikation wendende Pädagogische Psychiatrie weist auf diesen Sachverhalt in wachsendem Maße hin. Der Amerikaner T.S. SZASZ (1972), der Engländer R.D. LAING (1973) sowie die Deutschen G. AMMON (1973) und K. DÖRNER (³1978; ⁴1987) seien hier nur exemplarisch genannt. Diese therapeutische Vielfalt reicht (im Extremfall) von der Einnahme sedativer Medikamente über das „Anti-Angst-Training“ bis hin zur Gruppentherapie und klassischen Psychoanalyse. Ich möchte all diese therapeutischen Maßnahmen *unterstützende Therapien* nennen, um eben ihre subsidiäre Funktion herauszustellen.

Ein vierter Schritt liegt in der konkreten *Hilfestellung bei der Einübung eines möglichst angstfreien Lebens.* Leider wird diese therapeutische Möglichkeit erst hier und da als therapeutische Notwendigkeit gesehen. Was aber soll alle Therapie, solange sie den Kranken gerade dann im Stich lässt, wenn es um das Lernen neuer Lebensführungen und die Stabilisierung sich anbahnender gesunder Verhaltensweisen geht? Hier wird der Lehrer sicherlich anders gefordert als der Psychiater; und hier wird der Sozialarbeiter nicht dasselbe anbieten können wie der klinische Psychologe.

Das führt uns zur fünften therapeutischen Möglichkeit. Gemeint ist die *professionelle Zusammenarbeit aller Therapeuten.*

Ich kann mir nicht vorstellen, dass die Lehrerin, Frau Wabbels, dem unter Trennungsängsten leidenden Udo optimal helfen kann, ohne mit dem Elternhaus, dem Schulpsychologen oder evtl. sogar einem frei praktizierenden Psychiater zusammenzuarbeiten. Ebenso wichtig ist es, dass der sogenannte Nervenarzt unter Umständen mit dem Lehrer, dem Street Worker, dem Pfarrer, dem Kliniker oder dem Testpsychologen kooperiert. Hier haben wir alle noch erheblich hinzu- sowie umzulernen.

Eine sechste therapeutische Möglichkeit ist mehr *pädagogischer* Natur und soll ein breites *Spektrum erziehlicher und didaktisch-methodischer Korrekturen* skizzieren. Unter dem Stichwort einer Pädagogisierung der Schule und des Unterrichts darf auf folgende notwendige Veränderungen hingewiesen werden:

- An Stelle von destruktiver Angst müssen wir uns um Fröhlichkeit sowie Gelassenheit in unseren Schulen (also auch unter uns *Lehrern*) bemühen.
- An Stelle von schierem Leistungsdruck sollten wir Lehrer (und auch Eltern) Lern- und Arbeitsfreude vermitteln (die aus dem *Sinn* des Lernens und Arbeitens erwächst).
- An Stelle von atemloser Hetze müssen wir uns Zeit nehmen und anderen Zeit zur Verfügung stellen (was man die *Wiederentdeckung didaktischer Langsamkeit* nennen könnte).
- An Stelle von vorschneller Verurteilung sollte wieder Verständnis (nicht *Entschuldigung*) treten, was nicht immer Einverständnis bedeutet.

- An Stelle von kalter Gleichgültigkeit kann letztlich nur die Liebe zu Kindern helfen (ohne die alles andere *sinnlos* bleibt).

Im didaktisch-methodischen Bereich geht es darum:

- Abbau des *(bloß kognitiv-belehrenden)* Frontalunterrichts zugunsten von mehr Einzel- und Partnerarbeit, von mehr Gruppenunterricht und Lernen in Projekten.
- Schülerorientierte (nicht *-zentrierte*) Curricula.
- Nicht Lehrerisolation, sondern Lehrerzusammenarbeit (einschließlich wechselseitiger *Hospitationen*).
- Keine Elternfeindschaft, sondern die größtmögliche Einbeziehung (aber nicht *Inanspruchnahme*) der Eltern.
- An Stelle der rigiden Notengebung Transparenz der Zensuren, sparsamer Gebrauch derselben und allmählicher Übergang in eine lerndiagnostische (*individuelle*) Beratung.

Diese sechs therapeutischen Möglichkeiten würden jedoch allesamt zu kurz greifen, wenn die *politische* Perspektive ausgeklammert bliebe. Hier sind Lehrer und Eltern als Bürger (in Vereinen, Parteien, Kirchen, Gewerkschaften usw.) gefordert, die sich neben dem schulischen Engagement um *bildungspolitische Korrekturen* bemühen, Stichworte hierzu könnten lauten:

- Die einzelne Schule muss autonomer werden.
- Die Schule muss geselliger werden.
- Die Schulen müssen kleiner werden.
- Die Schulen müssen entschult werden.
- Die Schulreformen müssen weitergehen in des Wortes doppelter Bedeutung, denn sie haben die Schule nicht schlimm *gemacht*, sondern erst gezeigt, was an der Schule alles schlimm ist. Sie müssen zeitlich und inhaltlich progredieren, wenn aus dem Schuldilemma eines Tages nicht ein Schulchaos werden soll.

Zusammenfassend lassen sich diese sieben therapeutischen, pädagogischen und politischen Möglichkeiten bei der Reduzierung schulischer Ängste wie folgt benennen:

1. Beseitigung der unmittelbaren Angstbedrohung zum Zwecke der Symptomlinderung *(Desensibilisierung)*,
2. Ermittlung der Angstursachen *(Ätiologie)*,
3. Unterstützende Therapien *(multiple approaches)*,
4. Hilfestellungen bei der Einübung eines tendenziell angstfreien Lebens *(Umlernen)*,
5. Professionelle Zusammenarbeit aller Therapeuten *(Teamwork)*,
6. Edukative und didaktisch-methodische Korrekturen *(Humanisierung des Schullebens)*,
7. Bildungspolitisches Engagement *(Reformbereitschaft)*.

Natürlich wird hier jedermann Akzente setzen müssen, denn es handelt sich um *mögliche* Perspektiven, die im konkreten Handlungsfeld auf viele Probleme hin zu reflektieren sind – Belastbarkeit, Widerstände, Dringlichkeit usw. Auswahl tut also not, und der Wahlspruch von PLINIUS dem Jüngeren gilt auch für Lehrer: *multum, non multa* – Vieles soll man tun, nicht aber vielerlei (und schon gar nicht alles).

Dem Lehrer kommt eine entscheidende Rolle bei der Beseitigung der unmittelbaren Angstbedrohung sowie bei den edukativen und didaktisch-methodischen Korrekturen zu. Ihm ist es nämlich möglich, auf Allmachtspraktiken zu verzichten oder Personenängste zu provozieren; die Zensurenangst wie eine Peitsche zu schwingen oder die Angst vor einer Note abzubauen; der Lehrer kann gruppenbezogenes Lernen anregen oder die gegenseitige Hilfe bestrafen; er kann mit Humor reagieren oder todernst zurückfighten ...

Muss Lernen denn immer, ja überhaupt, mit Angst gepaart sein? Sicherlich dann, wenn wir „Ängstliche Kinder in der Schule" losgelöst von ängstlichen Lehrern betrachten. Ich kann mir nur in Ausnahmefällen vorstellen, dass Lehrer bewusst Angst erzeugen oder Schrecken verbreiten. Hier gilt es differenzierter zu analysieren. Wer sagt denn, *Lehrer* hätten *keine* Angst, keine Neurosen, keine verdrängten Wünsche? Ist nicht gerade der Lehrer der letzte Akademiker, der seine tägliche Arbeit ohne die Hilfe von Fachkollegen leisten muss? Wird er nicht oft „von oben“ argwöhnisch beäugt, reglementiert, in Angst gehalten? Und „von unten“ kritisiert, verdächtigt, im Stich gelassen? Muss das so sein, dass Lehrer im 45-Minuten-Rhythmus von Klasse zu Klasse hetzen, nachts von dem nicht einzuhaltenden Lehrplanpensum träumen und mehr Zeit für die unpädagogische Zensiererei aufwenden als ihnen Stunden für die Schülerberatung zur Verfügung stehen? Müssen wir unsere Lehrer isolieren, in Mammutsysteme aus Glas und Beton schicken und so ausbilden, dass sie ein Leben lang genug haben von – Pädagogik und Psychologie? Ängstliche Kinder sind im Kontext ihrer ängstlichen Lehrer zu sehen, aber auch im Zusammenhang ängstlicher Eltern. Denn: „Wer Angst verbreitet, ist selbst nicht ohne Angst“ – heißt es bei dem griechischen Philosophen EPIKUR um 300 v. Chr.

Muss also Lernen etwas mit Angst zu tun haben? – so fragten wir. Sicherlich zweitens auch dann, wenn wir uns „Schule“ nur noch als Zulieferungsbetrieb für eine leistungsbesessene und gleichzeitig dem Hedonismus frönende Gesellschaft vorstellen können, in der Profit und Konsum alles sind und die Menschlichkeit zur Telefonseelsorge schrumpft. Schule aber lässt sich auch ganz anders begreifen: als ein Ort nämlich, wo Menschen zusammenkommen, um all die tausend interessanten Dinge zu lehren und zu lernen, die unser Leben erst lebenswert machen. Jahrhunderte hat es gedauert, ehe wir die bloße *Leistungsschule* etablierten, die G. OESTREICH einmal ein „angstbeladenes Institut“ genannt hat. Und ich fürchte, es wird nicht viel weniger Zeit in Anspruch nehmen, um die *humane* Lernschule zu verwirklichen, von der I. ILLICH

(1972), dieser zornige Schulkritiker sagt: In ihr sollte niemand zu irgend etwas gezwungen werden. Ist das denn wirklich eine nicht einzulösende Utopie? [10]

Es würde zu weit führen, die vielfältigen Beziehungen zwischen den hier vorgetragenen diagnostischen und therapeutischen Möglichkeiten bis in alle Einzelheiten aufzuzeigen. Außerdem ist es im Sinne eines kreativen Lernens erfolgversprechender, dieses Interdependenzgeflecht selbst zu knüpfen – in Gruppen, mit anderen und vielleicht anhand der vier abschließenden Fallberichte.

IV. Abschließende Fallberichte

17. Fall: Mario, der Spaghettifresser

Mario ist das 3. Kind eines Italieners und seiner deutschen Ehefrau. Er besucht seit einigen Wochen die 5. Klasse einer nordrhein-westfälischen Gesamtschule. Die Familie Benazzi hatte vorher in Süddeutschland gewohnt, wo sich Mario in einer kleinen Grundschule sehr wohlgefühlt hatte. Die riesigen Trakte und die mehr als 2000 Mitschüler der hiesigen Gesamtschule jedoch ängstigen den Jungen, einen etwas dicklich wirkenden 11-jährigen Knaben. Er fühlt sich entwurzelt und wird von vielen Mitschülern gehänselt, als „Spaghettifresser" beschimpft, kurz: in die Rolle des dümmlichen Outsiders gedrängt, mit dem man seinen Spaß haben kann. Seit drei Tagen verfolgt ihn eine Gruppe von Klassenkameraden morgens auf dem Schulweg und ebenso nachmittags auf dem Nachhauseweg. Er wird in die Vorgärten gejagt, hinter Mülltonnen erschreckt, geschubst, verhöhnt und als „Feigling" betitelt. Auch in den Pausen hat er Angst vor der Clique, besonders vor Bernd, dem Anführer dieser Gruppe. Er versucht sich zu verstecken, was selten gelingt, ja seine Häscher erst so recht zu stimulieren scheint. Im Unterricht ist es Mario unmöglich, sich zu konzentrieren. Beständig muss er an die kommenden Bedrohungen denken, von denen er nicht weiß, wann sie den letzten Rest ihres Spielcharakters verlieren werden. Wenn Mario drankommt, stottert er (was er vorher nie tat), und seine Leistungen, die vorher über dem Durchschnitt lagen, sinken in allen Fächern unter ausreichend. Schließlich spricht ihn sein Mentorlehrer, Herr Kaulbach, auf sein auffälliges Verhalten hin an, und Mario erzählt unter Tränen von seinen Ängsten.

WAS WÜRDEN SIE ANGESICHTS DIESER SITUATION TUN?

18. Fall: „Das verhexte Telefon"

Sabine besucht das 4. Schuljahr einer randstädtischen Grundschule. Ihre Leistungen sind so, dass erwogen wird, sie aufs Gymnasium überwechseln zu lassen. Besonders ihre Mutter, eine nervöse Frau von 30 Jahren, sähe es gern, wenn ihr einziges Kind das schaffte, was ihr selbst – nicht zuletzt wegen Sabines Geburt – vorenthalten war, nämlich zu studieren. Demgegenüber ist der Vater, ein kaufmännischer Angestellter, wesentlich gelassener.

Die Lehrerin, Frau Wagner, glaubt also ganz im Sinne der Mutter zu handeln, wenn sie von Sabine erstklassige Leistungen erwartet, „das Letzte aus ihr herausholt" – wie sie es nennt.

Montagmorgen, 1. Stunde. Übers Wochenende war ein längeres Gedicht abschließend zu lernen: Erich KÄSTNERs *„Das verhexte Telefon". Drei Kinder haben es schon – mehr schlecht als recht – aufgesagt. Frau Wagner:*

„Jetzt wollen wir mal einen besonders guten Vortrag hören. Sabine, komm nach vorn und sag' das Gedicht auf!"

Während die Lehrerin in ihrem roten Notizbuch blättert, geht Sabine zum Lehrerpult, macht ihr Knickschen, öffnet den Mund und – kriegt keinen Ton heraus.

Die Klasse lacht, Frau Wagner klopft mit dem Bleistift aufs Pult und sagt ärgerlich:

„Noch mal, Sabine! Und nimm dich zusammen!“

Sabine macht ein zweites Mal ihr Knickschen, und wieder will es nicht kommen. Die Lehrerin sagt ihr die Überschrift. – Nichts. Der erste Vers wird ihr von einem Mitschüler souffliert. – Sabine bleibt stumm. Dann bricht sie in Weinen aus. Gedemütigt schleicht sie an ihren Platz zurück, die Worte der Lehrerin („Du bist wohl faul gewesen, Sabine!“) treffen sie hart.

Noch in der 2. Stunde (Sabine ist vom Religionsunterricht befreit und liest dann meist im angrenzenden Gruppenraum) schreibt sie das ganze Gedicht auswendig in ihr Heft und überreicht es Frau Wagner zu Beginn der großen Pause.

WAS WÜRDEN SIE ANGESICHTS DIESER SITUATION TUN?

19. Fall: Baldriantropfen helfen nicht

Das Beispiel einer undramatischen, aber schleichenden Schulangst bietet Markus, ein jetzt die 5. Klasse einer Realschule besuchender, langaufgeschossener Rotschopf. Dabei sind seine Leistungen stets gut bis befriedigend. Zu Hause wird selten über die Schule gesprochen, denn beide Eltern sind beruflich (als selbständige Baustatiker) stark engagiert und haben noch vier weitere Kinder zu versorgen. Markus selbst sagt nur ungern etwas, wenn eine Arbeit ansteht oder sonst eine Belastung auf ihn zukommt. Er frisst seine Angst buchstäblich in sich hinein und reagiert dann vegetativ mit Störungen des Magen-Darm-Traktes. Krämpfe, morgendliches Erbrechen, gelegentliche Obstipationen (Stuhlverstopfungen) usw. sind die auffälligsten psychosomatischen Reaktionen. Die Eltern geben ihm Baldriantropfen, Klosterfrau Melissengeist und schließlich Glutaminsäure. Selbstverständlich ändern all diese Mittel nichts an dem Verhalten des Jungen. Weiterhin ist er vor jeder Klassenarbeit extrem unruhig, ängstlich und wird von psychosomatischen Störungen gequält, weiß sich aber jederzeit zu „beherrschen“. Nach solchen Be-

lastungen neigt er zu depressiven Verstimmungen, behauptet, versagt zu haben und sicherlich eine 5 zu bekommen. Tatsächlich aber liegen seine Leistungen stets im oberen Klassendrittel.

Diese extrem misserfolgsgestimmten Verhaltensweisen drohen bei Markus habituell zu werden. Er bietet das Bild eines Jungen, dessen schulische Ängste ihn langsam aber sicher zum Neurotiker werden lassen. R. LEMPP, der Tübinger Kinder- und Jugendpsychiater, sprach in diesem Zusammenhang davon: „Die Schule ist zum führenden pathogenen Faktor bei der Entstehung kindlicher Verhaltensstörungen geworden." Deshalb ein weiteres Mal:

WAS WÜRDEN SIE ANGESICHTS DIESER SITUATION TUN?

20. Fall: „Diese Mofa-Clique macht mich noch ganz fertig!"

Frau Heuser, knapp 30 Jahre alt, ist Klassenlehrerin einer 5. Realschulklasse, mit der zu lernen ihr viel Spaß macht. Ihre moderne Art, schülerorientiert zu unterrichten, kommt bei den Schülern und Eltern in gleicher Weise an. Lediglich im Kollegium gibt es z. T. heftigen Widerstand. Der Schulleiter versucht zu vermitteln, ohne Position zu beziehen.

Zusätzliche Gegenargumente erhält die extrem konservative Lehrergruppe durch die Tatsache, dass Frau Heuser im Fachunterricht der 10. Klasse (Physik / Chemie) überhaupt nicht klarkommt. Besonders Mike, Eric und Sven verstehen es, ihr jede Stunde zu vermasseln. Diese Clique, die morgens aufreizend auf ihren Mofas angebraust kommt, genießt in der Schülerpopulation ein enormes Prestige: ihre Mitglieder rauchen, haben feste Freundinnen, Disko-Erfahrungen usw. Im Unterricht lümmeln sie sich herum, legen die Beine auf die Tische, machen halblaut sexuelle Bemerkungen und ziehen jedes Lernangebot ins Lächerliche. Gelegentliche Pausengespräche haben nichts bewirkt, und den Klassenlehrer der 10. anzusprechen, wagt Frau Heuser nicht, denn er gehört ausgerechnet zu ihren Gegnern im Kollegium. Als eines Morgens, kurz vor Beendigung der 5. Stunde, Frau Heuser fragt, welche Gruppe heute die Versuchsgeräte abbauen möchte, kommen die drei nach vorne geschlendert, und Mike bemerkt aufreizend: „Kleine, das machen wir. Und die Belohnung gibst du uns im Labor!" Die Klasse kichert, und Frau Heuser schickt alle nach Hause. Als kurz darauf der Kollege Wolter vorbeikommt und sie betroffen am Lehrerpult sitzen sieht, hört dieser die Worte: „Diese Mofa-Clique macht mich noch ganz fertig!"

WAS WÜRDEN SIE ANGESICHTS DIESER SITUATION TUN?

Ehe Sie diese Frage anhand des Therapiebogens auf S. 128 (vielleicht im Rollenspiel) zu beantworten versuchen, gehen Sie diese Fälle bitte mit Hilfe des Diagnosebogens (vgl. S. 96ff.) durch! Und: Gemeinsam mit anderen ist diese Übung ertragreicher als allein. Vielleicht präsentieren Sie aufgrund dieser Erfahrung irgendwann einmal auch einen eigenen Fall oder lesen die von A. UDE (^{9}1988) aufgezeichnete Therapie einer Angstpsychose bei der 6-jährigen Betty? „Die Angst ist ärger als die Strafe", heißt es bei Stefan ZWEIG (1954, S. 45), „denn die ist ja etwas Bestimmtes und, viel oder weniger, immer mehr als das entsetzlich Unbestimmte, dies Grauenhaft-Unendliche der Spannung ..."

Anmerkungen

1 T. MANN (Bd. 1, ^{2}1974, S. 705ff.).

2 Vgl. Statistisches Jahrbuch für die Bundesrepublik Deutschland 1989, S. 296f.: Danach kamen 1987 in der alten Bundesrepublik insgesamt 387 Kinder im Straßenverkehr ums Leben und 40517 wurden z.T. schwer verletzt. Und während auf den Straßen in Schweden von 1 Million Kinder 30 getötet wurden, waren es in der Bundesrepublik Deutschland 68. Damit lag die Bundesrepublik nach Belgien auf dem 2. Platz. Vgl. Frankfurter Rundschau, Nr. 41, vom 1.3.1986, Beilage MAGAZIN, S. M10.

3 Vgl. diese und die folgenden Angaben bei: STATISTISCHES BUNDESAMT (1987, S. 356–359) und W. STARCK (1974). Obgleich diese Daten schon etwas älter sind, zeigen auch neuere Erhebungen keine wesentliche Verschiebung – vor allem nicht in den Klassen 5 bis 10 der Realschulen und der Gymnasien, in denen die Sitzenbleiberquoten 1978/79 noch bei 5,3 bzw. 5,6% lagen (vgl. H.-G. ROLFF u. a., 1982, S. 68). Vgl. Die Deutsche Schule, 71 (3/1979), S. 140f. Dort ist jedoch der Prozentsatz der Sitzenbleiber nicht nur auf Vollzeitschüler bezogen.

4 Vgl. Ruhr-Nachrichten, Nr. 101, vom 5.5.1976, S. 1.

5 Laut brieflicher Mitteilung der ZVS an den Verfasser vom 17.3.1988.

6 Vgl. U. LEHR ([2]1974, S. 125) und Frankfurter Rundschau, Nr. 129, vom 7.6.1983, S. 15. Auch an diesen erschreckenden Zahlen hat sich wenig geändert: Laut Statistischem Jahrbuch für die Bundesrepublik Deutschland 1989 (S. 390f.) begingen 1987 in der Altersgruppe der 5- bis 25-jährigen 890 Personen einen Suizid bzw. Suizidversuch, wobei die Dunkelziffer der Selbsttötungs*versuche* extrem höher liegt und die Hunderte von Drogentoten hier nicht mitgezählt sind.

7 Vgl. Süddeutsche Zeitung. Nr. 200, vom 2.9.1975, S. 24, und Frankfurter Rundschau, Nr. 274, vom 26.11.1985, S. 20.

8 E. KÄSTNER (1957, S. 125) schreibt selbst: „Dann jagte ich, von wilder Angst gehetzt und gepeitscht, laut weinend und fast blind vor Tränen, durch die Straßen, elbwärts und den steinernen Brükken entgegen ...“

9 Vgl. dazu: I. BOWLBY (1973; 1975; 1976).

10 Vgl. dazu: R. WINKEL (1997).

Literatur

AKTION HUMANE SCHULE (Hrsg.): Schulstreß. Behauptung oder Wirklichkeit? Aalen (Eigendruck) 1977.

ALBERTZ, Jörg (Hrsg.): Aspekte der Angst in der „Therapiegesellschaft“. Wiesbaden (Freie Akademie) 1990.

AMMON, Günter: Dynamische Psychiatrie. Darmstadt, Neuwied (Luchterhand) 1973.

BIERMANN, Gerd: Autogenes Training mit Kindern und Jugendlichen. München (Reinhardt) [2]1978.

BOWLBY, John: Mütterliche Zuwendung und geistige Gesundheit. München (Kindler) 1973.

Ders.: Bindung. Eine Analyse der Mutter-Kind-Beziehung. München (Kindler) 1975.

Ders.: Trennung. Psychische Schäden als Folge der Trennung von Mutter und Kind. München (Kindler) 1976.

BRÜCK, Horst: Die Angst des Lehrers vor seinem Schüler. Reinbek (Rowohlt) 1978.

CZERWENKA, Kurt u. a.: Was Schüler von der Schule halten. Bericht über das laufende Forschungsprojekt. Lüneburg (Typoskript) 1988.

DEBRUNNER, Alfred: Freiheit und Vertrauen in der Erziehung. Bern, Stuttgart (Huber) 1964.

DÖRNER, Klaus / PLOG, Ursula: Irren ist menschlich. Wunstorf, Hannover (Psychiatrie Verlag) [3]1978; [4]1987.

FÜRNTRATT, Ernst: Angst und instrumentelle Aggression. Weinheim (Beltz) 1974.

GÄRTNER-HARNACH, Viola: Angst und Leistung. Weinheim (Beltz) [2]1973.

GROSSMANN, Klaus E. / WINKEL, Rainer: Angst und Lernen. München (Kindler) 1977.

HEIDEGGER, Martin: Sein und Zeit. Tübingen (Niemeyer) [11]1967.

HUBER, Günter K.M.: Anti-Angst-Training. München (Heyne) 1975.

HURRELMANN, Klaus u. a.: Die psychosozialen „Kosten" verunsicherter Statuserwartungen im Jugendalter. In: Zeitschrift für Pädagogik, 34 (1/1988), S. 25–44.

ILLICH, Ivan: Entschulung der Gesellschaft. München (Kösel) 1972.

JACOBS, Bernhard / STRITTMATTER, Peter: Der schulängstliche Schüler. München (Urban & Schwarzenberg) 1979.

KÄSTNER, Erich: Als ich ein kleiner Junge war. Zürich (Atrium) 1957.

LAING, Ronald D.: Das geteilte Selbst. Köln (Kiepenheuer & Witsch) 1972.

LEHR, Ursula: Psychologie des Alterns. Heidelberg (Quelle & Meyer) [2]1974.

LEMPP, Reinhart: Die Schulangst wird immer größer. In: DIE ZEIT, Nr. 26, vom 20.6.1975, S. 44.

LEVITT, Eugene E.: Die Psychologie der Angst. Stuttgart (Kohlhammer) 2 1973.

MANN, Thomas: Gesammelte Werke in dreizehn Bänden. Frankfurt a. M. (S. Fischer) 2 1974.

MEYER, Ernst: Unterrichtsthema Angst. Wiesbaden (Akademische Verlagsgesellschaft) 1978.

Ders. / WINKEL, Rainer (Hrsg.): Unser Ziel: Humane Schule. Baltmannsweiler, Hohengehren (Schneider) 1991 (a).

Dies.: Unser Konzept: Lernen in Gruppen. Baltmannsweiler, Hohengehren (Schneider) 1991 (b).

MITSCHERLICH, Alexander: Auf dem Weg zur vaterlosen Gesellschaft. München (Piper) 1963.

MULLER, Richard G. E.: Verhaltensstörungen bei Schulkindern. München, Basel (Reinhardt) 2 1972.

OESTREICH, Gisela: Das angstbeladene Institut. In: Ganzheitliche Bildung, 9 (1967), S. 303–320.

Dies.: Kinder zwischen Angst und Leistung. Freiburg (Herder) 1975.

PIETROWICZ, Bernhard: Auffällige Kinder. Beispiele und Ratschläge. Bochum (Kamp) 11 1974.

ROLFF, Hans-G. u. a. (Hrsg.): Jahrbuch der Schulentwicklung. Bd. 1. Weinheim (Beltz) 1980. Bd. 2. Weinheim (Beltz) 1981. Bd. 3. Weinheim (Beltz) 1984. Bd. 4. Weinheim (Beltz) 1986 (und weitere Ausgaben ab 1988 im Weinheimer Juventa Verlag).

ROSA, Karl Robert: Das ist Autogenes Training. München (Kindler) 1973.

ROTH, Jürgen: Armut in der Bundesrepublik. Frankfurt a. M. (Fischer Taschenbuch) 1974.

SARASON, Seymour B. u. a.: Angst bei Schulkindern. Stuttgart (Klett) 1971.

SCHELL, Hans: Angst und Schulleistung. Göttingen (Hogrefe) 1972.

SCHWARZER, Ralf: Schulangst und Lernerfolg. Düsseldorf (Schwamm 1975.

SIGRELL, Bo: Problemkinder in der Schule. Weinheim (Beltz) 4 1975.

STARCK, Willy: Die Sitzenbleiber-Katastrophe. Stuttgart (Klett) 1974.

STATISTISCHES BUNDESAMT (Hrsg.): Statistisches Jahrbuch 1987 für die Bundesrepublik Deutschland. Stuttgart, Mainz (Kohlhammer) 1987 (und weitere Ausgaben).

SZASZ, Thomas S.: Geisteskrankheit – Ein moderner Mythos? Olten, Freiburg (Walter) 1972.

UDE, Anneliese: Betty. Protokoll einer Kinderpsychotherapie. München (dtv) [9]1988.

WEIDENMANN, Bernd: Lehrerangst. München (Ehrenwirth) [1]1978; [2]1983.

WIECZERKOWSKI, Wilhelm u. a.: Angstfragebogen für Schüler. Test. Braunschweig, Göttingen (Westermann, Hogrefe) [2]1974.

WINKEL, Rainer: Pädagogische Psychiatrie für Eltern, Lehrer und Erzieher. München (List) 1977. Neuausgabe: Baltmannsweiler, Hohengehren (Schneider) [1]1991; [4]2004.

Ders.: Angst in der Schule. Essen (Neue Deutsche Schule) [1]1979; [2]1980.

Ders.: Gehetzte Schüler und hektische Lehrer? Zur Wiederentdeckung didaktischer Langsamkeit. In: Deutsche Lehrerzeitung, 39 (49/1992), S. 12 (b).

Ders.: Theorie und Praxis der Schule. Oder: Schulreform konkret – im Haus des Lebens und Lernens. Baltmannsweiler, Hohengehren (Schneider) 1997.

ZWEIG, Stefan: Angst. Novelle. Stuttgart (Reclam) 1954. Original 1910 u. 1925.

Siebtes Kapitel

Der angeblich 'freche', 'faule', 'schlechte' und 'unbeliebte' Schüler oder: Abbau einer Ideologie mit Hilfe empirischer Untersuchungen

„Die heutige Jugend ist von Grund auf verdorben, sie ist böse, gottlos und faul."

Inschrift auf einer babylonischen Tontafel, ca. 1000 v. Chr.

DER SPIEGEL brachte vor etlichen Jahren folgenden Hilferuf eines Studienrats: „Fremdsprachen, Deutsch, 40 J., des staatlich geduldeten Pöbels an deutschen Gymnasien überdrüssig, übernimmt jede Arbeit."[1]

Diese sicherlich nicht repräsentative – vielleicht aber typische – Reaktion eines Schulmeisters auf ein negativ erlebtes Berufsfeld verdient Beachtung, artikuliert sich in ihr doch die Kapitulation gegenüber nicht immer leichten pädagogischen Aufgaben. Dabei soll der Schwarze Peter nicht dem erwähnten Studienrat zugeschoben werden. Ein gerüttelt Maß an Verantwortung fällt nicht zuletzt einer missverstandenen und sich bis heute missverstehenden 'Erziehungswissenschaft' zu, der P. HEIMANN einmal treffend „Stratosphärendenken"[2] attestierte und die viel unternahm, um die angehenden Lehrer die konkrete Wirklichkeit nicht sehen und damit verbessern zu lassen. Es mehren sich in letzter Zeit die Beschwerden an der Lehrerausbildung aller Schularten und in jeder Phase[3]. Diesem Tatbestand korrespondiert zum Glück eine verstärkte Hinwendung der Erziehungswissenschaft zu alltäglichen – was nicht identisch ist mit trivialen – Schulproblemen, die mittels empirischer Methoden auf ihre Faktizität, Genese, Effektivität und Legitimation untersucht werden sollen.

Im Umkreis schulpädagogischen Wirkens – sei es als Lehrer vor der Klasse, Kollege in mehr oder weniger ergiebigen Konferenzen, Berater der Eltern, Fachleiter in der Referendarausbildung, Schulleiter oder Studenten während ihres Praktikums betreuender Hochschullehrer – wurde und wird der Verfasser, wenn er die Schatten des Schulalltags zu beleuchten hat(te), immer wieder mit der leidigen 'Erfahrung' konfrontiert: Meine Schüler sind frech, faul und leisten nichts! Mit dieser von vielen Lehrern und Erziehern gemachten 'Erfahrung' gingen mannigfache Reaktionen einher: Resignation, *happy-go-lucky-attitude* Zynismus, Verdrängung, Aufbäumen usw., selten kritische Verarbeitung.

Wenn im folgenden die 'Erfahrung' vom 'frechen', 'faulen', 'schlechten' und 'unbeliebten' Schüler, die sich mitunter zu einer Ideologie verfestigt hat, anhand einiger empirischer Untersuchungen sowie im Kontext von fünf Fallberichten erhellt wird, geschieht das in der Absicht, zu entideologisieren und zu helfen. Gerade der angeblich 'freche', der immer 'faule' und im Grunde 'schlechte' oder 'unbeliebte' Schüler wird für gestörte Unterrichtsprozesse nicht selten verantwortlich gemacht, mehr noch: schuldig gesprochen. Aber ist er das wirklich?

Wir betrachten in diesem siebten Kapitel den gestörten Unterricht also vom Schüler her, dessen Stigmatisierung Ursache und Folge eines Unterrichts zu sein scheint, den man pathologisch nennen könnte.

Die fremdsprachige Literatur wird deshalb unberücksichtigt gelassen, weil die folgenden Hinweise zur Lektüre der referierten Untersuchungen selbst anregen wollen, die jedoch einmal erreichbar und zum anderen ohne etliche Wörterbücher und Nachschlagewerke zu lesen sein sollten[4].

*

Zuvor eine kurze Einführung in die Theorie des abweichenden Verhaltens, über die z. B. D. MATZA (1973) grundlegend gearbeitet hat:

Die Middlewest-High-School hat 2400 Schüler, 160 Lehrer, einen Schulpsychologen, zwei Sozialarbeiter, zwei Schulkrankenschwestern, vier Heilpädagogen, acht Schülerberater und zwei Polizisten – eine ganze Abteilung also für „schwierige“ Fälle. Und in der Tat: Jedes Jahr ermittelt dieser „Service“ ca. 150 Problemschüler, vom „disziplinlosen Sam“ bis hin zur „kriminellen Mary“. Eine Analyse der Etikettierungsprozesse in dieser amerikanischen Schule legte M. WITTIG (1974; 1978) vor; etwas kleinformatiger könnte diese Schule auch in Berlin oder Fröndenberg stehen. Und wir werden solche Schulen eines Tages flächendeckend haben, wenn es versäumt wird, „Problemschüler“ auch als *Schul*probleme zu interpretieren, die häufig Opfer der „Vorurteile und Mythen in pädagogischen Prozessen“ (J. S. HOHMANN, 1978) sind und nicht etwa mit angeborenen Defekten zu uns kommen.

Die ältere Devianztheorie nahm an, abweichendes Verhalten sei ein Verstoß gegen ein bestimmtes Normensystem und folglich eine objektiv feststellbare Handlung. Dieser naturalistische Ansatz wurde jedoch dann heftig erschüttert, als man die Blickrichtung veränderte, also nicht länger nach den Ausprägungen der scheinbar eindeutigen Regelverstöße fragte, sondern die Prozesse genauer erforschte, die zu solchen devianten Akten führten. Die *ätiologische* Devianztheorie wurde ergänzt durch die Theorie des sog. *labeling approach*, des Versuches also, die Etikettierungsprozesse selbst zu erhellen. Diese – in der Nachfolge von Max WEBER – sich *verstehende* Soziologie nennende Forschungsrichtung ist weniger am devianten Verhalten des Abweichlers als vielmehr an den Reaktionen der Umwelt interessiert, die ein solches Verhalten konstituieren oder zumindest verstärken, d. h. an dem Ablauf von Devianzzuweisungsprozessen. Dabei zeigen sich – verallgemeinernd – folgende Ablaufschemata:

- Eine Institution (wie z. B. die Schule) stellt ein bestimmtes Normensystem auf, mit dessen Hilfe sich die Institution als solche absichert – notwendigerweise wohlgemerkt.

- Verstöße gegen dieses Normensystem werden dann häufig als „störende“, „anormale“ oder „kranke“ Verhaltensweisen registriert.

- In Form von Beurteilungen wird das Material für Aktenkarrieren bereitgestellt.

- Die Prozesse der Etikettierung beginnen sich u. a. durch Halo- und Pygmalion-Effekte auszudehnen, d. h. einzelne Merkmale bzw. Eigenschaften eines verdächtigen Individuums werden aufgrund einer Vorurteilsbildung verzerrt, verallgemeinert und erweitert (entlang der Behauptung: „Wer lügt, der stiehlt!“) oder auch ignoriert, unterdrückt, gar ausgelöscht (nach dem Motto: „Was nicht sein darf, das nicht sein kann!“). Bestimmte auffällige Verhaltensweisen oder ungewöhnliche Leistungen lassen sich durch bestimmte Erweiterungen also verstärken (denn: „Der Glaube kann Berge versetzen“), aber auch ungeschehen machen, wobei die Alltagssprache viele legitimierende Sprüche bereitstellt (etwa: „Dumm bleibt dumm, da helfen keine Pillen!“).

- Dieses Geschehen mündet nicht selten in einen Stigmatisierungsprozess ein, wobei der Abweichler nun gänzlich gekennzeichnet ist.

- Parallel dazu reagiert das stigmatisierte Individuum seinerseits mit den erwarteten bzw. befürchteten devianten Verhaltensweisen; es kommt also zu zirkulären Verstärkerprozessen.

- Als Auswege bleiben ihm (außer der Metakommunikation) nur offen: entweder gänzlich zum Außenseiter zu werden, mit allen Folgen psychisch-sozialer Anormalität, oder aber sich therapieren, d. h. weitgehend an die Ausgangsnormen anpassen zu lassen.

- Man könnte diese Prozesse pointiert so kennzeichnen: Institutionen (wie z. B. Schulen, Heime oder Strafanstalten) schaffen sich häufig über die Etikettierung und Stigmatisierung diejenige Population, die sie für die Aufrechterhaltung ihrer Normen (zu denen eigentlich auch deren Infragestellung gehört) benötigen.

Über eine Herauslösung der Probleme angeblich 'frecher', 'fauler', 'schlechter' und 'unbeliebter' Schüler aus dem pädagogischen Kontext kommt es zum Aufbau von Aktenkarrieren und einer Pathologisierung der Problemfälle. D. h. die Störfaktoren werden aus dem gewöhnlichen Unterricht eliminiert und fließen zu einem verallgemeinernden Bild der abweichenden Persönlichkeit zusammen, der dann ein spezieller Behandlungsservice angeboten oder auch die Ausgliederung abverlangt wird. Bemerkenswert daran ist die Tatsache, dass weder die Etikettierer noch die Etikettierten ausschließlich steuerungsfähig zu sein scheinen, sondern sich die institutionellen Zwänge und Prozesse so stark verselbständigen können, dass nur über *deren* Mitveränderung entscheidende Korrekturen an solchen Zuweisungen möglich sind. Diese aber beginnen bekanntlich nicht außerhalb der Institutionen, sondern in ihnen selbst. In jedem Klassenzimmer vollziehen sich Etikettierungen, und nur dort können entsprechende Aufklärungsprozesse *beginnen*. Damit wird der ältere ätiologische, täterorientierte und normativpathologische Ansatz in der Theorie abweichenden Verhaltens ebenso überwunden wie das neuere strukturelle, normorientierte und gesellschaftlich-relative Paradigma. Statt dessen wird hier jener Prozesstheorie der Vorzug gegeben, in der *beide* Seiten (Institution *und* Individuum, Erbe *und* Umwelt, Gesellschaft *und* Person) als Agierende und Re-Agierende angesehen und so in die Mitverantwortung für Tat und Täter genommen werden (vgl. K. ULICH, 1980). 'Störer' und 'Gestörte', 'Normale' und 'Anormale', 'Problem-' und 'Musterschüler' beeinflussen einander und werden beeinflusst, sind Verursachende und Erleidende und d. h. aktiv und passiv involviert in den sozialen Prozess des Auffällig-werdens, des „Becoming Deviant" (wie D. MATZA 1969 seine bahnbrechende Schrift nannte). Entscheidend im Umgang mit anderen, mit fremden, mit auffälligen Mitmenschen ist und bleibt eine Frage, die der Frankfurter „Irrenarzt" Heinrich HOFFMANN (1809–1894) in seinem weltberühmten Kinderbuch „Der Struwwelpeter" den drei „bösen Buben" durch *Nikolas* zuruft, als sie den schwarzen Außenseiter ärgern wollen: „Was kann denn dieser Mohr dafür, / Daß er so weiß nicht ist wie ihr?" – So schimpft der große Nikolas mit seinem großen Tintenfass ... Mit diesem Hinweis, der an die Ausführungen des 1. Kapitels anknüpft, wollen wir uns nun einzelnen Fällen etikettierter bzw. stigmatisierter Schüler im Kontext empirischer Untersuchungen zuwenden.

I. Der 'freche' Schüler

21. Fall: Heinos Provokation

5. Stunde in einem 7. Jahrgang. Herr Böcher erteilt den 11 Schülern und 9 Schülerinnen Englischunterricht. Es handelt sich um die aus den drei Parallelklassen gebildete Leistungsgruppe A. Seit etwa einer Woche ist auch Heino in dieser Gruppe, nachdem er im Leistungskurs B so gute Noten erreicht hatte, dass er auf Vorschlag der Lehrerin aufsteigen durfte. Herr Böcher, der Heino schon einmal als Klassenlehrer im 5. und 6. Schuljahr unterrichtet hatte, war darüber verstimmt. Erstens mag er Heino nicht besonders leiden, und zweitens glaubt er, dass seine Kollegin viel zu gut zensiert, auch um ihm die Arbeit in dieser relativ kleinen Gruppe durch Überweisungen zu erschweren.

Herr Böcher übt gerade die bejahende und verneinende Antwort, hat jeweils zwei verschiedene Gegenstände in den Händen, hält mal den Ball, dann das Messer in die Höhe und lässt die Kinder auf seine Fragen und Gesten im Chor antworten:

„Is this a ball?" „Yes, it is!" – „No, it isn't!"

„Is this a knife?" „Yes, it is!" – „No, it isn't!"

„Is this a book?" „Yes, it is!" – „No, it isn't!"

„Is this a pen?" „Yes, it is!" – „No, it isn't!"

...

Heino spielt ein bisschen Dirigent: klopft auf den Tisch oder untermalt die Antworten rhythmisch mit der rechten Hand ...

Herr Böcher unterbricht und sagt in scharfem Ton:

„Heino, lass' das!"

Das Spiel geht weiter:

„Is this a pencil?" „Yes, it is!" – „No, it isn't!"

„Is this a rubber?" „Yes, it is!" – „No, it isn't!"

...

Heino dirigiert mit den Augen: mal nach rechts, dann nach links ...

In diesem Augenblick knallt Herr Böcher die gerade hochgehaltenen Sachen aufs Pult und schreit:

„Raus! Du Flegel! Du frecher Affe! Nimm deinen Kram und geh' zu Frau Steindorf zurück! Hier bist du fehl am Platze. Zurück in die B-Gruppe, du ... du ... Barackenbewohner. Du brauchst kein Englisch. Du brauchst ein paar Ohrfeigen ..."

Lehrer, denen solche Entgleisungen zustoßen, helfen sich und dem betreffenden Schüler am besten dadurch, dass sie solch einen Fall mal aus der Perspektive des Schülers niederschreiben – wirklich nieder*schreiben* und erkennen, wie stark ihre Vorurteile an der Etikettierung beteiligt waren. Zumindest fünf Sachverhalte lassen sich so erkennen:

Erstens reagiert Herr Böcher auf die spielerische Provokation Heinos übertrieben bzw. unangemessen.

Zweitens wirkt sein soziales Vorurteil stigmatisierend, so dass aus dem „Flegel" auch ein „Barackenbewohner" und letztlich ein für diese Lerngruppe wohl zu „dummer" Schüler wird.

Drittens versucht der Lehrer, einen Konflikt zwischen sich und seiner Kollegin auf dem Rücken des Schülers auszutragen und damit den Schüler als Blitzableiter seiner Aggressionsbedürfnisse zu missbrauchen.

Viertens riskiert Herr Böcher, dass Heino die ihm zugesprochenen Stigmata so einfach und so schnell nicht mehr los wird, d. h. von Mitschülern oder anderen Lehrern immer stärker in die Rolle des sozialen Außenseiters gedrängt wird.

Und *fünftens* schließlich wird der Lehrer zur Lösung dieses Problems nur den Weg der Entschuldigung vor der ganzen Lerngruppe beschreiten können, die langfristig Heino von den Vorurteilen entlastet und die auch ihm zukommenden positiven Merkmale herausstellt.

Nun ereignen sich solche Szenen in abgewandelter Form tagtäglich in unseren Klassenzimmern und verleiten Lehrer zu einer gefährlichen Schuldzuweisung. Der Nürnberger Schulpädagoge Oskar SEITZ, von Haus aus Psychologe, hat in seinen eigenen Erhebungen den empirischen Nachweis erbracht, dass nur 3,2 % der befragten (Grund- und Hauptschul-)Lehrer sich selbst als Mitverursacher für gestörte Unterrichtsprozesse ansehen, aber 64,9 % den Schülern die Schuld zuweisen. Dabei sollen Flegeleien, Respektlosigkeiten, Aggressionen und Provokationen von Schülern nicht geleugnet oder verharmlost, wohl aber in ein rechtes Ausmaß gerückt werden. Gerade die heute immer mehr grassierenden Provokationen gehören mit zu den die Lehrerpsyche am stärksten belastenden Ereignissen. Mitunter können echte Tragödien bei Eltern und Lehrern – aber auch bei Schülern – abrollen, die (unkontrolliert) einem Schrecken ohne Ende nachlaufen. E. ZÜGHART hat eine Fülle von Disziplinkonflikten in der Schule auf Originalität und Produktivität der Lösungsversuche hin untersucht[5]. Seine Arbeit sei daher als erste referiert, wobei wir uns jeweils auf die *Fragestellungen, Versuchsanordnungen* und die *Resultate* beschränken wollen.

Fragestellungen: 1. In welchen Fällen haben Lehrer Erziehungskonflikte originell und produktiv gelöst?

2. Was erbringt eine Analyse dieser Disziplinarfälle bezüglich einer pädagogischen Handlungstheorie?

Versuchsanordnungen: ZÜGHARTs Methode war die der *case-study*. Er sammelte Vorfälle mit 13- bis 16-jährigen Haupt- und Realschülern, wobei 42 originelle und produktive Fälle in den Report und in die Analyse aufgenommen wurden. Mit Hilfe eines Leitschemas wurden die beteiligten Lehrer (leider nicht auch die Schüler) Intensivinterviews[6] unterzogen, und nach Abschluss des Gesprächs wurde ein geschlossenes Protokoll angefertigt. Die Fälle wurden nach 11 verschiedenen Typen aufgeschlüsselt (z. B. Verstöße gegen die Schulordnung, Sachbeschädigungen usw.), wiedergegeben und analysiert.

Resultate: 1. Die Erhebung brachte eine vertiefende Einsicht in das Konfliktfeld Klasse, Schüler, Schule und Lehrer im Sinne einer topologischen Strukturerhellung wechselseitiger Beeinflussung.

2. Obgleich die einzelnen Lehrer aufgrund ganz verschiedener pädagogischer Theorien die Konflikte positiv lösten, ist der klassische Weg zur Lösung von Disziplinkonflikten in der Schule von den Stationen markiert: Verstehen (des Problems), Auferlegen (der Verantwortung) und Wiedergutmachen bzw. Heilen (des Schadens).

Um die Güte der einzelnen Fallstudien zu demonstrieren und die zuvor geschilderte Reaktion des Lehrers zu relativieren, sei aus einem der Fälle zitiert:

22. Fall: Bodos Provokation

Geschichtsunterricht. Herr D redet, er malt mit Worten. Aber er malt vergebens. Und irgendwann macht er eine Atempause ... Da hört man, laut und vernehmlich, etwas monoton und hohl: „Das is' wahr!" Von einem Jungen kommt es, der Herrn D bislang noch gar nicht ins Auge gefallen ist, von Bodo ... Alle Blicke sammeln sich auf Herrn D. Dessen Atempause wird

bedenklich lang. Doch dann redet er weiter ... Aber nicht lange kann er reden, dann ist es wieder da, dieses „Das is' wahr!" ... In der nächsten Stunde wird geschrieben. Da ist der Kommentator still. Aber in der Erdkundestunde geht es genauso ... Da kommt es: „Das is' wahr!" Diesmal hat Herr D darauf gewartet. Zu Bodo: „Weißt du, Bodo, jeder macht das gern, was er eben kann. Du sagst gern den einen Satz ... Ich mache dir einen Vorschlag: Wenn ich ein Stück geredet habe und wenn ich ohnehin einmal Luft holen muß, dann gebe ich dir ein Zeichen, so ..., wie ein Kapellmeister, und dann bist du mit deinem Satz dran, den du so gut kannst." Herr D wartet die Zustimmung von Bodo nicht ab und fängt an zu erzählen ..., aber schließlich macht er den Einschnitt, wendet sich zu Bodo und gibt, keineswegs sehr überzeugend, das angekündigte Zeichen ... Doch da kommt von Bodo pünktlich sein „Das is' wahr!" – aber, und das ist nun entscheidend, es kommt so völlig anders als bisher immer: es kommt verloren, unsicher, stotternd. Da geht durch die Klasse das erste richtige Lachen seit Ostern ... Es erübrigt sich: Herr D braucht den Kapellmeister nicht ein zweites Mal zu mimen ...[7]

Nach K. *LEWIN*[8] unterscheiden wir drei Grundmodelle von Konfliktsituationen:

Einmal die Situation, in der ein Individuum zwischen zwei annähernd gleich starken positiven Aufforderungen hin- und hergerissen wird (Kind, das zwischen zwei Freunden vereinsamt). Zum anderen die Grundsituation, in der sich ein Individuum zwischen zwei ungefähr gleich starken negativen Aufforderungen befindet (Kind, das nicht lernen will, aber unter Strafandrohung lernen soll). Und schließlich gibt es die Möglichkeit, dass der eine Feldvektor auf einen positiven, der andere auf einen negativen Aufforderungscharakter zurückgeht (Kind, das sich einem Lehrer anvertrauen will, vor dem es aber Angst hat). Dieser Sachverhalt sei in drei Abbildungen veranschaulicht.

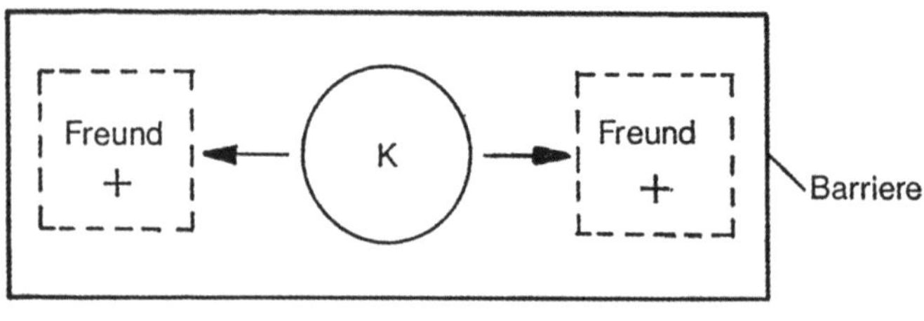

Abb. 10 Das erste Grundmodell einer Konfliktsituation

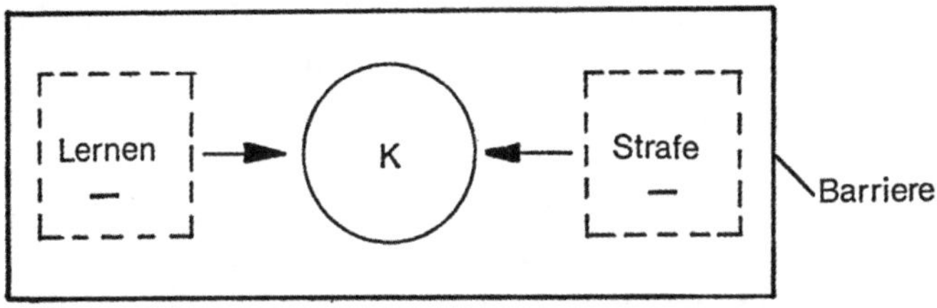

Abb. 11 Das zweite Grundmodell einer Konfliktsituation

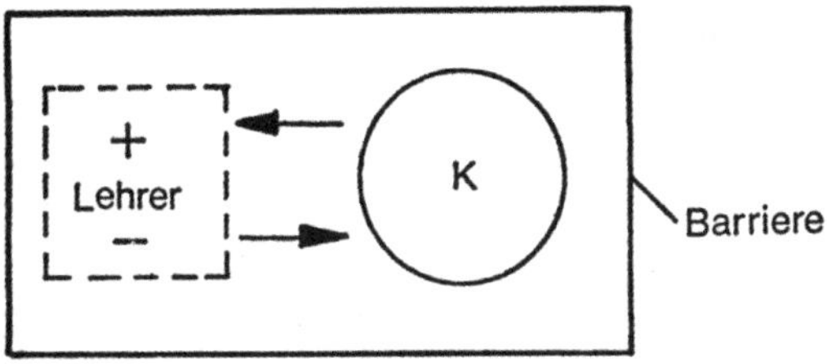

Abb. 12 Das dritte Grundmodell einer Konfliktsituation

Die durch die Außenbarrieren verhinderten Ausbruchstendenzen bringen das Individuum mitunter in eine derartige Zwangslage, dass es zu unreflektierten Reaktionen getrieben wird. Solche Stress-Situationen, deren gemeinsames Merkmal die Feldbarriere ist, können u. a. durch folgende „Lösungen" beendet werden:

1. Ausführen des Gebotes (z. B. Zuhören),
2. Annehmen der Strafe (z. B. einen Aufsatz schreiben),
3. Unmittelbares Anrennen gegen die Barriere (z. B. aus dem Klassenzimmer laufen),
4. Mittelbares Anrennen gegen die Barriere (z. B. Provokationen),
5. Abkapselung (z. B. das Konfliktfeld ignorieren),
6. Trotz (z. B. stereotyp Verneinungen äußern),
7. Flucht in die Irrealität (z. B. Tagträume, Drogengenuss).

In unserem ersten Beispiel attackierte Heino durch das rhythmische Dirigieren indirekt die Feldbarriere, die ihn und seine

Mitschüler zu einer Leistung zwang, deren fehlender Spielcharakter dysfunktional zum vom Lehrer ritualisierten Lernspiel stand. Hinzu mag bei Heino der latente Wunsch getreten sein auszuprobieren, ob ihn Herr Böcher nun leiden mochte oder nicht. So etwas erfragt sich lieber indirekt – z. B. über eine Provokation. Auch die scharfe Zurechtweisung kann dieses Bedürfnis nicht unterdrücken. Und schließlich bricht aus dem Lehrer die ganze Wut über seine Tätigkeit in Form sich steigernder Impulssalven[9] heraus, so dass der eigentliche Konflikt nicht gelöst, sondern nur weggeschoben wird. Ohne vermittelnde Hilfen wird hier schwerlich etwas zu reparieren sein …

Ganz anders reagierte der Lehrer D auf die Provokation des Schülers Bodo. Warum lacht denn die Klasse? Weil sich die Attacke des Schülers gegen die 'Barriere' Zuhörenmüssen als offensichtliche Donquichotterie herausstellt. Der Lehrer ermutigt Bodo sogar, seine Provokation – nur eben gesteuert – fortzusetzen und zeigt damit, dass er dort, wo Bodo vermutet, gar keine Feldbarriere aufzubauen gewillt ist. Soll Erziehung also immer nachgeben, zurückstecken, ent-schuldigen usw? Keineswegs! Erziehung soll u. a. bewusst machen, die ihr immanenten Mechanismen aufzeigen. Indem sie so verfährt, werden all ihre *Waffen* in der Tat wirkungslos. Aber – und das ist entscheidend – erst nachdem eine sich dermaßen missverstehende 'Erziehung' sich selbst *ad absurdum* geführt hat, kann erzogen werden.

Am 'Frechsein' des Schülers trägt der Lehrer also insofern Mitwirkung, als er es oft nicht versteht, Konfliktsituationen so rational in die Kommunikation aller einzubringen, dass „jedwede Autorität aufgehoben wird und allein die rationale Kooperation verbindlich – *für alle* verbindlich – ist“[10]. Das heißt konkret: Solange auf Barrieren, Lohn und Strafe, Tricks und Überrumpelung zugunsten einer das Interessenfeld radikal offenlegenden Information nicht verzichtet wird, solange imperiale Strukturen nicht tendenziell aus dem Erziehungs- und Unterrichtsfeld entlassen werden, ist der 'freche' Schüler eine logische Konsequenz. Zu einer gefährlichen Ideologie wird die 'Frechheit' des Schülers jedoch dann, wenn Ursachen mit Wirkungen verwechselt und Einsichten verschwiegen werden. Die 'Frechheit' des Schülers ist häufig nicht Ursache des Disziplinkonfliktes, sondern die Folge einer barriereumschlossenen Erziehungs- und Unterrichtssituation. Mit anderen Worten: jedes Auffälligsein, jeder „aggressive", „desmotivierte", jeder „freche", „faule" oder „schlechte" Schüler hat – ob ich dies einräume oder nicht – immer auch etwas mit *mir* zu tun und – just diesen Anteil kann ich verändern, gestalten, produktiv nutzen.

II. Der 'faule' Schüler

23. Fall: Ist Heidrun wirklich faul?

Vor etlichen Jahren kam ein damals 11,9 Jahre altes Mädchen aus der Quinta eines Gymnasiums (aus der 6. Klasse also) zu uns in die Hauptschule. Aus dem angeforderten Gutachten ging hervor, dass die Schülerin Heidrun „zwar nicht unbegabt, aber recht träge und vor allem äußerst aggressiv" sei. Eine Untersuchung mit dem I-S-T nach R. AMTHAUER[11] ergab beim ersten Versuch einen IQ von 133, beim zweiten von 135; der Soziale Motivationstest von R. MÜLLER[12] erbrachte überwiegend altruistisch gefärbte Sympathiemotivierungen; und im ABELSschen Konzentrations-Verlaufs-Test[13] erreichte das Mädchen überdurchschnittliche Werte bezüglich der Sorgfalts-, Tempo- und Konzentrationsleistung. Psychologisch getestet wurde sie deshalb so ausführlich und sorgfältig, weil uns die pädagogische Frage interessierte: Wie konnte sie unter das Vorurteil „recht träge und vor allem äußerst aggressiv" geraten?

Einsichten in die Ideologie des 'faulen' Schülers vermittelt die Untersuchung von E. HÖHN[14], die uns im Folgenden beschäftigen soll.

Fragestellungen: 1. Wie urteilt der Lehrer über den 'faulen' bzw. 'schlechten' Schüler?

2. Wie urteilen die Mitschüler über den so etikettierten Schüler?

Versuchsanordnungen: Zunächst wurde geprüft, ob bei Schülern überhaupt dieselben Misserfolgsreaktionen auftreten wie bei erwachsenen Versuchspersonen, die etwa J. HELM[15] nachgewiesen hat. Dabei zeigten die 128 Haupt- und Sonderschüler im Alter von 10 bis 15 Jahren in ihren Reaktionsweisen auf Misserfolg (z. B. Aus-dem-Felde-Gehen, Aggression, Regression, Vertuschen) keinen signifikanten Unterschied.

Daraufhin wurden 35 Lehrer gebeten, ihre 3 schlechtesten Schüler frei zu schildern, wobei sich der Versuchsleiter auf die Protokollation beschränkte. Auf diese Weise wurden insgesamt 90 'schlechte' Schüler im Alter von 9 bis 19 Jahren beschrieben. Anhand einer ausführlichen Merkmalsliste konnten bestimmte Items festgehalten werden. Ergänzend zog E. HÖHN 240 Kurzgutachten von Volksschullehrern hinzu, die die betreffenden Schüler der Sonderschule empfohlen hatten. Und letztlich wurde 1000 Schülern das Bild 1 (für Jungen) und das Bild 3 (für Mädchen) des Thematischen Apperzeptions-Test (TAT) mit der Anweisung vorgelegt: „Das ist ein schlechter Schüler (bzw. eine schlechte Schülerin). Ihr sollt eine Geschichte dazu erfinden, in der vorkommt, was auf dem Bild los ist, was vorher war und wie es wohl weitergehen wird.“[16] Vor allem über Polaritätsprofile gelangte die Autorin zu einem Bild des Schulversagers, das bedenklich stimmt.

Resultate: Aus der Fülle der – besonders statistisch interessanten – Daten seien folgende pädagogisch-psychologische Ergebnisse der Untersuchung wiedergegeben:

1. Vorwiegend negative Einstellungen zu ihren 'schlechten' Schülern dokumentieren in den 90 freien Schilderungen insgesamt 63% der Lehrer. Die 50 Jungen wurden zu

52% als 'faul' und zu 34% als 'dumm', die 40 Mädchen zu 58% als 'dumm' und nur zu 45% als 'faul' charakterisiert.

2. Am häufigsten wird von den Lehrern im 'schlechten' Schüler das Stereotyp des 'faulen Begabten', dann erst das des 'fleißigen Dummen' und letztlich das des 'faulen Dummen' gesehen.
3. Der 'faule Begabte' stellt insofern eine den Lehrer häufig persönlich treffende Provokation dar, als er ihm das vorenthält, was dieser als Lohn für seine pädagogische Mühe von ihm erwartet: Die gute Leistung bzw. wenigstens das Bemühen um eine gute Leistung. Der prognostische Wert eines erfolgreichen Schulbesuchs ist für *den* Schüler am geringsten, der in der Sicht seiner Lehrer als 'faul' *und* 'begabt' erscheint. Demgegenüber bringt der Lehrer dem keine Disziplinschwierigkeiten machenden 'fleißigen Unbegabten' ungleich mehr Wohlwollen und Verständnis, die sich natürlich auch in bestimmten Zensuren niederschlagen, entgegen.
4. Fast alle Lehrerurteile unterliegen insofern dem Halo-Effekt, als sie von Einzelbeobachtungen aus ihre Wahrnehmungen und Urteile nivellieren und zu einem einzigen Pauschalurteil werden lassen.
5. In 77% aller Lehrerurteile wird der 'ungünstige Umwelteinfluss' zum Erklärungsprinzip für 'Faulheit' und 'Versagen'.
6. Die die Erwartungseinstellung des Lehrers am häufigsten durchkreuzende 'schlechte' Schülerin erfährt aus diesem Grund eine wesentlich negativere Beurteilung als ihr männliches Pendant.
7. Die 240 Sonderschulgutachten zeigen eine maßgeblich positivere Tendenz als die 90 freien Schilderungen (Verhältnis positiver zu negativer Aussage: 1 : 2,2 bzw. 1 : 3,1; bei hoch signifikantem Unterschied, $p < 1\%$).
8. In diesen Gutachten überwiegt der bemitleidenswerte 'Dumme', den der Lehrer im Grunde bereits abgescho-

ben hat und dem gegenüber er „meist offene oder latente Schuldgefühle“ [17] zeigt.

9. Aufgrund der Polaritätsprofile zum Bild des ‘schlechten’ Schülers ermittelte E. HÖHN signifikante Unterschiede (+ $p < 5\,\%$) zwischen dem Polaritätsprofil, das die Volksschullehrer und Gymnasiallehrer zeichneten. „Das Stereotyp, das die Lehrer der höheren Schule vom schlechten Schüler haben, ist wesentlich positiver als das der Volksschullehrer.“ [18]

10. ‘Faulheit’ und ‘Interesselosigkeit’ werden in der Regel als Ursachen des Schulversagens angesehen. In keinem Fall wird die Frage aufgeworfen, ob eventuell das schulische Versagen ‘Faulheit’ oder ‘Interesselosigkeit’ *zur Folge hat.*

11. Aus der Perspektive der 1000 Schüleraufsätze ist der ‘schlechte’ Schüler noch ‘fauler’ als aus der der Lehrer (63%). Darüber hinaus ist er unaufmerksam (31%), unordentlich, frech und unkameradschaftlich, sein Äußeres wirkt schmutzig und unordentlich. Der Halo-Effekt dokumentiert sich hier also noch ausgeprägter.

12. Die Aufsätze der Mädchen zeigen die Tendenz, „schlechte Schulleistungen häufiger als die Jungen durch ungünstige häusliche Verhältnisse zu entschuldigen, für eine mildere Bestrafung einzutreten und eine bessere Prognose zu stellen“ [19]. Mit wachsendem Alter bringen hingegen beide Geschlechter dem Schulversager als Mitschüler/in steigendes Verständnis entgegen. Volksschüler jedoch urteilen wie ihre Lehrer insgesamt härter und kompromissloser über das schulische Versagen.

13. Die Schüler reproduzieren in Grundzügen eben das Stereotyp des Schulversagers, das ihnen ihre Lehrer vorgeführt haben. Es hat in der ‘Faulheit’, dem Nichtwollen, seinen Kristallisationspunkt. Dieses Merkmal ‘Faulheit’ zeigt darüber hinaus eine Prägnanzsteigerung und strahlt auch auf andere Persönlichkeitsmerkmale aus, so dass

weitere Negativa assoziiert und eventuelle Positiva abqualifiziert werden.

Der Rolle des Lehrers als Verhaltensvorbild kommt bei der Ausprägung der Ideologie vom 'faulen' Schüler offensichtlich ein entscheidendes Gewicht zu. Solange schulisches Versagen persönlich genommen, dem Schulversager das Stigma des Faulen, Böswilligen, moralisch Schuldhaften usw. zugesprochen wird, können weder von den Betroffenen noch den Mitschülern und Eltern rationale Analysen und pädagogisches Verstehen des versagenden Schülers verlangt werden.

Obgleich die Untersuchung von E. HÖHN schon relativ älteren Datums ist, hat sich an dieser Form der Etikettierung (zwar schon einiges, aber noch zu) wenig geändert. U.-J. JOPT (1978) ist eben dieser Frage nach den Ursachen der „Schülerfaulheit" neuerlich nachgegangen und kommt zu ähnlichen Erkenntnissen. Eltern, Lehrer und auch Mitschüler unterstellen dem sogenannten 'faulen' Schüler eine gewisse Böswilligkeit, indem sie ihm vorwerfen: „Du könntest schon, wenn du nur wolltest!" In der Regel aber liegt es nicht daran, dass der Schüler nicht (lernen) *will*, sondern nicht (lernen wollen) *kann*. Sein Selbstvertrauen ist so heftig erschüttert bzw. so gering, dass er sich kaum noch schulische Leistungen zutraut und sich durch entsprechende Vorwürfe und Appelle an den Willen noch desmotivierter fühlt. Daraus zieht JOPT u. a. drei pädagogische Schlussfolgerungen:

Erstens muss die Motivation, d.h. die Lernfreude dieser Schüler gehoben bzw. geweckt werden.

Zweitens sollten Lehrer die Schwierigkeitsgrade ihrer Aufgaben durch „innere Differenzierungsmaßnahmen" so staffeln, dass auch lerngehemmte Schüler echte Erfolgserlebnisse bekommen.

Und *drittens* gilt es, über die im vorigen Kapitel skizzierte Humanisierung der edukativen und didaktisch-methodischen Arrangements des Lehrers gerade solchen – gewiss mitunter 'schwierigen' – Schülern Selbstvertrauen zu vermitteln.

III. Der 'schlechte' Schüler

24. Fall: Thomas und Elke

In einem 4. Schuljahr einer westfälischen Grundschule sind die Gutachten zum Übergang in die weiterführenden Schulen angefertigt worden. Dabei fällt auf, dass dem Schüler Thomas (Zahnarztsohn, äußerst fleißig und gewissenhaft, auf dem letzten Zeugnis nur Noten von „sehr gut" bzw. „gut") geraten wird, 'nur' die Realschule zu besuchen. Grund: Ein zweimaliges Testen mit dem H-W-Y-Test[20] *erbrachte einen IQ von 89 bzw. 87 Punkten.*

Der Schülerin Elke, sechstes Kind eines Baggerführers, unstetig arbeitend und nur das Nötigste lernend, deren Notendurchschnitt bei 3,1 lag, wird nahegelegt, das Gymnasium zu besuchen. Sie erreichte in dem eben erwähnten Test 131 bzw. 135 Punkte. Galt Thomas als ausgesprochen 'guter' Schüler, musste sich Elke mit dem Merkmal einer 'mäßigen' wenn nicht gar 'schlechten' Schülerin begnügen. Dem Lehrer gelang es erst nach mehreren Hausbesuchen, die Eltern zu einer kritischen Hinterfragung dieser Geltung zu bewegen.

Was hat es also mit dem sogenannten 'guten' bzw. 'schlechten' Schüler auf sich?

L. KEMMLER hat zum Problem Erfolg und Versagen in der Grundschule umfangreiche empirische Untersuchungen durchgeführt[21], die im folgenden referiert werden sollen.

Fragestellungen: 1. In welchen Persönlichkeitsbereichen und auf welchen Leistungsgebieten zeigen erfolgreiche und versagende Schüler spezifische Unterschiede?

2. Lassen sich Gruppen von Schulversagern unterscheiden?

3. Können Hinweise zur heilpädagogischen Betreuung gewonnen werden?

Versuchsanordnungen: KEMMLER ging diese drei Leitfragen mit einer zweifachen Untersuchungsmethodik an. Zunächst unternahm sie eine Querschnittuntersuchung, die zwei Gruppen von Schülern (132 'gute' Schüler mit jeweils einer „2" in

Deutsch und Rechnen und 340 'schlechte' Schüler mit jeweils einer „5“ in den beiden Fächern) mit der Bewältigung von 23 verschiedenen Tests konfrontierte. Darunter waren Schulleistungs-, Wissens-, Intelligenz-, Konzentrations-, Wahrnehmungs-, Motivations- und Persönlichkeitstests. Zusätzlich sollten ein Kinderfragebogen Schulanpassung, Verhältnis zu Mitmenschen, Interessenrichtungen usw. der Kinder ermitteln sowie zwei Lehrerfragebogen die Persönlichkeit des Kindes und seine Umwelt markieren.

Darüber hinaus wurde eine Längsschnittuntersuchung an 335 Kindern vom 1. bis 4. Schuljahr durchgeführt. Sie wurden mit Hilfe von Schulleistungs-, Wissens- und Intelligenztests sowie einem Fragebogen zur psychisch-sozialen Schulreife in ihrer Entwicklung untersucht. Bei allen Versuchspersonen dienten die Schulnoten als Kontrolldaten. Zwar mag man angesichts dermaßen aufwendiger und den einzelnen Schüler sicherlich auch belastender Testverfahren kaum die Frage nach der zugrunde liegenden Legitimation und auch Moral zu unterdrükken, aber immerhin sei sie wenigstens gestellt. – Interessant und sicherlich auch entideologisierend sind die:

Resultate: 1. Die Extremgruppen der Leistungsbesten und Leistungsschwächsten unterscheiden sich im Mittel in allen durch die Untersuchung erfassten Aspekten (Schulnoten, IQ-Werte, Leistungsvariablen, soziokulturelle und persönlichkeitsspezifische Determinanten).

2. Die Streubreiten zeigen jedoch, dass sich die beiden Gruppen in den Intelligenztests sowie allen Leistungsvariablen überschneiden, was „ein erheblich unterschiedliches Klassenniveau vermuten läßt“[22]. Das bedeutet, dass ca. ein Drittel aller Schüler die Kennzeichnung 'guter' bzw. 'schlechter' Schüler von der jeweiligen Klassensituation zugesprochen bekommt.

3. Das Fach Rechtschreiben trennt am schärfsten zwischen den beiden Gruppen; ihm kommt bezüglich der weiteren Schullaufbahn ein hoher und einseitiger prognostischer Wert

zu. Dieses von der Intelligenz weitgehend unabhängige Merkmal des 'richtigen' Schreibens entscheidet über Erfolg und Versagen in der Grundschule – die sog. Legastheniker haben dies mehr als zu spüren bekommen.

4. im Laufe der Schulzeit wird die Persönlichkeitsstruktur des 'schlechten' Schülers immer ungünstiger. Die leistungsschwachen Kinder gewinnen „eine schlechtere Beziehung zu ihren Lehrern; sie weisen erhebliche Konzentrationsstörungen, Angst und ein Zurückweichen vor der Welt auf“[23].

5. Kinder aus hohem sozio-ökonomischen Milieu und solche, die einen Kindergarten besuchten, sind gegenüber denen aus niedrigeren Sozialschichten bezüglich des Schulerfolgs vom Start weg überlegen.

6. Die 'gute' Schülerin wird von Lehrern überschätzt und erhält bessere Noten, während Jungen häufiger zu 'schlechten' Schülern (gemacht) werden als Mädchen, obgleich diese (in dieser Population) im Durchschnitt einen höheren IQ aufweisen.

7. Bedeutsam mehr Jungen als Mädchen sind *underachievers* (Schüler mit einem überraschenden Schulleistungsdefizit; erwartungswidrig schlecht), Zurückgestellte oder Sitzenbleiber.

Der 'schlechte' Schüler ist also derjenige, dessen Schulleistungen in der dudengemäßen, seinem Elternhaus nicht problemlos zugänglichen Rechtschreibung unter dem Durchschnitt liegen. Er hat größere Aussichten zu repetieren als z. B. der im Rechnen versagende Schüler. In unserem Beispiel zeigte Thomas als klassischer *overachiever* (Schüler mit einem überraschenden Schulleistungsüberschuss; erwartungswidrig gut) zwar z. T. hervorragende Noten, sein allgemeines Intelligenzniveau ließ jedoch bei optimaler Umweltbeeinflussung allenfalls einen erfolgreichen Realschulbesuch vermuten. Drei Jahre später übrigens zeigten sich bei ihm die ersten erheblichen Lernschwierigkeiten, die nur mit intensivem Nachhilfeunterricht bewältigt werden konnten. Demgegenüber mangelte es bei Elke lediglich an dem ihr gemäßen Anreizmilieu, das ihre Begabungen im Sinne Heinrich ROTHs ([1] 1968; [10] 1976) zu wecken verstand.

Welche Effekte Erfolg und Misserfolg nach sich ziehen, d.h. mit welchen Auswirkungen der ‘gute’ bzw. ‘schlechte’ Schüler auf die Lernbereitschaft und die Leistung rechnen muss, hat E. FOKKEN in einer Arbeit untersucht[24]. Sie sei zusätzlich referiert.

Fragestellungen: 1. Wann kommt es bei Schülern zu Erfolgs- bzw. Misserfolgserlebnissen?

2. Wie ist die Wirkung des Misserfolgs im Vergleich zur Wirkung des Erfolgs?

3. Wie wirkt sich anhaltender Misserfolg auf die Leistungsmotivation aus?

4. Reagieren bestimmte Schülergruppen mit bestimmten Persönlichkeitsmerkmalen nach Erfolg und Misserfolg ähnlich?

5. Wie verhalten sich einzelne Schüler nach Erfolg und Misserfolg?

Versuchsanordnungen: Insgesamt wurden 66 Schüler aus zwei 4. Schuljahren mit einer Diktatserie (100 Wörter = 100 Punkte) von 12 Einzeldiktaten getestet, wobei die ersten 5 Diktate als schwer, die 3 folgenden als leicht, die nächsten 3 wiederum als schwer und das letzte als leicht zu bezeichnen waren. Um jedem Schüler Erfolgs- bzw. Misserfolgserlebnisse zu vermitteln, setzte nach dem 5. Diktat eine Leistungsdifferenzierung ein.

Am ersten Tag hatte jede Versuchsperson ein Anspruchsniveau anzugeben (z.B. 95 Punkte). Anschließend wurde das erste Diktat geschrieben, korrigiert und zurückgegeben. Noch am selben Vormittag wurden die Schüler nach erlebtem Erfolg bzw. Misserfolg mit Hilfe eines Fragebogens gefragt. Danach wurden Übungsmöglichkeiten für das folgende Diktat angeboten und als freiwillige Hausaufgabe gestellt. Unter dem Eindruck der erbrachten Leistung sowie der Übungsmöglichkeiten gaben die Schüler anschließend das auf das folgende

Diktat bezogene 1. Anspruchsniveau an. Am folgenden Tag wurden die Schüler noch einmal gefragt, wieviel Punkte sie erringen möchten (2. Anspruchsniveau). Anschließend wurde das 2. Diktat geschrieben. In dieser Form lief die Diktatserie fort.

Resultate: Bezüglich der Versuchsfragen ermittelte FOKKEN folgende Sachverhalte:

1. Die vorhergehende Leistung und das vorher geäußerte Anspruchsniveau sind die eindeutigen Bezugssysteme, aufgrund deren Schüler Erfolg bzw. Misserfolg erleben.
2. Im allgemeinen erhöhen erfolgreiche Schüler ihr absolutes Anspruchsniveau, während versagende Schüler es senken. Das gilt sowohl für das 1. wie 2. Anspruchsniveau. Der Schüler passt sein Anspruchsniveau dem Leistungsniveau an. Die Zieldiskrepanz, d.h. das relative Anspruchsniveau, war jedoch höher nach Misserfolg als nach Erfolg. Ein Beispiel: Der Schüler A erreicht 92 Punkte, die Schülerin B nur 82. Beide geben an, im folgenden Diktat 90 Punkte zu erreichen. Trotz gleichem absoluten Anspruchsniveau (90 Punkte) ist das relative Anspruchsniveau, die Zieldiskrepanz, für die Schülerin B wesentlich höher (8 Punkte). Die Motivation zu besserer Leistung und zu verstärktem Fleiß ist nach Misserfolg größer, eine Tatsache, die durch die verstärkten Übungstätigkeiten der weniger Erfolgreichen belegt wurde.
3. Bei *anhaltendem* Misserfolg jedoch sinken Leistungsverhalten, Anspruchsniveau und Fleiß erheblich. Die Zieldiskrepanz ist häufig unrealistisch hoch und wird daher vom Schüler als nicht mehr verbindlich angesehen.
4. Zwischen den beiden Klassengruppen aus Bremen und Frankfurt zeigten sich deutliche Unterschiede. Während die mehr 'demokratisch' geführten Frankfurter Schüler ihre Leistungen häufiger mit denen der Mitschüler verglichen und von der Bezugsgruppe her Erfolg bzw. Misserfolg erlebten, waren die Schüler der Bremer Klasse, deren

Lehrerin mehr einen 'autoritären' Führungsstil praktizierte, leistungsegozentriert.

5. Die Breite der individuellen Streuung des Verhaltens nach Erfolg bzw. Misserfolg wird anhand von fünf Fallbeispielen eindrucksvoll belegt. Jede ermittelte Gesetzmäßigkeit im Verhalten der Schüler kann durch eine Fülle von zusätzlichen Variablen, die in der Untersuchung unberücksichtigt geblieben sind (z. B. Interferenzneigungen in Form von Ängsten), verändert oder auch aufgehoben werden.

Zusammenfassend können wir festhalten: Einen Schüler objektiv als 'gut' oder 'schlecht' zu bezeichnen, muss im Lichte empirischer Untersuchungen als höchst fragwürdig erscheinen. Was sich eventuell aufgrund eines 'Pygmalioneffektes'[25] dem Lehrer als 'gut' bzw. 'schlecht' zeigt, ist allzu häufig *mehr* die Reproduktion seiner Erwartungshaltung oder Befürchtung als eine objektive Klassifizierung eindeutiger Merkmale.

IV. Der 'unbeliebte' Schüler

25. Fall: Regina kann niemand leiden

Während einer Praktikumsbetreuung fällt mir Regina auf: ein spindeldürres Mädchen von 10 Jahren, das im Gesicht sowie an den Händen und Knien mit einem Hautekzem bedeckt ist, also an der offensichtlich sich immer mehr verbreitenden Neurodermitis leidet, sich während des Unterrichts scheu verhält und allein an einem Tisch sitzt. Als es zur großen Pause schellt, gehe ich auf den Hof, wo mich Regina an der Türe zu erwarten scheint. Sie drückt sich an mich heran, und ich gebe ihr meine Hand. Stolz geht sie neben mir her. Schon aber stürzen etliche Kinder dieses 4. Schuljahres auf uns zu und versuchen, Regina wegzuzerren. Erst mein energisches Beharren lässt sie sprachlich reagieren:

„Iii, mit der gehst du?!“

„Bist du überhaupt ein Lehrer?“

„Wissen Sie nicht, dass die stinkt? Nach Pisse stinkt die.“

„Die kommt aus den Händen raus.“

„Und aus der Fresse!“

…

Ich bin verwirrt und wohl auch ärgerlich. „Was soll das?“, werfe ich ein. „Regina ist genau so ein Kind wie ihr alle …“

„Nee, die klaut sogar."

„Und Fünfen schreibt die."

„Und außerdem hat unser Lehrer gesagt ..."

Es entwickelt sich ein heftiges Gespräch, während dem Regina zu weinen beginnt. Ich tröste sie und streichel ihren Kopf. Sie zittert, beruhigt sich aber. Was können Kinder so grausam sein! – schießt es mir durch den Kopf ...

Als es klingelt, haben sich einige Kinder etwas abreagiert. Nur Gudrun ist noch sehr wütend, zerrt an meiner Hand und schreit: „Die Regina kann niemand leiden!"

Vor dem Hintergrund dieses Erlebnisses sei auf eine letzte Untersuchung hingewiesen, die gleichsam die einzelnen Etikettierungen des 'frechen', 'faulen' und 'schlechten' Schülers in einem einzigen Syndrom, nämlich dem des 'unbeliebten' Schülers, zusammenfassend würdigt. Gemeint ist die Landauer Untersuchung von H. PETILLON (1978), die abschließend vorgestellt werden soll.

Fragestellungen: 1. In welchem Ausmaß ändern sich Beliebtheitspositionen?

2. Welche Einstellungen und Beziehungen haben Lehrer zu unterschiedlicher Beliebtheit?

3. Ist die Beliebtheit abhängig von der sozialen Herkunft?

4. Welcher Zusammenhang besteht zwischen beliebten Schülern und ihrem Schulerfolg?

5. Bestehen Unterschiede zwischen der Beliebtheit und dem Sozialverhalten einzelner Schüler?

6. Welche sozialen Erfahrungen machen unterschiedlich beliebte Kinder?

7. Wie schätzen sie ihre eigene Position in der Schulklasse ein?

8. Welcher Zusammenhang besteht zwischen Beliebtheit und Angst?

9. Besteht eine Beziehung zwischen der Beliebtheitsposition der Schüler und deren Selbstkonzept?

10. Sind beliebte Schüler intelligenter als weniger beliebte?

Versuchsanordnungen: PETILLON benutzte soziometrische Tests, Lehrerfragebogen, Schülerdaten, Einschätzungsskalen, einen Angstfragebogen, einen Fragebogen zur Erfassung des Selbstkonzepts und den Frankfurter-Analogie-Intelligenztest. Damit wurden während einer Pretest-Phase 60 vierte Grundschulklassen untersucht; die Hauptphase erfolgte einen Monat später in eben diesen Klassen; und zwei Retest-Phasen erfaßten die mittlerweile im 5. Schuljahr sich befindenden Schüler neuerlich. Die Ausgangsstichprobe basierte also auf 60 Grundschulklassen des 4. Schuljahres (= 1960 Schüler, davon 979 Jungen und 981 Mädchen); und da für die weiteren Untersuchungen aus der obigen Stichprobe eine repräsentative Teilstichprobe von 10 Schülern aus jeder Klasse gezogen wurde, ergab dies 589 Schüler für die Hauptuntersuchung.

Resultate: Nun ist es aufgrund der umfänglichen Datenauswertung schlechterdings unmöglich, alle Resultate hier mitzuteilen. Vielleicht ermutigt es auch eher, diese gründliche Untersuchung selbst zu studieren, wenn ich mich bei der Referierung auf folgende Erkenntnisse – analog zu den Hypothesen – beschränke:

1. Beliebtheitspositionen bleiben über längere Zeiträume ausgesprochen stabil.
2. Lehrer trennen deutlich zwischen drei Gruppen von Schülern: beliebte, unauffällige und unbeliebte Schüler, wobei unbeliebte Schüler häufiger als die beiden anderen Gruppen als besonders unkameradschaftlich, unintelligent, unsympathisch, unbegabt, faul, unehrlich und unzuverlässig beschrieben werden.
3. Beliebte Schüler kommen häufiger aus „höheren“, unbeliebte aus „unteren“ Schichten, besonders aus Großfamilien.
4. Unbeliebte Schüler erhalten mit signifikanter Häufigkeit schlechtere Zensuren und besuchen seltener weiterfüh-

rende Schulen bzw. bleiben häufiger sitzen (3,7% der Repetenten gehören zu den beliebten Schülern, aber 70% der Sitzenbleiber klebt zusätzlich das Etikett des ‘unbeliebten’ Schülers an).

5. Lehrer sprechen unbeliebten Schülern häufiger die Kooperationsbereitschaft ab.
6. Unbeliebte Schüler machen negativere Erfahrungen mit Mitschülern und Lehrern als beliebte und unauffällige Schüler.
7. Unbeliebte Schüler erwarten bei Selbsteinschätzungen mehr Ablehnungen als alle anderen Schüler.
8. Ausgestoßene Kinder äußern wesentlich häufiger und mehr Angst als die Mitschüler mittlerer und hoher Beliebtheit.
9. Unbeliebte Schüler zeichnen sich durch ein signifikant niedrigeres Selbstwertgefühl aus.
10. Nur *extrem* beliebte und *extrem* unbeliebte Schüler unterscheiden sich objektiv bezüglich ihrer Intelligenz; die Unterschiede zwischen den übrigen Gruppen sind hingegen gering.

Und schließlich weist PETILLON immer wieder auf einen Sachverhalt hin, den er zirkulären Verstärkungsprozess nennt. In der Abbildung 13 sei dieser Sachverhalt, bezogen lediglich auf die Einflüsse des Fremd- und Selbstbildes, illustriert.

Diese schulpädagogischen Erkenntnisse lassen sich zu einer sozialpsychologischen Einsicht erweitern. Ihr liegen folgende Fragen zugrunde: Wie kommt es eigentlich zum Verstehen bzw. Missverstehen anderer, fremder, problematischer Verhaltensweisen und Einstellungen? Wie strukturiert sich der Prozess jener Wahrnehmung, die das, den oder die mir Unliebsame ausgrenzt, verurteilt und letztlich eliminiert? Was kann ich hingegen tun, um ungewöhnliche, mich zunächst einmal befremdende oder auch abschreckende Verhaltensweisen, Ansichten und Überzeugungen zu verstehen – auch wenn ich mit

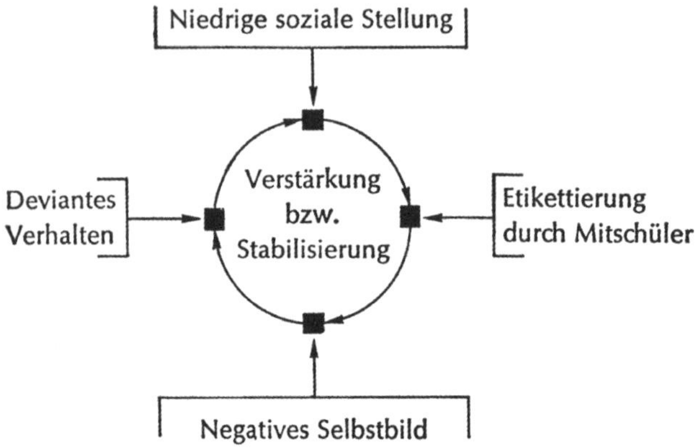

Abb. 13 Zirkulärer Verstärkungsprozess bei der Stabilisierung der sozialen Position eines etikettierten Schülers

ihnen nicht immer einverstanden sein muss? In den beiden folgenden Abbildungen (14 und 15) sind die zur Vor-Urteilsbildung oder zum Verstehen führenden Prozesse dargestellt worden. Sie weisen gleichzeitig auf diejenigen Werte, Normen und Verbindlichkeiten hin, die eine – Aufklärung intendierende, Selbst- und Mitbestimmung ermöglichende sowie Solidarität immer wieder verlangende – demokratische Erziehung anbietet: Kritische Reflexion, Kommunikation und Toleranz nämlich.

V. Abschließende Thesen

Es seien abschließend einige Thesen formuliert, die aus der Referierung empirischer Untersuchungen zur Ideologie vom 'frechen', 'faulen', 'schlechten' und 'unbeliebten' Schüler entspringen bzw. durch diese verifiziert werden.

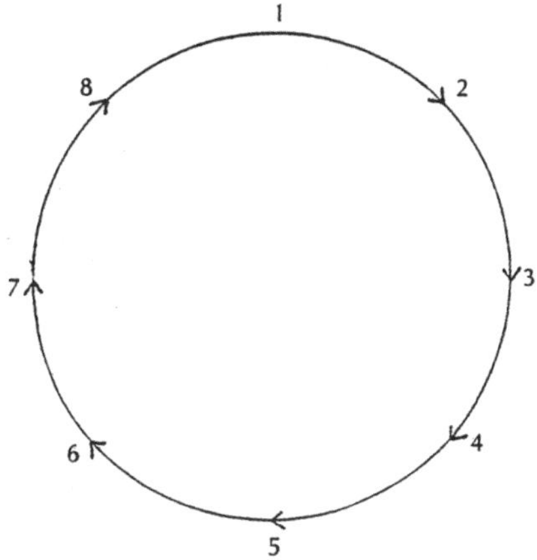

Abb. 14 Der (blinde) Kreislauf des Verurteilens im Stile einer sich selbst erfüllenden Prophezeiung (self-fulfilling-prophecy / Pygmalion-Effekt)

1: Wahrgenommenes Verhalten; 2: Gefühlsreaktion; 3: Verstärkung des Verhaltens; 4: Vorurteilsbildung; 5: Generalisation; 6: Etikettierung; 7: Stigmatisierung; 8: Ausgrenzung und Bestätigung des „anormalen Verhaltens“

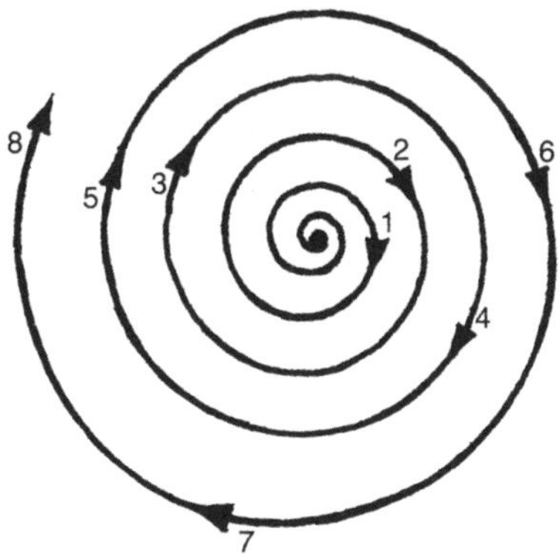

Abb. 15 Die (hermeneutische) Spirale des Verstehens im Stile eines permanenten Lernens (life-long-learning / Sokrates-Effekt)

1: Wahrgenommenes Verhalten; 2: Gefühlsreaktion; 3: Kritische Reflexion; 4: Kommunikation; 5: Differenzwahrnehmung; 6: Toleranz; 7: Akzeptanz; 8: Integration des andersartigen Verhaltens.

1. ‘Freche’, ‘faule’, ‘schlechte’ und ‘unbeliebte’ Schüler werden ebensowenig aufgrund objektiver Maßstäbe ermittelt wie ‘brave’, ‘fleißige’ und ‘gute’ Schüler. Merkmale wie diese dienen im sozialpsychologischen und pädagogischen Gesamtfeld häufig (aber nicht immer) als Etikettierungen und erleichtern denen Orientierung und Bewertung, die auf eine Normierung des Pädagogischen aus sind.

2. Empirische Untersuchungen belegen immer wieder, dass das schulische ‘Frech-sein’, ‘Faul-sein’, ‘Schlecht-sein’ und ‘Unbeliebt-sein’ keine angeborenen Charaktereigenschaften, invariable Verhaltensweisen oder endogene Defekte sind, sondern durch vielschichtige Gruppenprozesse (an denen natürlich auch der deviant sich Verhaltende seinen Anteil hat) bestimmten Schülern zugesprochen werden.

3. Es kann sogar häufig festgestellt werden, dass selbst so scheinbar unwandelbare Merkmale des Schülers wie ‘Frechheit’ und ‘Faulheit’ nicht die Ursachen seines momentanen Verhaltens sind, sondern Folgen früherer Frustrationen, schleichender Depressionen oder Reaktionen auf unüberwindlich erlebte Lernbarrieren.

4. Da eine Ideologie wie die vom ‘frechen’, ‘faulen’, ‘schlechten’ und ‘unbeliebten’ Schüler dem Anspruch einer bestimmten Kommuniqués sich verpflichtenden Schule (vgl. Artikel 1 unseres Grundgesetzes) zuwiderläuft, sind laufende Untersuchungen nötig, die eine Auflösung dieser und ähnlicher Ideologien in Gang bringen und das Aufkommen neuerlicher Ideologien verhindern. Dass solche Entideologisierungen nicht nur im Rahmen empirisch-*statistischer*, sondern auch empirisch-*fallanalytischer* Verfahren möglich sind (und darüber hinaus eine geradezu mitreißend-spannende Literatur produ-

zieren), haben H. G. HOMFELDT / H. VOLKERS (1990) dadurch demonstriert, dass sie „Lernwege von Schülern und ihrem Lehrer“ nach- und aufzeichneten.

5. Lehrer, Schüler und Eltern werden sich in selbstkritischer Rationalität immer wieder die Frage stellen müssen: Was hat es mit diesem und jenem Urteil, mit dieser und jener Maßnahme, mit dieser und jener Ansicht vor dem Hintergrund unseres eigenen Anspruchs auf ein Höchstmaß an Objektivität und angesichts aller in Frage kommenden Fakten sowie einer auf Humanität sich zu gründenden Schule und Erziehung eigentlich auf sich?

6. Gerade die hier in diesem siebten Kapitel referierten und größtenteils äußerst bedenklichen Resultate weisen auf die Notwendigkeit der Schulreform hin. Weil wir die Probleme in den vergangenen Jahren und Jahrzehnten nicht angepackt, geschweige denn gelöst, sondern hinter Strukturdebatten und Ideologien versteckt haben, ist die Qualität unseres Bildungssystems auf allen Stufen im internationalen Vergleich so erheblich gesunken – TIMMS, PISA und andere Erhebungen sind auch ein Beleg für die Folgen ausgebliebener oder misslungener Schulreformen.

Anmerkungen

1 Vgl. DER SPIEGEL, 25 (28/1971), S. 126.

2 Vgl. P. HEIMANN (1962, S. 410).

3 Vgl. beispielhaft: F. ACKERMANN (1971), F. WEIGLE (1969), H. HECKHAUSEN(1970), B. GÖTZE (1970), H. RUMPF (1966; 1968), J.-G. KLINK ([1]1974; [2]1975; [3]1978), H. SUSTECK (1975) oder H. v. HENTIG (1981) und H. G. HOMFELDT u. a. (1983).

4 Verwiesen sei auf: N. L. GAGE / D. C. BERLINER (1977), H. HETZER ([2]1959), K. INGENKAMP (1970f.) und D.H. HARGREAVES u. a. (1975).

5 E. ZÜGHART ([3]1961).

6 Vgl. R. MAYNTZ u. a. (1969, S. 103ff.).

[7] Vgl. E. ZÜGHART (³1961, S. 79f.).

[8] Vgl. K. LEWIN (1964, bes. S. 11ff.).

[9] Vgl. F. WINNEFELD (⁴1967, S. 106ff.).

[10] K.-H. SCHÄFER / K. SCHALLER (¹1971, S. 86f.; ²1973, S. 111).

[11] Vgl. R. AMTHAUER (²1953).

[12] Vgl. R. MÜLLER (1966).

[13] D. ABELS (²1965). Zum Gesamtüberblick schulischer Tests vgl. E. W. KLEBER (1979).

[14] E. HÖHN (1967; 1980).

[15] Vgl. J. HELM (1954, S. 23–105).

[16] Vgl. E. HÖHN (1967, S. 108).

[17] Ebd., S. 91.

[18] Ebd., S. 100.

[19] Ebd., S. 193.

[20] W. SCHULTZE u. a. (1953).

[21] L. KEMMLER (¹1967; ³1975).

[22] Vgl. L. KEMMLER (1967, S. 73).

[23] Ebd., S. 74f.

[24] E. FOKKEN (1966).

[25] Vgl. R. ROSENTHAL / L. JACOBSON (1971).

Literatur

ABELS, Dietrich: Konzentrations-Verlaufs-Test. Göttingen (Hogrefe) ²1965.

ACKERMANN, Fritz: Referendarausbildung. Zum Beispiel Rheinland-Pfalz. In: betrifft: erziehung, 4 (7/1971), S. 32–35.

AMTHAUER, Rudolf: Intelligenz-Struktur-Test. Göttingen (Hogrefe) ²1953.

BRUSTEN, Manfred / HURRELMANN, Klaus: Abweichendes Verhalten in der Schule. Eine Untersuchung zu Prozessen der Stigmatisierung. München (Juventa) 1973.

FOKKEN, Eva: Die Leistungsmotivation nach Erfolg und Mißerfolg in der Schule. Empirische Untersuchungen über die Auswirkungen von Erfolg und Mißerfolg auf die Lernbereitschaft und die Leistung. Hannover (Schroedel) 1966.

GAGE, N. L. / BERLINER, David C.: Pädagogische Psychologie. München (Urban & Schwarzenberg) 1977.

GÖTZE, Barbara: Verständnisschwierigkeiten zwischen Erziehungswissenschaft und Schulpraxis. In: didactica, 4 (2/1970), S. 115–120.

HARGREAVES, David H. u. a.: Deviance in the Classroom. London (Routledge) 1975.

HECKHAUSEN, Heinz u. a.: Lehrer 1980. Lehrerbildung für die künftige Schule. Düsseldorf (Bertelsmann) 1970.

HEIMANN, Paul: Didaktik als Theorie und Lehre. In: Die Deutsche Schule, 54 (9/1962), S. 407–426.

HELM, Johannes: Über den Einfluß affektiver Spannungen auf das Denkhandeln. In: Zeitschrift für Psychologie (1954), S. 23–105.

HENTIG, Hartmut von: Vom Verkäufer zum Darsteller. Absagen an die Lehrerbildung. In: Neue Sammlung, 21 (2/1981), S. 100–114.

HETZER, Hildegard (Hrsg.): Pädagogische Psychologie. In: Handbuch der Psychologie. 10. Band. Göttingen (Hogrefe) 2 1959.

HÖHN, Elfriede: Der schlechte Schüler. Sozialpsychologische Untersuchungen über das Bild des Schulversagers. München (Piper) 1967; überarbeitete Neuausgabe 1980.

HOFFMANN, Heinrich: Der Struwwelpeter. Zürich (Diogenes) 1977. Or. 1845.

HOHMANN, Joachim S.: Vorurteile und Mythen in pädagogischen Prozessen. Lollar (Achenbach) 1978.

HOMFELDT, Hans G. u. a.: Student sein – Lehrer werden? Selbsterfahrung in Studium und Beruf. München (Kösel) 1983.

Ders. / VOLKERS, Heiner: Von Restschülern kann nicht die Rede sein. Lernwege von Schülern und ihrem Lehrer. Baltmannsweiler, Hohengehren (Schneider) 1990.

INGENKAMP, Karlheinz (Hrsg.): Handbuch der Unterrichtsforschung. Teil I-III. Weinheim (Beltz) 1970 f.

JOPT, Uwe-Jörg: Warum manche Schüler „faul“ sind: die attributionstheoretische Vernünftigkeit des schulischen Anstrengungsverzichts. In: Zeitschrift für Entwicklungspsychologie und Pädagogische Psychologie, 10 (4/1978), S. 315–327 (a).

Ders.: Selbstkonzept und Ursachenerklärung in der Schule. Zur Attribuierung von Schulleistungen. Bochum (Kamp) 1978 (b).

KEMMLER, Lilly: Erfolg und Versagen in der Grundschule. Empirische Untersuchungen. Göttingen (Hogrefe) 1 1967; 3 1975.

KLEBER, Eduard Werner: Tests in der Schule. München (Reinhardt) 1979.

KLINK, Job-Günter: Klasse H7e. Aufzeichnungen aus dem Schulalltag. Bad Heilbrunn (Klinkhardt) [1]1974; [2]1975; [3]1978.

KLUGE, K.-H.: Sie prügeln sich und leisten wenig. Verhaltensauffällige in Grund- und Hauptschulen. Neuburgweier (Schindele) 1975.

LEWIN, Kurt: Die psychologische Situation bei Lohn und Strafe. Repr. Nachdruck der Ausgabe Leipzig 1931. Darmstadt (Wissenschaftliche Buchgesellschaft) 1964.

MATZA, David: Abweichendes Verhalten. Heidelberg (Quelle & Meyer) 1973. Original: Becoming Deviant. Englewood Cliffs (Prentice Hall) 1969.

MAYNTZ, Renate u.a.: Einführung in die Methoden der empirischen Soziologie. Köln, Opladen (Westdeutscher Verlag) [1]1969; [5]1978.

MÜLLER, Rudolf: Sozialer Motivationstest. SMT 4-9. Hrsg. von Karlheinz INGENKAMP. Weinheim (Beltz) 1966.

PETILLON, Hanns: Der unbeliebte Schüler. Braunschweig (Westermann) 1978.

ROSENTHAL, Robert / JACOBSON, Lenore: Pygmalion im Unterricht. Weinheim (Beltz) 1971.

ROTH, Heinrich (Hrsg.): Begabung und Lernen. Stuttgart (Klett) [1]1968; [10]1976.

RÜCKRIEM, Norbert: Disziplin in der Schule. Freiburg (Herder) 1975.

RUMPF, Horst: 40 Schultage. Tagebuch eines Studienrats. Braunschweig (Westermann) 1966.

Ders.: Schule gesucht. Tagebuch eines Studienrats (2) ... aus einer erfundenen Schule. Braunschweig (Westermann) 1968.

SCHÄFER, Karl-Hermann / SCHALLER, Klaus: Kritische Erziehungswissenschaft und kommunikative Didaktik. Heidelberg (Quelle & Meyer) [1]1971; [2]1973.

SCHULTZE, Walter u.a.: Hamburg-West Yorkshire Gruppentest zur Intelligenzprüfung. Göttingen (Hogrefe) 1953.

SUSTECK, Herbert: Lehrer zwischen Tradition und Fortschritt. Empirische Untersuchungen über die Innovationsbereitschaft der Pädagogen. Braunschweig (Westermann) 1975.

TORNOW, Harald: Verhaltensauffällige Schüler aus der Sicht des Lehrers. Weinheim (Beltz) 1978.

ULICH, Klaus (Hrsg.): Wenn Schüler stören. Analyse und Therapie abweichenden Schülerverhaltens. München (Urban & Schwarzenberg) 1980.

WEIGLE, Fritz: Lehrprobe. Report aus dem Klassenzimmer. Frankfurt a.M. (Bärmeier & Nikel) 1969.

WESTERMANNS PÄDAGOGISCHE BEITRAGE: Etikett: Auffällig. 34. Jg., Heft 1/1982. Sowie: Jugendgefängnis: Gescheiterte Pädagogik. 34. Jg., Heft 12/1982.

WINNEFELD, Friedrich u. a.: Pädagogischer Kontakt und pädagogisches Feld. Beiträge zur Pädagogischen Psychologie. München, Basel (Reinhardt) ⁴1967.

WITTIG, Monika: Devianz und Anpassungsmechanismen in einer amerikanischen High School. Essen (Neue Deutsche Schule) 1974.

Dies.: Problemschüler als Schulprobleme. Fallstudie zu Etikettierungsprozessen in einer amerikanischen Schule. Weinheim (Beltz) 1978.

WITTOCH, Margarita: Unterricht mit Schulversagern. Köln (Kiepenheuer & Witsch) 1976.

ZÜGHART, Eduard: Disziplinkonflikte in der Schule. Hannover (Schroedel) ³1961.

Achtes Kapitel

Unterrichtsstörungen in der Lehrerweiterbildung bzw. der Kollegiumsinternen Fortbildung oder: Wie gestaltet man darüber eine Pädagogische Konferenz?

„Im Gegensatz zu Schiffen stranden menschliche Beziehungen schon an kleinen Kieselsteinen, nicht erst an Felsriffen. Ein Lehrer kann aufbauend oder sehr zerstörend wirken allein durch die Art, wie er alltägliche Disziplinprobleme handhabt."

Haim Ginott, 1974

In diesem letzten Kapitel sollen einige didaktisch-methodische Anregungen für diejenigen Lehrer unterbreitet werden, die über Unterrichtsstörungen eine Pädagogische Konferenz (PK), einen Studientag (ST), eine Kollegiumsinterne Fortbildungsveranstaltung (KiF) oder gar eine Schulinterne Lehrerfortbildungsveranstaltung (SchiLf) organisieren wollen, an der nicht nur das Lehrerkollegium teilnimmt, sondern auch die Schülervertretung, die Elternpflegschaft, der Hausmeister und die Schulsekretärin. Ein Büchlein alleine lesen, ist *eine* Sache; die darin angesprochenen Probleme mit anderen gemeinsam durcharbeiten, eine *andere*. Um eben diese andere Sache geht es im Folgenden. Zwei Missverständnisse sollen vorweg angesprochen werden:

Erstens ist auch dieses (mögliche) Programm einer Pädagogischen Konferenz kein Rezept, mit dessen Hilfe alle Probleme prompt beseitigt werden könnten oder sollten.

Und *zweitens* besitzen die folgenden Anregungen nicht den Charakter des „So *könnte*-man-es-machen", sondern den des „So-*haben*-wir-es-gemacht". In zahlreichen Lehrerfortbildungsveranstaltungen sind diese Arbeitsschritte mittlerweile mit Tausenden von Lehrern aller Schularten und -stufen gemacht worden – anfangs weniger gut als im Laufe von (mitunter schmerzlichen) Erfahrungen. Das hier vorgestellte Raster eines Programms ist also das Resultat vieler Korrekturen und Verbesserungen und wird auch in Zukunft den neuen Erkenntnissen anzugleichen sein. Damit kommen wir zu zwölf notwendigen Regeln und Ritualen einer sinnvollen Lehrerfortbildung:

1. Verordnete Lehrerfortbildungen sind schlechte Lehrerfortbildungen. Deshalb ist *Freiwilligkeit* die Voraussetzung für eine erfolgreiche schulinterne Fortbildung.
2. So wie jeder anspruchsvolle Beruf eine *regelmäßige* Fortbildung seiner Ausübenden anzubieten hat, so gehört auch die Lehrerfortbildung strukturell zur pädagogischen Profession.
3. Eine solch geplante Pädagogische Konferenz (PK) setzt zwei Dinge voraus: Einmal muss sich wenigstens – sofern dies kein professioneller Lehrerfortbildner übernimmt – *ein* Kollege (möglichst aber zwei oder drei) bereit finden, diese zu planen und zu moderieren; und zum zweiten muss wenigstens ein ganzer Tag freigemacht werden, an dem man zusammenkommen will. Eventuell kann diese Planung auch von einer größeren Vorbereitungsgruppe in Zusammenarbeit mit einem außenstehenden pädagogischen Systemberater geleistet werden – vornehmlich in großen Schulen.
4. Eine Kurztagung von morgens 9.00 Uhr bis zum Spätnachmittag 18.00 Uhr ist *eine* Form; ein Wochenendtreffen oder drei Abende usw. sind *andere* und sinnvollere sowie effektivere Möglichkeiten, wenn sie den konkreten Gegebenheiten Rechnung tragen.
5. Kleinere Kollegien können sich zusammentun; größere sich eventuell teilen.
6. Eine solche PK, KiF, SchiLf oder ein ST steht und fällt mit der richtigen Einladungsform: die falschen Worte

wirken desmotivierend, und kein Kollegium ist an Themen interessiert, die nicht die seinen sind.

7. Wichtig ist darüber hinaus, dass ein solcher Tag gleichzeitig so viel Entspannung wie möglich bietet, dass also nicht nur verbissen gearbeitet, sondern auch gemeinsam gegessen, getrunken und er überhaupt so angenehm wie möglich gestaltet wird.
8. Den oder die Hausmeister sowie die eventuelle Schulsekretärin einzuladen, halte ich für dringend erforderlich, denn zum einen werden auch sie in viele Disziplinschwierigkeiten hineingezogen; und zum anderen kann es nur dienlich sein, wenn auch diese Personen in die pädagogische Mitverantwortung gebeten werden.
9. Unter allen Umständen sollten Eltern- und Schülervertreter ebenfalls an der PK teilnehmen, vielleicht bei einem zweiten oder dritten Zusammentreffen – falls dies beim erstenmal noch zu ungewöhnlich oder zu belastend ist.
10. Als ausgesprochen sinnvoll hat es sich erwiesen, auch einen völlig fremden und außenstehenden Fachmann (z. B. einen Hochschullehrer, die benachbarte Schulpsychologin, eine Kinderärztin u. a. m.) dabeizuhaben. Vor allem bei auftauchenden Konflikten helfen deren Vermittlungsfunktionen.
11. Viele PKs legen gleichzeitig manche latenten Konflikte eines Kollegiums bloß, die nur scheinbar etwas mit „Unterrichtsstörungen“ zu tun haben, in Wirklichkeit aber die Beziehungsebenen der Kollegen betreffen – das „Leben im Kollegium“ ist heute oft von tiefgreifenden Auseinandersetzungen, manch verborgenen Feindschaften, heterogenen Erziehungsvorstellungen sowie Eifersüchtelei gekennzeichnet.
12. Vorkenntnisse sollten wir nicht erwarten, wohl aber die Bereitschaft, so offen wie möglich über die Problematik zu arbeiten und um gemeinsame Regelungen bemüht zu

sein. Gegen den Willen eines Kollegiums lässt sich gewiss keine Lehrerfortbildung sinnvoll veranstalten und: Die darin gemachten Fortschritte hängen letztlich von der Bereitschaft des langsamsten Kollegen ab. Immerhin sind solche internen Fortbildungen aufgrund ihrer Dezentralisierung sowie Basisorientierung selbststeuerungsfähiger als zentrale Fortbildungsveranstaltungen, die sie zwar nicht ersetzen, wohl aber ergänzen können – vorausgesetzt, sie schirmen sich nicht hermetisch ab, sondern sind für von außen kommende Anregungen offen.

Weiterführende Hinweise entnehme man der aufgeführten Fachliteratur – speziell den Publikationen von S. BÄUERLE (1991), U. GREBER u.a. (1991), R. MILLER ([2]1991), W.F. NEUBAUER u.a. ([4]1992) sowie W. SCHÖNIG (1990 u. 2000). Da es sich um relativ wenige Titel handelt, sind diese nur in das Gesamtverzeichnis (S. 317ff.) eingearbeitet worden.

Und schließlich sei noch ein persönliches Wort an die Leser dieses Buches gerichtet:

Die Wissenschaft (von der Erziehung und Schule) kann nur dann neue Erkenntnisse finden, wenn sie entlang der Praxis betrieben wird und sich selbst als eine sozial verpflichtete und sich verpflichtende Wahrheitssuche versteht. Andererseits wird sich die Praxis nur dann verbessern lassen, wenn sie sich einer solch verstandenen Wissenschaft gegenüber öffnet. Um diesen permanenten Austausch und ein Ertragen der damit verbundenen Spannung soll hier abschließend geworben werden. Und ein letzter Hinweis sei gestattet. Bei aller Notwendigkeit des kognitiven Arbeitens und der wissenschaftlichen Analyse sollten wir eines nicht vergessen: Einem Kollegium, das – sagen wir – weder gemeinsam singt noch tanzt oder mal wandert, das – noch einfacher – weder mal gelegentlich gemeinsam isst noch trinkt oder nur mal so klönt . . . , einem solchen Kollegium helfen auch die schärfsten Gedanken nicht und schon gar keine Bücher, sondern nur . . .

Bitte teilen Sie mir als Leserin oder Leser dieses Buches Ihre Erfahrungen und Probleme im Kontext gestörter Unterrichts- und Schulprozesse mit: Was fanden Sie hilfreich in diesem Buch? Was müsste verbessert werden? Planen Sie eine Pädagogische Konferenz und suchen Sie evtl. Hilfestellungen? Haben Sie gute oder schlechte Erfahrungen mit diesem Programmvorschlag gemacht? Der Anlässe sind viele ...

Wählen Sie bitte selbst die Form Ihrer Kontaktaufnahme: Schreiben, anrufen, vorbeikommen ... Eine Antwort bekommen Sie in jedem Fall. Ob ich immer selbst als Gast, Gesprächspartner, Referent, Supervisor oder Leiter einer Tagung zu Ihnen kommen kann, hängt nicht nur von meinem Engagement ab, sondern auch von den Grenzen der Belastbarkeit eines einzelnen.

Meine Anschriften lauten:

Dienstlich: Universität der Künste
FB Erziehungs- und Gesellschaftswissenschaften
Bundesallee 1–12
10719 Berlin (Wilmersdorf)
Postalisch schneller:
Postfach 12 67 20 / 10595 Berlin
Tel.: (030) 3185(0)2332 Fax: (030) 3185(0)2690

Privat: Lindkensfeld 29a
45279 Essen-Horst
Tel. u. Fax: (0201) 3104192 sowie:
Georg-Wilhelm-Str. 12
10711 Berlin (Wilmersdorf)
(030) 8914639

Mit diesen Vorbemerkungen sei das Programm einer Kurztagung mitgeteilt, dem ein entsprechendes Einladungsschreiben vorangestellt wird. Abwandlungen sind gegebenenfalls notwendig.

*

N.N. Datum

EINLADUNG

Liebe Kolleginnen und Kollegen!

Vielleicht geht es Ihnen manchmal so wie mir: Ich schleppe nämlich ein Problem mit mir herum, das man gewöhnlich „Unterrichtsstörungen“ oder „Disziplinschwierigkeiten“ nennt. Das Schlimme ist, dass ich dieses Problem *alleine* mit mir herumschleppe; dabei sind wir doch so viele und sicherlich kompetent, unsere verschiedenen Erfahrungen und Lösungen auszutauschen, also voneinander zu lernen. Wie neulich der Kollege X das Problem Y meisterte, das fand ich schon bewundernswert. Gerne würde ich mehr darüber wissen – über die Ursachen vieler Unterrichtsstörungen und der Disziplinkonflikte, die uns alle mitunter belasten, aber auch über pädagogische Möglichkeiten zur Lösung dieser Probleme. Vor allem zu schaffen machen mir und wohl auch etlichen Kolleginnen und Kollegen ...

Mit unserem Lehrerrat habe ich mir deshalb ein paar diesbezügliche Gedanken gemacht und lade Sie hiermit recht herzlich zu einer Pädagogischen Konferenz über das Thema ein:

„UNTERRICHTSSTÖRUNGEN UND DISZIPLINSCHWIERIGKEITEN AN UNSERER SCHULE – Ursachen und pädagogische Lösungsmöglichkeiten“

Ort: Unser Lehrerzimmer
Tag: X. X.
Zeit: 9.00–18.00 Uhr

Gleichfalls eingeladen habe ich unseren Hausmeister und (als „Fachmann“ oder „kompetente Gesprächspartnerin“) N.N. Ich würde mich freuen, wenn Sie kommen könnten. Für Speis und Trank ist gesorgt. Natürlich kann ich mir vorstellen, dass dieses Thema bei Ihnen wie bei mir die unterschiedlichsten Gefühle hervorruft: Gleichgültigkeit, Resignation, Angst, Hilflosigkeit, Aggression ..., vielleicht aber auch Interesse, Mut und Vertrauen in unsere Gemeinschaft. Wenn wir in offener und entspannter Atmosphäre das Problem bearbeiten und dabei wissenschaftliche Erkenntnisse als Dienerin unserer Praxis begreifen, dann müsste es möglich sein, mit den genannten Problemen produktiv umzugehen. Eine kurze Literaturliste ist dieser Einladung ebenso beigefügt wie das Programm unserer Tagung.

Sehr herzlich grüßt
Ihr N.N.

PROGRAMM der Pädagogischen Konferenz über Unterrichtsstörungen und Disziplinschwierigkeiten		
Zeit	Thema	Hinweise für die Tagungsmoderatoren
9.00–10.30 Plenum	Fälle aus dem Schulalltag: Unterrichtsstörungen und Disziplinkonflikte	Bitte lesen Sie zwei von den in diesem Buch aufgezeichneten Fällen vor und lassen Sie die Kollegen darüber diskutieren; evtl. berichten diese auch eigene Fälle.
10.30–11.00 Plenum	Was sind überhaupt Unterrichtsstörungen?	Referieren Sie bitte in Anlehnung an das 1. Kapitel die neue Interpretationsebene von Unterrichtsstörungen.
11.00–12.00 Gruppenarbeit	Diagnose von Unterrichtsstörungen und Disziplinschwierigkeiten	Bilden Sie bitte kleinere Arbeitsgruppen und geben Sie folgenden Auftrag: „Analysieren Sie bitte mit Hilfe des beigefügten DIAGNOSEBOGENS (vgl. S. 96ff. in diesem Buch) einen aus Ihrer Gruppe berichteten Fall!“
12.00–13.00 Plenum	Diagnostizierte Fälle	Austausch der Ergebnisse im Plenum bzw. Gruppenberichte
13.00–14.00	Gemeinsames Mittagessen	
14.00–14.30 Plenum	Pädagogisch-therapeutische Lösungsmöglichkeiten	Erläutern Sie dem Plenum bitte den THERAPIEBOGEN (vgl. S. 128 u. 118ff. in diesem Buch)!
14.30–15.30 Gruppenarbeit	Pädagogisch-therapeutische Maßnahmen bei Unterrichtsstörungen und Disziplinschwierigkeiten	Bilden Sie bitte wieder dieselben Arbeitsgruppen und geben Sie folgenden Auftrag: „Besprechen Sie bitte anhand des beigefügten THERAPIEBOGENS (vgl. S. 128 in diesem Buch) den in Ihrer Gruppe bereits diagnostizierten Fall auf Lösungsmöglichkeiten hin!“
15.30–16.00	Gemeinsames Kaffeetrinken	
16.00–18.00 Plenum	Handlungsperspektiven	Abschließende Diskussion, Austausch der Ergebnisse, Kritik, weitere Perspektiven, verbindliche Absprachen usw.
Danach evtl.: Psychovegetative Entspannungsübungen; eine Phantasiereise; Gemütliches Beisammensein in …		

Schluss

2 × Schule & 2 × Therapie & 2 × (un)gestörter Unterricht sowie …

Ich darf die Ausführungen zum gestörten Unterricht mit insgesamt sechs recht verschiedenen Zitaten abschließen. Dabei geht es mir nicht um eine simple Gegenüberstellung von „alter Lernschule“ und „neuer Gesamtschule“, von „Verhaltensmodifikation“ und „Psychoanalyse“ oder ähnlichen *pros and cons*. Und doch vermögen diese Zitate besser als manche Programmatik den prinzipiellen Wandel zu verdeutlichen, auf den es ankommt:

- Wenn im Unterricht mit Entdeckerfreude gelernt werden darf;
- wenn in der Schule Angst und Fremdbestimmung nichts zu suchen haben;
- wenn in den Klassenzimmern gruppenbezogene Lernprozesse arrangiert werden dürfen …
  dann werden die Mr. Gradgrinds ihren Job verlieren;
  dann haben Befehle, Zensuren, Ironie und Verlockungen ihre Legitimation verloren;
  dann werden wir Lehr- und Lernorte schaffen müssen, die kaum noch die Bezeichnung „Schulen“ verdienen. – Und:
- Wenn psychisch-soziale Auffälligkeiten als – zumindest – von uns (mit-)verursachte begriffen werden;
- wenn therapeutische Hilfestellungen um Verständnis sich bemühen;
- wenn Etikettierungen vermieden werden …
  dann sind Trainingsprogramme überflüssig;
  dann müssen Umlernprozesse zunächst bei uns selbst beginnen;

dann wird sich mancher Weißbekittelte nach einem anderen Beruf umsehen müssen ...

Freilich: In einem am Leitbegriff der *Kommunikation* sich orientierenden Unterricht, in dem es um die zu lehrende Wahrheit und die zu lebende Menschlichkeit geht, und in einer als *Hilfe zur Selbsthilfe* sich verstehenden Therapie haben es Lehrer, Schüler, Eltern und Therapeuten mit mehr „Störungen" zu tun als in den traditionellen und auf Disziplin und Fremdsteuerung bedachten Bezügen. Und doch liegt gerade darin die Chance zur Selbstbestimmung, für die man „Konflikte" und nicht „Fakten" braucht ...

1. Zitat aus: CHARLES DICKENS: Hard Times. (Original 1854) London, Glasgow (Collins) 1956, S. 15ff.

„'Also, was ich möchte sind Fakten. Bringen Sie diesen Jungen und Mädchen nichts anderes als Fakten bei! Denn nur Fakten sind im Leben wichtig. Pflanzen Sie nichts anderes ein, aber reißen Sie alles andere heraus! Man kann den Geist denkender Tiere nur mit Hilfe von Fakten bilden. Nach diesem Grundsatz erziehe ich meine eigenen Kinder, und dieses Prinzip verwirkliche ich hier in der Klasse. Halten Sie sich an Fakten, mein Herr!'

Der Schauplatz bestand aus einem kahlen, ärmlichen und eintönigen Klassenzimmer, und des Sprechers erhobener Zeigefinger unterstrich seine Thesen ... Sein Blick schweifte über die geneigte Ebene der kleinen Köpfe hinweg, die durchgängig geordnet dasaßen, bereit, mit ungeheuren Mengen an Fakten vollgeschüttet zu werden, bis sie bis zum Rand gefüllt waren ...

'Mädchen Nr. 20', sagte Mr. Gradgrind und deutete mit dem ausgestreckten Zeigefinger auf die betreffende Schülerin ... 'Definiere mir, was ein Pferd ist!' Sissy Jupe fühlte sich durch die Aufforderung des Lehrers zutiefst bestürzt.

'Mädchen Nr. 20 ist unfähig, ein Pferd zu definieren', sagte Mr. Gradgrind. 'Mädchen Nr. 20 besitzt keine Fakten über eines der gewöhnlichsten Tiere! Wie ist es mit den Jungen? Bitzer, gib deine Definition!' ...

'Vierfüßler. Grasfresser. 40 Zähne, nämlich: 24 Backenzähne, 4 Eckzähne, 12 Schneidezähne. Verliert seine Haare im Frühling. In Sumpfgebieten auch die Hufe. Die Hufe sind hart, müssen aber dennoch mit Eisen beschlagen werden. Sein Alter erkennt man an bestimmten Zeichen im Maul ...'

Soweit (und noch mehr) Bitzer.

'Nun, Mädchen Nr. 20', sagte Mr. Gradgrind, jetzt weißt du, was ein Pferd ist! ... Frage an euch, Jungen und Mädchen, würdet ihr ein Zimmer mit Pferdebildern tapezieren?'

Nach einer Pause schrie die eine Hälfte der Kinder im Chor: 'Ja, Sir!' Die andere Hälfte sah im Gesicht des Fragenden einen Zweifel und rief wie auf Kommando:

'Nein, Sir!' – Tausendfach erprobt bei Prüfungen wie diesen ...

'Ich will euch erklären', sagte der Lehrer, warum ihr ein Zimmer nicht mit Pferdebildern schmücken solltet. Habt ihr irgendwann schon einmal Pferde an den Wänden eines Zimmers rauf- und runtergehen sehen? Habt ihr so was schon mal gesehen – faktisch? Ja?'

'Ja, Sir!', schrie die eine Hälfte. 'Nein, Sir!' die andere.

'Natürlich nicht', sagte der Lehrer und schaute empört auf die falsche Hälfte. 'Ihr werdet nirgendwo etwas sehen, was ihr nicht in Wirklichkeit seht; ihr werdet nirgendwo etwas haben, was ihr nicht faktisch habt. Was wir gewöhnlich die Sinne nennen, sind nichts anderes als – Fakten.'"

2. Zitat aus: RUDOLF GEORG ERMER: Hauptschultagebuch. Weinheim (Beltz) 1975, S. 13f.

„Bergschule Gronau, Klasse 8, nur Jungen. Ich eröffnete meine beiden Physikstunden nicht sehr selbstbewußt – im Schuld-

gefühl einer wenig intensiven Vorbereitung. Zunächst diskutierten wir über Inhalte und Planung unserer physikalischen Projekte. Wir einigten uns darauf, im Anschluß an unsere optischen Versuchsreihen nun einige 'Forschungsarbeiten' zu Fotoapparat, Fernrohr und Mikroskop zu machen.

Zwischendurch – es wurde ein Zwischendurch von mindestens einer Viertelstunde – stritten sich Dieter und Kolbi (Gott weiß, woher er diesen Namen hatte) um einen Platz in der ersten Reihe. Eigentlich war es immer Dieters Platz gewesen. Heute hatte sich Kolbi einfach dort hingesetzt, weil er jetzt mit Herbert befreundet war, der – auch schon immer – daneben saß. Der Streit beschäftigte sofort die ganze Klasse, und mir war klar, daß niemand engagiert an die Projekte denken würde, ehe der Konflikt nicht ausgetragen war. Walther forderte eine Abstimmung. Alle anderen waren dagegen. Ich stimmte im stillen zu, daß es eine zweifelhafte Sache wäre, wenn ein Haufen aufgeregter Parteinehmer über Gerechtigkeit abstimmen würde. Ich sagte meine Meinung, Kolbi solle nachgeben, weil es Dieters Platz sei, oder wir müßten überhaupt eine neue Regelung für Platzwechsel finden. Die Masse drängte Kolbi zum Nachgeben. Er gab nach. Einige hätten gerne eine Konfrontation mit mir gesehen. Kampflustig, wie die Jungen heute morgen waren, hätten sie mich gerne zum Befehlen 'verführt', um dann zu rebellieren. Ich tat ihnen nicht den Gefallen.

Mit Kollege Schirmer, ihrem Klassenlehrer, verstehe ich mich gut. Er befürwortet freie Erziehungsideen – allerdings mehr in der Diskussion. In der Praxis finde ich, macht er einen etwas 'zu gescheiten' Unterricht. Einen fortschrittlich-gescheiten Unterricht, in dem er die Konflikte seiner Schüler psychologisch-intelligent vorlöst, statt sie von ihnen selbst austragen zu lassen. In gewissem Gegensatz dazu läßt Kollege Schirmer seine Klasse öfters frei in Gruppen arbeiten.

Als 'Motivationsspritze' zeigte ich den Jungen, wie ein Schlüsselloch als Lochkamera funktioniert. Reiner und Heinz liefen im hellen Flur auf und ab. Andere standen im dunklen Gerätezimmer hinter dem Schlüsselloch und machten die 'Deckenläufer' auf einem Blatt Papier sichtbar, das heißt, sie sahen Reiner und Heinz auf dem Kopf gehen. Nach anfänglicher Verblüffung rangelten einige fast um einen Platz an der Tafel, um von dort aus ihre Erklärungen zu deklamieren. Trotz der Faszination des Versuchs blieb die Klasse sehr unruhig. Ich beschwerte mich ständig darüber, bis zu der Feststellung: 'Wenn es so laut bleibt, können wir nicht weitermachen.' Wenig später brach ich die Diskussion ab, ging mit den Jungen in ihren Klassenraum, und wir taten nichts mehr. Ich wunderte mich über meine Leidenschaftslosigkeit, aber es war einfach unmöglich weiterzumachen. Viele protestierten. Kaum einer freute sich darüber. Eine halbe Stunde stand noch bevor, und ich wünschte ihnen fast die Erfahrung unbefriedigender Gammelei. Sie begannen eine Kreideschlacht ..."

3. Zitat aus: GUNNAR NEINSOHN: Zur politischen Einschätzung der aktuellen Reformen in der Vorschul- und Elementarerziehung der Bundesrepublik Deutschland. In: ALEX BAUMGARTNER / DIETER GEULEN (Hrsg.): Vorschulische Erziehung. Bd. 1. Weinheim (Beitz) 1975, S. 46.

„*Das Kind, das nicht differenziert sprechen kann, hat zu wenig gesprochen und bekommt ein Sprachtraining. Das Kind, das nicht logisch denken kann, hat zu wenig nachgedacht und bekommt ein Denktraining. Das Kind, das ins Bett macht, kann seine Schließmuskeln noch nicht kontrollieren und wird daran mit nächtlichen elektrischen Schlägen gemahnt. Das Kind, das zu dick ist, hat zu viel gegessen und erhält eine Fastendiät. Das Kind, das sehr unruhig ist, hat zu wenig Ruhe gehabt und erhält ein Dämpfungsmedikament usw. Ein Kind, das alle Mängel zusammen hat – was zur Überraschung der Psychologen sehr häufig vorkommt –, erhält hintereinander ein Sprach- und Denktraining, dazu eine Hungerkur, zwischendurch die Tranquilizer und nachts elektrische Schläge ...*"

4. Zitat aus: ANNA FREUD: Einführung in die Technik der Kinderanalyse. München (Kindler) 1973, S. 80. Jetzt: Frankfurt a.M. (Fischer Taschenbuch)

„Der Analytiker vereinigt also zwei schwierige und eigentlich einander widersprechende Aufgaben in seiner Person: er muß analysieren und erziehen, d.h. er muß in einem Atem erlauben und verbieten, lösen und wieder binden. Gelingt ihm das nicht, so wird die Analyse dem Kinde zum Freibrief für alle von der Gesellschaft verpönten Unarten. Gelingt es ihm aber, so macht er damit ein Stück verfehlter Erziehung und abnormer Entwicklung rückgängig und verschafft so dem Kinde oder denjenigen, die über das Schicksal des Kindes entscheiden, noch einmal die Möglichkeit, es besser zu machen ...“

5. Zitat aus: JAKOB MUTH: Von acht bis eins. Situationen aus dem Schulalltag und ihre didaktische Dimension. Essen (Neue Deutsche Schule) ^{3}1970, S. 112.

„Sonnabend. Letzte Stunde in einem vierten Schuljahr. Fast vierzig Kinder sitzen im Klassenraum an ihren Plätzen. Jedes Kind liest in einem Buch oder in einer Broschüre. Einzelne Kinder haben Jugendzeitschriften und lesen darin. Der Lehrer sitzt in einer Tischreihe unter den Kindern, wohl weil dort ein Platz frei war. Er liest ebenfalls still für sich in einem Buch.

Niemand spricht in der Klasse, niemand verläßt seinen Platz. Die meisten Kinder haben die Ellenbogen auf den Tisch und den Kopf in die Hände gestützt. Die Bücher liegen vor ihnen. Einzelne Kinder haben ihre Stühle etwas von den Tischen abgerückt und die Bücher in die Hände auf den Schoß gelegt. In der Nähe der Tür schaukelt ein Mädchen ständig mit seinem Stuhl langsam vor und zurück. Es hält sein Buch frei in den Händen. Neben dem Lehrer sitzt ein Junge, der die beiden Füße auf das untere Brett des Tisches gestellt hat, auf dem der Schultornister liegt. Seine Knie sind hoch angewinkelt, auf den Oberschenkeln liegt das Buch; der Stuhl steht nur auf den beiden hinteren Beinen, so daß der Junge beim Lesen weit zurückgelehnt ist. Alle Kinder der Klasse sind in die Lektüre versunken. Manche bewegen die Lippen, weil sie unhörbar das vor sich hinsagen, was sie lesen. Leise kommt der Schulleiter mit einem Schriftstück in die Klasse. Er bleibt an der Tür stehen, sieht sich nach dem Lehrer um und geht auf Zehenspitzen zu ihm. Beide unterhalten sich leise einen Augenblick. Dann setzt sich der Klassenlehrer wieder, und der Schulleiter verläßt den Raum. Kaum ein Kind hat von ihm Notiz genommen.“

6. Zitat aus: WOLFGANG HAMMER: Schulfach Langsamkeit. In: Deutsche Lehrerzeitung, 39 (32/1992), S. 12.

„Ich möchte gern mit der Stoppuhr messen, wie lange Schülerinnen und Schüler vor 100 Jahren brauchten, um das Wort Langsamkeit zu schreiben; im Durchschnitt natürlich.

Ich möchte gern messen, wie lange Schülerinnen und Schüler vor 100 Jahren dem frönten, was man Muße oder Ruhezeit nennen könnte; im Durchschnitt natürlich.

Warum? – Ich bilde mir ein, daß Schülerinnen und Schüler im auslaufenden zwanzigsten Jahrhundert an einer Krankheit leiden, nämlich der Schnelligkeit, und ich hoffe, daß der Schnelligkeitsbazillus vor hundert Jahren noch nicht existent war; das sollten wenigstens meine Untersuchungen, die leider nicht mehr stattfinden können, beweisen.

Schaue ich in meine Klasse – Bewegungen, überflüssige Bewegungen; Bewegungen, die ablenken; Bewegungen um der Bewegung willen; Bewegungen mit dem Ziel, nur um Himmels willen nicht zur Ruhe zu kommen – keine ruhigen und gelassenen Bewegungen, sondern schnelle, hektische, als wären die Schüler auf der Flucht.

Beobachte ich im Lehrerzimmer meine Kolleginnen und Kollegen – Bewegungen, überflüssige … – als wären die Großen auf der Flucht.

Wovor?

In der Erinnerung tauchen meine „Professoren" auf, die, sicherlich von mir heute verklärt (?), durch die Flure des Gymnasiums schritten. Langsam, bedacht, gemessenen Schrittes, sogar hoheitsvoll.

Meine Kollegen und ich eilen als moderne Oberstudienräte durch die Flure – kann man sagen würdelos? Oder beflissen? Oder eifrig? Oder gehetzt? Oder …

Was machen unsere Schülerinnen und Schüler nach der Rastlosigkeit in der Schule? Sie eilen von der Reit- zur Tennisstunde; sie eilen vom Videogerät zur Videothek; sie eilen von der Geburtstagsparty zum Omabesuch. Sie eilen, sie eilen … Und im Unterricht?

Wir eilen von der ersten Arbeit zur zweiten; wir eilen von der Zeichensetzung zur Subjektbestimmung, vom Relativpronomen zur grauen Stadt am Meer, wir eilen, wir eilen …

Ich träume von Unterrichtsstunden, in denen Schülerinnen und Schüler alle überflüssigen Bewegungen nicht machen, jedes überflüssige Wort nicht sagen, jedes überflüssige Wissen nicht lernen …

Ich träume von Unterrichtsstunden, in denen ich überflüssige Bewegungen nicht mache, in denen ich überflüssige Wörter nicht sage, in denen ich überflüssiges Wissen nicht lehre … Was haben wir davon?

Wir lernen die Langsamkeit! Wir lernen, wichtige Bewegungen langsam auszuführen; wir lernen, wichtige Wörter bedacht zu sagen; wir lernen, wichtiges Wissen zu pflegen …

Das Schulfach Langsamkeit ist das schwerste Schulfach. Deshalb vermeiden es alle, deshalb steht es in keinem Lehrplan. Das Schulfach Langsamkeit zwingt nämlich uns alle, uns selbst zu erkennen."

*

Mit einem Fall, mit Fällen aus dem Schulalltag, hat dieses Buch begonnen, ein Fall möge es beschließen. Aber was heißt schon ein Fall? Es ist ein Kind, das im Folgenden beschrieben wird: *André*. Was aus ihm und seinen bizarren Verhaltensweisen werden wird, hängt auch von uns ab, von unseren Fähigkeiten nämlich, seinen Trotz und seine Aggressionen, seine Ungepflegtheit und seine Lernverweigerung zu verstehen und ihm zu helfen, diese – ihn und andere bloß schädigenden – Verhaltensweisen zugunsten von konstruktiven Lösungen aufzugeben. Dann und nur dann wird die jetzige Studentin *Carola Liebe*, die mir diese Aufzeichnungen zu Beginn des Jahres 2005 zur Verfügung stellte, als Lehrerin in der Lage sein, ihren *André* (oder ihre *Hatice*) zu verstehen und zu heilen – gewiss über manche Schwierigkeiten, aber auch über manche Erfolge hinweg zu heilen ... Was und wie denn auch sonst?

26. Fall: Verwahrlost?

Ich erinnere mich an einen Mitschüler aus der Grundschulzeit. André war einfach anders als wir. Nie brachten ihn seine Eltern in die Schule, aber er erwähnte sie auch nicht von sich aus. Er sah immer ungepflegt aus, hatte fettige Haare und ungeputzte Zähne. Seine Kleidung roch nach kaltem Zigarettenrauch und Hund. Allerdings muss auch der Hund sehr ungepflegt und schmutzig gewesen sein, so stark war der Geruch. Wir anderen Schüler zumindest ekelten uns vor ihm, vor allem die Mädchen. So war es auch nicht verwunderlich, dass André unter uns keine Freunde hatte. Ich kann mir gar nicht vorstellen, dass er überhaupt welche hatte ...

Während des Unterrichts arbeitete André aus Prinzip nicht mit. Ich kann mich noch erinnern, wie er einmal wieder mitten im Unterricht trotzig aufstand und nach hinten in unsere Spiel- und Leseecke ging. Dort legte er sich auf das Sofa und begann vor sich hin zu pfeifen. Unsere Klassenlehrerin ging zu ihm nach hinten, um ihn von dort wegzuholen. Sie nahm ihn bei der Hand und wollte ihn an seinen Platz zurückbringen. André schlug wie wild um sich, fing an, wie am Spieß zu schreien (wir waren damals in der dritten Klasse) und biss unsere Lehrerin sogar in die Hand. Wie sie damals darauf reagierte, kann ich heute leider nicht mehr sagen. Daran erinnere ich mich nicht mehr.

In den Pausen, wenn die Lehrer weg waren, drehte er regelmäßig total auf. Er kletterte auf die Tische, sprang von Tisch zu Tisch (wir hatten Tischgruppen zu je drei Tischen) und verschmutzte unsere Tische mit seinen dreckigen Schuhen. Oftmals spuckte er dabei auf Tische, Stühle und manchmal auch uns. Besonders gerne spuckte er dabei die klein gekauten Karotten (Teil seines Pausenbrotes) auf die Tische, die wir anschließend dann wegräumen mussten, da er sich schlicht und einfach weigerte, dies selber zu tun. Vielleicht kann man vor diesem Hintergrund unsere damalige Abneigung gegen ihn verstehen …

WAS WÜRDEN SIE ANGESICHTS DIESER SITUATION TUN?

(Aufgezeichnet von *Carola Liebe*, Jg. 1983, Studentin im 2. Semester im Fach Musik an der Berliner Universität der Künste, zu Beginn des Jahres 2005.)

Literaturverzeichnis

ABELS, Dietrich: Konzentrations-Verlaufs-Test. Göttingen (Hogrefe) ²1965.

ACKERMANN, Fritz: Referendarausbildung. Zum Beispiel Rheinland-Pfalz. In: betrifft: erziehung, 4 (7/1971), S. 32–35.

ADEN, Patricia: Anleitung zum autogenen Training mit Kindern und Jugendlichen. Münster (Daedalus) 1992.

ADLER, Alfred: Fischer Taschenbücher. Bd. 6080 (Menschenkenntnis); Bd. 6174 (Über den nervösen Charakter); Bd. 6179 (Der Sinn des Lebens); Bd. 6199 (Individualpsychologie in der Schule); Bd. 6220 (Heilen und Bilden); Bd. 6236 (Praxis und Theorie der Individualpsychologie); Bd. 6260 (Die Technik der Individualpsychologie. 1. Teil); Bd. 6261 (Die Technik der Individualpsychologie. 2. Teil); Bd. 6311 (Kindererziehung). Frankfurt a.M. (Fischer Taschenbuch) 1966ff.

AINSWORTH, Mary D. S. / BELL, Silvia M. / STAYTON, Donelda J.: Infant-mother attachment and social development: 'Socialisation' as a product of reciprocal responsivness to signals. In: M. P. M. RICHARDS (Ed.): The integration of a child into a social world. London (Cambridge University Press) 1974, S. 99–135.

AKTION HUMANE SCHULE (Hrsg.): Schulstreß. Behauptung oder Wirklichkeit? Aalen (Eigendruck) 1977.

ALBERTZ, Jörg (Hrsg.): Aspekte der Angst in der „Therapiegesellschaft“. Wiesbaden (Freie Akademie) 1990.

ALTERNATIVE SCHULEN - SCHULVERSUCHE. Themenheft der Zeitschrift Westermanns Pädagogische Beiträge, 31 (2/1979), S. 41–88.

AMMON, Günter: Dynamische Psychiatrie. Neuwied (Luchterhand) 1973.

AMTHAUER, Rudolf: Intelligenz-Struktur-Test. Göttingen (Hogrefe) ²1953.

ANDERSCH, Alfred: Der Vater eines Mörders. Eine Schulgeschichte. Zürich (Diogenes) 1980. Auch: Zürich (Diogenes Taschenbuch) 1982.

ATZESBERGER, Michael / FREY, Herbert: Verhaltensstörungen in der Schule. Stuttgart (Klett-Cotta) 1978.

BAACKE, Dieter: Kommunikation und Kompetenz. Grundlagen einer Didaktik der Kommunikation und ihrer Medien. München (Juventa) 1973.

Ders.: Vom Nutzen und Nachteil der „kommunikativen Didaktik“ für die Planung und Durchführung von Unterricht. Düsseldorf (Heft 28 der Schriftenreihe des Pädagogischen Instituts) 1978.

BACHMANN, Peter: Hyperaktive Kinder in Erziehung und Schule. In: Schweizer Schule, 78 (10/1991), S. 3–8.

BÄRSCH, Walter: Zu Verhaltensstörungen in der Lerngruppe. In: Westermanns Pädagogische Beiträge, 26 (10/1974), S. 523–529.

Ders.: Erziehungskonflikte. Königstein (Scriptor) 1978.

BÄUERLE, Siegfried (Hrsg.): Lehrer auf die Schulbank. Vorschläge für eine zeitgemäße Lehreraus- und -fortbildung. Stuttgart (Metzler) 1991.

BALLAUFF, Theodor: Skeptische Didaktik. Heidelberg (Quelle & Meyer) 1970.

BECKER, Georg E.: Planung von Unterricht. Handlungsorientierte Didaktik. Teil 1. Weinheim (Beltz) 1984.

Ders.: Durchführung von Unterricht. Handlungsorientierte Didaktik. Teil II. Weinheim (Beltz) ²1986.

Ders.: Auswertung und Beurteilung von Unterricht. Handlungsorientierte Didaktik. Teil III. Weinheim (Beltz) 1986.

Ders. u.a.: Konfliktbewältigung im Unterricht. Bad Heilbrunn (Klinkhardt) ²1978.

BECKER, Hellmut: Was hat die Reform bewirkt? In: DIE ZEIT, Nr. 4, vom 16.1.1976, S. 9–10.

BELL, Silvia / AINSWORTH, Mary D. S.: Infant crying and maternal responsiveness. In: Child Development, 43 (1972), S. 1171–1190.

BENIKOWSKI, Bernd: Unterrichtsstörungen und Kommunikative Didaktik. Baltmannsweiler, Hohengehren (Schneider) 1995.

BERENDT, Joachim-Ernst: Das Dritte Ohr. Vom Hören der Welt. Reinbek (Rowohlt) 1988.

BERG, Hans Christoph: Ein Unterrichtstag in einer elften Klasse. In: Westermanns Pädagogische Beiträge, 28 (12/1976), S. 694–700.

BERICHT ÜBER DIE LAGE DER PSYCHIATRIE IN DER BUNDESREPUBLIK DEUTSCHLAND: Zur psychiatrischen und psychotherapeutisch-psychosomatischen Versorgung der Bevölkerung. Bonn (Heger) 1975.

BETTELHEIM, Bruno: Liebe allein genügt nicht. Stuttgart (Klett) 1970.

Ders.: So können sie nicht leben. Die Rehabilitierung emotional gestörter Kinder. Stuttgart (Klett) 1973.

Ders.: Der Weg aus dem Labyrinth. Leben lernen als Therapie. Stuttgart (Deutsche Verlags-Anstalt) 1975.

BIERMANN, Gerd: Autogenes Training mit Kindern und Jugendlichen. München (Reinhardt) 2 1978.

BIERMANN, Rudolf: Unterricht. Ein Versuch zur Beschreibung und Analyse. Essen (Neue Deutsche Schule) 1972.

Ders.: Aufgabe Unterrichtsplanung. Perspektiven und Modelle der kommunikativen Didaktik. Essen (Neue Deutsche Schule) 1985.

BILLER, Karlheinz: Unterrichtsstörungen. Stuttgart (Klett) 1979.

Ders.: Pädagogische Kasuistik. Baltmannsweiler, Hohengehren (Schneider) 1988.

BLACKHAM, Garth J.: Der auffällige Schüler. Weinheim (Beltz) 2 1973.

BLANKERTZ, Herwig: Theorien und Modelle der Didaktik. München (Juventa) 1 1969; 10 1977; 13 1991.

BODE, Marianne: Minutengymnastik und Entspannung in der Schule. 3 Folgen. MC 30002. Stuttgart (Walter Kögler) 1990.

BODEN, Liselotte M.: Meditation und pädagogische Praxis. Methoden – Vorstufen – Modelle. München (Kösel) 1978.

BÖNSCH, Manfred: Die vernachlässigten Didaktiken. In: Der Junglehrer, 26 (10/1983), S. 8–12 sowie 27 (1/1984), S. 13–18. Auch in: Unterrichtskonzepte. Baltmannsweiler, Hohengehren (Schneider) 1986.

BOETTCHER, Wolfgang u. a.: Lehrer und Schüler machen Unterricht. München (Urban & Schwarzenberg) 1976.

BORCHERT, Manfred / DERICHS-KUNSTMANN, Karin (Hrsg.): Schulen, die ganz anders sind. Frankfurt a. M. (Fischer-Taschenbuch) 1979.

BOWLBY, John: Mütterliche Zuwendung und geistige Gesundheit. München (Kindler) 1973.

Ders.: Bindung. Eine Analyse der Mutter-Kind-Beziehung. München (Kindler) 1975.

Ders.: Trennung. Psychische Schäden als Folge der Trennung von Mutter und Kind. München (Kindler) 1976.

BRECHT, Bertolt: Die Gedichte in einem Band. Frankfurt a. M. (Suhrkamp) 1981.

BRENNER, Helmut: Entspannungs-Training für alle. München (Humboldt Taschenbuch) 1982.

BROPHY, Jere E. / GOOD, Thomas L.: Die Lehrer-Schüler-Interaktion. München (Urban & Schwarzenberg) 1976.

BRÜCK, Horst: Die Angst des Lehrers vor seinem Schüler. Reinbek (Rowohlt) 1978.

BRUSTEN, Manfred / HURRELMANN, Klaus: Abweichendes Verhalten in der Schule. München (Juventa) 1973.

BUBER, Martin: Werke. München, Heidelberg (Kösel, Lambert Schneider) 1962 ff.

BUEB, Bernhard: Lob der Disziplin. Berlin (List/Ullstein) [1]2006, [14]2007.

Ders.: Von der Pflicht zu führen. Berlin (Ullstein Taschenbuch) 2008.

BÜTTNER, Christian: Mit aggressiven Kindern leben lernen. Weinheim, Basel (Beltz) [3]1992.

Ders.: Spiele gegen Streit, Angst und Not. Waldkirchen (Waldkircher Verlagsgesellschaft) 1982.

Ders. / MEYER, Eberhard W. (Hrsg.): Rambo im Klassenzimmer. Weinheim, Basel (Beltz) 1991.

CHARLTON, Michael u.a.: Innovation im Schulalltag. Reinbek (Rowohlt) 1975.

CLOER, Ernst (Hrsg.): Disziplinkonflikte in Erziehung und Schule. Bad Heilbrunn (Klinkhardt) 1982.

Ders.: Das Disziplinproblem in der Schule. In: Die Deutsche Schule, 79 (3/1987), S. 305–319.

CLOETTA, Bernhard u.a.: Berufsrelevante Einstellungen als Ziele der Lehrerausbildung. In: Zeitschrift für Pädagogik, 19 (6/1973), S. 919–941.

COHEN, Sheldon u.a.: Apartment Noise, Auditory Discrimination, and Reading Ability in Children. In: Journal of Experimental Social Psychology, 9 (5/1973), S. 407–422.

COHN, Ruth C.: Von der Psychoanalyse zur themenzentrierten Interaktion. Stuttgart (Klett, Cotta) [10]1991.

COMENIUS, Johann Amos: Opera Didactica Omnia. Editio anni 1657. Tomus I–III. Repr. Neudruck Prag (Academia Scientiarum Bohemoslovenica) 1957. Oder: Ders.: Große Didaktik. Hrsg. von Andreas FLITNER. Stuttgart (Klett-Cotta) [7]1992.

COPEI, Friedrich: Der fruchtbare Moment im Bildungsprozeß. Heidelberg (Quelle & Meyer) [1]1950; [7]1963.

CREUTZ, Helmut: Haken krümmt man beizeiten. Schultagebuch eines Vaters. München (Bertelsmann) 1977.

CUBE, Felix von: Kybernetische Grundlagen des Lernens und Lehrens. Stuttgart (Klett) [1]1965; [2]1968.

CZERWENKA, Kurt: Probleme im Unterricht. Hilfen aus der Verhaltenspsychologie für die Praxis des Lehrers. München (Kösel) 1978.

Ders. u. a.: Was Schüler von der Schule halten. Lüneburg (Typoskript) 1988 sowie in: Die Deutsche Schule, 80 (2/1988), S. 132–146.

DARSCHIN, Wolfgang / FRANK, Bernward: Tendenzen im Zuschauerverhalten. In: Media Perspektiven (4/1987), S. 197–208.

DEBRUNNER, Alfred: Freiheit und Vertrauen in der Erziehung. Bern, Stuttgart (Huber) 1964.

DEUTSCHER BILDUNGSRAT / EMPFEHLUNGEN DER BILDUNGSKOMMISSION: Zur pädagogischen Förderung behinderter und von Behinderung bedrohter Kinder und Jugendlicher. Bonn (Bundesdruckerei) 1973.

DEWEY, John / KILPATRICK, William Heard: Der Projekt-Plan. Grundlegung und Praxis. Weimar (Böhlau) 1935.

DICK, Lutz van: Alternativschulen. Reinbek (Rowohlt) 1979.

DICKENS, Charles: Hard Times. London, Glasgow (Collins) 1956.

DIEKMANN, Johann / ROYL, Wolfgang: Der marginale Schüler. In: Die Deutsche Schule. 64 (4,5/1972), S. 213–227; S. 289–302.

DILTHEY, Wilhelm: Pädagogik. In: Wilhelm DILTHEY: Gesammelte Schriften. Bd. IX. Stuttgart, Göttingen (Teubner, Vandenhoeck & Ruprecht) [3]1961.

DÖBERT, Hans / SCHOLZ, Günter: Ordnung und Disziplin an der Schule. Berlin-Ost (Volk und Wissen) [1]1983; [2]1985.

DÖPP, Wiltrud: Die Ameise im Feuer. Schulgeschichten. Essen (Neue Deutsche Schule) 1988.

DÖRNER, Klaus / PLOG, Ursula: Irren ist menschlich. Wunstorf, Hannover (Psychiatrie Verlag) [3]1978; [4]1987.

DOMKE, Horst: Lehrer und abweichendes Schülerverhalten. Donauwörth (Auer) 1974.

DONGIER, Maurice: Neurosen. Darmstadt (Wissenschaftliche Buchgesellschaft) 1971.

DREIKURS, Rudolf: Psychologie im Klassenzimmer. Stuttgart (Klett) 1967; [10]1985.

Ders. / CASSEL, Pearl: Disziplin ohne Strafe. Ravensburg (Maier) 1975.

DÜHRSSEN, Annemarie: Psychogene Erkrankungen bei Kindern und Jugendlichen. Göttingen (Verlag für Medizinische Psychologie) [1]1954; [13]1982.

Dies.: Psychotherapie bei Kindern und Jugendlichen. Göttingen (Verlag für Medizinische Psychologie) [5]1973.

EBHARDT, Agnes: Fröhliche Wege aus der Dyskalkulie. Kindern mit Rechenschwäche erfolgreich helfen. Dortmund (Verlag modernes Leben / Borgmann) 2002.

EICHSLEDER, Walter: Unkonzentriert? Hilfen für hyperaktive Kinder und ihre Eltern. Weinheim, Basel (Beltz) 1992.

EIKENBUSCH, Gerhard: Jeden Tag ein Stück weniger von mir. Ravensburg (Otto Maier) [2]1986.

ELKIND, David: The Hurried Child. Reading (Addison-Wesley) 1988. Dt. Ausgabe: Das gehetzte Kind. Bergisch-Gladbach (Lübbe) 1992.

ERMER, Rudolf Georg: Hauptschultagebuch. Weinheim (Beltz) 1975.

EYSENCK, Hans-Jürgen / RACHMAN, Stanley: Neurosen – Ursachen und Heilmethoden. Berlin-Ost (Deutscher Verlag der Wissenschaften) [6]1973.

FAUST-SIEHL, Gabriele u. a.: Mit Kindern Stille entdecken. Frankfurt a.M. (Diesterweg) [2]1991.

FELLSCHES, Josef: Disziplin, Konflikt und Gewalt in der Schule. Heidelberg (Quelle & Meyer) 1978.

FEUSER, Georg: Grundlagen zur Pädagogik autistischer Kinder. Weinheim (Beltz) 1979.

FISCHER, Dietlind (Hrsg.): Fallstudien in der Pädagogik. Konstanz (Faude) 1982.

FOKKEN, Eva: Die Leistungsmotivation nach Erfolg und Mißerfolg in der Schule. Hannover (Schroedel) 1966.

FRANK, Helmar: Kybernetische Grundlagen der Pädagogik. Bd. I und II. Baden-Baden (Agis) [1]1962; [2]1969.

FREUD, Anna: Einführung in die Technik der Kinderanalyse. München (Kindler) 1973.

FREUD, Sigmund: Studienausgabe. 10 Bände und 1 Ergänzungsband. Frankfurt a.M. (S. Fischer) 1969ff.

FÜRNTRATT, Ernst: Angst und instrumentelle Aggression. Weinheim (Beltz) [2]1973.

GÄRTNER-HARNACH, Viola: Angst und Leistung. Weinheim (Beltz) [2]1973.

GAGE, N.L. / BERLINER, David C.: Pädagogische Psychologie. München (Urban & Schwarzenberg) 1977.

GAMM, Hans-Jochen: Einführung in das Studium der Erziehungswissenschaft. München (List) 1974. Jetzt: Reinbek (Rowohlt) 1978.

Ders.: Allgemeine Pädagogik. Reinbek (Rowohlt) 1979.

Ders.: Materialistisches Denken und pädagogisches Handeln. Frankfurt a.M. (Campus) 1983.

GARLICHS, Ariane: Der gestörte Unterricht. In: Westermanns Pädagogische Beiträge, 28 (12/1976), S 672–678.

Dies. u.a.: Didaktik offener Curricula. Weinheim (Beltz) [1]1974; [2]1976.

GEISSLER, Erich E.: Allgemeine Didaktik. Grundlegung eines erziehenden Unterrichts Stuttgart (Klett) 1981.

GEISSLER, Karlheinz / HEGE, Marianne: Konzepte sozialpädagogischen Handelns. München (Urban & Schwarzenberg) 1978.

GINOTT, Haim: Takt und Taktik im Klassenzimmer. Göttingen (Vandenhoeck & Ruprecht) 1974.

GLATZEL, Johann: Endogene Depressionen. Stuttgart (Thieme) 1973.

GLÖCKLER, Michaela: Elternsprechstunde. Stuttgart (Urachhaus) [2]1991.

GMURMAN, Wiktor: Disziplin in der Schule. Berlin-Ost (Volk und Wissen) 1960.

GÖTZE, Barbara: Verständigungsschwierigkeiten zwischen Erziehungswissenschaft und Schulpraxis. In: didactica, 4 (2/1970), S. 115–120.

GOETZE, Herbert / NEUKÄTER, Heinz (Hrsg.): Handbuch der Sonderpädagogik. Bd. 6: Pädagogik der Verhaltensgestörten. Berlin (Marhold) 1989.

GOLZ, Reinhard u.a. (Hrsg.): Comenius und unsere Zeit. Baltmannsweiler, Hohengehren (Schneider) 1996.

GORDON, Thomas: Familienkonferenz. Konflikte zwischen Eltern und Kind. Hamburg (Hoffmann & Campe) [1]1972; [13]1979.

Ders.: Lehrer-Schüler-Konferenz. Wie man Konflikte in der Schule löst. Hamburg (Hoffmann & Campe) [1]1977; [3]1979.

GRÄSER, Hannelore / LEDERER, Margarete: Störende Schüler – unruhige Klasse. Hilfen für den Schulalltag. München (Kösel) 1982.

GREBER, Ulrich u. a. (Hrsg.): Auf dem Weg zur „Guten Schule“: Schulinterne Lehrerfortbildung. Weinheim, Basel (Beltz) 1991.

GREENSON, Ralph R.: Technik und Praxis der Psychoanalyse. Stuttgart (Klett) 1973.

GRELL, Jochen: Techniken des Lehrerverhaltens. Weinheim (Beltz) [1]1974; [11]1983.

Ders. / GRELL, Monika: Unterrichtsrezepte. München (Urban & Schwarzenberg) 1979. Jetzt: Weinheim (Beltz) 1983.

GROEBEN, Annemarie von der / RIEGER, Maria F.: Ein Zipfel der besseren Welt. Leben und Lernen in der Bielefelder Laborschule. Essen (Neue Deutsche Schule) 1991.

GROSSMANN, Karin /GROSSMANN, Klaus E.: Bindungen – das Gefüge psychischer Sicherheit. Stuttgart (Klett-Cotta) 2004.

GROSSMANN, Klaus E. (Hrsg.): Entwicklung der Lernfähigkeit in der sozialen Umwelt. München (Kindler) 1977.

Ders. / WINKEL, Rainer: Angst und Lernen. Angstfreie Erziehung in Schule und Elternhaus. München (Kindler) 1977.

GUDJONS, Herbert u. a. (Hrsg.): Didaktische Theorien. Braunschweig (Westermann, Pedersen) 1981. Jetzt: Hamburg (Bergmann & Helbig) [9]1997.

Ders. u. a. (Hrsg.): Unterrichtsmethoden. Braunschweig (Westermann, Pedersen) 1982. Jetzt: Hamburg (Bergmann & Helbig) [3]1991.

Ders. u. a. (Hrsg.): Psychische Erkrankungen in unserer Zeit. Hamburg (Bergmann & Helbig) 1986.

GÜRGE, Fritz u. a.: Lehrertagebücher. Bensheim (päd. extra) 1978.

GUTER, Josef: Chinesische Märchen. Frankfurt a.M. (Fischer Taschenbuch Verlag) 1973.

HABERMAS, Jürgen: Erkenntnis und Interesse. Frankfurt a.M. (Suhrkamp) 1968.

Ders.: Legitimationsprobleme im Spätkapitalismus. Frankfurt a.M. (Suhrkamp) 1973.

Ders. / LUHMANN, Niklas: Theorie der Gesellschaft oder Sozialtechnologie. Frankfurt a.M. (Suhrkamp) 1971.

HALLAHAN, David P. / CRUICKSHANK, William M.: Lernstörungen bzw. Lernbehinderung. München (Reinhardt) 1979.

HALLBERG, Peter-Fritz: „Störer“ und Gestörte im Unterricht. In: Westermanns Pädagogische Beiträge, 29 (7/1977), S. 275–278.

HANKE, Barbara u. a.: Aggressiv und unaufmerksam. München (Urban & Schwarzenberg) [2]1978.

HARGREAVES, David H. u. a.: Deviance in the Classroom. London (Routledge) 1975.

HAVERS, Norbert: Erziehungsschwierigkeiten in der Schule. Weinheim (Beltz) 1978.

HECKHAUSEN, Heinz u. a.: Lehrer 1980. Lehrerbildung für die künftige Schule. Düsseldorf (Bertelsmann) 1970.

HEIDEGGER, Martin: Sein und Zeit. Tübingen (Niemeyer) [1]1927; [11]1967.

HEIDEMANN, Rudolf: Körpersprache vor der Klasse. Heidelberg (Quelle & Meyer) 1983.

HEIMANN, Paul: Didaktik als Theorie und Lehre. In: Die Deutsche Schule, 54 (9/1962), S. 407–426.

Ders. / OTTO, Gunter / SCHULZ, Wolfgang: Unterricht. Analyse und Planung. Hannover (Schroedel) [5]1970.

HEINSOHN, Gunnar: Zur politischen Einschätzung der aktuellen Reformen in der Vorschul- und Elementarerziehung der Bundesrepublik Deutschland. In: Alex BAUMGARTNER / Dieter GEULEN (Hrsg.): Vorschulische Erziehung. Bd. 1. Weinheim (Beltz) 1975, S. 37–52.

HELM, Johannes: Uber den Einfluß affektiver Spannungen auf das Denkhandeln. In: Zeitschrift für Psychologie (1954), S. 23–105.

HENNINGSEN, Jürgen: Analyse einer Erziehungssituation. In: Die Deutsche Schule, 55 (1/1963), S. 26–35. Jetzt auch in: Hans-Georg HERRLITZ (Hrsg.): Von der wilhelminischen Nationalerziehung zur demokratischen Bildungsreform. Eine Auswahl aus 90 Jahren „Die Deutsche Schule“. Frankfurt a.M. (Hirschgraben) 1987, S. 228–238.

Ders.: Zinken & Zeichen. Beiträge für Westermanns Pädagogische Beiträge 1970–1974. Braunschweig (Westermann) 1974.

HENTIG, Hartmut von: Platonisches Lehren. Stuttgart (Klett) 1966.

Ders.: Cuernavaca oder: Alternativen zur Schule? Stuttgart, München (Klett, Kösel) 1971.

Ders.: Die Wiederherstellung der Politik. Cuernavaca revisited. Stuttgart, München (Klett, Kösel) 1973.

Ders.: Was ist eine humane Schule? München (Hanser) 1976 (a).

Ders.: An dem, was wirklich ist, erkennen, was möglich ist. In: Neue Sammlung, 16 (3/1976). S. 195–214 (b).

Ders.: Einführung in das Buch von Leopold von WIESE: Kadettenjahre. Ebenhausen (Langenwiesche-Brandt) 1978, S. 5–22.

Ders.: Die Reform der Schule war nicht radikal genug. In: betrifft: erziehung, 12 (10/1979), S. 38–58.

Ders.: Vom Verkäufer zum Darsteller. Absagen an die Lehrerbildung. In: Neue Sammlung, 21 (2/1981), S. 100–114.

Ders.: Wie frei sind Freie Schulen? Stuttgart (Klett, Cotta) 1985.

Ders.: Glaube. Fluchten aus der Aufklärung. Düsseldorf (Patmos) 1992.

HERBART, Johann Friedrich: Pädagogische Schriften. 3 Bde. Hrsg. von Walter ASMUS. Düsseldorf, München (Küpper) 1964 f.

HETZER, Hildegard (Hrsg.): Pädagogische Psychologie. In: Handbuch der Psychologie. 10. Band. Göttingen (Hogrefe) ²1959.

HEURSEN, Gerd: Ungewöhnliche Didaktiken. Hamburg (Bergmann + Helbig) 1997.

HINLEGEN, Anton: Das endgültige Lehrer-Handbuch. Reinbek (Rowohlt) 1993.

HIPPENSTIEHL, Christa / KRAUTZ, Herbert: Konzentrations-Trainingsprogramm – für Kinder des 1. und 2. sowie 3. und 4. Grundschuljahres. Dortmund (Modernes Leben) 1991.

HÖHN, Elfriede: Der schlechte Schüler. Sozialpsychologische Untersuchungen über das Bild des Schulversagers. München (Piper) 1967; überarbeitete Neuausgabe 1980.

HÖNIGSWALD, Richard: Über die Grundlagen der Pädagogik. München (Reinhardt) 1927.

HOFFMANN, Heinrich: Der Struwwelpeter. Zürich (Diogenes) 1977. Original 1845.

HOHMANN, Joachm S.: Vorurteile und Mythen in pädagogischen Prozessen. Lollar (Achenbach) 1978.

HOMFELDT, Hans G. u. a.: Student sein – Lehrer werden? Selbsterfahrung in Studium und Beruf. München (Kösel) 1983.

Ders. / VOLKERS, Heiner: Von Restschülern kann nicht die Rede sein. Lernwege von Schülern und ihrem Lehrer. Baltmannsweiler, Hohengehren (Schneider) 1990.

HOPF, Hans H.: Über negative Lehrer-Schüler-Beziehungen. In: Westermanns Pädagogische Beiträge, 28 (7/1976), S. 386–389 (a).

Ders.: Der Lehrer als Objekt für Übertragungen. In: Westermanns Pädagogische Beiträge, 28 (11/1976), S. 620–624 (b).

HUBER, Günter K.M.: Anti-Angst-Training. München (Heyne) 1975.

HUND, Wolfgang: Es geht auch ohne Worte. Signalkarten für den Unterricht. Mülheim (Verlag an der Ruhr) 2004.

HUNZIKER, Ernst / MAZZOLA, Guerino: Ansichten eines Hirns. Aktuelle Perspektiven der Hirnforschung. Basel (Birkhäuser) 1990.

HURRELMANN, Klaus u.a.: Die psychosozialen „Kosten" verunsicherter Statuserwartungen im Jugendalter. In: Zeitschrift für Pädagogik, 34 (1/1988), S. 25–44.

HUSMANN, Ina: Glanz und Elend eines Schuljahrs. Stuttgart (Klett) 1975.

ILLICH, Ivan: Entschulung der Gesellschaft. München (Kösel) 1972.

Ders.: Die sogenannte Energiekrise oder Die Lähmung der Gesellschaft. Reinbek (Rowohlt) 1974.

INGENKAMP, Karlheinz (Hrsg.): Handbuch der Unterrichtsforschung, Teil I-III. Weinheim (Beltz) 1970f.

INSTITUT DER DEUTSCHEN WIRTSCHAFT: Zahlen zur wirtschaftlichen Entwicklung der Bundesrepublik Deutschland. Köln (Deutscher Instituts-Verlag) 1975.

JACOBS, Bernhard / STRITTMATTER, Peter: Der schulängstliche Schüler. München (Urban & Schwarzenberg) 1979.

JANK, Werner / MEYER, Hilbert: Didaktische Modelle. Frankfurt a.M. (Cornelsen, Scriptor) 1991.

JANOV, Arthur: Der Urschrei. Frankfurt a.M. (Fischer Taschenbuch) 1975.

JANSSEN, Bernd: Praxisberichte aus der Hauptschule. Frankfurt a.M. (Europäische Verlagsanstalt) 1977.

JEGGE, Jürg: Dummheit ist lernbar. Bern (Zytglogge) 1976.

JOPT, Uwe-Jörg: Warum manche Schüler „faul" sind: Die attributionstheoretische Vernünftigkeit des schulischen Anstrengungsverzichts. In: Zeitschrift für Entwicklungspsychologie und Pädagogische Psychologie, 10 (4/1978), S. 315–327 (a).

Ders.: Selbstkonzept und Ursachenerklärung in der Schule. Zur Attribuierung von Schulleistungen. Bochum (Kamp) 1978 (b).

KÄSTNER, Erich: Als ich ein kleiner Junge war. Zürich (Atrium) 1957.

KANDEL, Eric R. u.a. (Hrsg.): Neurowissenschaften. Heidelberg, Berlin, Oxford (Spektrum) 1996.

KEMMLER, Lilly: Erfolg und Versagen in der Grundschule. Empirische Untersuchungen. Göttingen (Hogrefe) [1]1967; [3]1975.

KEMPOWSKI, Walter: Immer so durchgemogelt. München (Hanser) 1974.

KESPER, Gudrun / HOTTINGER, Cornelia: Mototherapie bei sensorischen Integrationsstörungen. München, Basel (Reinhardt) 1982.

KIPER, Hanna / MISCHKE, Wolfgang: Einführung in die Allgemeine Didaktik. Weinheim (Beltz) 2004.

KLAFKI, Wolfgang: Studien zur Bildungstheorie und Didaktik. Weinheim (Beltz) [1]1963; [8/9]1967.

Ders.: Zur Entwicklung einer kritisch-konstruktiven Didaktik. In: Die Deutsche Schule, 69 (12/1977), S. 703–715.

Ders.: Probleme einer Neukonzeption der Didaktischen Analyse. In: Schweizerische Lehrerzeitung, Nr. 25, vom 22.6.1978, S. 68–80.

Ders.: Neue Studien zur Bildungstheorie und Didaktik. Weinheim, Basel (Beltz) 1985; [2]1991.

Ders. / OTTO, Gunter / SCHULZ, Wolfgang: Didaktik und Praxis. Weinheim (Beltz) 1977; [2]1979.

KLEBER, Eduard Werner: Tests in der Schule. München (Reinhardt) 1979.

KLINGBERG, Lothar: Einführung in die Allgemeine Didaktik. Berlin-Ost (Volk und Wissen) [6]1984.

KLINK, Job-Günter: Klasse H7e. Bad Heilbrunn (Klinkhard [1]1974; [2]1975; [3]1978.

KLUGE, K.-H.: Sie prügeln sich und leisten wenig. Verhaltensauffällige in Grund- und Hauptschulen. Neuburgweier (Schindele) 1975.

KOCH, Jens-Jörg: Lehrer-Studium und Beruf. Ulm (Süddeutsche Verlagsgesellschaft) 1972.

KÖNIG, Ernst / RIEDEL, Harald: Systemorientierte Didaktik. Weinheim (Beltz) [1]1973; [4]1979.

KOLLEHN, Karlheinz / WEBER, Norbert H. (Hrsg.): Der drogengefährdete Schüler. Düsseldorf (Schwann) [2]1991.

KORTE, Jochen: Faustrecht auf dem Schulhof. Weinheim, Basel (Beltz) 1992.

KOUNIN, Jacob S.: Techniken der Klassenführung. Bern, Stuttgart (Huber, Klett) 1976.

KOZOL, Jonathan: Free Schools – Schule und Gegenschule. Ravensburg (Maier) 1973.

KRATOCHWIL, Leopold: Unterrichten können. Brennpunkte der Didaktik. Baltmannsweiler, Hohengehren (Schneider) 1992; 2 1994.

KRIEGER, Rainer u. a.: Erlebte Belastung des Lehrers durch verhaltensauffällige Schüler. In: Zeitschrift für Entwicklungspsychologie und Pädagogische Psychologie, 8 (4/1976), S. 245–251.

KRON, Friedrich W.: Grundwissen Didaktik. München (Reinhardt) 1993.

KROWATSCHEK, Dieter: „Ich kann ruhig sein ...“. Übungen zur Entspannung von Kindern. CD. Dortmund (borgmann publishing) 1997.

Ders.: Entspannung für Jugendliche. Mit einer Ton- bzw. Musikcassette. Dortmund (borgmann publishing) 1998.

Ders. u. a.: Marburger Konzentrationstraining (MKT) für Schulkinder. Dortmund (Verlag modernes Leben / Borgmann) 1 1994; 6 2004.

KULENKAMPFF, Caspar: Vorwort zu: Gregory BATESON u. a.: Schizophrenie und Familie. Frankfurt a. M. (Suhrkamp) 1969, S. 9f.

KULTUSMINISTER DES LANDES NRW (Hrsg.): Organisationsuntersuchung im Schulbereich, Abschlußgutachten der Kienbaum Unternehmensberatung. Düsseldorf (KM) 1991.

KUPFFER, Heinrich: Unangepaßte Primaner. In: Die Deutsche Schule, 63 (12/1971), S. 783–797.

Ders. (Hrsg.): Erziehung verhaltensgestörter Kinder. Heidelberg (Quelle & Meyer) 1978.

LAING, Ronald D.: Das geteilte Selbst. Köln (Kiepenheuer & Witsch) 1972.

LANGEVELD, Martinus J.: Wenn Kinder Sorgen machen. Aus der Praxis eines Erziehungsberaters. Braunschweig (Westermann) 1978.

Ders.: Einführung in die theoretische Pädagogik. Stuttgart (Klett-Cotta) 3 1978.

LAUFF, Werner / HOMFELDT, Hans Günther: Pädagogische Lehre und Selbsterfahrung. Erziehung der Erzieher mit pädagogischen Medien. Weinheim (Beltz) 1981.

LEHR, Ursula: Psychologie des Alterns. Heidelberg (Quelle & Meyer) [2]1974.

LEMPP, Reinhart: Die Schulangst wird immer größer. In: DIE ZEIT, Nr. 26, vom 20.6.1975, S. 44.

LESSING, Gotthold Ephraim: Emilia Galotti. Stuttgart (Reclam) 1987. Original 1772.

LEUNER, Hanscarl u.a.: Katathymes Bilderleben mit Kindern und Jugendlichen. München, Basel (Reinhardt) [3]1990.

LEVITT, Eugene E.: Die Psychologie der Angst. Stuttgart (Kohlhammer) [2]1973.

LEWIN, Kurt: Die psychologische Situation bei Lohn und Strafe. Repr. Nachdruck der Ausgabe Leipzig 1931. Darmstadt (Wissenschaftliche Buchgesellschaft) 1964.

LOHMANN, Gerd: Mit Schülern klarkommen. Berlin (Cornelsen) 2003.

LOHMANN, Jürgen / MINSEL, Beate (Hrsg.): Störungen im Schulalltag. München (Urban & Schwarzenberg) 1978.

MAND, Johannes: Das autistische Kind. In: PÄDAGOGIK, 44 (4/1992), S. 42–43 (a).

Ders.: Das autistische Kind – ein Schüler mit Asperger-Syndrom. In: Grundschulunterricht, 39 (11/1992), S. 36–37 (b).

MANN, Thomas: Gesammelte Werke in dreizehn Bänden. Frankfurt a.M. (S. Fischer) [2]1974.

MATZA, David: Abweichendes Verhalten. Heidelberg (Quelle & Meyer) 1973.

MAYNTZ, Renate u.a.: Einführung in die Methoden der empirischen Soziologie. Köln, Opladen (Westdeutscher Verlag) [1]1969; [5]1978.

METZLER, Beate: Hilfe bei Dyskalkulie. Lernen durch Handeln bei Rechenschwäche. Dortmund (Verlag modernes Leben / Borgmann) 2001.

MEYER, Ernst: Gruppenunterricht. Grundlegung und Beispiel. Oberursel, Worms (Wunderlich) [1]1954; [6]1972.

Ders. (Hrsg.): Team Teaching. Versuch und Kontrolle. Mit Diskussions- und Studienmaterialien. Heidelberg (Quelle & Meyer) 1971.

Ders.: Unterrichtsthema Angst. Wiesbaden (Akademische Verlagsgesellschaft) 1978.

Ders.: Burnout und Streß. Baltmannsweiler, Hohengehren (Schneider) 1991.

Ders./ WINKEL, Rainer (Hrsg.): Unser Ziel: Humane Schule. Baltmannsweiler, Hohengehren (Schneider) 1991 (a).

Dies.: Unser Konzept: Lernen in Gruppen. Baltmannsweiler, Hohengehren (Schneider) 1991 (b).

MICHEL, Gerhard: Erziehungsstile oder kommunikative Interaktionsformen? In: Unterricht heute, 24 (7/1973), S. 296–311.

MICHELS, Volker (Hrsg.): Unterbrochene Schulstunde. Frankfurt a.M. (Suhrkamp) 1972.

MILLER, Reinhold: Schilf-Wanderung. Wegweiser für die praktische Arbeit in der schulinternen Lehrerfortbildung. Weinheim (Beltz) 2 1991.

Ders.: Sich in der Schule wohlfühlen. Weinheim (Beltz) 4 1991.

MINSEL, Wolf-Rüdiger u.a.: Lehrverhalten II. Unterrichtsentscheidung und Konfliktanalyse. München (Urban & Schwarzenberg) 1976.

MITSCHERLICH, Alexander: Auf dem Weg zur vaterlosen Gesellschaft. München (Piper) 1963.

MOLCHO, Samy: Körpersprache. München (Mosaik) 1983.

MOLL-STROBEL, Helgard (Hrsg.): Die Problematik der Disziplinschwierigkeiten im Unterricht. Darmstadt (Wissenschaftliche Buchgesellschaft) 1982.

MOLLENHAUER, Klaus: Erziehung und Emanzipation. München (Juventa) 1 1968; 7 1977.

MONTESSORI, Maria: Das Kind in der Familie und andere Vorträge. Stuttgart (Klett) 1954.

Dies.: Kinder sind anders. München (Deutscher Taschenbuchverlag) 2 1988.

MORGEMTHAU, Lena: Klasse organisieren ohne Worte. Signalkarten für die Sek. I. Mülheim (Verlag an der Ruhr) 2004.

MÜLLER, Richard G.E.: Verhaltensstörungen bei Schulkindern. München, Basel (Reinhardt) 2 1972.

MÜLLER, Rudolf: Sozialer Motivationstest: SMT 4-9. Hrsg. von Karlheinz INGENKAMP. Weinheim (Beltz) 1966.

MÜNZINGER, Wolfgang: Selbstdiagnose eines gescheiterten Unterrichts. In: Westermanns Pädagogische Beiträge, 28 (12/1976), S. 685–693.

MUTH, Jakob: Von acht bis eins. Situationen aus dem Schulalltag und ihre didaktische Bedeutung. Essen (Neue Deutsche Schule) 1 1967; 3 1970.

Ders.: Organisationsformen eines differenzierten Unterrichts. In: Westermanns Pädagogische Beiträge, 28 (6/1976), S. 314–318.

Ders. u.a.: Schulversuche zur Integration behinderter Kinder in den allgemeinen Unterricht. Braunschweig (Westermann) 1976.

Ders.: Schulpädagogik. Essen (Neue Deutsche Schule) 1978.

Ders.: Pädagogischer Takt. Essen (Neue Deutsche Schule) ³1982.

Ders. / HÜWE, Birgit: Wege zur Gemeinsamkeit. Modelle integrativer Schulen in Nordrhein-Westfalen. Essen (Neue Deutsche Schule) 1988.

Ders.: Tines Odyssee zur Grundschule. Essen (Neue Deutsche Schule) 1991.

Ders.: Schule als Leben. Prinzipien · Empfehlungen · Reflexionen. Eine pädagogische Anthologie. Baltmannsweiler, Hohengehren (Schneider) 1992.

NADOLNY, Sten: Die Entdeckung der Langsamkeit. Or. 1983. München (Piper) 1987.

NEIDHARDT, Wolfgang: Kinder, Lehrer und Konflikte. München (Juventa) 1977.

NEUBAUER, Walter F. u.a.: Konflikte in der Schule. Möglichkeiten und Grenzen kooperativer Entscheidungsfindung. Neuwied (Luchterhand) ⁴1992.

NICKLIS, Werner S. (Hrsg.) unter Mitarbeit von Michael JUNGA u.a.: Handwörterbuch der Schulpädagogik. Bad Heilbrunn (Klinkhardt) 1973.

NOHL, Herman: Die pädagogische Bewegung in Deutschland und ihre Theorie. Frankfurt a.M. (G. Schulte-Bulmke) ⁶1963.

NOLTING, Hans-Peter: Lernfall Aggression. Reinbek (Rowohlt) 1987.

OELKERS, Jürgen: Die Vermittlung zwischen Theorie und Praxis in der Pädagogik. München (Kösel) 1976.

OESTREICH, Gisela: Das angstbeladene Institut. In: Ganzheitliche Bildung, 9 (1967), S. 303–320.

Dies.: Kinder zwischen Angst und Leistung. Freiburg (Herder) 1975.

OLINS, Wally: Corporate Identity. Frankfurt a.M. (Campus) 1990.

PACKEBUSCH-SCHEER, Agnes / MEYER, H. Peter: „Bleib ruhig!" Entspannungs- und Konzentrationsübungen für Jugendliche. Set mit Anleitungsbuch und CD. Mülheim (Verlag an der Ruhr) 1997.

PARK, Clara C.: Eine Seele lernt leben. Bern, München (Scherz) 1973.

PETERMANN, Franz / PETERMANN, Ulrike: Training mit aggressiven Kindern. München (Psychologie Verlags Union) [4]1990.

PETERSEN, Peter: Der Kleine Jena-Plan. Langensalza (Beltz) [1]1927; Weinheim [60]1980. Neuherausgabe von Dietrich BENNER / Herwart KEMPER. Weinheim (Beltz) 1991.

Ders.: Führungslehre des Unterrichts. Langensalza (Beltz) [1]1937; Weinheim (Beltz) 1984.

Ders. / PETERSEN, Else: Die Pädagogische Tatsachenforschung. In: Schöninghs Sammlung Pädagogischer Schriften. Besorgt von Theodor RUTT. Paderborn (Schöningh) 1965.

PETILLON, Hanns: Der unbeliebte Schüler. Braunschweig (Westermann) 1978.

PIETROWICZ, Bernhard: Auffällige Kinder. Beispiele und Ratschläge. Bochum (Kamp) [11]1974.

PINKERT, Egon: Schulversagen und Verhaltensstörungen in der Leistungsgesellschaft. Neuwied, Berlin (Luchterhand) [2]1974.

POPP, Walter (Hrsg.): Kommunikative Didaktik. Weinheim (Beltz) 1976.

PORTMANN, Rosemarie / SCHNEIDER, Elisabeth: Spiele zur Entspannung und Konzentration. München (Don Bosco) 1991.

POSTMAN, Neil: Das Verschwinden der Kindheit. Frankfurt a.M. (S. Fischer) 1983.

Ders.: Wir amüsieren uns zu Tode. Frankfurt a.M. (S. Fischer) 1985.

PRATZ, Fritz (Hrsg.): Wie es in der Schule war. München (Goldmann) o.J.

PRAUSE, Gerhard: Genies in der Schule. Düsseldorf (Econ) 1974.

PÜTT, Heinz: Das didaktische Prinzip der Mehrdarbietung. In: Die Deutsche Schule, 79 (4/1987), S. 463–478.

Ders.: Das Lehrerbild im Schülerwitz. In: PÄDAGOGISCHES FORUM, 5 (2/1992), S. 80–86.

Q., Karin: Wahnsinn, das ganze Leben ist Wahnsinn. Ein Schülertagebuch. Frankfurt a.M. (päd. extra) 1978.

RAMSEGER, Jörg: Offener Unterricht in der Erprobung. München (Juventa) 1977.

RAUSCHENBERGER, Hans: Von der Schulzucht zur Verhaltensstörung. In: Westermanns Pädagogische Beiträge, 28 (12/1976), S. 665–671.

Ders.: Disziplinschwierigkeiten – Lernprozesse für Lehrer. In: Westermanns Pädagogische Beiträge, 30 (10/1978), S. 394–397.

REDL, Fritz: Erziehung schwieriger Kinder. München (Piper) [1]1971; [4]1987.

Ders.: Bis hierher und (nicht) weiter. In: Deutsches Institut für Fernstudien/Zeitungskolleg „Achtung Kinder“. Tübingen (DIF) 1979.

Ders. / WINEMAN, David: Kinder, die hassen. München (Piper) [1]1979; [4]1990.

Dies.: Steuerung des aggressiven Verhaltens beim Kind. München (Piper) [3]1990.

Ders. / WATTENBERG, William W.: Pädagogische Psychologie in der Praxis. München (Piper) 1980.

REDLICH, Alexander / SCHLEY, Wilfried: Kooperative Verhaltensmodifikation. München (Urban & Schwarzenberg) 1978.

REICH, Werner: Wie erreiche ich im Unterricht Disziplin? Berlin-Ost (Volk und Wissen) [1]1980; [4]1985.

RICHARDS, Martin P. M. (Ed.): The integration of a child into a social world. London (Cambridge University Press) 1974.

RICHTER, Horst-Eberhard: Eltern, Kind und Neurose. Reinbek (Rowohlt) 1969.

Ders.: Patient Familie. Reinbek (Rowohlt) 1970.

Ders.: Die Gruppe. Reinbek (Rowohlt) 1972.

Ders.: Lernziel Solidarität. Reinbek (Rowohlt) 1974.

Ders. u.a.: Familie und seelische Krankheit. Reinbek (Rowohlt) 1976.

Ders.: Der Gotteskomplex. Reinbek (Rowohlt) 1979.

ROBINSOHN, Saul B.: Bildungsreform als Revision des Curriculum. Neuwied, Berlin (Luchterhand) 1967.

RÖHRS, Hermann (Hrsg.): Die Schulen der Reformpädagogik heute. Düsseldorf (Schwann) 1986.

ROGERS, Carl R.: Die nicht-direktive Behandlung. München (Kindler) 1972.

ROLFF, Hans-G. u.a.: Strategisches Lernen in der Gesamtschule. Reinbek (Rowohlt) 1974 (und weitere Ausgaben).

Ders. u.a. (Hrsg.): Jahrbuch der Schulentwicklung. Bd. 1. Weinheim (Beltz) 1980. Bd. 2. Weinheim (Beltz) 1982. Bd. 3. Weinheim (Beltz) 1984. Bd. 4. Weinheim (Beltz) 1986 (und weitere Ausgaben ab 1988 im Weinheimer Juventa Verlag).

ROSA, Karl Robert: Das ist Autogenes Training. München (Kindler) 1973.

ROSENBUSCH, Heinz S. / SCHOBER, Otto (Hrsg.): Körpersprache und Pädagogik. Baltmannsweiler, Hohengehren (Schneider) 42004.

ROSENTHAL, Robert / JACOBSON, Lenore: Pygmalion im Unterricht. Weinheim (Beltz) 1971.

ROTH, Heinrich: Pädagogische Psychologie des Lehrens und Lernens. Hannover (Schroedel) 11957; 141973.

Ders. (Hrsg.): Begabung und Lernen. Stuttgart (Klett) 11968; 101976.

ROTH, Jürgen: Armut in der Bundesrepublik. Frankfurt a.M. (Fischer Taschenbuch) 1974.

ROTHENBUCHER, Hans-G.: Zur Tragikomik von Klassenbucheintragungen. In: Allgemeiner Schulanzeiger, 12 (1/1978), S. 33 und 36.

ROTHERMEL, Gerhard: Was ist und will „Kommunikative Didaktik"? In: Die Scholle, 45 (11/1977), S. 673–676.

ROTHMAN, Esther P.: The Angel Inside Went Sour. London (Gollancz) 1972.

ROTTHAUS, Wilhelm / TRAPMANN, Hilde: Auffälliges Verhalten im Jugendalter. Handbuch für Eltern und Erzieher. Bd. 2. Dortmund (Verlag modernes Leben / Borgmann) 2004.

RUBINSTEIN, Judith: Maternal attentiveness and subsequent exploratory behavior in the infant. In: Child Development, 38 (1967), S. 1089–1100.

RÜBESAMEN, Hans Eckart (Hrsg.): Man sage nicht, Lehrer hätten kein Herz. München (Kindler) 1970.

RÜCKER-VOGLER, Ursula: Yoga und Autogenes Training mit Kindern. München (Don Bosco) 21991.

RÜCKRIEM: Norbert: Disziplin in der Schule. Freiburg (Herder) 1975.

RUMPF, Horst: 40 Schultage. Tagebuch eines Studienrats. Braunschweig (Westermann) 1966.

Ders.: Schule gesucht. Tagebuch eines Studienrats (2) … aus einer erfundenen Schule. Braunschweig (Westermann) 1968.

Ders.: Unterricht und Identität. München (Juventa) 1976.

RUTTER, Michael u.a.: Fünfzehntausend Stunden. Weinheim, Basel (Beltz) 1980.

SALZMANN, Christian Gotthilf: Ameisenbüchlein oder Anweisung zu einer vernünftigen Erziehung der Erzieher. Bad Heilbrunn (Klinkhardt) 1965. Original 1806.

SARASON, Seymour B. u. a.: Angst bei Schulkindern. Stuttgart (Klett) 1971.

SCHÄFER, Alfred: Disziplin als pädagogisches Problem. Essen (Neue Deutsche Schule) 1981.

SCHÄFER, Karl-Hermann / SCHALLER, Klaus: Kritische Erziehungswissenschaft und kommunikative Didaktik. Heidelberg (Quelle & Meyer) [1]1971; [2]1973.

SCHALLER, Klaus: Einführung in die Kommunikative Pädagogik. Freiburg (Herder) 1978.

Ders.: Pädagogik der Kommunikation. St. Augustin (Richarz) 1987.

SCHEEL, Barbara: Offener Grundschulunterricht. Weinheim (Beltz) 1978.

SCHELL, Hans: Angst und Schulleistung. Göttingen (Hogrefe) 1972.

SCHÖNIG, Wolfgang: Ruhe durch Entspannung. In: Westermanns Pädagogische Beiträge, 36 (10/1984), S. 500–503.

Ders.: Schulinterne Lehrerfortbildung als Beitrag zur Schulentwicklung. Freiburg (Lambertus) 1990.

Ders.: Schulentwicklung beraten. Das Modell mehrdimensionaler Organisationsberatung der einzelnen Schule. Weinheim, München (Juventa) 2000.

SCHREINER, Günter / SOWA, Albert: Lehrerverhalten bei Disziplinkonflikten. In: Die Deutsche Schule, 69 (7,8/1977), S. 436–451.

SCHULTE, Walter / TÖLLE, Rainer: Psychiatrie. Berlin (Springer) 1971.

SCHULTZE, Walter u. a.: Hamburg-West Yorkshire Gruppentest zur Intelligenzprüfung. Göttingen (Hogrefe) 1953.

SCHULZ, Wolfgang: Unterricht – Analyse und Planung. In: Paul HEIMANN / Gunter OTTO / Wolfgang SCHULZ: Unterricht. Analyse und Planung. Hannover (Schroedel) [1]1965, [5]1970, S. 13–47.

Ders.: Unterrichtsplanung. München (Urban & Schwarzenberg) [1]1980; [3]1982.

SCHULZ von THUN, Friedemann: Miteinander reden. Bd. 1 u. 2. Reinbek (Rowohlt) 1989 f.

SCHWARZER, Christine: Gestörte Lernprozesse. München (Urban & Schwarzenberg) 1983.

SCHWARZER, Ralf: Schulangst und Lernerfolg. Düsseldorf (Schwann) 1975.

Ders. / STEINHAGEN (Hrsg.): Adaptiver Unterricht. München (Kösel) 1975.

SEISS, Rudolf: Beratung und Therapie im Raum der Schule. Bad Heilbrunn (Klinkhardt) 1976.

SEITZ, Oskar: Unterrichtsstörungen. Schulpädagogische Untersuchungen. Nr. 22. Nürnberg (Lehrstuhl für Schulpädagogik) 2004.

SIGRELL, Bo: Problemkinder in der Schule. Weinheim (Beltz) ^{4}1975.

SILBERMAN, Charles E.: Crisis In The Classroom. The Remaking of American Education. New York (Random House) 1970. Dt. Ausg.:

Ders.: Die Krise der Erziehung. Eine Bestandsaufnahme des Zustandes und der Perspektiven öffentlicher Erziehung, dargestellt am speziellen Fall Amerikas. Weinheim (Beltz) 1973.

SINGER, Kurt: Lernhemmung, Psychoanalyse und Schulpädagogik. München (Ehrenwirth) ^{2}1974.

Ders.: Verhindert die Schule das Lernen? München (Ehrenwirth) ^{2}1976.

SPECK, Otto u.a. (Hrsg.): Schulische Integration lern- und verhaltensgestörter Kinder. München (Reinhardt) 1978.

STARCK, Willy: Die Sitzenbleiber-Katastrophe. Stuttgart (Klett) 1974.

STATISTISCHES BUNDESAMT (Hrsg.): Statistisches Jahrbuch 1987ff. für die Bundesrepublik Deutschland. Stuttgart, Mainz (Kohlhammer) 1987ff. (ab 1994: Wiesbaden: Statistisches Bundesamt).

STEINDORF, Gerhard: Einführung in die Schulpädagogik. Bad Heilbrunn (Klinkhardt) 1972.

SUSTECK, Herbert: Lehrer zwischen Tradition und Fortschritt. Empirische Untersuchungen über die Innovationsbereitschaft der Pädagogen. Braunschweig (Westermann) 1975.

Ders.: Eltern und Lehrer als Erziehungspartner. Essen (Neue Deutsche Schule) 1979.

SZASZ, Thomas S.: Geisteskrankheit – Ein moderner Mythos? Olten, Freiburg (Walter) 1972.

TAUSCH, Reinhard: Gesprächspsychotherapie. Göttingen (Hogrefe) ^{6}1974.

Ders. / TAUSCH, Anne-Marie: Erziehungspsychologie. Göttingen (Hogrefe) ^{6}1971; ^{9}1979.

Dies.: Gesprächspsychotherapie. Göttingen (Hogrefe) ^{7}1981.

TEIGELER, Peter / GAUDE, Peter / TEIGELER, Ursula: Skalen zur Beschreibung von Schülerverhalten. In: Die Deutsche Schule, 65 (11/1973), S. 786–799.

THIEMANN, Friedrich: Die Unterrichtsstörung. In: Die Deutsche Schule, 76 (9/1957), S. 646–658.

TILLMANN, Klaus-Jürgen: Sozialisationstheorien. Reinbek (Rowohlt) 1989 (a).

Ders. (Hrsg.): Was ist eine gute Schule? Hamburg (Bergmann & Helbig) 1989 (b).

TITZE, Brigitte: Den Menschen verändern heißt seine Ziele verändern. In: psychologie heute, 4 (2/1977), S. 35–41.

TORNOW, Harald: Verhaltensauffällige Schüler aus der Sicht des Lehrers. Weinheim (Beltz) 1978.

TRAPMANN, Hilde / ROTTHAUS, Wilhelm: Auffälliges Verhalten im Kindesalter. Handbuch für Eltern und Erzieher. Bd. 1. Dortmund (Verlag modernes Leben / Borgemann) [10]2003.

TWELLMANN, Walter (Hrsg.): Handbuch Schule und Unterricht. 8 Bde. Düsseldorf (Schwann) 1981 ff. Bes. Bd. 4.1 u. 7.1.

UDE, Anneliese: Betty. Protokoll einer Kinderpsychotherapie. München (dtv) [9]1988.

ULICH, Klaus (Hrsg.): Wenn Schüler stören. Analyse und Therapie abweichenden Schülerverhaltens. München (Urban & Schwarzenberg) 1980.

ULSHÖFER, Robert: Grundzüge der Didaktik des kooperativen Unterrichts. Stuttgart (Klett) 1971.

UNTERRICHTSSTÖRUNGEN. Dokumentation, Entzifferung, Produktives Gestalten. Jahresheft V/1987 aller pädagogischen Zeitschriften des Friedrich Verlages in Zusammenarbeit mit Klett. Seelze (Friedrich) 1987.

VERNOOIJ, Monika A.: Hampelliese – Zappelhans. Problemkinder mit Hyperkinetischem Syndrom. Bern, Stuttgart (Haupt) 1992.

VOHLAND, Ulrich: Offenes Curriculum – Schülerzentrierter Unterricht. Bochum (Kamp) 1980.

VOPEL, Klaus: Bewegung im Schneckentempo. Hamburg (ISKO Press) [2]1989.

VORSMANN, Norbert: Wege zur Unterrichtsbeobachtung und Unterrichtsforschung. Ratingen, Kastellaun, Düsseldorf (Henn) 1972.

VOSS, Reinhard: Anpassung auf Rezept. Die fortschreitende Medizinierung auffälligen Verhaltens von Kindern und Jugendlichen. Stuttgart (Klett-Cotta) 1987.

WAGNER, Angelika C. u. a.: Bewußtseinskonflikte im Schulalltag. Weinheim (Beltz) 1985.

WAGNER, Ingeborg: Aufmerksamkeitstraining mit impulsiven Kindern. Stuttgart (Klett) 1976.

WANDEL, Fritz: Macht die Schule krank? Heidelberg (Quelle & Meyer) 1979.

WARWICK, David: Team Teaching. London (University of London Press) 1971. Dt. Ausgabe:

Ders.: Team Teaching. Grundlegung und Modelle. Heidelberg (Quelle & Meyer) 1973.

Ders.: (Ed.): Integrated Studies in the Secondary School. London (University of London Press) 1973.

Ders. / WINKEL, Rainer (Hrsg.): Alternativen zur Curriculumreform oder: Fünf englische Schulen berichten. Heidelberg (Quelle & Meyer) 1975.

Ders.: Curriculum Structure and Design. London (University of London Press) 1975.

Ders.: Die dreifache Umstrukturierung der Schule als Möglichkeit eines angstfreien Unterrichts. In: E. MEYER (Hrsg.): Angstbewältigung als pädagogische Aufgabe. Wien (Österreichischer Bundesverlag) 1977, S. 145–155.

WATZLAWICK, Paul / BEAVIN, Janet H. / JACKSON, Don D.: Menschliche Kommunikation. Formen, Störungen, Paradoxien. Bern, Stutgart (Huber) [1]1969; [4]1974; [8]1990.

Ders. / WEAKLAND, John H. / FISCH, Richard: Lösungen. Zur Theorie und Praxis menschlichen Wandels. Bern, Stuttgart (Huber) 1974.

WEBER, Max: Politik als Beruf. Berlin (Duncker & Humblot) [6]1977.

WEIDENMANN, Bernd: Lehrerangst. München (Ehrenwirth) [1]1978; [2]1983.

WEIGLE, Fritz: Lehrprobe. Report aus dem Klassenzimmer. Frankfurt a.M. (Bärmeier & Nikel) 1969.

WENIGER, Erich: Didaktik als Bildungslehre. Teil 1. Theorie der Bildungsinhalte und des Lehrplans. Weinheim (Beltz) [5]1963.

Ders.: Didaktik als Bildungslehre. Teil 2. Didaktische Voraussetzungen der Methode in der Schule. Weinheim (Beltz) [3]1963.

WHEELER, D. K.: Curriculum Process. London (University of London Press) [1]1967; [5]1973.

WICKE, Erhard: Lernen – Interesse – Disziplin. In: Westermanns Pädagogische Beiträge, 28 (12/1976), S. 679–684.

WIECZERKOWSKI, Wilhelm u. a.: Angstfragebogen für Schüler. Test. Braunschweig, Göttingen (Westermann, Hogrefe) [2]1974.

WIENER, Norbert: Cybernetics or control and communication in the animal and the machine. New York (Massachusetts Institute of Technology) 1948. Dt. Ausg.:

Ders.: Kybernetik. Regelung und ihre Nachrichtenübertragung in Lebewesen und Maschine. Reinbek (Rowohlt) 1968.

WINDELS, Jenny: Eutonie mit Kindern. München (Kösel) 1984.

WING, J. K. (Hrsg.): Frühkindlicher Autismus. Klinische, pädagogische und soziale Aspekte. Weinheim (Beltz) 1973.

WING, Lorna: Das autistische Kind. Wie Erziehungsschwierigkeiten und Verhaltensstörungen überwunden werden können. Ravensburg (Maier) 1973.

WINKEL, Rainer: Hinweise zur Analyse und Planung von Unterrichtsmodellen. Die zehn Dimensionen des unterrichtlichen Geschehens. In: Die Deutsche Schule, 64 (3/1972), S. 179–187.

Ders.: Gruppierung in der Schule. Ein Beitrag zur Begriffsbestimmung und Systematik der Schulpädagogik. In: Die Deutsche Schule, 65 (4/1973), S. 249–254.

Ders.: Theorie und Praxis des Team Teaching. Eine historisch-systematische Untersuchung als Beitrag zur Reform der Schule. Braunschweig (Westermann) 1974.

Ders.: Pädagogische Psychiatrie für Eltern, Lehrer und Erzieher. Eine Einführung in neurotische und psychotische Schul- und Erziehungswirklichkeiten. München (List) 1977. Neuausgabe: Baltmannsweiler, Hohengehren (Schneider) [1]1991; [4]2004.

Ders.: Zur Theorie und Praxis der Unterrichtsmethoden. In: Die Deutsche Schule, 70 (11/1978), S. 669–683 sowie in: H. GUDJONS ([3]1991), S. 10–23.

Ders.: Angst in der Schule. Ursachen, Erscheinungsformen und Bewältigungsmöglichkeiten schulischer und sozialer Ängste. Essen (Neue Deutsche Schule) [1]1979; [2]1980.

Ders.: Lohn und Strafe: geeignete Erziehungsmittel? In: Walter TWELLMANN (Hrsg.): Handbuch Schule und Unterricht. Bd. 1. Düsseldorf (Schwann) 1981, S. 251–266.

Ders.: Unterrichtsstörungen und Disziplinschwierigkeiten oder: vom Umgang mit aggressiven und desmotivierten Schülern. In: Westermanns Pädagogische Beiträge, 37 (4/1985), S. 53–58. Und: rhein-pfälzische schulblätter, 36 (10/1985), S. 53–58.

Ders.: Lernographien. Wie verschiedene Generationen Verschiedenes lernen. In: Beispiele, 4 (4/1986), S. 10–14. Vgl. eine erweiterte Fassung in: rhein-pfälzische schulblätter, 39 (3/1988), S. 17–22 (a).

Ders.: Antinomische Pädagogik und Kommunikative Didaktik. Studien zu den Widersprüchen und Spannungen in Erziehung und Schule. Düsseldorf (Schwann) [1]1986; [2]1988.

Ders.: „Uwe ist nicht zu bändigen!" Wenn Schüler aggressiv und unkonzentriert sind – aufgezeigt anhand eines Fallberichtes. In: Unterrichtsstörungen. Jahresheft V/1987 aller pädagogischen Zeitschriften des Friedrich Verlages in Zusammenarbeit mit Klett. Seelze (Friedrich) 1987, S. 118–122.

Ders.: Sitzen · Stehen · Laufen. Lehrer/innen und ihre Lokomotion im Klassenzimmer. In: Grundschule, 22 (9/1990), S. 66–68. Vgl. auch R. Winkel (1997), S. 255 ff.

Ders.: Die Kommunikative Didaktik im Kontext einer kritisch-konstruktiven Schulpädagogik. In: Die Deutsche Schule, 84 (2/1992), S. 178–188 (a).

Ders.: Gehetzte Schüler und hektische Lehrer? Zur Wiederentdeckung didaktischer Langsamkeit. In: Deutsche Lehrerzeitung, 39 (49/1992), S. 12 (b).

Ders.: Offener oder Beweglicher Unterricht? Zur Klärung einer Mißlichkeit. In: Grundschule, 25 (2/1993), S. 12–14 (a).

Ders.: „Ey, ich aids dich an!" Die fünf Sinnperspektiven von aggressivem Verhalten in der Schule. In: Pädagogik, 45 (3/1993), S. 6–9 (b).

Ders. (Hrsg.): Schulreform konkret. Hamburg (Bergmann & Helbig) 1993 (c).

Ders. (Hrsg.): Schwierige Kinder – Problematische Schüler. Fallberichte aus dem Erziehungs- und Schulalltag. Baltmannsweiler, Hohengehren (Schneider) [1]1994; [3]2001.

Ders.: Unterrichtsstörungen: Präsentieren, entziffern und produktiv gestalten. In: PÄDAGOGISCHES FORUM, 8 (1/1995), S. 20–29 sowie in: schweizer schule, 81 (11 u. 12/1994) und 82 (1-4/1995), jeweils Beilage (a).

Ders.: Unterrichtsstörungen. 12 Tips für die Praxis. Essen (Neue Deutsche Schule) 1995 (b).

Ders.: Theorie und Praxis der Schule. Oder: Schulreform konkret – im Haus des Lebens und Lernens. Baltmannsweiler, Hohengehren (Schneider) 1997.

Ders.: „Hilfe Schule!?" Lehrer und Schüler lösen Konflikte. Videofilm. Baltmannsweiler, Hohengehren (Schneider) 1999.

Ders.: Wenn Kinder uns Sorgen machen. Zwölf Kinder – Zwölf Schicksale. Bonn: Katholische Elternschaft Deutschlands 2003.

Ders.: Am Anfang war die Hure. Theorie und Praxis der Bildung. Oder: Eine Reise durch die Geschichte des Menschen – in seinen pädagogischen Entwürfen. Baltmannsweiler, Hohengehren (Schneider) 2005.

Ders.: Die Schule neu machen. Glanz und Elend einer Schulgründung. Oder: Aus dem Tagebuch des Gründungsdirektors. Bd. 1– 3. Baltmannsweiler, Hohengehren (Schneider) 2008 ff.

WINNEFELD, Friedrich u. a.: Pädagogischer Kontakt und pädagogisches Feld. Beiträge zur Pädagogischen Psychologie. München, Basel (Reinhardt) ^{4}1967.

WINTERHOFF, Michael: Warum unsere Kinder Tyrannen werden. Gütersloh (Gütersloher Verlagshaus) $^{1-13}$2008.

WITTIG, Monika: Devianz und Anpassungsmechanismen in einer amerikanischen High School. Essen (Neue Deutsche Schule) 1974.

Dies.: Problemschüler als Schulprobleme. Fallstudie zu Etikettierungsprozessen in einer amerikanischen Schule. Weinheim (Beltz) 1978.

WITTOCH, Margarita: Unterricht mit Schulversagern. Köln (Kiepenheuer & Witsch) 1976.

WOLFF, Irmhild: Entspannung im Unterricht. Vorschläge zur Bewältigung problematischer Lernsituationen. In: Grundschule, 14 (11/1982), S. 554–557.

WÜNSCHE, Konrad: Die Wirklichkeit des Hauptschülers. Köln (Kiepenheuer & Witsch) ^{1}1972; ^{2}1977. Auch: Frankfurt a.M. (Fischer Taschenbuch) 1979.

ZEH, Juli: Spieltrieb. Roman. Frankfurt a. M. (Schöffling) 2004.

ZÜGHART, Eduard: Disziplinkonflikte in der Schule. Hannover (Schroedel) ^{3}1961.

ZWEIG, Stefan: Angst. Novelle. Stuttgart (Reclam) 1954. Original 1910 u. 1925.

Namenverzeichnis

D

E

F

G

H

I

J

K

Anhang

Die sechs Sinnperspektiven aggressiven Verhaltens

1. **Aggression als spielerischer Kampf**
   Ziel: Ausprobieren von Stärke, Freude am Siegen u. ä.m.
   Gefahr: Aus Spaß wird Ernst, oft blutiger Ernst!
2. **Aggression als Abwehr einer Bedrohung**
   Ziel: Beseitigung von Angst, Vermeidung von Verletzungen u. ä.m.
   Gefahr: Vernichtung des Gegners!
3. **Aggression als Reaktion aufgrund von Frustration**
   Ziel: Ausgleich für eine Niederlage, Demütigung u. ä.m.
   Gefahr: Bloße Ersatzbefriedigung!
4. **Aggression als Auskundschaften**
   Ziel: Freiräume und Grenzen erforschen, eigene und fremde Terrains abstecken u. ä.m.
   Gefahr: Egoistisches Machtstreben!
5. **Aggression als Einschüchterung**
   Ziel: Demonstration eigener Herrschaftsansprüche, Unterdrückungsbedürfnisse u. ä.m.
   Gefahr: Ausbeutung und Demütigung!
6. **Aggression als entstellte Liebessehnsucht**
   Ziel: Gewinnen von Aufmerksamkeit, Zuwendung, Liebe u. ä.m.
   Gefahr: Befriedigung durch „negative“ Zuwendungen!

Merke: Aggressionen sind weder „gut“ noch „böse“, sondern in sich recht ambivalent.

Erst in ihrem Vollzug und ihren Wirkungen sind sie destruktiv oder konstruktiv

und –: Jede aggressive Einstellung oder Handlung will mir etwas sagen, leider häufig in entstellter Form …

Nicht erst seit und nicht nur *vis-à-vis* den Vorkommnissen an der Berliner „Rütli-Schule“ (im Frühjahr 2006) haben wir zu registrieren, dass die aggressiven Verhaltensweisen unter Kindern und Jugendlichen enorm zugenommen haben – übrigens auch die auto-aggressiven, und zwar sowohl qualitativ als auch quantitativ. Um diese zu verstehen, sind weder die gängigen Aggressionstheorien hilfreich (von der Frustrations- bis hin zur Modell- und Triebtheorie) noch übliche Alltagserklärungen. Statt dessen empfehle ich, nach dem „Sinn“ solcher Verhaltensweisen zu fragen. Jeder Aggression liegt (zumindest) *eine* Bedeutung zugrunde und: Jeder Aggression wohnt ein bestimmtes „Belohnungssystem“ inne, weshalb es so schwer ist, dem Aggressor die jeweilige Aggression aus- und wegreden oder gar wegtherapieren zu können – solange er nicht die Erfahrung macht, dass er auf andere und nicht-schädigende Weise seine Bedürfnisse erfüllt bekommt, etwa bei dem Bedürfnis:

- mit anderen kämpfen zu wollen, was völlig legitim ist, wenn dabei die Grenzen von Fairness eingehalten werden. Oder bei der Absicht:
- eine Bedrohung abzuwehren, die niemand wehrlos hinnehmen muss und die dennoch nicht zur prophylaktischen Vernichtung des Gegners führen darf – weder in der großen Politik noch in der kleinen Schule. Drittens:
- wird manche Aggression das Ziel verfolgen, einen Einbruch im Selbstwertgefühl auszugleichen – verständlich! Und doch droht dabei die Gefahr, dass ich nicht die Ursachen dieser Verletzungen behebe, sondern lediglich die Folgen zu beseitigen versuche. Viertens:
- mag ein Ausprobieren und –kundschaften unbekannten Terrains dem aggressiven Verhalten immanent sein – jeder Hund, jede Katze erkundet und markiert alte und neue Reviere. Das ist völlig legitim, wenn dabei keine Eroberungen auf Kosten anderer stattfinden. Fünftens:

- transportieren manche Aggressionen Einschüchterungen, was gegenüber einem Vergewaltiger oder brutalen Räuber durchaus angemessen und verständlich ist – vorausgesetzt, an der Spirale von Gewalt und Gegengewalt wird nicht so lange gedreht, bis der andere seine Zerstörung erfährt. Und schließlich gibt es:
- Aggressionen, die eigentlich nach Liebe schreien und realiter verletzen, auch den Aggresssor selbst. Auf diese gelassen, verständnisvoll, aber auch Grenzen ziehend einzugehen, ist vielleicht das schwierigste Bemühen eines jeden Erziehers, einer jeden Lehrerin.

Bio-Bibliographie

Prof. Dr. Rainer Winkel, M. A.

geb. 1943 in Dresden. Nach einem Lehrerstudium war er im Schuldienst tätig und absolvierte danach ein Zweitstudium an der Ruhr-Universität Bochum in Pädagogik, Psychologie und Psychiatrie.

Er magistrierte 1971, promovierte 1973 und habilitierte sich 1975. In Essen gründete er die dortige Freie Schule, arbeitete einige Jahre in ihr und war an der Universität/Gesamthochschule als apl. Professor tätig.

Seit 1980 ist *Rainer Winkel* Inhaber eines Lehrstuhls für Erziehungswissenschaft an der Berliner Universität der Künste.

Winkel ist Mitherausgeber und Schriftleiter der Zeitschrift *„PÄD Forum"* und war einige Zeit Herausgeber der *„Deutschen Lehrerzeitung"*.

Seine Bibliographie weist über 600 Aufsätze sowie ein gutes Dutzend Bücher auf, wobei die folgenden seine bekanntesten sein dürften:

„Antinomische Pädagogik und Kommunikative Didaktik" (2.1988); *„Pädagogische Psychiatrie für Eltern, Lehrer und Erzieher"* (4.2004); *„Schwierige Kinder – Problematische Schüler"* (3.2001); *„Theorie und Praxis der Schule. Oder: Schulreform konkret – im Haus des Lebens und Lernens"* (1997) sowie *„Der gestörte Unterricht"* (9.2009). Im Jahre 2005 erschien unter dem Titel *„Am Anfang war die Hure"* eine Monographie über die *„Theorie und Praxis der Bildung* oder: *Eine Reise durch die Geschichte des Menschen – in seinen pädagogischen Entwürfen"*.

Der Autor ist (wieder) verheiratet, Vater von zwei Kindern und in seiner Freizeit literarisch tätig. 1991 gründete er die J.A. COMENIUS-STIFTUNG zur Unterstützung Not leidender Kinder.

Zum 1. April 1998 wurde *R. Winkel* von der Ev. Landeskirche von Westfalen zum Gründungsdirektor der neu errichteten Evangelischen Gesamtschule Gelsenkirchen berufen. Zusammen mit dem Gründungskollegium hat er diese Reformschule pädagogisch und didaktisch fünf Jahre lang geleitet. Darüber berichten seine Schultagebücher, die unter dem Titel *„Die Schule neu machen. Glanz und Elend einer Schulgründung“* 2008ff. im Schneider Verlag (Baltmannsweiler) erschienen sind.
Seit dem Schuljahr 2009/10 leitet *Rainer Winkel* die an der Berliner UdK im Zentralinstitut für Weiterbildung neu gegründete Pädagogische Beratungs- und Fortbildungsstelle (PBF) für Lehrkräfte und Kollegien – zusammen mit Priv. Doz. Dr. *Johannes Werner Erdmann* und Dipl.-Psych. *Gita Krowatschek*.

Kontaktieren kann man ihn unter folgenden Anschriften:

Universität der Künste, Zentralinstitut für Weiterbildung, Bundesallee 1–12, Pf 120544, 10595 Berlin, Tel.: 030/3185-2332, Fax 030/3185-2572. E-Mail: winkel@udk-berlin.de

Privat: Lindkensfeld 29a, 45279 Essen-Horst, Tel. u. Fax 0201/3104192 & Georg-Wilhelm-Str. 12, 10711 Berlin, Tel.: 030/8914639.